# WIZARD

**WIZARD BOOK SERIES Vol.73**

William Bonner　Addison Wiggin
**ウィリアム・ボナー＋アディソン・ウィギン**［著］
鈴木敏昭［訳］

21世紀の
穏やかな恐慌を
生き延びるために

# 金融と審判の日

Financial Reckoning Day :
Surviving the Soft Depression of the 21st Century

Pan Rolling

ボナーは、『トゥモローズゴールド』(パンローリング刊)の著者マーク・ファーバーなどと並んで代表的なコントラリアン(contrar-ian)だとされる。コントラリアンというのは普通は逆張りの投資家という意味で使われる。大勢の人々が先を争って売ろうとするときに逆をいって買いに入る(あるいは熱狂的に買われているときに売りに入る)手法が逆張りである。本書にも説明が出てくるが、行き過ぎた価格はいずれ平均に戻るという性質を利用して利益を上げようとするのである。

しかし、コントラリアンというのは何も投資の世界に限られるわけではない。逆(contrary)をいくということからも分かるとおり、一般的に世の中の流れの外に立って、冷静な目で世界をとらえる者を指すこともある。ボナーはこの意味で正真正銘のコントラリアンであり、世間の皆が信じて疑わないことに鋭い批判の目を向け、真の姿を暴き出そうとする。デーリーレコニングのホームページにある「コントラリアン辞典」では、絶対の信頼を集めているグリーンスパンFRB議長を「神」と揶揄し、マイクロソフトのビル・ゲイツ会長を「神が借金を頼む相手」とからかっている。このように世間の主なトレンドに従わない立場は、主流派からはすね者のようにみなされるかもしれないが、集団が全体として間違った方向に進もうとしているときには、それに待ったをかける重要な役目をもっている。ボナーとウィギンはまさにそうした姿勢を貫き通している。本書には、投資や、経済や、政治や、そして人生についても貴重な進言があふれている。しかも、堅苦しく勉強するというのではなく、毎日の配信メール(デーリーレコニングのホームページで手続きできる)を読むような手軽さでコントラリアンの真髄に触れることができるのである。

2004年4月16日

鈴木敏昭

# 訳者まえがき

　人口の高齢化とバブル崩壊後の負の遺産という2つ〔…〕よって、日本はゆっくりとしたソフトな恐慌に苦しん〔…〕10年遅れてそれとぴったり同じ道を歩んでいるのがア〔…〕こういう出口のない状況のなかで投資家はどうやって〔…〕べきか、その答えを示そうとしたのがこの『金融と審〔…〕その意味で、本書は投資家に行く道を指し示してくれ〔…〕であることは間違いないが、ユニークなのはそのスタイ〔…〕者たちは市場の動きを分析するにとどまらず、それを取〔…〕政治的状況に鋭く切り込み、日本を含めた世界の実例に〔…〕して何よりも歴史が残してくれた教訓に学ぼうとする。〔…〕間と時間の大きな広がりを視野に入れながら、ソフトな〔…〕びるために何が必要なのか、著者たちは皮肉とユーモア〔…〕やさしく語ってくれる。

　著者紹介にもあるように、ビル・ボナーは世界最大規模〔…〕ースレターを発行しているアゴラ社の創始者でCEOであ〔…〕に数十万人の購読者をもつ金融サイト、デーリーレコニン〔…〕dailyreckoning.com）の主催者でもある。また、共著者〔…〕ン・ウィギンは同サイトの運営責任者である。

　アゴラ社はロンドンやパリをはじめとして世界の数都市〔…〕ち、ボナーはしょっちゅう海外に出かけている。まさに世〔…〕かけて仕事をしているわけで、全地球的な視点が自然に身〔…〕るのもうなずける。もともとアゴラ社は「インターナショ〔…〕グ」という海外旅行・海外生活に関する世界最大の雑誌の出〔…〕まったのであるが、ボナー自身が実生活でそれを実践してい〔…〕る。

# CONTENTS 目次

訳者まえがき ..................................................................... 1
はじめに　ジム・ロジャーズ ........................................... 7
謝辞 ................................................................................... 11
序章 ................................................................................... 13

## 第1章　ギルダー的時代 ........................... 19
新時代の導師たち／不運の星／通信回線網の支配者／モーゼの帰還／デジタル人間は「分かってしまう」／変人が金持ちになる／川は流れわたる／「パーソン・オブ・ザ・イヤー」／シスコの若者／オールドエコノミーのアイカーン／夢想家と陰謀家／情報の価値／インターネットの落書き／最新の秘密情報／群衆の誘惑

## 第2章　進歩と完成、そして歴史の終わり ........... 69
歴史を作る／進歩の神話／後ろ向きの進歩／夢の飛行／工業化が支えた大規模殺人／千年王国の楽観主義者たち／南京虐殺／パパ・トラップの涙／成功は失敗のもと／普仏戦争／失敗は成功のもと／1940年の完敗／行きつ戻りつ／自ら招いたことだ／私を滅ぼしてくれ／同じ土俵で／賢いお金／夢から現実へ／歩く前に走る／浮世の中で／安定が不安定を生む／信用を商う悪徳サークル

## 第3章　ジョン・ローと危うい考えの起源 ........... 115
カンカンポワ通りの殺人／ミシシッピブーム／過去を背負ったギャンブラー紳士／スコットランド低地地方の若者が祖国に戻る／不換紙幣を目指して／最高の出番／国家財政を再建する／バブルを膨らませる／無から生まれて／幻想の終わり／愚行の見本／ローに続く者たち──投機ブーム小史

## 第4章　日本的になる ........................... 147
日本人は特別／日本株式会社／見えざる手／奇跡を期待して／そして、

## CONTENTS

ひとつになる／新人種／世界トップクラスの借金漬けの消費三昧／貯蓄生活者や負債者たちの嘆き／奇跡の経済の危機／金利上昇、株価下落、ローンの劣化／失われた10年／「われわれは富を失いつつある」／尾上事件／明らかな類似／Plus ça Change, Plus C'est la Même Chose （いくら変わっても中身は同じ）／想像力がない／集団的妄想／ここにはゾンビはいない／中央銀行の過ち——教訓劇／FRBの懸念／長く穏やかでゆっくりとした景気不振

## 第5章　アラン・グリーンスパンの途方もない運命 ……195

金よ、さようなら／リンカーンのグリーンバック／デカダンスから恐慌へ／世界で最も理性的な女性／金と経済的自由／アランの誘惑／マエストロ／根拠なき熱狂／私たちはグリーンスパンを信じる／グリーンスパンのプット／生産性の神話／間違った理由で／ジャンクボンドと間違った賭け／不意打ちの力／バブルに浸かって／グリーンスパンのプットは失敗に終わった／偉大なるグリーンスパン／最後まで立っていた者／エピローグ

## 第6章　群衆の時代 ……247

群衆の狂気／知恵と伝統／集団的コミュニケーション／ニーチェを超えて／お粗末な貧困思考／抽象化された一般的知識／事実は事実、とはいっても……／プロでさえ予想をはずす／群衆の支配／歴史の長く緩やかな歩み／窒息した「資本主義」／民主主義の神話／規制された「自由」／高尚な厚かましさ／自由の国／すべての目的に合った時代／出口を目指して／ル・ボンの「一般通念」／アメリカの世紀／民主主義的消費者資本主義／革命だ／伝統に対する攻撃／現代の、長く、のろい、なだらかな恐慌／集団化されたリスク／大バーゲン／良くも悪くも株主国家

## 第7章 人口学の厳しい計算 ...... 295

大規模な人口推移／西洋の老齢化／若者とイスラム原理主義／日が沈み、老人の影響が強まる／故郷の老人たち／トレンドを生み出す者たち／消費者社会の出現／にせもののブーム／最近の堕落した資本主義／株に熱狂／壮大な幻想／悪い月が出た／新しい計算結果が届く／社会保障が危うい／年金プランの毒／ヘルスケアの拡大／さらなる貧困

## 第8章 最後の審判の日――アメリカのレバレッジが利かなくなるとき ...... 337

気分によって／みんないっしょにSUVを買おう／あまりにも自信たっぷり／危険なドル／普通の景気不振ではない／日本の長い、ゆっくりとした不況／真の富と貧困／横行する嘘／おかしな貨幣／経済的行き詰まり／カンバン方式／帝国の領土拡大／最初の解決策／戦争をしてみよう

## 第9章 モラルハザード ...... 385

「べきだ」のアプローチ／モラルハザードの勝利／ブーム、バブル、そしてその後／ドルの悲しい運命／成功の危険／10年単位のトレード／世界の終わりをくつろいで楽しむ方法

原注 ...... 417
参考文献 ...... 425

表紙写真　photo by オリオンプレス

Financial Reckoning Day : Surviving the Soft Depression of the 21st Century
by William Bonner, Addison Wiggin
Copyright © 2003 by William Bonner. All rights reserved.
Japanese translation rights arranged with William Bonner
c/o Raines & Raines, Medusa, New York through Tuttle-Mori Agency, Inc., Tokyo

# はじめに

　プロ野球球団を買いたい、女の子と遊びたいと思う者もいるだろうが、私の聞いてるところでは、若者の心に浮かぶ一番の夢は「世界を見たい」ということだ。
　私はこれまでに2回世界一周をした。1回はオートバイで、もう1回はベンツで。ということは、私は世の大半の人以上にクレージーだということになるのだろう。
　私が世界旅行に夢中になるのは、旅行には冒険がつきもので、私自身、冒険が大好きだということもあるのだが、私にとっては、それが世界で起きていることを理解する唯一の方法だからだ。私は新聞もテレビも政府発表も信用しない。それらはほかのみんなも知っていることだ。私は自分の目で現場を見て知りたいのだ。
　ある社会について知ろうと思ったら、IMF（国際通貨基金）や世界銀行の官僚やエコノミストと話したり、CNBCにチャンネルを合わせたりするよりは、遠くの国境を越えて、闇市場を見つけ、両替したり、地元の主婦と話したりするほうがずっと有益である。
　私はジャングルの国境を越える前に、その国について知る必要のあることのうち、25～30％の知識を持っている。官僚組織についても、インフラについても、政治腐敗についても、経済状態や通貨についても知っている。また、その国での投資で稼げそうかどうかも知っている。
　今起きていることを知る別の唯一の方法は歴史を学ぶことである。私が大学で講義をしたり講演をしたりすると、きまって若者たちがこう聞いてくる。「成功して世界一周をしたいんですけど、何を勉強したらいいんでしょうか」
　私は必ず同じ答えをする。「歴史を学びなさい」

すると、彼らは判で押したようにとまどった顔をしてこう言う。「どういうことなのでしょう？　経済学とかマーケティングとかではないんですか」

　私はいつもこう言う。「君がもし成功したいのなら歴史を知る必要がある。そうすれば世界が常にどう変化しているかがつかめるようになる。現に起きていることの多くは以前に起きたことだと分かる。信じられないかもしれないが、株式市場は君が学部を卒業したときにできたわけではないのだよ。もう何世紀も続いているのだ。ほかの市場も全部そうだ。現在の出来事は昔起きたことだし、これからも起きることなのさ」

　アラン・グリーンスパンは、自分は一度もバブルに出合ったことがないと公言している。私の知るところでは、彼の生涯に、物心ついてからでも数回のバブルがあった。1960年代後期にはアメリカ株式市場でバブルがあった。そして、石油バブルがあり、金のバブルがあり、クウェートのバブルがあり、日本のバブルがあり、テキサスの不動産バブルがあった。グリーンスパンはいったいどういうつもりだったのか。たとえ、実際に見ていなかったとしても、少なくとも歴史の本で目にしたことはあるはずだ。この種のことはすべて繰り返し書かれてきたのだ。

　グリーンスパンに見えていない現在のバブルは、彼自身が作り出した消費バブルである。グリーンスパンは、消費によって国が豊かになれるという、まったく歴史的裏づけのない狂気じみた考えを持っているのだ。

　アメリカでは職に就いていれば税金を払わなくてはならない。貯金をして利子が付けばそれに税金がかかる。株を買って配当が付けば税金がかかる。値上がり益にもやはり税金がかかる。死ねば不動産に税金がかかる。社会保障を受けられるほど長く生きれば、社会保障からの所得にも税金がかかる。覚えておいてほしいのは、お金を最初に得

たときにすでに税金を払っているのに、そのあとも繰り返し税金を払わされているということだ。

こういう政策のもとではあまり貯蓄や投資をしたいとは思わなくなる。むしろ消費が盛んになる。

これとは対照的に、ここ30～40年で成功した国を見ると、貯蓄と投資が奨励されている。この点、シンガポールは世界で最も驚くべき都市のひとつである。40年前、それはスラムだった。今では国民一人当たりの外貨準備高では世界有数の国となっている。

シンガポールがこれほどの成功を収めた理由のひとつは、その独裁者リー・クァン・ユーが、所得の相当部分を貯蓄や投資に回すようにと強く要求したことにある。非難に値する独裁者や政治家はたくさんいるが、リー以外の連中は成果というものがまったくない、というより、それ以下のひどい有様だった。個人的自由に対するリーの政策がどんなものであれ、少なくとも貯蓄と投資を強制することだけはきちんとやった。

貯蓄と投資を行う国は成長し繁栄するが、それを怠る国は衰退し滅亡することは歴史が証明している。

読者が今手にしているこの本が示すように、アラン・グリーンスパンとFRB（連邦準備制度理事会）が金利を不自然なほど低く下げ、急速に信用を拡大する政策をとったせいで、1990年代後期にアメリカ株式市場にバブルが引き起こされた。最近、FRBの政策によってそのバブルはいっそうひどくなっている。FRBは株式バブルを消費と住宅のバブルに変えてしまった。

もしこのバブルがはじけた場合、株式バブルよりもいっそう深刻な事態になるだろう。というのも、消費や住宅にはずっと多くの人々がかかわっているからだ。膨大なクレジットカードの負債を抱えた人々が、住宅価格が永遠に上がり続けることはあり得ないと気づいたならば、この世は怒りで覆いつくされることになるだろう。

もちろんだれもそんなことは望んでいない。早くなんとかしてほしいと思っている。株を買ってそれが25％値上がりするところを見てみたい。それは昨年現実に起きたことだし、テレビでもそう言っている。金利ももう1回引き下げてほしい。そうすれば景気が良くなると聞かされているのだから。

ビル・ボナーはだいぶ前に私にこう書いてきた。「あなたが『アドベンチャー・キャピタリスト（Adventure Capitalist）』（ランダムハウス刊）に書いていることの多くは私の本の内容と重なっている——世界の国々の旅行記は別だが」

私ならさらに1歩進んで、彼が私の本の一部を書き、私が彼の本の一部を書いたかのようだと言う。同じテーマにまったく違った角度から迫って、同じ地点に到着した。貯蓄と投資を促す政策が政府に欠けているという指摘から、人口問題が21世紀の経済全体に対して及ぼす劇的な影響に至るまで、私は、旅行の途中で見た出来事が繰り返し本書に現れるのに出合った。ボナーは歴史をひもとき、経済を研究することによってそれらを発見した。私はこの地上でそれらを間近で目撃した。

私はボナーにこう返事を書いた。「言うまでもなくあなたは天才です。あなたと私は同じように考えます。ということは、破滅するのもいっしょだということです」

ジム・ロジャーズ

## 謝辞

たくさんの人々の着想と卓見のおかげで、本書は最終的に完成にまでこぎつけることができた。そうした人々に簡単な感謝の言葉を捧げたい。まずレベッカ・クレーマーにお礼を申し上げる。彼女の粘り強さがなかったらこの企画が日の目を見ることはなかっただろう。全期間にわたって熱心に調べ、筆記し、編集してくれたフィリッパ・マイケル＝フィンチに対して謝意を表したい。フィリッパは、日本のバブルと破綻、その後の長期的な経済停滞を理解する手助けをしてくれ、人口問題と老齢化に関する膨大で詳細な研究資料の間をわたり歩く先導役を務めてくれた。また、本書の図表を作成しその理解を助けてくれたことに対して、スティーブ・シャゲラッドとジョン・フォードに感謝したい。

この本を執筆する３カ月の間、www.dailyreckoning.comの運営に当たってくれたジェニファー・マリー・ウェスターフィールド対しても心からお礼を言いたい。

最後に、有益で興味深い洞察を示してくれたカート・リッケバーカー、ゲーリー・ノース、ジェームズ・グラント、マーク・ファーバー、リチャード・ラッセル、デビッド・タイス、フランク・ショスタク、リチャード・ドーティー、ジョン・モールディン、ダグ・ケーシー、ジェームズ・デビッドソン、ハリー・シュルツおじさん、ジョージ・ギルダー、フランシス・フクヤマ、ロバート・プレクター、マーチン・ワイス、ポーター・スタンスベリー、エリック・フライ、ダン・デニングの諸氏に対して謝辞を捧げたい。そして、ギターで楽しませてくれたサム・ヒックリングにも感謝したい。

## Introduction

　20世紀の最後の5年間を振り返ってみれば、何もかもが理にかない、明白で、心地よい時期だった。株価は毎年上がり続けた。冷戦は勝利に終わった。新しい「情報時代」がやって来て、だれもがみんないっそう利口に、いっそう金持ちになれるはずだった。この世は幸せなところで、なかでもアメリカ人は最高に幸せな人々だった。アメリカの消費者資本主義は全人類の羨望の的だった。アメリカは人類全体の平和と自由を保証していた——それが善良さと知性と予見力によるものかどうかはともかくとして、少なくともその軍事力は抜きん出ており、来るべき王国への敵対者には鉄槌を下すことができた。人々はフランシス・フクヤマのいう「歴史の終わり」が本当にやって来たと信じた。というのも、重要な進歩はほとんど全部成し遂げられたような段階にまで来たと思われたからだ。

　しかし、マギー・サッチャーがかつて言ったように「それはなんともおかしな世界」だった。この「おかしな」という言葉は「面白い」という意味で口にされたのかもしれない。それより、「奇妙な」という意味だった可能性のほうが高そうだ。いずれにしてもサッチャーは正しかった。なぜおかしいかというと、世界が人間の言うがままになってくれないからだった。人が求めたり願ったりすることはめったに実現してくれない。それどころか、しょっちゅう正反対のことをする。

　人間はいつもなす「べき」ことをするとはかぎらない。他人、特に意見の違う相手は「筋違い」のことをしているようにみえる。また、私たち自身、いつも論理的で理性的に振る舞うとは限らない。むしろ、

だれもが感情の波に揺さぶられ、ときにはそれに完全にのみ込まれてしまうことだってある。

　本書の目的は、この世界が普通考えられている以上におかしなものであるという点をはっきりと示すことにある。実際、世界について考えれば考えるほど、いっそうおかしなものにみえてくる。よく調べてみれば、そこにはアイロニーも矛盾も混乱もあることが分かってくる。そういうことがあってこそ、人生は面白くもなったり、また苛立たしくもなったりする。人間が合理的にできていたら、１日中合理的なことをして暮らすだろうが、それでは人生は退屈なばかりだ。ありがたいことに、現実の人間はどうでもいいことについてしか合理的になれない。

　行動型の人間はどんな種類の思考も毛嫌いするが、それは当然のことだ。というのも、考えれば考えるほど、たくさんの疑いや雑念が行動にからんでくるからだ。考えるとそれだけ動きが鈍くなる。吟味すれば、計画のあらが見えてくる。いろんな可能性を考え出すと、起こりそうな結末には限りがなく、問題が次々と浮かんでくる。そして、自分がどんなに物知らずか、だんだん分かってくる。あまりに長く必死に考え続けると、金縛りにあったも同然となり、もはや行動型の人間ではなくなってしまう。

　株は値上がりするだろうか、と聞かれて、

　「それは分からないね」と思考型のファンドマネジャーは答える。

　戦争に勝てるだろうか、と聞かれて、

　「それは『勝つ』という言葉の意味次第だね」と考え込むたちの将軍は答える。

　本書は限りない慎みの精神で書かれている。人は考えれば考えるほど自分の知識不足をいっそうはっきり悟らされる。実のところ、本書はちょうど良いところで終わっている。これ以上先へ進んだら、私たちは何も知らない、あるいはそれ以下の状態になってしまっただろう。

率直に言って、私たちは心底から世界を畏怖し、また夢中になって世界を楽しんでいるので、現時点でそれが理解できるとか、明日の状態を予測できるとかと考えるようなことはしない。人生で一番魅力的な要素である恋もお金も、あまりに複雑すぎて確かな予言をすることなど不可能である。しかし、それでも当て推量となると、せずにはいられない。

　私たちは世界がどう動くかについては知らなくても、どう動かないかということなら分かる——こう考える程度には慎みを忘れてもかまわないだろう。例えば株式市場は、必要なときに正しい数字を打ち込めば現金が出てくるATMのような単純な機械とは違う。それはむしろ人生そのものに似ていて、常に複雑で、しょっちゅう裏切り、ときにはとんでもないことが起きる。だからといって完全にランダムなわけでもない。人生で思いがけない出来事に不意打ちされることがあっても、いつもそれが不当だというわけではない。妄想に陥れば、それにふさわしい結果が生じる。遅かれ早かれ最後の審判の日がやって来て、ツケを払わされるはめになるのだ。

　この意味で、投資市場はけっして機械的なものではなく、良い悪いの問題がからんでくる。あとで述べるように、市場は、徳にはほうびを、罪には罰を与えるのだ。

　本書のアプローチは、通常の経済書や投資アドバイスのアプローチとは少し異なっている。ここでは、あざけって「文学的経済学」と呼ばれる手法を実践している。本書にも統計や事実は出てくるが、私たちの使った比喩や原理のほうがそれよりも大事である。陪審員が法廷弁護士に操られるのと同じように、事実というものはニュアンスの違いでどうにでも見せられる。うまく説明すれば、どんな見方とも一致させられるのだ。しかし、比喩は変わることがなく、事実が変質してしまったあとも、長いこと役に立ってくれる。

　そのうえ、比喩は世界とその仕組みを理解する手助けとなる。ノー

マン・メーラーの最近の言葉によれば「事実よりも比喩のほうがはるかに多くの真実を含んでいる」。しかし、比喩には厄介な点があって、新鮮でインパクトのあるうちは正しくても、大勢がそれを使うとたちまち擦り切れて見当はずれになってしまう。というのも、真実の全体はいつも複雑で、この世の最高の天才でさえとらえることができないのだ。

世界は人々が思っているようにはけっして動かない。といっても、世界の動き方についての考えがみんな間違っているというのではなく、ある特別な考えが広く共有されたときによく誤りが生じるということなのだ。それは、人間の大集団は単純な考えしか持つことができないからである。一般に広まった考えというのは、ほとんど例外なく単純化されて嘘も同然となりはて、たいていはひどく害を及ぼしかねない。無数の人間がいったんその嘘を信じ込むと、彼らはそれに合うように自分の行動を手直しし、その結果、世界そのものを変えてしまう。すると、世界は元の着想が生まれたときのものとは似ても似つかない状態になってしまう。やがて、個人個人の状況と現実の世界とのずれがひどく大きくなって危機が深刻になり、人々は説明と指針を得るために、新しい比喩を探さざるを得なくなる。

つまり、筆者たちが気づかざるを得なかったのは、油断できないが楽しめないこともない作用が世界に働いているということだ。それは心の弁証法とでもいうべきもので、貪欲と恐怖、自信と絶望が、女性泥レスラーのような表現しがたい優美さで互いに対峙しているのだ。

こうしたパターンは金融市場ではおなじみのものであり、いろいろなところで触れられている。

1990年代後期には、すでに異常なレベルにまで達した株価が、さらにいつまでも上げ続けると思い込んだ連中が、さまざまの理屈を持ち出してそれを根拠づけようとした。だが、主な理由といったら、単に世界がそう動いているからだというだけのことだった。その説明をも

とにひと儲けしようと、投資家たちが資金を株につぎ込んだときには、すでに買い手はほとんど残っておらず、株価も極端に高くなっており、利益も成長もそれを支えることはできなかった。

2000年代に入ると、株は3年続いて下げ続け、投資家をひどく落胆させた。なんでこうなるのか。何が起きているのか。彼らはその答えを知りたがった。

今本書を執筆している2003年夏の時点で、私たちはまだ答えをつかんでいない。主流のエコノミストでさえ答えを見つけ出すのは難しいと考えている。経済知識の広め役ポール・サミュエルソンはニューズウィーク誌の記事で、自分も同僚もこの「不可解な経済」を説明することができないと認めている。

一方、アラン・グリーンスパンもたいして当てにできない。2002年夏の終わりに、この世界一有名なエコノミストはワイオミング州ジャクソンホールで講演を行った。同僚を相手に語ったその内容は次のようなものだった。何が悪かったのか分からない。バブルというものは目の前ではじけても気づかないものだ。しばらくたってから鏡をのぞいて、顔にアザがあるかどうかを調べる必要がある。つまり、バブルは終わったあとになって初めてそれと認められる、というわけである。

だが、バブルかどうかで何か違ってくることがあるのだろうか。アメリカ人お気に入りのこの官僚は違いがないと述べた。バブルだと分かっても何も打つ手はなかったというのだ。

しかし、私たちはけちをつけたり、不満を言ったりするために本書を出すのではない。そうではなく、建設的批判のつもりで、あるいは少なくとも親切なからかいのつもりで書いているのだ。未来のことが分からないという点では私たちもグリーンスパンと変わらない。私たちはただ、現在がひとつの歴史的転機——一種の最後の審判の日——を迎えており、現在の世界の動きを説明するのに過去の比喩がもう使えないような時期になっていると推測しているにすぎない。なんとい

っても、金融市場は投資家が空想するような安心して頼れるATMマシーンではない。また、政治の世界は人々の思い込みとは違って安全で快適なものではない。

　本書には読者が奇妙に感じるかもしれないもうひとつの特徴がある。それは、組立式露天風呂（ホットタブ）からプールに移るかのように、軍事史と市場史にも首を突っ込んでいる点である。両方ともグループダイナミックスの生き生きとした作用を見せてくれる。大衆の感情の流れはどちらでも同じようなものである。だが、あとで出てくるように、政治的エピソードでは普通、悲劇的結末が待っているのに対し、市場ではたいてい笑劇に終わる。

　読者はまた、本書がヨーロッパの歴史にもページを割いていることを奇異に感じるかもしれない。それについて私たちは言い訳も謝罪もするつもりはない。パリにある私たちの事務所はヨーロッパの過去の記念物に取り囲まれている。私たちはそこから学ばないではいられなかった。

　最後になるが、本書には、投資の本によく出てくるような手法とかアドバイスは書かれていないし、経済学書のような詳しい議論も含まれていない。その代わりに、将来読者の役に立ちそうな、いくつかの分かりやすいアイデア――例えば10年単位の投資など――が示されている。

　もし読者の中で、10年単位の投資についての新しい展開が知りたいとか、最新の論評を見てみたいという方がおられるならば、どうかhttp://www.dailyreckoning.com/にアクセスしてサインアップしてください。

# ギルダー的時代
## The Gildered Age

　私たちが住むこの世界の本当の問題は、それが非合理的だということでもなく、まして、それが合理的だということでもない。一番困るのは、ほとんど合理的なのに、それが完全でないということである。世の中は非論理的ということはない。だが、論理家にとってはそれが罠なのだ。世の中は実際よりも少しだけ数学的で規則的にみえる。それが正確なのは明らかだが、不正確なところがどこかにひそんでいる。その荒々しさがじっと待ちかまえている。──G・K・チェスタトン

　1990年代後期のあるとき、当時470億ドル規模の企業であったグローバル・クロッシング（GC）の会長ギャリー・ウィニックはめったにしないことをした。デビッド・ロックフェラーといっしょに画廊めぐりをしたり、ビル・クリントンとゴルフをしたり、マリブ海岸で楽しく過ごしたりするのをやめて、自分の仕事について少し知識を仕入れようと思い立ったのである。そして、海底ケーブルの敷設法について解説した１本のビデオを買いこんだ。そのビデオがあれば、海底ケーブルについてほかに知るべきことは何もなかった。というのも、ウィニックは自分の本当の仕事をよく心得ていたし、それは敷設船とも光ファイバーとも無関係だったからだ。ウィニックは、愚か者とその所有金を切り離すという、自然のなすべき仕事に携わっていた。そして、それに長けていた。
　ウィニックは海底ケーブルのビジネスについて十分に心得ているは

ずだった。同様に、彼が資金を調達した相手であるウォール街の「ずばぬけたプロたち」も、大金の運用能力をしっかり身につけているはずだった。何しろ、それ相応の収益を上げるために、資金をどこに投資したらいいかをわきまえているのが彼らの本領なのだ。そして、この「ずばぬけたプロたち」にお金を預けた者たちも、自分のしていることを心得ているはずだった。ところが、実際にはだれもが分かっていなかったのだ。

　世の中の大驚異のひとつは、愚か者がすぐお金を失うということではなく、そもそも愚か者がお金を手に入れるということだ。世の中をつき動かしているのは、まさに虚栄心そのものである。ひとつの嘘は次の嘘へとつながっていくが、それは、パリの通りの駐車スペースが間髪を入れず次々と車に埋められていくのと同じ有様である。

　人生は芸術を模倣するというが、人生は科学に対してもまた、やみくもにまねをする。20世紀の間に、ある単純な考えが投資家の心に根を下ろした。それは、どんなものも機械のように作動するというものだ。特に経済がそうだ。経済成長が速すぎると、グリーンスパンFRB議長が金利を上げて「ブレーキをかける」。そのスピードが落ちると、金利を下げて「アクセルを踏む」。まったく単純なことだ。FRBの働きを機械のイメージでとらえればピッタリ当てはまるようにみえる。ここ20年、これに反する実例はなかった。そんなにも長い間とてもうまく動いてきた。ほとんど真実のように思えてしまうほどだ。

　バートン・マルキールはその著『ウォール街のランダム・ウォーカー——株式投資の不滅の真理』（日本経済新聞社刊）によって「効率的市場仮説」という考え方を広め、株価はランダムに動くと主張した。私たちにできるのはせいぜい指数を買ってずっと市場にとどまることだ。時がたてば相場が値上がりして——やがて、金持ちになれる。この見方によれば、市場は、参加者にただ平等に富を分配する恵み深い機械的な道具にすぎない。「市場にとどまっている」かぎり資本主義

のすべての富が自分のほうに流れ込んでくるというわけだ。

ところが、市場は機械のようにみえても、実はそうではない。市場ははっきりしない生物的なシステムであって、それを理解するには自然科学ではなく人文科学を必要とする。金融市場は人間の経済的活動の反映であって、はっきりしない無秩序のシステムである。そのようなシステムを理解するためには、それを含む自然全体についての比喩を考えてみるとよい――自然は無限に複雑でどうしても支配しきれないものだ。市場は親切でも寛容でもない。よく言われるように、市場が神の役目を果たすというのなら、それは新約ではなく旧約聖書の神である。

しかし、1990年代後期、この世は素晴らしかった。豊かでぜいたくで、太陽は毎日輝いていた。進歩は確実でとどまるところを知らないかのようだった。デジタル形式による情報化によって、人類が利用できる情報資源は限りなく豊富になっていくと考えられた。それはとても簡単な話にみえた――コンピューターと遠距離通信のおかげで、受け取る情報量は増大し、そのことで、物がより速く、より安く生産できるようになるというのだ。それまで、人類は、暗く狭いほら穴に何も知らないでうずくまっていたネアンデルタール人のようなものだったが、これからは直立して歩行し、完成に向かって毎日着実に近づいて行くことができる。以前はへまばかりやっていたが、もうそういうこともなくなる。というのも、情報化時代にうまく適応できるように、より完全な種へと進化を遂げたからだ。本当の「新時代」になったのだ。――こんなふうに説かれたのである。

21世紀の幕が開いたとき、半世紀にわたる進歩と25年続いた上昇相場の結果として、天才の国が形成されていた。アメリカは世界の頂点に立っていた。その軍隊は無敵であった。その通貨は真の価値があるかのように、どこでも通用した。ドルは１日にほぼ15億ドルが純流出し、合衆国最大の輸出品であった。全生産物の中で、ドルは最大の

利幅を稼ぎ出してくれた。1ドルを作り出す費用は1セント以下で、しかも、額面どおりの価値があるのだ。

　しかし、アメリカの最大の強さはその経済力にあった。それは世界最強だっただけでなく、世界史上最強だった。アメリカは、20世紀の最後の10年間で経済上の競争相手を大きく引き離した。多くの人にとって、アメリカ経済はとどまるところを知らず、繁栄はどこまでも続くように思えた。彼らは、その指導的地位は循環的なものでなく、不変のものだと信じた。現状はほとんど完璧に近いので、改善すべき点はほとんど思い浮かばなかった。アメリカの音楽、美術、映画、民主主義、アメリカ流の市場資本主義はいたるところで勝利を収めた。

　「人類の進歩を示す実例として生き残っているのはアメリカだけである」と、2002年6月、ジョージ・W・ブッシュ大統領はアメリカ陸軍士官学校の卒業生を前に語った。ほぼ同じころ、トマス・L・フリードマンはニューヨーク・タイムズ紙に、アメリカには欠点もあるが、「それなくしては良いことも生じない」と書いた。

　奇妙なのは、このシリコンチップとインターネット・ドメイン名の黄金時代にあって、なぜ情報時代が太平洋を渡って日本にまで広がっていないのか、だれにも説明できなかったことだ。そもそも、だれもそんな質問をしようという気にすらならなかった。大ブームのときにはみんなが気楽になるものだ。クエスチョンマークが消えてしまうのだ。社会というものは市場や人間と同じで、途方もなく複雑である。目を凝らして観察すれば、その分いろいろのものが見えてくる。しかし、物事がうまくいっているときは、みんな満足しているので質問や観察などはしない。世の中の仕組みなど分かっていると考えるし、それを説明してくれる単純な比喩さえあれば、あとは楽しむだけなのである。

　新しい情報技術は生産性と成長率を高める、と主張されている。それを疑う者はほとんどいない。情報が増えれば世の中が良くなる――

そんなふうに単純に考えてしまう。というのも、上昇相場の間は、クエスチョンマークが、復活祭のあとの冬物と同じように、まとめてしまいこまれてしまうからだ。冷たい秋風が吹くまでは、それが外に取り出されることはない。

そして、2001年9月末、寒い季節のすきま風が吹き始めた。ナスダックは最高値から73％、ダウ平均は32％下落したのだ。景気後退は3月に始まっていた。それは最初、3カ月で終息すると報告されていたのだが、あとになって、その年いっぱい続いたとの修正報告がなされた。投資家たちは占いの水晶球を持たないので知るよしもなかったが、悪天候の時期に入ろうとしていた。しかし、戸棚の中からコートや手袋を取り出し始めていたのはごく少数だった。

私たち人類は類推によって物事を理解する。ノアが箱舟を作る以前から、既知のものを未知のものに当てはめることによって、世界を理解しようとしてきたのだ。観察しているものを説明するためには、ものの比較だけが頼りだった。その昔、熊は、例えば「ライオンのように速く」あるいは「聖なる魔女のように」走る、と言われることがあったようだ。それは、動物の走る速さを正確に測ることができなかったからだ。また、雨の降らない日が続くと、村人たちは2、3年前の「大かんばつにそっくりだ」などと語り合うことがあっただろう。彼らは当然、先の出来事など予知できなかったが、類推によって警戒し、食料をため込んだ。私たちは、確実には分からないものと、それよりは少しよく分かっているものを比べることで、両方分かったような気になるものだ。例えば、あたかも経済を機械のように操作することができるかのように考えて、アラン・グリーンスパンがレバーを引いたり、つまみを回したりしている姿を想像する。

ところが、奇妙なことに、20世紀末の新世界では、昔の時代や太平洋のかなたとの比較は問題にならなかった。独特の状況であった。古い規則や教訓はもう通用しないとされただけでなく、比較そのものが

もはや時代遅れだった。新時代は「デジタル」の時代だった。すぐに生活のほとんど全部がデジタル化されて、人類は1日ごとにより良い情報に恵まれ、より金持ちになり、より道徳心が向上すると広く信じこめられていた——季節が変わるまでは。

## 新時代の導師たち

新時代の歴史が書かれたとすれば、予言者のモーゼとアーロンさながらに信者たちをオールドエコノミーの束縛から抜け出させて、株式オプションとカフェラッテの新天地へと導いたのは、ロバート・メトカーフとゴードン・ムーアだったと記されるだろう。2人は1990年代のシリコンバレーの人々が指針とした法則を定めたのだ。

メトカーフはよく知られた現象を定式化した。つまり、あるシステムや集合体の要素の価値は、全体が拡大するにつれて大きくなるというのだ。例えば電話システムについて考えてみるとよい。ベル電話会社が1877年5月に設立されたとき、その製品はろくに役に立たなかった。契約をしてもほかに電話を持つ者がいなかったので、電話がかけられなかったからだ。しかし、3年後には3万台の電話が使われるようになっていた。

このことからさらに新たな考えが導き出される。つまり、利益はあとからついてくるのだから、会社は電話の販売と据え付けに巨額の資金を使ってもかまわないことになる。なによりも大事なのは、競争会社ではなく、ベルの電話を人々に買ってもらうことだった。結局のところ、最も普及したサービスが最も使いやすくなり、たぶん収益力も一番大きくなるはずだった。

こうした見通しを元にして、おなじみのインターネット・ビジネスプランが生まれた。利益は気にしないで市場シェアを拡大しろ、というのだ。だが、ほとんどだれも気づかなかったが、そこには欠点があ

った。というのは、電話システムは準独占事業だった。会社は極めて長い間、独占的レベルの利益を期待できるのだから、その整備に大金をかけるだけの意味があった。ベル電話会社とその系列会社が今も事業を続けていることを考えてみればよい。それに比べて、アマゾン・コム、グローブ・コム、ウエブバン・コムをはじめとする何千ものインターネット新興企業には、独占やそれに近い状態に至る見込みはまったくなかった。

ところで、ムーアのほうも法則を定めていた。それは、コンピューターの能力は18カ月ごとに倍加するというものだった——これまでのところ確かにそのとおりになっている。この成長率にはだれもが仰天し、インターネットの投資家にもうひとつの大きな妄想を抱かせることになった。コンピューターの能力が倍々で増加するのであれば、インターネットビジネスや株価だって同じはずだというのだ。しかし、ムーアの法則はコンピューターの情報処理のスピードにだけ当てはまるものである。政府の定量分析もこの点で過ちを犯し、GDP（国内総生産）で表されるような国富も同じように増加すると想定した。あとで述べるように、このことから生産性やインフレの水準などの指標にも歪みが生じることになった。

ムーアとメトカーフが新時代における旧約聖書の予言者なら、ジョージ・ギルダーは救世主だった。どんな革命にも理論家や扇動者や死刑執行人や犠牲者がつきものである。3分の1は妄想、3分の1は愚か、3分の1は理解不能——ギルダーはこれら全部を合わせたものであり、さらにそれ以上だった。彼はロムニーやロックフェラーやニクソンのスピーチライターであり、『富と貧困』（日本放送出版協会刊）、『信念と腕力——限界を打破する企業家の精神』（新潮社刊）など数冊の広く読まれている本の著者だった。記録によれば、彼はロナルド・レーガンが一番よく引用した著述家である。その著書『未来の覇者——マイクロコズムの世紀』（NTT出版刊）の中で、ギルダーは新技

術と進取の精神の行きつく先を、ほかのだれよりも遠くまで追いかけた。このとき以来、彼はやや遠くまで行き過ぎたと評する声も出てきた。

　ギルダーがフォーブズASAP誌に書いた数々の記事は読みにくいというよりも、理解不能だった。しかし、気にすることはない。彼は天才だし、正しかった回数はおびただしい数にのぼる。そのレポートは、現代のきわめて利口な投資家が数多く支持しており、その結果、ある記事によれば、この「青白く神経質なヤンキー」は、半神とか、「デジタル時代の洗礼者ヨハネ」とかのようにみなされるほどだった。しかし、ギルダーはインターネットの可能性について有頂天になりすぎたあまり、少し気が変になったと思えないこともなかった。

　警戒すべきは、ギルダーが「私は値段など気にしない」[1]と述べている点だ。困ったことである。投資家にはいずれ分かることなのだが、値段は重要なのだ。技術が素晴らしく、それを保有する会社が立派でも、株価が妥当でなければ良い投資とはいえないのである。

## 不運の星

　「技術が語りかけることをよく聞きなさい」と、ギルダーの恩師、カリフォルニア工科大学物理学教授のカーバー・ミードは新時代の救世主に忠告した。ギルダーが十分に耳を凝らしてじっと聞いてみると、確かに宇宙の話す声が聞こえてくるような気がした。その声は「グローバル・クロッシングを買え」と言っているようだった。

　ギルダーは、普通、株は買わなかったし、新聞報道から判断するかぎりでは、株の推奨にもほとんど興味を持っていなかった。だが、このテレコズムのオデュッセイは耳に栓をすることも、体をマストに縛りつけることも忘れていた。そのせいで、グローバル・クロッシングの妖女セイレーンのとりこになり、気が変になってしまった。このこ

とが一番はっきり表れているのは『テレコズム——ブロードバンド革命のビジョン』（ソフトバンクパブリッシング刊）である。この本のなかで彼はニューエコノミーの到来を告げ、「それをもたらしたのは、豊かな輝きを持つ新しい世界であり、そこではプロメテウスの光を除いて、現実からすべてが剝ぎ取られ、質量も奪われている」と述べた。この文がいったい何を言おうとしたものか、いまだに不明である。グローバル・クロッシングが「強大な累積的能力、真理、現代の科学と富の超越」によって、いかに「精神と信仰の新時代」をもたらす一助を担ったかについて彼がたわごとを並べても、それは一向にかまわない。しかし、PER（株価収益率）が－130倍の株に対して金を賭けるような投資家がいたとしたら、愚かとしかいいようがない。にもかかわらず、2001年6月の時点でもなお、ギルダーはグローバル・クロッシングについて、その株は「テレコズムにおける最も確実な賭け」[2]として称賛し続けていたのである。

　——おっと、忘れていた。ギルダーは「値段など気にしない」のだった。

## 通信回線網の支配者

　ギャリー・ウィニックは、光ファイバー事業にほとんど偶然で参入する前は、ドレクセル・バーナム社の債券トレーダーだった。彼は1997年にAT&Tの海底ケーブルに融資して以来、帯域幅が持つ可能性に気づいていた。彼が最初のケーブルを敷設するのには14カ月を要したが、その利益は巨大だった。

　こうしてグローバル・クロッシングの単純な事業計画が開始された——資金を集めて光ファイバーケーブルを敷設するのだ！　初めの見積もりによれば建設費用は27億ドルだった。すぐに資金がバミューダ諸島のハミルトンにあるグローバル・クロッシング本社に向かって、

光の速さで流れ込んできた。株式は1998年8月に9.5ドルで公開された。8カ月がたった時点で株価は60ドルになっており、会社の時価総額は540億ドルに達していた。ウィニック自身の持ち株は47億ドルにまでなっていた。やがて彼は、大陸を結ぶ海底広帯域ネットワークを築きあげて、ドイツテレコムやAT&Tなどの全世界的な回線会社にサービス提供する夢を抱き始めた。

　それから3年がたった2001年11月、グローバル・クロッシングは、四半期における損失が、前年同期の損失額の6倍以上に当たる33.5億ドルになったことを報告して、投資家を「仰天させ、激怒させた」。その損失の中には、ギルダー時代のもうひとつの不運の会社で、当時、連邦破産法による監督下にあったエクソダス・コミュニケーションに対する20億ドルの持分償却が含まれていた。グローバル・クロッシングの普通株は11月半ばには、たった1.24ドルで取引されていた──10月9日に比べれば38セントのアップだが、6月につけた13.3ドルからすれば大幅下落だった。その6月には、ギルダーは会社がしっかりしていると信じていたのである。1年半の間に、投資家はこの株で約529億ドルを失った。

　それでも新時代の幻覚者ギルダーは変わらなかった。たった数カ月前（2001年6月）に彼はこう書いていた。「もし、あなたが1998年にグローバル・クロッシングを買っていれば、5000マイルのケーブルを1本買ったことになる。今では10万2000マイルのネットワークを買うことになる。もし、あなたが1998年にグローバル・クロッシングを買っていれば、収入4億ドルの会社を買ったことになる。今では、総売り上げが50億ドル以上、調整キャッシュフローが10億ドル以上あり、毎年40％で成長する会社を買うことになる。もし、あなたが1998年にグローバル・クロッシングを買っていれば、大西洋スタティックSTM-1通信回線を買ったことになる。今では、通信量が年率450％で増加するIPバックボーンと、3月四半期に年収換算でほぼ2倍の収

入を上げたエクソダス社（膨大な量のコンテンツや情報庫やサービスへの拠点ハブ）の20％の持分を買うことになる。もし、あなたが1998年にグローバル・クロッシングを買っていれば、ガラスと光による地球規模のウエブの夢を買ったことになる。今では、ウエブそのものを買うことになるのだ」[3]

「もし、あなたが1998年にグローバル・クロッシングを買っていれば、その金の98％を失っていることになる」——皮肉屋ならこんなふうに言い返すであろう（グローバル・クロッシングによる損失については図1.1を参照のこと）。

結局のところ、ウエブそのものよりも、夢のほうに投資していたほうがまだましだった。グローバル・クロッシングは、調達する資金額を増やしてケーブルをどんどん敷設することによって、最後の日の到来を早めた。ギルダーのいう「膨大な量（エクサフラッド）」の儲かるコンテンツでいっぱいになるどころか、供給が多すぎて、すぐにその洪水にのみ込まれてしまったのだ。金融的な沈み込みが短期間であまりに深かったので、脱出の望みはなかった。ギルダーがテレコズムの星々を眺めていたころ、業界の利口なインサイダーたちは地上に目を向けて、大洪水がやってくるのを見ていた。

投資家たちは、ハイテクブームの頂点ではグローバル・クロッシングやほかの天才的起業家に気前よく融資したが、2001年11月の時点ではそうした優しく寛容なお人よしではなかった。何しろ、グローバル・クロッシングの債券は、警戒されて1ドル分が18セントにまで値下がりしていたのだ。また、担保付銀行債権は1ドル分が67セントで取引されていた。優先株は利回りが177％になっていた——もしそれが回収できたとしての話だが。

回線は、その量がまだ少なくて、投資家が多額の資金を持っていたときには、良い投資対象のようにみえた。しかし、すぐに投資家の資金は減り、選べる回線の数は増えた。回線の価格は暴落した。専門家

### 図1.1 新時代のプロメテウスの光

グローバル・クロッシングはジョージ・ギルダーお気に入りの銘柄だった。投資家にとっての不運は、ギルダーが「値段を気にし」ないことだった。2002年1月、グローバル・クロッシングは破産宣告を受けた。創立者のギャリー・ウィニックはCEOを辞任するとき7億ドルの預金があった。辞任にあたって、彼は「グローバル・クロッシングにかかわったきわめて多くの人たちもまた、大きな経済的損失の痛手を受けたことに対して大変遺憾に思います」と述べた。

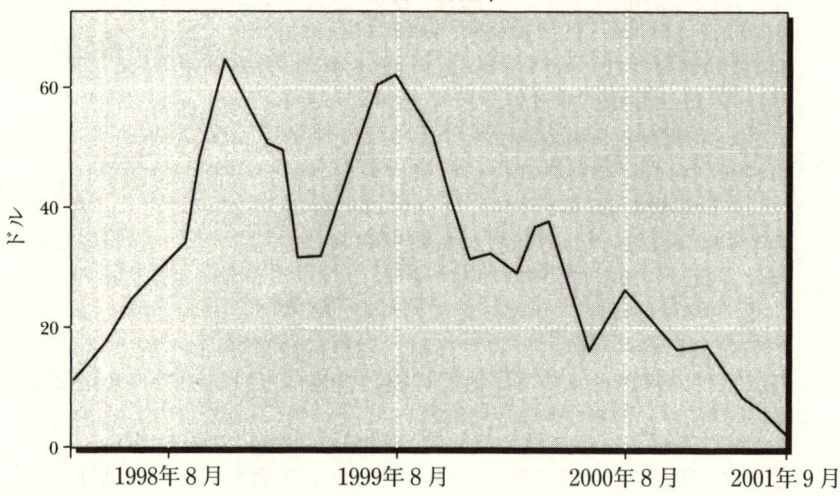

グローバル・クロッシング（GX：ナスダック市場）
1998〜2001年

によれば、このとき使われていた——「光っていた」——光ファイバーは10%以下だった。そして、このファイバー過剰のときに、グローバル・クロッシングは相変わらず四半期ごとに5億ドルずつかけてケーブルの敷設を続けていた。この段階で容量をさらに増やすのは、酔っ払ったパーティーの客がさらにワインを1本開けるのと同じだった。

だから、2002年1月28日にグローバル・クロッシングが、債権者にほぼ40億ドルの損失を与えて破産宣告を受けたのも驚くほどのことではなかった。

驚くべきことはむしろ、まだ信頼をおく者が多数いたという点である。例えば、2002年6月9日発行のフォーチュン誌の記事は、会社が「生き残るチャンスはかなりあった」としてその崩壊を悲しんだ。

　これはだれの責任だろうか。積極的に資金を求めたウィニックのせいなのか、あるいは、それに応じたお人よしたちが悪いのか。出資者たちがどこかで27億ドルの清算を求めていたら、グローバル・クロッシングはまだ事業を続けていたかもしれない。しかし現実には、さらに巨額の資金をウィニックに差し出して200億ドルもの出資をしてしまった。その会社が倒れたとき、長期負債は76億ドルにまで膨らんでおり（負債総額は140億ドル）、利息の支払いに当てる現金が底をついてしまっていた。

　しかし、ウィニックが調達した200億ドルはどうなったのだろうか。彼はほかの割高な電気通信会社を買収するためにその金をばらまき、同時に、資金を集め続けるためにウォール街に巨額の手数料を払ったのだ。1998年から2001年までの間に、ウォール街の主力会社は、引受業務と投資銀行業務の手数料として電気通信関連会社から130億ドルを得ていた。

　このとき、本物の情報とニセの情報が混じって飛びかっていた。ソロモンのテクノロジー・アナリスト、ジャック・グラブマンはこの株をほめあげた。投資家はその株を実態以上の価格で買った。ウィニックはほかの電気通信株を実態以上の価格で買った。そして、みんなが儲けていた。

　しかし、それは中身も根拠もないものだった。高すぎる値段で必要もない物を無理して買っても、本当の金持ちになれるはずがない。彼らはただ金をたらいまわしにして、むだに大金を失っているだけだった。電気通信業界だけをみても、全世界の必要量をはるかに超える休眠ケーブルが設置されてしまった。そして、最終的にバブルの終わりが来たとき、グローバル・クロッシングだけで540億ドルの損害を投

資家に与えてしまった。

　だが、そうした金のすべてが消えてしまったわけではない。グローバル・クロッシングが破産宣告を受けるまでの間に、ウィニックは7億3500万ドルの株式を売却し、ほかに報酬の形で1580万ドルを受け取っていた。彼は自分がとても利口だと感じたにちがいない。彼は初めの計画どおりのことをやった。2000年から2002年の間に、株式の現金化によって家族分を含めて6億ドル以上のお金をポケットに入れたのである。この間、グローバル・クロッシングは厳しい負債の負担や、価格の下落や、業界の大変動に対して悪戦苦闘を続けていた。ウィニックはまた2002年5月に手際よく1000万株を12ドルで売ったが、これについてフォーブズ誌は、株価が2002年末には2セント以下の水準にまで下落したことからして、「グッドタイミング」の決断だったと皮肉な口調で評した。

　女優のメイ・ウエストが述べたように、持ちすぎてもなんら害にならない物もある。しかし、お金を持ちすぎることは、その人にとってだけでなく、経済全体にとって明白な現在の危険となる。行き過ぎた幸運によってめちゃめちゃにされてしまうのは、ひとり電気通信業界だけに限らないのだ。

## モーゼの帰還

　フォーブスASAP誌の編集長で、ビジネスとニューエコノミーに関して数冊の本を書いているマイケル・マローンは、偶然シリコンバレーで金持ちになった。2人の会社設立者から発起人株をもらったのである。そのひとりは、シーベル・システムの設立者にしてCEO（最高経営責任者）であるトム・シーベルで、彼は『ビジュアル・セリング（Visual Selling）』の共著者でもあった。もうひとりはイーベイの創立者のピエール・オミジャーだった。マローンはその株の価値を

知らず、自分が莫大な富を手にしたことが分かってびっくりした。しかし、彼に忠誠心はなく、できるだけ早い機会にその株を売ってしまった。

　それというのも、マローンにはニューエコノミーのバブルが本物とも正しいとも思われなかったからだ。「次から次へと作り出される、これらウエブ関連の新会社が長続きも成功もしないことは、大半の人が直感的に見抜いている」と彼は書いている。さらに、彼の予想では、「来るべき審判の日」には、投資家の資金は失われ、退職者年金は消えてなくなり、株式市場の評価額も筋の通らない高値から地に足がついた値段へと戻ってくるはずだった。

　1990年末ごろには、メトカーフとムーアもマローンと同じ気持ちになっていた。彼らにしてみれば、シリコンバレーに戻ってみたら、あたかも部族の仲間たちがインターネット時代をバカげたパロディに変えてしまっていたかのような状況だった。シリコンチップとインターネットの力を使い、本物のビジネスを始めて、本物の富を築くことはそっちのけになり、会社のIPO（新規株式公開）という事業イメージの銘碑のまわりで、投資家たちが訳も分からずにただ踊り狂っているだけだった。

　メトカーフは自分が株式市場のバブルのことで頭を悩ませていると述べた。「そこで起きていることが、私にはいまだによく理解できない」と彼は説明している。メトカーフはバブルは「歪んでいる」と考え、その歪みがやがて「破滅」につながっていくのではないかと懸念した。その著作には、起業家たちがIPOに取りつかれていることへの懸念が表れている。「私は（起業家に対して）『で、その会社は何をしようというのですか』という質問をよくする。最近では、その答えのなかにたいていＩ－Ｐ－Ｏの文字が入っている。新しいビジネスが何を目的としているのかを説明するとき、最初の５文中にこの言葉があったとすればそれは良くないことだ。もし、IPOのことを考えている

人がいるとすれば、その人は何か勘違いをしている。……こうした人々はIPOが重大な出来事だと考えている。私の見方では、それはちょっとした経済上の手続きにすぎない。彼らの見方では、それは人生のすべてである」[4]

はたして最後の審判の日はやって来るであろうか。メトカーフはこう続けている。「(ベンチャー投資家たちは) 最初の段階からかかわりを持ちながら、早々と手を引いてしまう。(それに対し) ……公開市場のこの哀れな間抜けたち。彼らは利益を求めて寄って来るが、それを手に入れることはない。すべてはやがて崩れ落ちてしまうのだ」[5]

しかし、それにしても時期が遅すぎた。その時点での一般の考えかたによれば、マローンもメトカーフもムーアも、もうおよびではなかったのだ。

## デジタル人間は「分かってしまう」

2000年夏、エド・ヤルデニは新時代の人間を、「前向きの陣営」と「後ろ向きの群衆」[6]という2つの異なったタイプに分けた。彼によれば、前者は、デジタル技術革命によってこの経済がニューエコノミーへと変身しつつあると信じているのに対し、後者は、ニューエコノミーをおおかたは誇大宣伝とみなし、技術革命を株式市場のバブルと考える。この2つのとらえ方について、ドイツ銀行の主任エコノミスト、アレックス・ブラウンはさらに深く研究したが、その結論として「第1のグループは感覚で分かってしまうが、第2のグループはそれができない」と述べた。こうしてその後、妄想狂たちの間で、仲間を指して「分かってる」やつらと呼び、それ以外のどんな人間も相手にしないというのがはやりとなった。

典型的には、「分かってしまう(ゲット・イット)」という表現は、ある立場がかっこよくピタリと決まり、理性や経験によって根拠づけ

る必要性が（あるいは見込みがほとんど）ない状態を指している。例えば、急進的なフェミニストの過激な主張に驚くような男性は分かってないねと言われる。同じように、クレオパトラがブラック・アフリカンだったと主張する黒人の急進派に対して、ある白人が反論を試みようとすると、「分かってないね」という反応で対応される。

　根拠となるのが、頭を叩いたときの音なのか、メールのやり取りの記録なのか、一連の投票行動なのかは別として、ともかくヤルデニは「デジタル人間」という新しい人間の亜種全体を見分けることができた。「第1のグループはデジタル人類から成り、ニューエコノミーの長期トレンドはオールドエコノミーのビジネスサイクルを乗り越えつつあると信じている。第2のグループは大部分がアナログ型の性格で、人の脳や集団的行動はもともと変動するようにできていると信じる」と彼は書いた。[7]

　これ以前、ヤルデニはY2K騒ぎを盛り上げた人物としてよく知られていた。2000年に起きるとされたコンピューターの問題が景気後退を引き起こすと予言したのである。Y2Kにからんだすべての人物のなかで、彼ほどひどく間違えた者はたぶんほかにいなかった。経済上重大なY2K問題が生じなかっただけでなく、みんなが警戒したおかげで、景気後退でなく景気浮揚がもたらされたのだ。労働統計局の人たちの素晴らしい働きによって、Y2K対策による巨額の消費が生産性の大きな向上へとつながった。ヤルデニは啞然としたにちがいない。グレゴリオ暦の2つの小さな数字――それが景気浮揚へ！　世界最大規模の経済が好転した。

　しかし、都合のいいことに、評論家たちはヤルデニのY2Kの大失態を忘れてくれた。デビッド・デンビーはニューヨーカー誌にこう書いた。「ニューエコノミーは新しい人種を生み出しつつあるようにみえる。彼らは経済そのものをお手本にして、自分たちの生き方、働き方、買い方、人との交わり方を苦しみながら変えつつある」[8]

というわけで、新しい人種が私たちに混じって歩き回っていた。彼らについて私たちが知っている事実は、彼らが「分かってしまう」こととデジタル型だということだけだった。ただ、その居所についてはある程度分かっていた——明らかにウォール街にはデジタル人間が大勢いたし、日本にはほとんどいなかった。デジタル人間に言わせれば、「情報は自由になりたがっている」「スピードは情報の意味を変える」「われわれの目的はユビキタスだ」。言ってる内容はあまりまじめに取る必要はないらしかった。何といっても、彼らは若くかっこよく、先端を行くハイテク屋だった。そのうえ、物事が「分かってしまう」のだ。
　かつてだれかが言ったように、大金を稼ぐには自分よりも愚かな人間を相手にするしかない。デジタル人間は早くからこのことを心得ていた。そのうえ、幸運なことにきわめて大きな市場を持っていた。フォーチュン500の大会社に現代絵画を売りつけた、あつかましく強引なセールスマンと同じように、彼らはつけ入る隙を狙っていた。トップ企業のCEOもタクシーの運転手もどんどんお金を差し出してきた。バカげたうぬぼれを持った新時代のハイテク屋が、頭の空っぽの弱々しいビジネスマンを相手にするとどんな振る舞いにでるか、マイケル・ウルフがフォーブスASAP誌に書いている。

　　私は何十億ドルもの流動資産と数百万ドルの利益の流れを代表する立場に立って、一流企業のビジネスマンたちを相手に、取引のテーブルに座ったわけであるが、今となればやましい気持ちになるものの、そのときには、伝えようもないほどの無上の喜びを感じたものだ。というのも、彼らには分からないことが私には分かっており、そのせいで高飛車に出られただけでなく、ひどく高慢な口をきき、子供のように扱うことで、相手の鼻をへし折ることができたのである。こんなふうに知ったかぶりをすることによ

って、何千億ドルもの金を取引した。

　しかし、なぜ機関投資家のビジネスマンですら分かっていなかったのか。それはとても簡単なことで、実は分かるべきことが何もなかったからだ。ハイテク屋たちは本物の知識を持たず、ただ知識のあるふりをしていただけなのだ——連中のでっかく空っぽのアイデアは結局のところ何の意味も持たなかった。たしかに連中に技術はあったが、それで何をするのか、それがどんな意味を持つのか、ほかの人間と同様に彼らも理解していなかった。あるいは、たいていは実際的な経験がひどく乏しかったことからすれば、ほかの人間以下だったかもしれない。また、連中が修得した技術にしろ、役に立たないことがしばしばだったし、衝撃的で効率的な新技術にすぐにとって代わられることもよくあった。その新技術の内容がまたいっそう不確かであった。

　どんな革命も、それに同行する——追随する新人間を必要とするといってよい。フランス革命ではサンキュロットの「市民」が出現して、かつて聖なるパンを授けてくれた司祭を迫害し、耕していた土地の持ち主である貴族の首をはねた。ロシア革命でもまた新人間——新ソビエト人——が出現し、普通人の14人分の労働をこなしただけでなく、通常の感情と身体機能の限界を超える能力を持っていた。トロツキーによれば、彼らは「呼吸、循環システム、消化、生殖など、身体の半意識的ないし無意識的なシステムを支配する」ことができるはずだった。

　分かってる者たちは、私たち分かっていない人間にははっきり見分けられないような、ごちゃごちゃの名状しがたい真実が見抜けるらしかった。その結果、デジタル人間——突然変異で生まれたホモ・スーパーサピエンスの人種——はただ世界を引き継ぐだけでなく、占有によってそれを取得するものとされた。しかし、（ロシア、フランスなどの）歴史上の新人間で、私たち人類が受け継いできた弱さや罪を消

し去るのに成功した者はいなかった。そして、「ニューエコノミー」にかかわる「新人間」はいるにはいたが、見たところ、旧人間とほとんど変わらなかった。デビッド・デンビーはニューヨーカー誌のなかで、自分のまわりに見かける新人間について「貪欲で、一面的で、無知だ」[9]と表現している。

「分かっている」者たちのなかで、ジョージ・ギルダーほど分かっている者はまずいなかった。情報革命におけるギルダーの役割は大衆の夢を正当化することだった。マルクスやエンゲルスやレーニンと同じように、彼は大衆投資家（ルンペン・インベストリアート）を説得するのに一役かった。その結果、彼らは、理解できない技術を受け入れ、自分のものではない資金で、聞いたこともない会社の株を買うことによって、働かなくても金持ちになれると信じ込んだ。グラスファイバーを飛びかう何ギガビットもの光量子とか、多重脈動搬送路とかの話は、まさにマルクスの弁証法的唯物論のほら話を、情報革命ふうに焼き直したものにすぎなかったと言えよう。普通の投資家にとって、それはまったく変てこで、ちんぷんかんぷんだった。しかし、それで金持ちになれるのなら、なぜ疑問をぶつける必要があろうか。

それでもなお疑問をぶつけてくる者に対しては——それが、1917年のロシアにおける反革命ブルジョア分子であろうと、ウォーレン・バフェットのような1999年における反動的保守的投資家であろうと——同じ答えが返ってくる。あんた、分かってないね、と。分からないのは、知的能力が足りないせいではなかった。実際、だれもバフェットを愚かだと非難したことはなかった。原因はもっと深いところにあった。新時代が要求したのは、疑問も説明も求めることなく、それを心と骨とはらわたで理解する投資家——つまり、分かってる投資家だったのだ。

新しいソビエト人間は、働くための原動力として利益を必要としなかったが、デジタル時代の新人間を投資に誘い込むためには利益が必

要だった。どうしてグローバル・クロッシングが1株60ドルもするのだ——こんな疑問がその頭に浮かぶことはなかった。「豊かな輝きを持つ新しい世界」のことしか考えられなかったのだ。その目に「プロメテウスの光」が輝いているときに、どうして、1株200ドルのアマゾン・コムをしっかり見すえることができただろうか。

## 変人が金持ちになる

　情報革命はまた、世の中をもっと良くしようとして、必死になって活動する小細胞を持っていた。

　「これは本物よ」。私たちは、2000年初めにこう語ったひとりのランチ仲間を思い出す。彼女はずっと商品トレーダーをしていた。しかし、商品価格は長年にわたって値下がりを続けていたので、トレードに励んでも、もはやほとんど報われないように感じられた。世の中が求めていたのは形のないものであって、形あるものではなかった。

　「だれも商品トレードに目を向けてくれないの」と彼女は説明した。そこで、このわが友人は商品トレードをあきらめて、お金を追いかけることにした。そして、今はドットコム会社の起業家たちに株式公開の情報を提供するアドバイザーとして働いている。「連中は24時から7時まで働くの。自分たちがまったく新しい世界を作りつつあると考えているわ」

　マイケル・セイラーはギルダー的時代のトップ起業家のひとりで、マイクロストラテジー社の創立者だった。当時の救世主気取りの変人のなかで、セイラーは明らかに飛び抜けていた——おそらく最高に気が変で、間違いなく最大級の金持ちだった。彼は何百万人もの人々に娯楽を提供し、無数の愚か者からそのお金を取り上げていた。

　「私たちはこの地球から無知を追放しつつある」とセイラーは公言し、自らに高い目標を課した。「知性のための聖戦」を行っていると

も主張した。情報をタダにして、湯水のように流れる状態にしたいというのだ。このテーマで大きな本を書く計画があり、そのタイトルは「知性（Intelligence）」になる予定だそうだ。

　一方に無知と愚かさの組があり、もう一方に情報と知性の組があって両者が戦うとき、どっちに賭けたらいいかははっきりしている。ビジネスと娯楽の世界では、少しばかり頭がおかしいほうがたいてい有利なのだが、それにしてもこれはあんまりだ。この地球から無知を追放する？　そんなバカげたことを言うのはおどけ者かいかさま師くらいしかいない。セイラーは明らかにこのどちらか——たぶん両方である。

　なにしろ、彼は口を開くたびに、自分を世間の見世物にしているのだ。あるとき、彼はニューヨーカー誌のジャーナリストに対して、「私の考えでは、当社のソフトウエアは隅々までいきわたり、絶対不可欠のものとなるだろうから、それが動かなくなると暴動が起きる」と語った。だが、マイクロストラテジーは、単に企業が自社製品を買ってくれそうな客を知るためのソフトを開発したにすぎなかった。それを使えば、例えばマクドナルド社は、ある冬の金曜日に、マイアミのフランチャイズに比べてシカゴのフランチャイズがどれだけ多くの（または少ない）ビッグマックを売れそうか見積もることができるというわけだ。

　セイラーはまた、もっと目につきにくいごまかしも行った。自社の財務諸表にかかわる組織的な過ちを覆い隠したのである。

　株式市場はマイクロストラテジーのような会社に夢中になっていた。その株式が新規公開されたのは1998年6月11日のことだった。その約2年後、株価は333ドルを付けた。セイラーはその日は13億ドル、前の週には45億ドル稼いでいた——個人的な正味財産は136億ドルに達した。当時、マイクロストラテジーの売上高はたった2億ドルで、発表された1999年の利益は1億2600万ドルだった。そんな会社が時価総

額でデュポンを追い抜いたのだ。このとき、セイラーはワシントンDCで最も裕福な男となった。オラクル社の創立者であるラリー・エリソンをも上回っていた。333ドルという株価はその会社のCEOと同じくらいとんでもなかった。

　私たちがwww.dailyreckoning.comの毎日のメールで、マイクロストラテジーやその株価や愚かなCEOをからかっていたころ、ほかの金融ジャーナリズムはセイラーをほめちぎっていた。お世辞じみたことをまったく言わないレポートはほとんどなかった。英語には何千もの否定的な単語があるが、2000年3月20日以前には、インクまみれの売文家やアナリストやテレビ司会者は、マイケル・セイラーに当てはまる、そうした単語をひとつも見つけられないかのようだった。

　そして、2000年3月20日。この日、経済レポーターは辞書を開き、マイケル・セイラーは歴史に汚名を残すことになった。SEC（証券取引委員会）の調べに対して、セイラーは、マイクロストラテジーが過去2年間、帳簿をごまかしていたことを認めざるを得なかったのだ。1999年に上げたはずの1億2600万ドルの利益は、実は3400万〜4000万ドルの損失だった。収入も下方修正された。かつて、こんなに短期間でこんなに多額の金を失った者はいなかった。6時間のうちに彼の正味資産は61億ドルも減少したのだ。

　その日以来セイラーの生活は一変した。投資家や経済メディアにほめそやされる代わりに、ひどく叩かれるようになった。投資家は110億ドルを失っていた。ある者は怒っていた。ある者はやけくそになっていた。ある投資家は、ヤフーのマイクロストラテジー関連の掲示板に「こんなふうにやられるとは思いもしなかった」と書き、続いて、自殺すると宣言した。

　2000年3月20日以前には、マイケル・セイラーは何ひとつ間違いを犯さなかったが、今や何ひとつ正しいことはできなくなっていた。何より人目を引いたのは、フォーチュン誌が、130億ドルを失ったセイ

ラーを「損をした億万長者番付」の第1位に挙げたことだった。

　しかし、やさしい成功よりも苦しい挫折を経験したほうが人間は成長する。伝えられるところによれば、2001年の秋、セイラーは2～3年前よりも良い人間になっていた。ワシントン・ポスト紙の報道では、彼は損失を忘れるために酒に手を出していた。酒を飲んでいないときはビジネスを手がけていた。株価は相変わらず割高だったが、3.36ドルなら前よりずっと割高感は薄れていた。

　それで、セイラーは相変わらず夢想家だったのだろうか。それは変わらないが、前よりは「年をとって賢くなった」と彼は答えた。

　ドットコムのバブルが行き過ぎだったことはいろいろな記録によって立証されている。エコノミストやアナリストたちは、やっと2001年になってインターネット騒ぎが限度を超えていたことを認めた。もちろん、彼らにはセイラーが数字をごまかしていたことを知る手立てはなかった。また、多くのハイテク会社がそんなにも短期間でつぶれてしまうことや、セクター全体がそんなにもひどく値下がりすることについて、彼らが予知できなかったからといって非難することもできない。だれがそんな予測を立てられたであろうか。しかし、1999年12月に、マイクロストラテジーを110ドル以上の値段で買うことに何の抵抗も感じなかった人々の大半が、今ごろになって、ハイテクセクターはバブル状態だとずっと分かっていたと主張している。彼らは風向きが変わると、こんなにも安易に方針を変えてしまうのだ。

　私たちがこの時代の行き過ぎについて述べているのは、ただ驚きあきれたり、叱りつけたりするためではなく、世の中が実際にどう動いているかを示すためである。バブルの妄想に取りつかれたのはこの国の最低の人々だけでなく、最高の人々も大勢含まれていた。バブルは人間性の堕落でもなく、歴史上の異常事件でもない。ときどきはこうしたことが起きるものだ。人々は、古い教訓はもう当てはまらないとか、古い規則はもう有効ではないなどと信じ始めることがあるのだ。

見せかけの世界であるバブル経済は、仮想収入と仮想利益を持つ仮想会社から成り立っていた。ほんのわずかの利益も上げたことがなく、今後も上げられそうもない会社が、何十億ドルもの価値があるかのように評価された。2001年の秋までに、それらのうち最低レベルの会社はすでにつぶれており、最高レベルの会社はスタート時点の元の状態に戻りつつあった。ドットコム起業家のなかには、タクシー運転手やウエーターになった者がたくさんいた。この時代のやり手のうち少数の者は、野心的な検察官に追及されて刑務所に入っていた。何人かは不動産業界に転じた。情報革命を指導し、合理化し、宣伝し、そしてたいがいそこから利益を得た知識人は、多くの者がまだ野放しの状態にあったが、以前よりは貧しく控えめになっていた。

## 川は流れわたる

2000年夏、『ハリー・ポッターと炎のゴブレット』（静山社刊）がわが国の書店に届いた。それは大ヒットとなり、品切れとなる本屋が続出した。親たちは何とか本を手に入れようとして、インターネット、特に一番有名な会社であるアマゾン・コムに向かった。アマゾンはこの本の大成功のおかげで新たに6万3550人の顧客を得た。

しかし、シーズン最大の売れ行きをみせたその本でさえ、会社にとっては結局損失の原因にしかならなかった。ハリー・ポッターの販売によって約500万ドル、1冊当たりにして78.68ドル（仕入れ価格の3倍以上）の損失が生まれたのだ。会社の広報担当者は、その本によって新しい顧客を得たことで損失の埋め合わせはつくのだから、なんら心配することはないとただちに断言した。しかし、どうやって……と、そのとき疑問に感じたものだった。次のハリー・ポッターを、バーンズ・アンド・ノーブル書店で買うより4倍も高い値段で売りつけようとでもいうのか。もうひとつ感じた疑問は、そうした赤字インターネ

ット会社に対して、なんらかの適正な価値が付けられるものかどうかということだった。しかし、2000年の夏はまだ疑問を感じるべき時期ではなかった。依然として信仰の時期だった。

　株式の価値というものは、最終的には、それが生み出すと期待される収益の流れによって決まる。インターネット関連会社であってもそれは変わらない。しかし、インターネットの夢を流れる大河アマゾンは、まったく利益の流れを生み出していなかった。1滴の水すらなかった。マッキンゼー社のレポートによれば、ドットコム企業に対する最上の評価法は、経済のファンダメンタルズに立ち返って割引キャッシュフローのアプローチを用いることだという。だが、そもそもキャッシュフローのないところでそれを割り引くことには無理がある。

　しかし、アマゾン・コム（AMZN）や、そのほか多くのインターネット会社がそんなにも人を引きつけたのは、まさにキャッシュフローがないからだった。投資家は、事実がないところでは想像力を使わざるを得ない。何をキャッシュフローとするかは彼らの思いのままだった。アナリストは自分勝手にどんな価格目標を立てることもできた。アマゾン・コム以上に想像力をかきたてる会社はなかった。それは川となって、インターネットに沸きかえる大地をくまなく流れた。技術革新と投機的想像のアンデス山脈の高みから氷河が溶けて流れ出し……クルートレイン宣言のバカげたはったりと、ギルダー的時代の暗い奥地を流れ……競争と創造的破壊という毒虫だらけのジャングルを抜け……先発者の優位とヘドニック価格指標というまやかしを経て……新人間、新経済、新指標、新時代の神話へと至り……やがてすり切れた夢の三角州に到達した。もてはやされたインチキは、そこで結局、全部泥のなかに埋もれてしまった。

　アマゾン・コムはこれら全部を流れわたってきたのだ。

　この不合理と狂気とごまかしの期間に、アマゾンの価値を説得力をもって言うことのできる者はだれもいなかった。アマゾンには、意味

ある価格比較を行う元となる最終利益というものなく、ただ大きな穴だけが開いていた。

　財務状態を詳しく調べてみると、アマゾンは2000年の第1四半期には、5.74億ドルの売上高に対し、3.08億ドルの純損失と1.98億ドルの営業損失があったようだ。さらに、前年同期と比べてみると、売上高は2倍になっているが、営業損失は4倍近くに膨らんでいた。会社はたしかに、現金と有価証券を合わせて10億ドルを保有していたが、その一方で、負債が20億ドル、繰越欠損が10億ドルあり、自己資本は2560万ドルしかなかった。

　合理的な価格を出すための基点となる利益がないところから、過去何年間かいろいろのやり方が試みられて、非合理的な価格が飛び出してきた。「アイボール」というのを覚えている人もいるだろう。ポータルサイトへのヒット数を表すこの量が、かつてはインターネット株の価値を決めるものとみなされていた。「スティッキネス」というのも同様で、これは訪問者がそのサイトにとどまっていた時間数を表す。また別のよく知られたやり方は売上高の伸びを元にするものだった。しかし、株式アナリストになりすました能なしの連中は、最後にはファンダメンタルズに戻ってきた。彼らは、出版社が契約購読者を評価するのと同じやり方で——つまり存続期間の長さで——インターネット会社を評価し始めたのである。

　実際、出版社もインターネット会社も同じ基本原則で運営されている。両方とも顧客を呼び込むために費用をかける。そして、その顧客から収入（売り上げ、更新料、広告料）が流れ込んでくることを期待する。会社の価値は、各顧客について、関係を結んだ継続期間の正味価値を出し、それに顧客数をかけることによって決定することができる。アマゾンには当時約1500万人の顧客がいた。しかし、そのひとりひとりの価値はいったいいくらなのだ？

　2000年2月、ドナルドソン・ラフキン・ジェンレット社のアナリス

ト、ジェイミー・キゲンは空想をたくましくして1905ドルという数字をはじき出した。それを聞いて疑問に思ったのは、激しい競争とカミソリのように薄いマージン（なにしろアマゾンのマージンがマイナスの39％になる——つまり1冊売るたびに損をする——ほどの薄さ）で知られた業界において、本当に顧客一人当たり2000ドルに近い収入が得られるものなのかということだった。それは不可能だった。その計算はとんでもないものだった。にもかかわらず、それをもとに、アマゾンの目標株価として140ドルという数字が投資家に示された。一方、リーウォード投資（アマゾンとあまりかかわりがなかったカリフォルニアのヘッジファンド）のアナリスト、エリック・フォン・デア・ポーテンはキゲンの方法を用いて顧客一人当たりの継続期間価値を出したが、それはちょうど26ドルだった。それに顧客数を掛ければ、会社の資本価値は約4.4億ドルとなる——株価にすれば約1.25ドルである[13]。

## 「パーソン・オブ・ザ・イヤー」

キゲンのモデルに対して、アマゾンの創立者ジェフ・ベゾス自身は「それは間違いだ。私は利益を上げようとすらしていないのだから、アマゾンの価値評価を試みるのはまだ早すぎる」と反論したことであろう。彼はプレイボーイ誌にこう説明した——「われわれは顧客ストアだ」[14]。もちろん、アマゾンが顧客を売っているという意味ではない。彼が言おうとしたのは、重点は顧客にあって、利益を上げることも、商品でさえも二の次だということだ。これは、こうした会社が顧客を一段高いところへ持ち上げたという点で、インターネット時代のもうひとつの思い上がりであった。ジェフ・ベゾスはいったいどんなパンを食べていたのであろうか。どんな空気を吸っていたのであろうか。私たちは、利益マージンも商品も必要としないという、彼やそのほかの「分かっている」新しいデジタル人間の前にひれ伏すべきだったの

だろうか。それとも、あきれ返ればよかったのか。

2000年1月、タイム誌がベゾスに「パーソン・オブ・ザ・イヤー」の称号を与えたとき、彼は35歳だった。仕事が順調なときには、タイム誌はこんなふうにまくしたてた。「ジェフリー・プレストン・ベゾスは……ワールドワイドウエブと呼ばれる連結されたコンピューターの迷路をのぞきこんで、小売業の未来が彼に向かって輝いていることを悟った。……われわれの経済に地震のような変動が生じるとき、ほかの人間よりもずっと前にその揺れを感じとる者が必ずいる。揺れの感覚はあまりに強いので、行動せずにはいられない——その行動は性急で、愚かにすらみえるかもしれない」。そう、そのとおり。まったく愚かだった。

大きな「帰らざる河」アマゾンの売上高は伸び続けたようだった。一方、利益のほうはどうか。2000年の第4四半期は、5.45億ドルの損失だったが、これは前年同期よりも2.22億ドル悪化していた。繰越欠損はほとんど30億ドルを超えていた。しかし、タイム誌の見方によれば、アマゾンの損失は「インターネット取引による新経済体制の表れ」であり、「新しい地球規模の市場では、最大の情報を持つ者はだれでも勝てることを示すものである」。

「これは革命だ。古い経済体制を打破し、古い会社を打破し、古い規則を打破する」とタイム誌は騒ぎ立てた。

だが、「帰らざる河」が打破したのは投資家の資金だけだった。アマゾンは「地球」最大の仮想ストアだと豪語していた。登録した顧客は2300万人にのぼった。ジェフ・ベゾスが語ったところでは、それはどんどん増え続けており、向こう10年間、毎年50％ずつ伸びるという。この計算だと、2010年には13億人以上の顧客を持つことになる。なんとすごい。そして、売り上げは1000億ドル以上に達するという。これなら、繁栄する銀河のなかで最大の仮想ストアになれる。

しかし、あなたがアマゾンやニューエコノミーについてまったく耳

にしたことがなかったと想像してみよう。そして、ジェフ・ベゾスがやって来て、アマゾンを140億ドルで買わないかともちかけたとする。会社の収入は21億ドル。資産の価値は不明。何十億ドルもの負債。年間10億ドル以上の損失。さて、あなたはどうする？ あなたは、毎年10億ドルの損失を出す権利を買うために140億ドルを支払うだろうか。その取引の一部に加わる気になるだろうか。新時代の頂点では大勢の人たちがそうした。その大部分は今になってそれを悔やんでいる。

革命で裕福になる者もいる。革命で命を落とす者もいる。2001年10月には、だれが犠牲者になるのか明らかになりつつあった——それはアマゾン・コムと情報革命を信じた人たちだった。

もちろんベゾスもそうした犠牲者のひとりだった。2001年に彼は「近来まれにみる速さで人気者の座をすべり落ちたひとりとして[16]」、ニューヨーク・タイムズ紙のグレッチェン・モーゲンソンから「名声を失いつつあるで賞」を送られた。このとき、ベゾスがタイム誌からパーソン・オブ・ザ・イヤーの栄誉を送られた時点から、たった1年しかたっていなかった。その彼が、激高した株主に直面している状況をモーゲンソンは悲しい皮肉だととらえていた。

2000年末には、アマゾンの株価は1999年12月に付けた最高値113ドルから89％下落しており、7ドルから10ドルの範囲にあった。つまり、ハイテク・バブルがはじけて、「分かっている」者たちはひどい打撃を受けた。彼らの最後の日がやって来たのである。

## シスコの若者

情報時代がもたらした新しい優位性を生かすことのできる会社のなかで、トップに立っていたのはおそらくシスコ社だった。シスコ社は投資家からきわめて高く評価されており、その時価総額は過去のどんな会社も及ばないほど大きく膨らんでいた。ナスダックが暴落したあ

とでさえも、CEOのジョン・チェインバーは投資家に対して、こんな状況でも会社の年間売り上げは、見通せるかぎり30～50％もの継続的な伸びが期待できると説明した。

しかし、見通せたのはそんなに先のことではなかった。また、その目は都合のいいものしか見えていなかった。今いったい何が起きているのかについて、世界でもっとも著名なマクロ経済学者グリーンスパンも、近年ウォール街でひどく羨ましがられたシスコシステムズも、本当には理解していなかった。

次第に明らかになりつつあったことだが、ウォール街の数字がそんなにも魅力的に見えたのは、生産性のせいでも、新時代の情報技術のせいでもなく、設備投資ブームのせいだった。1990年代後半、世界中の企業は情報技術（IT）に資金をつぎ込んで、新時代の大波に飛び込む必要性を感じていた。そのころのハイテクバブルの歪んだ論理によれば、十分な金額を十分に素早く注ぎ込めば、株価は上昇するはずだった。

しかし、やがて各会社は、必要なルーターやマルチプレクサを全部保有するようになった——必要以上のことさえあった。企業の資本投資は2000年と2001年の間に減少した。そして、売れない機材が棚に山積みになった

この間、シスコの売上高は、アナリストがこの先10年は年率30％で上昇するとした予想に反して、逆に減少し始めた。実際、2001年には前年度比で25％少なくなった。景気下降期の自動車ディーラーと同様、シスコの敷地は、新品も中古品も含めて、さばかなくてはいけないさまざまな型やモデルでいっぱいの状態だった。

「シスコシステムズ・キャピタルは今、最新仕様に改造したシスコ機材を、以前と同じ保証とサポートつきで提供いたしております。……しかも、より安いお値段です」——こんな案内がシスコのウエブサイトに出された。www.usedrouter.com に載っていた値引き幅は、

最大でほとんど70％にもなり、小さいものでも20％だった。「1ドルの機材が10セントで買えるんだぜ。今、目の前にあるこいつらは、たいてい1年以内のもので、しかも保証つきだ」とあるなじみ客は言った。

　2000年初めのピーク時には、シスコ社（CSCO）の時価総額はほとんど5000億ドルに達していた。これは、アメリカの全世帯に分ければ4000ドルになる。地球上の全人類に分けても75ドルになる。この時期、シスコはPERは190倍だった。これは、従来の分析手法によれば、会社が190％の割合で成長することを意味する。ところが、この数字は現実の成長率の約3.5倍にも相当するものだった。また数学的にも根拠がなかった。成長率が高ければ、それだけ早く市場機会が尽きてしまうからである。

　シスコの物語はよく知られている。1984年にサンディ・ラーナーとレン・ボサックは、あるひとつの問題を解決するために協力しあった。それは、スタンフォード大学のビジネススクールのコンピューターと工科大学院のコンピューターとで話ができるようにすることだった。彼らはルーターを作り、ソフトウエアをつなぎ合わせて問題を解決した。それ以来、スタンフォードのビジネススクールの学生は、コンピューターを通して工科大学院の仲間に汚いジョークを送ることができるようになった。その後すぐに、別のコンピューター使用者たちがそのコミュニケーション用機材を求めてラーナーとボサックのところにやって来るようになった。2人は結婚して自宅に店を開いた──クレジットカードを使って資本を調達し、製品を自ら作ったのである。

　1990年までにシスコはシリコンバレーの一員になっていた。ラーナーとボサックのチームはベンチャー資本グループと提携したが、そのグループは会社を公開市場に上場したあと、創業者カップルを追い出した。ラーナーとボサックは1990年代初めに離婚した。こうして2人は会社（カンパニー）も互いのつれあい（カンパニー）もともに失っ

た。

　しかし、結婚がうまくいかなかったとしても、会社自体はうまくいった。シスコはルーター以外の製品も販売する必要があると考え、1990年代半ばに、コンピューター・コミュニケーション分野のほかの会社を買収し始めた。1993年に1社を獲得したのを皮切りに、1994年には3社、1995年には4社、1996年には7社を手中に収めたが、その7社の中には、当時シリコンバレーの歴史上最大の買い物と言われた40億ドルのストラータ・コムの買収が含まれていた。シスコはさらに、1997年には6社を加え、1998年に9社、1999年に18社、2000年には10社を獲得して、総計58社を買収で得た。

　シスコの連中は思い切り買いまくったが、そのアイデアはかなり単純だった。客はルーターを欲しがっていない。欲しがっているのはコミュニケーション問題の解決法だ。そして、問題にはさまざまな解決法があるのだから、さまざまな製品を提供する必要がある。つまり、シスコはルーターの会社ではない。コンピューター・コミュニケーションのための販売経路なのだ。シスコが、有用だがあまり知られていない機器を作る小さな会社を買った場合、その製品にはシスコの商標がついて、顧客ベースで新製品として売りに出された。すると、取るに足りない売上高が一晩にして巨額の売上高になることがあった。例えば買収時に1000万ドルの収益しかなかった会社が、すぐに10億ドル以上の売り上げに結びつく技術をシスコにもたらしたことがあった。

　これは大成功を収めた例だが、毎月新しく2社を買い付けるとなると、そのすべてが、こうした目を見張らせるような成果を生み出すとは限らなかった。実際、大部分は不発のまま終わった。結局分かったことは、うまくいくかどうかは財務状態の評価の上手下手によるという事実だった。

　さらに、シスコの買収意欲が、値段を突拍子もないレベルにまで押し上げてしまうということもあった。例えば、アロウポイントという

会社は57億ドルで買収したが、この金額は、帳簿価格がマイナスで、まったく収益がなく、売り上げも4000万ドルほどしかない会社の値段としては大きすぎるものだった。だが、シスコの連中にとって何を気にすることがあったろうか。会社の資金は現実の通貨に対応するものではなく、「シスコの金券」——妄想的な投資家が提供した新しい通貨——だったのだ。

シスコの株式は1株当たり63ドルの価値があると考えられていた。しかし、投資家はまったく配当を受けることがなく、会社自体も1株当たり38セントの利益しか上げていなかった。たとえ、利益が1999年のペースで増加し続けたとしても、5年後の1株当たり利益は3.74ドルにしかならない計算だった。もし、株価がそれと同じペースで上がり続けたとすれば、会社の時価総額は5兆ドルにもなっているはずで、これはアメリカのGDP全体の半分に等しい額であった。

もっと重大なことは、シスコが法外な恩恵をこうむってきた創造的破壊のプロセスは、シスコがその株価に見合う利益レベルに（万一）達したとして、その到達の瞬間にピタリと動きを止めるわけではないということだった。これは、結局のところ、新技術というものについて回る問題である。常により新しい技術があり、そしてまた別のラーナーとボサックのチームがいて、自分たちの名声と財産の機会をじっと待っているのである。

## オールドエコノミーのアイカーン

シスコの対極にあるのが、ゼネラルモータース（GM）である。1980年代の有名な会社乗っ取り屋であるカール・アイカーンは、20世紀の終わりになって再びニュースに登場した。「株主価値を明らかにする」ために、GMにヒューズ・エレクトロニクス社の持分を売らせようとしたのである。

GMはドル換算で1770億ドルという世界最大の売上高を誇っていた。しかし、利益は60億ドルしかなかった（売上高の３％）。収益が低かっただけでなく、ほかの点でもあまりパッとしなかった。市場シェアを失いつつあったし、組合労働者は反乱を起こしそうな気配を示していた。

　しかし、いくらかはGMにも良いところがあった。2000年９月の時点でも60億ドルというのはけっこうな額だった。また、会社は100億ドルの現金を保有していた。年金基金には90億ドルの積立金があった。さらに、所有していたヒューズ社の持分には150億ドルの価値があった。アイカーンの目的は分かりきっていた。GM株を十分な数だけ買い占めて、ヒューズの株を売らせようというのだ。

　GMは全体で——当時の株価による時価換算によれば——約360億ドルの価値があったが、これはシスコの10分の１以下だった。あなたがひとりでGMを買ったと想像してみてほしい。360億ドルを払って、レジのなかに100億ドルの入った会社を手に入れたのだ。ということは、実際の出費は260億ドルということになる。それに、ヒューズの持株が150億ドルで売れたとすれば、会社の残った部分はたった110億ドルで買えたことになる。

　こうしてあなたは、（自動車、トラック、そのほか手で触れる物は何でも作る）世界最大の会社を手に入れ、おまけに、どこかの倉庫にしまってある、予備の1966年型コルベットに乗ってドライブに出かけることもできるようになる。工場、不動産、巨大機械——これらがみんな自分の物になったのだ。さらに、毎年60億ドルが入ってくる。これをお定まりの方式で表せば、世界最大の会社の営業利益に基づいたPERは1.83倍でしかないことになる。取得者であるあなたの立場に立てば、20カ月ほどで投資金が回収できて、それ以降毎年60億ドルの稼ぎが上がることを意味する。これらの代わりに、シスコ社の１割分を買ったほうが良かっただろうか。

金融メディアの流す宣伝文句や愚かな主張に従っていたなら、GMに手を出すことはなかっただろう。GMは「オールドエコノミー」だ。やることに一貫性のない、時代遅れの会社だ。GMを所有するのは、全然かっこよくない。

　しかし、カール・アイカーンは、かっこうのことなど気にも留めなかった。彼はプリンストン大学で哲学の博士号を取得していた。博士論文では集団的思考は役に立たないという着想を展開した。「知識は自分の目で見たものだけから生み出される。何かについて話すときは、それを何か目に見えるものと関係づける必要がある」というのだ。

　もちろん、ジョージ・ギルダーはGMに興味はなかった。興味があったのはGC（グローバル・クロッシング）だったが、その株が売上高の33倍、1株当たりでいえば60ドルで売買されていたときには、満足のいく数だけ手に入れることができなかった。だから、2001年10月にわずか1株50セントの価格で好きなだけ買えるようになったときには、ご当人はうれしさに我を忘れるほどだったに違いない。投資家たちはその時点で99.9％の金を失っていたが、損失はそこで止まったわけではなかった。50セントになった株にまだしがみついていた投資家は、翌年末までに新たに96％を失うことになった。株価がたったの2セントになったのである。だが、それでもなお、情報時代の約束の果たされる日がいつかは来るかもしれなかった。ハイテク技術者とテロリストとティーンエイジャーは起きていても、まともな人間ならベッドについている深夜、突然、世界の休眠ケーブルにデータの光がともるかもしれなかった。そのときにはたぶん、グローバル・クロッシングの株も上がるのだろう——3セントに！

## 夢想家と陰謀家

　みんな笑うかもしれないが、新時代の救世主ギルダーはいまだに荒

野をうろついていた。だが、そのことで彼を非難することはできないであろう。何といっても、彼は害を及ぼしたわけではないのだ。どんな革命でもそうだが、本当の危害をもたらすのは、救世主の夢想的な言動につき従う少数の冷たい武装幹部である。弟子たちの行き過ぎに対して、だれがギルダー（ついでにいえばマルクス）を責めることができるだろうか。

ジャック・グラブマンはそうした武装幹部のひとりだった。彼は投資家に株を売りつけた——その株はやがてくず同然になった。その取引によってグラブマンは金持ちになった。ソロモン・スミス・バーニー社における電気通信関連のアナリストとして、2000万ドルもの年収があったのだ。ギルダーと違って、彼は大義を信じるほど愚かではなかった。それは単に、愚か者の手からお金を切り離す手立てにすぎないことを心得ていた。彼は電気通信関連株を買うのではなく、それを売った。

新聞報道によれば、グラブマンは、グローバル・クロッシング会長のギャリー・ウィニックに株の銘柄選びのアドバイスを与えていたらしく、2人は仕事上密接な関係にあった。両者の協力関係を支えていたのはただお金だけであった。グローバル・クロッシングの元社員は、ウィニックとその友人連中について「あの伝説的な行き過ぎの時代における最大の欲張りグループ」[17]と評している。

ウィニックもグラブマンと同じように——やはり買いではなく売りによって——グローバル・クロッシングでお金を稼いだ。電気通信関連会社がたち行かなくなったとき、まだ爆弾が破裂する前に、ウィニックは7.3億ドルを手にして、うまくその場をたち去った。しかし、ほかの投資家たちはそれほど幸運ではなく、時価にして2.5兆ドルを失った。どういうわけかグラブマンは売り時を教えるのを忘れたようだった。それどころか、2001年の春になってもまだ、「グローバル・クロッシングのような、世界規模で営業展開する世界規模の会社を魅

力的な値段で買う歴史的チャンス」と書いていた。その日のグローバル・クロッシング株は7.68ドルだった。この値段が「魅力的」なら、その後の株価は何がなんでも飛びつきたくなるほどに思えたことであろう。グローバル・クロッシングが破産したあと、マンハッタンに抵当権も先取特権も付いていない600万ドルのタウンハウスを所有していたグラブマンは、ただその株の「カバリッジを止めた」。なんということか！

こういうことがあっても、ギルダーはたいして気にも留めなかった。いやいや、彼を責めてはいけないのだ。彼は以前と同じように、ギガビットのことを考えながら天空を見つめ、そして書きなぐっていた——そのとき、ギルダーの家の門前では債権者が車を止めて、この家からいくら金を回収できるかを考えていた。

しかし、どうしてこんなことになってしまったのかとギルダーは自問した。なにしろ、技術の語ることには耳を傾けたのだし、情報革命が進行しているときには声も聞こえ始めていたのだ。別のもっと良い世界では、もっと違った展開になっていたことだろう、と彼は自らを納得させた。何といっても大群衆の前で真剣にしゃべりまくってきたのだ——そして、それでけっこう稼いだ。1997年には、ギルダーのテレコズムの相談会に出席するために、350人が4000ドルずつ払った。何千人もの聴衆が集まる講演会は1回で5万ドルの収入になった。また、1999年には、彼が推奨した一連のハイテク銘柄は平均して247％以上の収益を上げ、2000年末までに、彼のニュースレターは年会費295ドルの定期購読者を7万人も抱えるようになっていた。バブルの絶頂期には、ギルダーのたった一言で株価が1日に5割も上昇する銘柄も出た。

しかし、その後、新時代の救世主はちょっとした不運に見舞われた。ハイテク銘柄が暴落し、突然みんなが、相談会に出席したり、ニュースレターを読んだりする興味をなくしてしまったのだ。それというの

も、シリコンチップの表面に何ビット分積み込めるかということなどだれも気に留めなくなってしまったからだ。さらに悪いことに、2002年1月には、彼のお気に入りだった会社──「世界経済を変える」と信じこんだ会社──が破産宣告を申請したというニュースが飛び込んできた。ギルダーはここ数年の自分の運命について思いをめぐらせた。「あるときは信じられないほどたっぷり金があって、そのあとパートナーたちに約束の100万ドルの支払いもできなくなり、気がつくと自宅に先取特権が付いていた。……私はここ2～3年ずっと世界一の株の当たり屋だった。しかし、昨年は世界最低だった」[18]。哀れなジョージ。風向きの良いときは大金持ちで、方向が変わると破滅の憂き目。

だが、その名誉のために（利益のためではないが）いっておけば、少なくとも導師ギルダーは自分で公言したとおりに金を賭けた。彼は投資家たちを誤らせただけでなく、自分自身も誤った。グローバル・クロッシング、新時代、自分自身の出版ビジネスのすべてに資金を注ぎこんだのだ。

今もなお新時代の幻覚症状をわずらいながら、ナスダックの暴落を経験したあとでさえ、ギルダーは技術の奇跡への信仰を持ち続けていた。その後、彼は「テレコズム」の力への信仰を表明して、次のように主張した。「それは世界経済とすべての現存する政治的、文化的制度を変えつつあり」、生産性をおおいに改善する可能性がある。「それは、必要なときに、必要な場所で、必要な相手に、ほんのわずかの費用で、どんな量の情報でも伝達できるので、現時点では想像できないような生産性向上の大波を作り出す」[19]。

ギルダーの考え方の背後には、デジタル化されたデータとして伝えられる情報によって、みんなが金持ちになれるという、もっとバカげた思い込みがあった。しかし、それは、強力な楽観主義のムードがアメリカ市民社会を支配していたときには、その時代精神にぴったり沿ったものであった。

## 情報の価値

「我思うゆえに我あり」というのは、フランスの最も有名な哲学者ルネ・デカルトの言葉である。この命題は明らかにバカげている。もし、デカルトが自分自身をリスだと考えたら、本当にリスになってしまうのだろうか。デカルトの全著作をつつき回しながら一生を過ごすのも悪くないのだが、彼の論理の欠陥は目の前に見えている。存在の証明は色メガネを通して行われているし、物が、何でも自分がそう思うものになってしまうということもあり得ないのだ。人間にほかの考え方ができるというわけではないが、それでも、デカルトの自己中心的な主張はトラブルを招きかねない。自信過剰をあおりたてて、破滅へと導くことがあるからだ。

20世紀の終わりごろ、アメリカ人は自分たちが恵まれた世界に生きていると信じるようになっていた。デカルトと同じように、そう思えば何でも本当になると信じ、考えを先に進めていけば思いどおりの結論が出せると思い込んでいた。情報技術は、ぶっそうな一角を通り抜けるビール運搬車のように猛スピードで進んでおり、酔いしれるような結果をもたらしてくれるはずだった。アメリカ流の資本主義がすべての競争に勝利した今、なんと素晴らしい世界になったことか！　なにしろ株を買い込むだけの分別があれば、だれでも金持ちになれるのだ（少なくとも、みんなそう信じていた）。たしかに問題はあるが、しっかり考えれば解決策が見つかる問題ばかりだ。

1982年から2000年まで続いた大強気相場の狂乱局面では、生活の根幹部分をデジタル化することが可能だと広く信じられていた。情報、特にデジタル化された情報は、それだけで、原油や農地よりも価値の高い資源だとされた。新しい情報技術は、例えば、病気を治したり、豊かさの水準を上げたり、景気循環をなくしたり、戦争を永久に終わらせたり、さまざまの進歩をもたらすことができると思われていた。

というのも、だれもが最新の治療情報に接することができるようになるだろうし、以前は強力なエリート組織のなかにがっちりとしまい込まれていた蓄財の秘密も、インターネットを使えばだれでも知ることができるようになるからだ。

　好況や不況や弱気相場が生じるのは情報不足のせいだと、だれもが知っているはずだった。企業の活動に行き過ぎはつきものである。景気の良いときには必要以上に借金し、必要以上に生産する。そして、その行き過ぎのせいで、市場には製品がだぶつき、負債は大きく膨らんで景気が悪くなる。情報があればこうした問題をなくすことができるはずだった。というのも、企業は、事業計画を立てるとき、これまでより適切で正確なデータが入手できるようになる。そうなれば、経済の下降局面が来ることはなく、収益の落ち込みも弱気相場もなくなるはずだからである。戦争はどうか。みんながインターネットに接続できて、その単一の巨大な新しい自由市場でコミュニケーションができるのだから、戦争もまた過去の遺物になってしまうはずだった。つまり、アメリカ型の自由選挙と自由経済が議論の余地なく最高だということを世界全体が知るようになる。そして、間違いなくすべての国が武器を捨て、コンピューターを普及させ、生きていくうえの重要なビジネス、つまりお金を稼ぐことに専念するようになるというのだ。

　人々の想像力はとどまるところを知らなかった。その空想のなかでは、デジタル時代の小さな「1」と「0」の数字が、永久の平和、どこまでも拡大する繁栄、常に深まっていく満足の世界のなかを永遠に前進し続けていた。これこそ人々が求めていたものだった。最新の情報技術のおかげで間違いなくそれが手に入るのだ。

　もちろん、理論的には問題があった。例えば、最高の処理能力を持つコンピューターを作り、できるかぎりの情報を集めた完璧なデータベースを搭載したうえで、それをプラトン時代のアテネにおける一番の賢者の前に置いたとする。で、それが彼にとって何の役に立つのか。

彼は自分の手にしている物がいったい何なのか見当がつくだろうか。また、ナポレオンがテントのなかで寒さに震えているとする。その彼に、ニューヨークでの穀物価格や、コニャック1cc中の原子数を教えたとしてもなんの利益にもならない。段ボールづめの日焼け止めを贈ったほうがまだましである。つまり、場違いの情報は役に立たないということだ。

情報は、求められていないときや場違いのときだけでなく、与えられすぎても役に立たない。その場合、情報を仕分けたり、転送したり、捨てたりする必要が出てくるからである。はやりの言い方によれば「分析パラリシス（アナリシスによる麻痺）」というわけだ。どんな状況でも関連情報には限りがない。そのどれもが有効で使える可能性がある。問題は時間に限りがあるということだ。

ナポレオンは、届きそうなメッセージが全部届くのを待つわけにいかないことをよく知っていた。また、最良の行動方針を選ぶために、情報をひとつひとつ全部検討するぜいたくも許されていなかった。ほかのどんな司令官、あるいは世界中のどんな人もそうしているように、不十分な情報をもとにして、本当に重要なことは何かと推測し、手元の情報が役に立つことを祈りながら行動する以外になかった。実際に必要な量を超える情報はすべて足かせになる——それも重い足かせになる可能性がある。余計な情報はスピードを遅らせるからだ。その情報が有効かどうか、本物かどうかを検討して、最終的に自分の見解に取り込むにしろ、あるいは捨ててしまうにしろ、それまでには手間がかかるのである。

## インターネットの落書き

戦争の歴史をみると、情報の精度と一貫性が命運を分けた例がたくさんある。第二次世界大戦のさなか、連合軍はひとつの死体にイギリ

ス将校の制服を着せた。そして、その死体に、ヨーロッパのヒトラー軍に対する反攻計画の書類を持たせた。いうまでもなく、連合軍の意図についてヒトラーを欺こうともくろんだのだ。死体は、うまく海岸にうち上げられてドイツ軍が発見するように、海に投げ入れられた。一方、ヒトラーは連合軍の上陸に備えて、その情報を得るため、イギリスにスパイ網を張りめぐらせていた。しかし、スパイたちはほとんどが摘発されて寝返っており、ナチスの最高司令部に対してニセ情報の報告を送っていた。このような状態でヒトラーが受け取っていた情報は、まったく情報がない場合よりももっとたちが悪かった。情報量が多ければ多いほど、事態はいっそう悪くなったのである。

　ソルジェニツィンによれば、第一次世界大戦のとき、ロシア軍はプロイセン出身のドイツ語を話す将校に指揮されており、命令や戦闘計画はドイツ語で伝えられた。敵軍はしばしばそのメッセージを傍受して内容を知ったが、その一方で、もともと計画を伝えるべき相手であるロシア軍は内容を理解できなかった。アメリカの南北戦争では、アンティーエム運河でのリー将軍の計画が北軍にもれてしまった。それは、ある南軍将校が計画書の紙で葉巻をくるみ、誤ってそれを置きっぱなしにしてしまったのを、北軍が見つけたからである。

　軍事用語では、情報を集めて事実と虚構を分けることを任務とする部隊を「情報（インテリジェンス）」部隊という。この仕分けは大変な仕事だが、ふるい分けるべき事実と虚構が増えるともっと大変になる。インターネットは、もともと単なるコミュニケーション手段にすぎないのだが、今ではそれがほとんど無限に近い量の事実と虚構を発信している。大変なのは、「情報」部隊の仕事、つまり仕分けをする側である。

　インターネットでは情報は無料だが、ときには無料の情報が有料のものよりもずっと高くつくことを思い知らされるはめになる。インターネットが使われるようになると、すぐにペテン師たちが、投資家を

欺くためにそれを利用した。代表的な方法は、ジョージタウンの法科大学院生がやったように、あまり知られていない会社の株を買ったあと、インターネットでうわさやまったくの嘘を流して、その値段をつり上げるという手口だった。それはドイツ軍を欺くことよりも簡単だった。何か新しい発明とか、新しい契約とか、買い占めのうわさとか、新技術とかの話を流すだけでいい。その話をみんなが口にして、うわさとして広まっていくことを狙うのだ。そうすれば、分別のあるはずの「投資家たち」が、聞いたこともない株――しかも、出所も真否も分からない情報に基づいて見知らぬ相手が勧めてきた株――を買おうと飛びついてくるはずだった。

ジョージタウン大学の相場操作犯のひとりに付いた弁護士は、インターネットで人を欺くことは不可能だと主張した。インターネットへの情報の書き込みはただの「落書き」にすぎず、壁の落書きに芸術的な内容がないのと同じで、情報的な内容が欠けているというのだ。依頼人がインターネットにしたことは、落書き芸術家が人目につくビルの壁にすることと同じである。あるいは、犬が木にすることと同じといってもいいかもしれない。彼はそれを汚したし、もしかすると環境破壊にあたるかもしれないが、ちゃんとした人間ならそれを実際的な情報と勘違いすることはないだろう――というのが弁護士の抗弁だった。ところが、この場合には、まがい物の現実がまがい物の芸術を模倣するのだ。インターネットで株をあおったり、けなしたりすれば実際に効果が現れる。インターネット上の落書き芸術家は、数時間の間に株を売って儲けることができるのだ。

ところで、情報は苦労なしに手に入るかもしれないが、知識は貴重である。物事のやり方を学ぶには時間がかかる。ひとつの職業に熟達するのに一生かかることもある――木工や園芸など昔ながらのアナログ的な仕事でさえそうである。そして、インターネットは使える時間を増やすのに役立ってくれない。むしろ逆に、時間をいっそう貴重な

ものにする。1978年のノーベル経済学賞受賞者であるハーバート・サイモンはその理由をこう述べている。「注意力というものが大変な希少資源である世界では、情報の利用は高価なぜいたくというべきであろう。なぜなら、重要な情報からそうでないものへと移るのに、その注意力が使われるからだ」[20]

　インターネットの投資家はすべての数字に価値があるかのように扱った。ところが、ほとんどの場合価値などなかった。それどころか、たいていはマイナスの価値を持っていた。そうした数字にいちいちこだわっていると、知識や知恵の量がその分だけ減ってしまうことになるからだ。

　20世紀が終わるころには、アメリカは情報過多に悩まされていた。ある評論家が言ったように、「今日のアメリカは文字どおり情報の海におぼれている。……インターネット、24時間ケーブルテレビニュース、電子メール、手紙、ファックス、株式市況用ポケットベル、携帯電話、新聞や雑誌や本の激増などのせいで、私たちはデータの大海の波間をなすすべもなく漂っているような有様だ」。

　その評論家は、「データの過剰」が全国の職場で深刻な問題になっていることに触れて、現在、普通の従業員は書類の処理に１日の半分以上を費やしていると述べている。また、従業員一人当たりの紙の消費量は1980年代の間に３倍に増え（年間約800キロになった）、「第３種郵便物」は人口増加率の13倍の割合で増加しているという。このごろでは、会社員は、手紙やファックスのほかに電子メールを読んだり、その返事を書いたりするのに何時間もかかってしまうことがよくある。電子メールは初めはありがたがられたけれども、今では、受信ボックスが毎日毎日「FYI（ご参考までに）」という略語つきのメッセージなどの情報であふれかえったりして、人をうんざりさせている。[21]

　1997年にデビッド・シェンクはその著書のなかで「情報が多すぎるとストレスの元になり、考え方もいっそうずさんになる」と述べてい

る。また、過剰なデータには私たちのだれもが毎日の仕事で苦労しているが、シェンクによれば、それが原因で「注意力が散漫になり」、「突然現れて襲いかかってくるようなものでないかぎり、関心を向けようとしなくなる」。

　女主人が2人いるからといって、ひとりのときよりも良いとはいえない。また、2食分のランチは1食分よりも良くなったともいえない。しかし、情報の場合にはそれと話が違う——のだろうか？　情報が多ければ多いほど、人はいっそう裕福に、いっそう利口になれると言われた。だが、2001年の時点で、情報時代が始まる前と比べてみて、人々がさほど賢くなったようには思われなかった。映画も総じて50年代か60年代のほうが良かった。美術はいっそうグロテスクになった。ヘラルド・トリビューン紙の社説は相変わらずバカげていた。また、投資家たちはいっそうとんでもない決定をしているようにみえた。さらに、市場は完全に歪んでいるようであった。というのも、だれもが情報時代の恩恵について声高に語っていたけれども、皮肉なことに、一番大きな報酬を手にしたのは、一番、ものを知らない人たちだったからだ。

### 最新の秘密情報

　ある晩、ユーロスター号の8号車でふと耳にした会話がその良い実例である。

　私たちはロンドンからパリに向かう旅行の途中で、バロンズ誌のアラン・エイベルソンの記事を読んでいた。そのとき、車両に2人の男が入ってきて近くの座席に座った。彼らはカジュアルな服装をしていた。年齢は40代半ば。アメリカ人だった。電子機器の販売店を経営しているか、あるいは友達といっしょにスーパーボールを楽しむようなたぐいの男たちのようにみえた。ひとりがチェーンソーほどもあるス

イスアーミー・ナイフを取り出して包みを開けた。そして、新品の時計を引っ張り出して手にはめた――怪物的な代物で、まるで空飛ぶ円盤が彼の手首に着陸したかのようだった。しばらくすると、ベルトがひどくきつそうな３番目の男がそこに加わった。

「おい、これ見てくれよ。おれはこの会社の株を２日前に30ドルで買ったんだが、今47ドルになってるぜ」と、ひとりがUSAトゥデー紙の株式欄を見ながら言った。

「その会社の社員と知り合いの友達がいるんだ。なんか会社の合併とかの発表があるらしい。70ドルから75ドルくらいまで値上がりするそうだ」

「何という会社だ？」とベルトのきつい男が聞いた。

「イープラスだったと思う。そうだ、間にハイフンが入るんだった。E-Plusだ。銘柄記号はPLUSだ」

「何をしてる会社だ？」

「おれは知らん。コンピューターか何かハイテク関係だ。でも、この株でもう1700ドル稼いだぞ」

「何で教えてくれなかったんだ。そんなふうに動く株は見逃したくないね。記号は何だと言った？」

「P-L-U-Sだ」

ややあって、ベルトの男は携帯電話を取り出した（ここで言っておくが、私たちは作り話をしているわけではない）。

「レニーか。今フランスからかけてるんだ」（本当はまだイギリスにいた）。「そうだ、列車のなかだ。ちゃんと聞こえるか？ いいか、ちょっと株を調べてほしいんだ。……いや、何の会社か分からん。技術とかそんなのだ」。ここで友達のほうに向かって、「そんな会社聞いたこともないと言ってるぞ」。再び、電話のレニーに対して、「そうだ。……いいか、仲間の話では会社が何か発表するらしい。20株買ってくれ。値段は47ドル前後だ。75ドルまで上がるぞ。分かった。……いや、

おれは今フランスだ。だから来週でないと小切手は送れない。ちょうど20株だぞ」

オスカー・ワイルドは「どんな物についても、価値もわきまえず値段だけは」知っている人々について不平を鳴らしている。この種の人物は、この情報時代にあっても値段以外は何も知らなかった。会社に関係する数字、事業計画、業界での地位、経営陣、過去の業績と将来の見通し——これら全部について、ソーセージの中身や、遠い銀河の有権者登録規則と同じように無知だった。

これらの連中は投資をしているのではなかった。浮かれて騒いでいるだけだった。彼らはバッキンガム宮殿で開かれたディナーパーティーのヒヒのようなものだった。食べ物を投げ散らかし、笑い、ふざけ、金持ちになった。彼らにはルールが分かっていなかった。歴史というものを知らなかった。リスクのことはまったく頭になかった。彼らにとって投資はゲームだった。そして、無知のせいで成功した。

イープラス社は利益を上げていたのだろうか。しっかりした事業を本当に行っていたのだろうか。しかし、わざわざファンダメンタルズを調べるまでもなかった。十中八九そんなものはなかったからだ。もし、どうしても知る必要があったとしても、それは自分のためになるものではなかった。知れば知るほど、その株を買おうという気はうせていったはずだからだ。そして、買わなければ、金持ちにはなれなかった。

こうした株遊びは情報を使ってやるべきものではなかった。もちろん知識や、そこから純化した知恵も無用だった。それは、ほぼ完璧な無知の状態でなされるべき投機だった。向こう見ずな、やけくその気持ちさえ必要だった。

新時代に広くいきわたった公式は「情報＝富」である。情報はその時代の核心をなすものと考えられていた。その代数式の逆は「無知＝貧困」である。しかし、1990年代後期の投資市場は、完全な反対もま

た真であることを示しているようだった。少なくとも、ある種の無知は株式市場で目を見張るほどの利益を生み出していた。つまり、「無知＝富」というわけだ。そして、同時に「情報＝富」だったのだから、ゆえに（エルゴ）、「情報＝無知」。こうして、私たちが推測していたことの証明ができたことになる。

事実に埋もれ、細部に目隠しされ、限りないデータに圧倒され、終わりのない分析に麻痺させられ、情報のせいで私たちはみんないっそう愚かになった。

そして、おそらくいっそう貧しくなった。供給量が多すぎて情報がインフレ状態となり、ワイマール時代のドイツ・マルクのようにその価値がなくなった。ほかのインフレと同じで、私たちはそのせいで貧しくなった。また、長年にわたって蓄積され、私たちの投資決定を支えてきた情報や、知識や、知恵や、判断力が、インフレ時の通貨と同じように使いでが減ってしまった。

### 群衆の誘惑

情報の氾濫によって、人はまた別の奇妙な点でいっそう愚かになる。実際に目にしている微妙な細部やニュアンスの違いを感じ取れなくなるのだ。情報の処理には時間と労力を要するので、取り扱う情報量が増えてくると、その分いっそう強く近道を求めたくなる。みんなが従っている解釈があれば、じっくりと考えたり観察したりするよりも、そっちほうがてっとり早い。つまり、自力で答えを見つけ出す代わりに、集団的な考えを取り入れるようになっていく。団体的思考が個人的思考に取って代わる。その理由はといったら、処理すべき情報が多すぎるという単純なものだ。例えばウォール街から入ってくる情報をこなしきれないので、CNBCテレビや経済評論家のルイス・ルーカイザーの要約を当てにせざるを得ないというわけだ、

情報時代に入ってシリコンチップやワールドワイドウエブが登場して、突如みんなが情報の価値に目覚めたと言われたが、それは偽りだった。本当は、人々が活用することのできる情報量は、新技術や新機器——電報、電話、テレタイプ、ラジオ、テレビ、ファックス、ミニテル、安価な印刷法など——のおかげで過去200年の間に少しずつ増えてきたのだ。20世紀の人間は18世紀の人間に比べてはるかに大量の情報を持っていた。
　集団思考がマスメディアとともに出現したのはただの偶然であろうか。それとも、集団思考はそれだけで独立に発展してきたのだろうか。

# 第2章
## 進歩と完成、そして歴史の終わり
### Progress, Perfectibility, and the End of History

世界はだまされたがっているのだから、だまされるがままにしておけ。
——ラテン語のことわざ

　1989年夏、フランシス・フクヤマはナショナル・インタレスト誌に「歴史の終わり？」と題する評論を発表して大きな反響をまき起こした。この論説は驚くべきものだった。というのも、そんなに短い評論のなかでそんなにたくさんの間違いを犯す例は、そうめったになかったからだ。フクヤマは、すべての歴史が民主主義と資本主義を目指して進むと考えた。そして、共産主義の崩壊はその両方が勝利したことを示すものだと信じた。だから、歴史は終わった、というわけだ。
　フクヤマにしてみれば、自由主義的な消費者資本主義が完全な勝利を収めた以上、もはや重大な挑戦を受けることがあるとは思えなかった。「私たちが目撃しているのは、単なる冷戦の終わりではなく歴史そのものの終わりである。つまり、人類のイデオロギーの進化も、人類の最終的な政治形態である、西洋の自由主義的民主主義の普及も終点にまで到達したのだ」
　なかには、フクヤマが冗談を言っていると受け取る人もいたに違いない。だが、これを本気にする人もいた。というのも、歴史は民主主義的政治体制と西欧的な物質主義的価値観を目指して進むと言われてみれば、ちょっと文句のつけようがなかったからだ。民主主義的な消費主義はきわめて広く受け入れられており、もはや、ひとつの思想と

してとらえることは難しくなっていた。もちろん、知識人は本や論文のなかでそれについて細かく論じることができた。しかし、先進国の大多数の人々にとっては——また発展途上国の多くの人々にとっても——アメリカ式の、資本主義経済を伴った民主主義政治体制は、今やひとつの思想でも理想でもなく、当然の現実にすぎなかった。20世紀の終わりには、それは、上がり続ける株価や永遠に続く繁栄と同じくらい当たり前の常識になっていた。自分たちはこれ以上ないほど良い体制のなかにおり、それは確かに歴史によってもたらされたものだ、と人々は考えた。歴史はここで止まるに違いない。なぜなら、自分たちはもうその終点にまでたどり着いたのだから。さらに一歩進めて、西洋諸国と日本はすでに歴史を超えたとさえ言ってもよかった。というのも、フクヤマによれば、もうこれ以上の政治的進化、経済的進化は不可能だからだ。

　フクヤマは、歴史の終わりは「非常に悲しい時代」になるだろうと結論する。そして、歴史後の世界での生活についてこんなふうに述べている。「承認を求めての戦い、純粋に抽象的な目的のために自分の命を賭ける果敢さ、勇気や想像力や理想主義を呼び起こした全世界的なイデオロギー闘争——これらはすべてなくなって、代わりに、経済的打算、どこまでも続く技術的問題との取り組み、環境問題、消費者の細かな要求への対応などが大きく立ち現れることになる。歴史後の時代には芸術も哲学もなくなって、人類の歴史博物館を維持する仕事だけが残る」

　冗談かどうかはさておき、私たちはほとんど笑いをこらえることができない。この哀れな男は、1989年の時点で世界は完全な状態に達したので、物事を良くしようとする努力など無用となったと想像した——これ以上ないほど良くなったというのだ！　ところが、それから10年とわずかほどもたたないうちに歴史が突如としてよみがえった。世界の2つの大きな経済バブルがはじけ、アメリカは歴史上最悪のテ

ロ攻撃を受けたのだ。

　フクヤマにはもっと元気を出してもらいたい。政治や戦争や市場では、ときとして人間の集団が少し気が変になる。歴史はそうした例に満ちあふれている——戦争や革命や好況や不況やバブルをみるがいい。フクヤマが歴史の終わりとみなした世の動き——大衆参加の増大——は、実は歴史を動かすエネルギーだったのだ。人は単独で歴史を作ることはできない。それを作るのは群衆の力だ。群衆が増え、その結合が強くなり、自分たちがある完全状態に達したという思い込みが深まれば、それだけいっそう歴史を作る力は強まる。群衆は人気のある神話の間をふらふらと揺れ動く。民主主義的な消費者資本主義は歴史の終わりというようなものではなくて、単に最新の流行にすぎないのである。

　この章では、群衆が公開の死体解剖を見るような具合に歴史を眺めたいと思う。解剖台の上の人間がどのような身体の構造をしているか知りたいと思うし、その後継者たちが新しく何をするのかにも興味がある。

## 歴史を作る

　1066年に5000人ほどのノルマン人がイギリスの海岸線を見たとき、いったい何を感じたのだろうか。また、彼らはその日の朝食に何を食べ、故郷に残された妻や娘たちはどんなふうに彼らのことをしのんだのだろうか。これらの問いに歴史は答えてくれない。また、頭が間違った方向を向いた子牛を、トンカービルの農民たちがどんなふうにうまく連れ出したのか、あるいは、教会の庭で司祭が老婦人に対してどんな優しい言葉をかけたのかについても歴史は語ってくれない。そして、騎士たちがいなくなって売り上げが急減したとき、損を埋めるために、商人がどんなふうに、オランダから輸入した織物をパリに行っ

て売ることを決心したか、歴史は記録していない。

　歴史が目を向けたのは、ただイギリス本土での出来事だけだった。そこでは戦士たちの小さな集団が、上陸して戦闘に臨もうとしていた。その企ては絶望的ともいえた。そんなに小さな軍勢でどうして全滅を免れることができるのか。ましてや、国全体を征服するなどということがなんであり得るのか。しかし、それが歴史である。語り伝えられた、さまざまの素晴らしい作戦や、戦闘や、革命や、蜂起や、大衆行動——おそらく、これらはすべて人類の進歩や「善行」を目指すものだった。もしそうした出来事がなかったら、私たちはいったいどんな状態になっていることだろう。それはだれにも分からない。もし、ノルマン人が故郷にとどまっていたら、どうなっていたか。もし、彼らが、自分の畑を耕し、収穫量を増やす妙案を考え、きれいな建物をもっとたくさん建て、妻や子供たちにもう1回キスをしていたとしたら、いったいどうなっていたか。世界はもっとひどいところになっていただろうか。だれにもそれは分からない。

　しかし、政治でも市場でも、歴史は、毎日の仕事に精を出す洋服屋やパン屋や資本家によって作られるのではない。歴史を作るのは、洋服屋やパン屋や資本家の群れであり、その群れが、自分たちの知識と理解をはるかに超えた、たいてい非合理的で、ときには破滅的な計画に乗り出したときなのだ。

　20世紀の歴史はヨーロッパの兄弟国よりもアメリカに優しかった。アメリカも大きな戦争に加わったが、戦死者の数はほかの参戦国よりもずっと少なかった。第一次大戦でフランスはほぼ600万人を失ったが、アメリカは11万6516人だった。第二次大戦のソ連の戦死者は民間人を含めて2100万人を超えていたが、アメリカの戦死者は40万5399人だった。アメリカの都市が攻撃されることはなかった。民間人の死者はほんの一握りであった。また、ドイツと日本の産業は戦争で破壊されてしまったが、アメリカの産業は戦争を経ていっそう強大になった。

だから、アメリカ人の進歩への信仰を作り上げたのは、理性というよりは経験だった。はっきり目に見える進歩がそんなにも長い間続いたので（中断は、大恐慌時における数四半期ほどのマイナス経済成長だけだった）、20世紀末のアメリカ人は、進歩は物事の本質であると信じ、技術と組織体制は完全に近いほど発達して、これまでにないほどの速さで進歩の恩恵が行き渡ったと考えるようになった。さらに、多くの人は、第二次大戦終結後に経験した一時的な足踏み状態や短期間の後退は、もはや完全に克服されたと信じた。この大躍進を振り返ったアメリカ人は、それをもたらしたのは神の恩恵や自然の恵みではなく、自らの天才的才能だと思い込んだ。

戦後のベビーブーム世代の最年長者が熟年に達するころ（90年代終わりごろ）には、進歩は簡単で当たり前であり、不可避とさえ思われ始めていた。アメリカ人は、自分たちが経済サイクルも技術も、そしてこの地球をも支配していると信じた。

## 進歩の神話

1959年にソ連のリボフ付近の集団農場で、ヤロスラフ・チーは1頭の豚を5.6時間で100キロの肉に解体した。これは中距離走で1マイル4分の壁が破られたのと同じくらい画期的な出来事だった。このペースはゆっくりのように見えるかもしれないが、アメリカ人がするよりは1時間も速かった。

共産主義の時代が始まったのは電報の発明よりもあとのことだったし、ラジオや電話やテレビが普及したあともまだ、その勢力は拡大を続けていた。後述するように、情報は、誇張や神話が広がっていくのをくい止める役には立たなかった。例えば、素晴らしいペースで生産性を高められると信じていたのはチーだけではなかった。それどころか、共産主義神話のひとつは、生産性がものすごい速度で伸び続ける

というテーゼだった。これは経験に基づくものではなく、理論から引き出されたものだった。

　共産主義を生んだ思想家たちは、インターネットの投資家と同じように、新時代が到来したと信じた。その根拠は、経験や希望にではなく、彼らの言う歴史の法則なるものにあった。例えばエンゲルスは、1883年3月17日にハイゲイト墓地で行った追悼演説で、マルクスを経済史における「ダーウィン」だとして誉めたたえた。ダーウィンが自然の進化を支配する基本法則を発見したのとちょうど同じように、マルクスは経済と政治の歴史を支配する法則を見つけ出したというのだ。実際には、その「法則」は法則でもなんでもなく、マルクスの資本主義批判を支えた「剰余価値」の概念と同じように、ポール・ジョンソンの言う、おおげさな付帯意見（オビテル・ディクトゥム）にすぎなかった。それでも、それが土台となって、共産主義社会の空想世界のなかでたくさんの神話が生まれたのだ。

　そのひとつ、決定論の神話は、すべてのことがマルクスの述べるような原理に従って実現されるというものだった。進歩の神話は社会状態が年々良くなっていくというものだったが、共産主義の実態はそれを否定していた。また、マルクス主義的な新時代の神話は、この世界全体が、神でも自然でもなく、科学的で理性的な歴史的決定論の概念に従う人間によって再創造される、というものだった。そして、最後に、新人間の神話があった。この新しいマルクス主義的人間はほかの人間とは配線構造が違っており、まったく新しい生き物だった。この人間は利益の動機を必要としなかった。また、財産を増やそうと願うこともなかったし、家族の心配をすることもなかった。それは、生活に必要な物資やサービスを全部集団が与えてくれるからだった。

　こうした考え方そのものと同じくらい筋が通らないのは、それが、20世紀を通して、さまざまの専制者や変人によって熱狂的に受け入れられ支持されてきたという事実である。それはパリのカフェで果てし

ない議論の的となっただけでなく、壮大な空想世界を築くための土台にもなった。

　例えば、ソ連の政策立案者たちは（再び、インターネットの投資家と同様に）過去の成長率に縛られる理由などないと考えた。私有財産も私的企業も存在しないのだから、もはや心配すべきビジネスサイクルはないはずだった。

　共産主義者は成長計画の数字を使って、（現実に合わない）成長率の指標を発表した。ソ連の経済は1913年から1959年の間に36倍になったとされた。アメリカ経済はこれに対して、たった4倍になっただけだった。ソ連の指導者たちは経済規模の点でアメリカを12年で追い越すと予言した。

　しかし、北朝鮮の独裁者金日成にとってはこの成長率でさえのろかった。1969年、彼は、もし経済成長率が命令一下で決まるものなら、どうして15％などという数字で満足していなくてはいけないのかと考えた。「社会主義社会に関する若干の理論的問題」と題する文書において、金日成は共産主義経済が減速する理由などあり得ないし、年間30〜40％の成長率を維持することも可能であるとさえ言い切った。それから30年後、その「社会主義経済」で何百万人もの人が餓死しつつあった。

　金日成は、同じ妄想狂仲間であるルーマニアのチャウシェスクが農業問題に取り組んだときの例を、しっかり注意して見ていたようだった。チャウシェスクは自国を世界経済の第一線に立たせようと決意していた。それを成し遂げるのに、このうえなく単純で便利なやり方が使われた。ただ単に1エーカー当たりの生産量の数字を4倍に直したのだ。マルクス主義の神話によれば、集団農場は旧式の自営農場に比べてずっと生産的なはずだった。だから、チャウシェスクはただその神話に生命を吹き込んだだけだった——神話のような嘘をでっち上げたのである。

共産主義の指導者自身からして神話的だった。あまりできの良くない元神学生で、新時代の熱狂的信者だったジュガシビリは「鋼鉄の男」ヨシフ・スターリンとなった。また、金日成は自らを神格化して伝説的な神となり、極貧の人民の崇拝を受ける身となった。
　びっくりするのは、人が実に簡単にそうした神話を信じ込んでしまうという事実である。アメリカのエコノミストたちは、ソ連経済がアメリカ経済の50〜60％の規模を持ち、さらに拡大しつつあると推測していた。何十年もの間、ソ連は世界第2位の経済大国とされてきた。しかし、それは真実ではなかった。ソ連と北朝鮮は豊かになっていたのではなく、貧しくなっていた。その国民の生産性は高くなっていたのではなく、低くなっていたのだった。

## 後ろ向きの進歩

　科学でも技術でも、新しい失敗をするたびに知識は増える。技術は保険料計算表の数字のように更新され複雑になって、時間とともにだんだん蓄積されていく。しかし、愛や金融などのように人生がからんでくると、同じ古い過ちが何度も繰り返される。昔の愚行の記憶がコケに覆われて忘れ去られてしまうと、人はまた同じ過ちを犯す。同じように、技術の活用法もその目的が利益であれ、戦争であれ、生活水準の向上であれ、人間の心にひそむサイクルに従っている。それは、アルコール依存症患者が最初の一杯で自信を取り戻すときのように高揚し、最後に酔いからさめるときのように恐れと不安に落ち込む。
　「進歩」は確実なものではない。貪欲と恐怖、あるいは自信と絶望を繰り返すサイクルのかたわらで、人間の願望と能力を超えた別のエピソードが進行する。紀元後476年にローマ帝国が崩壊したあと、ヨーロッパの人々はもうこれ以上貧しくなりたくないと思った。彼らの遺伝子が変化して、知的能力が低下したり、物質的快適さになじめな

くなったり、技術を進歩させる力が衰えたりしたわけではなかった。しかし、技術革新と物質的進歩はそれから1000年もの間不振に陥った。歴史家の言い方に従えば、交易と繁栄をもたらした秩序が失われて、無秩序と貧困がそれに取って代わったのだ。だれがそんな変化を望んだのか。なぜ人々はそんなことを許してしまったのか。生活が苦しくなりそうだと分かっているのに、なぜ人々は何の手も打たなかったのか。為政者たちが新しい政策を打ち出して、世の中を元の良い状態に戻してくれるなどと考えていてよかったのか。

別の例を挙げれば、19世紀の戦争の経験から教訓を学んだはずなのに、1914年には第一次大戦が勃発して、世界は再び大惨事への道を歩んでしまった。

軍事的な観点からいえば、その戦争は、1914年9月に起こった最初の戦闘、マルヌ会戦でフランスが勝利した時点で実質的に終わっていた。フランス軍はドイツ軍を打ち破り、開戦当事とほぼ同じ線まで敵を押し戻した。推定で51万2733人の死者が出たマルヌ会戦は、ほかの多くの戦いと同じように、ただ戦争の不毛さを強調しただけに終わった。膨大な数の人間が犠牲になったのに、得られたものはほとんどなかったのである。

それでも、のちに「大戦」と呼ばれることになる戦争はさらに4年続いた。1916年ころになると、それは愚かで無意味な大量殺人になりはてており、そのためにフランス軍は反乱寸前の状態にまでなっていた。双方の軍隊は、これ以上流血の事態を続ける意味がないとして、相談して勝手に休戦してしまうことがよくあった。上級将校は、兵士たちが殺し合いを続けるように何度も指示を繰り返さなくてはならなかった。どちらにも勝利の決め手がなく、筋の通る戦争目的すらない状態で、身動きのとれない絶望的な塹壕戦が続いた。まともな人間なら、こんなことはもうたくさんだと決めつけても不思議はなかった。今になって振り返ってみても、どうして各国が戦争を始めたのか、何

を得ようとしたのか、その戦争がなんの得にもならないと分かった時点でなぜ戦闘を止めなかったのか、きちんと説明できる者はほとんどいない。この戦争では空前の犠牲者が出た。3100万の人が無駄に死に、行方不明になり、傷ついたのである。

結局それは、従来の意味からすれば真の戦争ではなかった。なぜなら、どちらの側にももともと得るものがなく、結果としても何も得られなかったからである。

## 夢の飛行

そのわずか20年前の20世紀初頭には、楽観主義の精神が世の中を支配していた。

> 20世紀の幕が開いたとき、人類は、空中を飛ぶ機械を作ることが可能だと知らされた。人類の視界と展望はどこまでも広がって行き、同時に、さまざまな着想が信じられないような速さで次々と生み出された。──ウィンストン・チャーチル

オービルとウィルバーのライト兄弟が、長い間の航空輸送の夢が本当に実現できることを示したのは、世紀の変わり目からほどない1903年12月17日のことだった。ノースカロライナ州の吹きさらしの土手で、史上初めて飛行機が地上を離れ、操縦されて空中を飛んだのだ。

1919年になると、飛行機も戦車もデザインや製造技術の面で大きな進歩を遂げていた。しかし、1914年の時点と比べて人類はより幸せになったのだろうか。それとも不幸に？　第一次大戦が引き起こした荒廃を見るかぎり、とても肯定的な答えを与えるわけにはいかない。空を飛ぶ夢はまさに現実のものとなった。飛行機は役に立った。しかし、そのわずか数十年後の第二次大戦では、それはもっと破壊的な目的の

ために使われ、ロンドンに爆弾を落とし、チャーチルの戦時用官邸でさえ爆撃された。

「われわれは、ほとんど当然のことのように、科学がずっと恵みと幸せをもたらしてくれると考えた」とチャーチルは説明した。しかし、そのためには「心的能力や道徳的人格の点で、人間のちゃんとした成長が伴っていなかった。人間はべつに頭が良くなったわけでもなく、だだいっそうせわしなく思いをめぐらしているにすぎなかった。……科学的な発見から得られるものよりももっと貴重なものがある。それは、名誉や道徳や礼儀に従った行動基準であり、自由と正義の原理に対して何億人もの人々が共通して抱いている強烈な信念である」。そして、チャーチルは、人間が自分の利益だけをあまりに強く考えるようになったと断じた。「自分の権力が大きくなったと幻想を抱き、新しい勲章に得意満面になっているすきに、人は、潮流や渦や竜巻のなかでもみくちゃにされ、やがてその犠牲になってしまう。そこから救い出すことはずっと以前から難しかったのだが、今や手の施しようがない状態だ」

第一次対戦が終わるまでに、800万人が死亡し、2100万人以上が負傷し、200万人が行方不明になった。だが、それは出発点にすぎなかった。20世紀の戦争は始まったばかりだった。

## 工業化が支えた大規模殺人

フランス革命と工業化が起きる前は戦争はずっと限定的だった。軍隊はある土地を短期間だけ占有した――それは、たいてい、道が通行しやすく、まだ収穫が始まっていない夏の時期だった。彼らはそこで悪さを働き、やがて故郷に帰った。名の知れわたるような戦争はほとんどなかった。争いは、土地や生活が直接脅かされた集団の間で起こった。例えば、東方から外敵が侵入してきたような場合である。もっ

と多かったのは一地方での勢力争いであり、君主同士が比較的少人数の傭兵を使って戦った。1066年に征服王ウィリアム（以前の呼び名は私生児ウィリアム）がイングランド全土を手中に収めたとき、その軍勢はたった5000人程度だった。

　これと比較して、20世紀の戦争には膨大な数の兵士がかかわった。おまけに、非戦闘員までが召集されて補助的な役割を負わされた。第二次大戦では、アメリカの女性たちが家庭から駆り出されて、飛行機工場で働いたり、以前男性が行っていた仕事の代役を務めたりした。国民全体が動員されて戦争の遂行に協力させられたのだ。その戦争は、人間の生命の点でも出費の点でも、歴史上飛び抜けて大きな犠牲を強いるものだったが、国民にとっては破滅へと導く以外ほとんど何の目的もないと言ってよかった。

　それまでになかったような戦争が20世紀になって起きたのはなぜだろうか。これには2つの答えがある。そのひとつは常識となっているものであり、以前にはそれほどの規模の野蛮行為がそもそも不可能だったというのだ。先進的な規模の戦争を行うには、絶え間ない技術革新に支えられた工業化された経済を必要とするのである。2つ目は、以前には、これほど多くの人間がこれほど多くの邪悪な考えを一挙に共有することは不可能だったということだ。コミュニケーションの進歩のおかげで、蛾が灯りに集まるように、みんなが集団的思考に引き寄せられるようになった。その結果、バカげたことをあれこれ口にするようになり、個人的な悩みごとからの気晴らし以外何の役にも立たない戦争や大動乱を引き起こして、自分たちの生活をいっそう惨めなものにしたのである。

　インターネットは新時代の夢想家たちが信じ込んだような革命ではなかった。ここ200年の間に、電報、そして電話やラジオ、さらにテレビや市民ラジオが登場してきたが、その間コミュニケーションの価格はずっと下がり続けてきた。これに新聞用紙も安くなったことが重

なって、ほとんどすべての人にとって情報を活用する機会が増大した。しかし、このことは同時に、暴徒の数やバブルの規模がもっと拡大する可能性を生み出した。コミュニケーションの価格が安くなって国際政治のなかの暴力が減るどころか、かえって増えることになった。20世紀初めには、鉄道や電報や大衆紙のせいで、人類史上最も大規模で、最も大きな犠牲を伴う戦争が可能になった——以前よりはるかに多くの人間が巻き込まれるようになったのだ。20世紀末には、インターネットとテレビが空前の規模のバブルを引き起こした——歴史上のどんな時期よりもはるかに大勢の大衆がそこに参加したからである。

## 千年王国の楽観主義者たち

「世の中にさまざまの誤りがあっても、物事はいつも良い方向に進む。時間がたてばどういうわけか障害が減りチャンスが拡大する」とポーター・スタンズベリーは2001年夏のニュースレターに書いた[3]。こうして彼は、千年王国の楽観主義者や、ハイテク愛好者や、自由市場の狂信的支持者たちが作る大集団の一角を占めることになった。そのなかにはほかに、ジョージ・ギルダー、ポール・オニール、ジェームズ・グラスマン、ロレンス・カドロウ、マイケル・マーフィー、さらに西洋のほとんどすべての正統的な共和主義者や民主主義者などがいた。彼らはみんな進歩による前進は必然的で後戻りすることはないと確信していた。

「今の人たちは大部分、100年前の人たちよりも裕福だ」[4]とスタンズベリーは言った。そして、長生きでもある。これでさっきの主張が証明されたかのようにみえる。だって、この先時間がたてば、みんなさらに裕福になって、さらに長生きになるのだろう？　そうかもしれないし、そうでないかもしれない。神がスタンズベリーの耳元でささやいて、自分の計画を明かしたのかもしれない。それでもやっぱり、

そうではないのかもしれない。

　19世紀末には——20世紀末と同じように——進歩は必然的だった。人々は生活のすべての面で進歩を期待した。世界の経済は拡大していた。産業革命は全速力で進み、世界中に煙くさい臭いをまき散らしていた。すでに、パリで列車に乗ってモスクワまでぜいたくな旅行を楽しめるようになっていた。ロンドンに住みながら、東洋からはスパイス入り紅茶を、イスタンブールからはカーペットを取り寄せられるようになっていた。こうした賜り物——新技術と自由市場と機能的な政治機構の産物——がずっと続くことを疑う理由があっただろうか。

　19世紀末までに拷問は公式には西洋社会から消えており、奴隷制度は文明国では完全に廃止されていた。ベル・エポックの絶頂期には、社会習慣や芸術や個人的安全性が向上しつつあるようにみえた。そのうえ、ヨーロッパでは約30年にわたって大きな戦争がなかったので、戦争は過去の遺物になったという考えが広くいきわたっていた。

　しかし、それから何年もたたないうちに、世界は後退を始め、それまでの歴史で最も犠牲が大きく、最も野蛮な戦争が勃発した。1914年から1919年までの間に、フランスでは兵役年齢にある若い男性の20％が命を失った——新世紀が始まったばかりだというのに！　1914年から1945年まで、ほとんど息つくひまもなく、世界が経験したことのない規模で、人々は互いに相手を撃ち、拷問にかけ、殺し、吹き飛ばし、毒殺し、餓死させた。

　20世紀は、推定で1億8700万人の犠牲者を出し、結局ブレジンスキーのいう「大量死（メガ・デス）」の時代となった。1945年には、世界の経済大国はアメリカを例外としてすべて破壊されていた。日本とソ連とドイツは、ほとんど灰と歪んだ金属の山と化した。フランスとイギリスは大部分無事だったが、まだ戦時体制のままで、平和時の生産体制にはなっていなかった。もっと悪いことに、両国とも社会主義者とサンディカリストの手に落ちて、回復がひどく妨げられ、以前の

敵国であるドイツと日本にすぐ追い抜かれてしまった。物質面でも道徳面でも進歩はけっして保証されていなかったのだ。

## 南京虐殺

好むと好まざるとにかかわらず、世界はまだかなりの部分、心によって動かされている。世界には、罪と悲しみ、疾風怒涛（シュトルム・ウント・ドランク）、狂気、見知らぬ人の親切さなどがあふれている。心が作る歴史は、ボルテールの言葉によれば、「人類の犯罪と愚行と厄災の寄せ集め」である。1937年12月13日、日本帝国陸軍は歴史に名をとどめることになった。この邪悪集団が6週間におよぶ行為を終えたとき、それまでの残虐さの記録が塗りかえられた。推定によれば37万7000人が虐殺されたのである。

犠牲者はドイツ帝国の兵士でも、クレムリンの招集兵でもなかった。すべての年齢層の男と女と子供、および党派関係者だった。そこには民主主義者もカソリック教徒も儒教徒もレンガ積み職人もいたが、全員が同じひとつの過ちを犯していた――悪いときに悪い場所に居合わたのである。これらの人たちは非人格的な空襲によって抹殺されたのではなかった。その点で、ドレスデンで殺されたとされる6万人の人や、長崎と広島で殺された20万人の人とは違っていた。彼らはまた、ナチスやボリシェビキがその犠牲者に対して主に用いたような組織的で計画的な方法で殺されたのでもなかった。そうではなく、拷問され、辱められ、そのほか殺人者の思いつくかぎりの仕方で苦しめられたあとで、ひとりずつ、あるいは小さなグループで殺されたのである。

大量殺人とも、非人間的行為とも、残虐行為ともいえる。しかし、そこで起きたことをそのまま言葉で伝えることは困難である。

古代ローマの軍団がカルタゴを滅ぼしたとき、約15万人の命を奪った。チムールは1398年にデリーで10万人の捕虜を殺した。また、1400

年にはシリアで頭蓋骨の塔を築いた。しかし、カメラがこれらの光景を記録することはなかった。これに対し、アイリス・チャンの書いた『The Rape of Nanking（ザ・レイプ・オブ・ナンキン）』には写真が掲載されている。これを見ると、道徳的進歩が必然的であると信じる者の信念もゆらぐに違いない。写真の出来事は人権宣言が出されてから100年以上もたって起きたものである。また、平和の君キリストが生まれてからほぼ2000年が過ぎている。主な宗教はすべて人を殺すことをはっきりと禁じている。だが、犠牲者にとって死は苦しみを終わらせるもので、もしかすると殺されることを望んだかもしれない。それは弱気相場におけるストップロスに似ていないこともないだろう。

　日本は世界でも有数の、遵法精神に富んだ礼儀正しい国である。しかし、ときとして悪の嵐が吹きすさぶことがある。どんな人種もどんな国も絶対にそれに巻き込まれないという保証はないのだ。

## パパ・トラップの涙

　人間が完全になれると信じている者はたくさんのことを説明しなくてはならない。というのも、人間が不完全であることは、歴史上の出来事に示されているだけでなく、それ以上に、この本を読んでいる大勢の人たちの生涯にはっきり現れることだからである。第二次大戦中、犠牲者たちは大きな組織と計画を伴った大掛かりな体制によって手順よく処理された。その体制には、たくさんの人間がかかわっていたが、彼らはみんなもっとよく状況を理解しているべきであった。

　こういうことは全部読者もご存知のことであり、驚くべきことは何もないであろう。驚かされるのは、普通の人は、人類が物質面だけでなく道徳面でも進歩していると、当然のことのように信じ切っているという事実である。もしかすると、普通の人たちのほうが正しいのかもしれない。現在、1000年前に比べてはるかに大勢の人間がいる。だ

から、個人的な衛生状態や平均身長のように、大衆の道徳水準も知らないうちにわずかに良くなっている可能性はある。しかし、進歩というものが、人を用心させるような大きな変動によって左右されることだけは確かである。

「1942年7月13日の夜明け、ポーランドのビウゴライの町で」と、クリストファー・ブラウニングは『オーディナリー・メン（Ordinary Men）』を書き始めている。この本は、普通の人がするかもしれない異常な行為を描いたものだ。その朝、ドイツの第101予備警察大隊の兵士たちは奇妙な仕事を行わなくてはならなかった。隊内で愛情を込めて「パパ・トラップ」と呼ばれていた指揮官は、このときその任務の内容にひどく動揺しており、兵士たちの前に立ちながら目に涙を浮かべていた。彼は涙にむせかえり声を震わせながら、その町からユダヤ人をひとり残らず消してしまわなければならないことを隊員たちに説明した。頑強な男たちは労働キャンプに送り込み、女や子供や老人は全員射殺するというのだ。

第101警察大隊の兵士は、人に踊らされやすいバカな若者でも狂信的ナチスでもなく、年のいった家族持ちたちだった。警察大隊自体、第一線で戦う部隊ではなかった。隊員は年配者であり、その多くは遠い異郷の地の戦闘を避けて、故国で治安維持の任務につけるように警察隊に志願した者たちだった。

パパ・トラップは隊員たちに命令を伝えたあと、信じられないような提案をした。もしも年配の隊員たちでこの務めに加わることができないと感じる者があれば、だれでも任務から外れることができると言ったのである。そのあとで彼は論理に訴え、自分自身と兵士たちに使命を果たすべき理由を思い出させた。ユダヤ人はドイツ軍部隊にとって脅威になっている。彼らは略奪を働き、テロリストを支援している！

ヒトラーは東部の占領地を「エデンの園」に変えることを公言して

いた。スターリンは後方かく乱を狙って、ドイツ軍に対してパルチザン兵士によるゲリラ攻撃を仕掛けた。ヒトラーはこれを喜ぶべきことだとして、こう説明した。「これで、われわれに敵対する者を皆殺しにする理由ができた。われわれはこの広大な国に、できるだけ早く秩序を取り戻さなくてはならない。だから、おかしな目でこちらを見ようとするような奴は、だれでも射殺してかまわないのだ」

　ナチスの説明では、これはボリシェビキに対する戦いだった。ユダヤ人は一掃しなくてはならないが、それは単にユダヤ人だからというだけでなく、彼らがボリシェビキだからだった。こうした説明は、組織的な殺人を実行する普通の人たちには全部納得できたに違いない。だが、必ずしも全員にとってそうだったわけではない。少なくともひとりは実行を拒んだ。ハンブルク出身のハインツ・バッハマン中尉は、女性や子供を殺すことにかかわりを持つことはできないと言った。彼は配置換えになった。

　トラップ自身は自分が義務と考えることを実行した。しかし、動揺は大きく、殺人の現場には近づかなかった。目撃者によれば、彼は子供のように泣いていた。なぜこんな汚い任務が割り当てられたのか、と独り言を言うのを聞いた者もいた。また、こうつぶやくのを聞いた者もいた。「もしこの地上でこの報いを受けることがないとしたら、神よ、どうか私たちドイツ人に哀れみを！」

## 成功は失敗のもと

　経済学の教科書や金融関係の本に親しんだ読者には、戦争の歴史を論じるのは場違いのように感じられるかもしれない。だが、けっしてそんなことはない。人類の行う悪行が一番はっきり見えるのは戦争である。最も「理性的な」人たちでさえ、愛や戦争や市場や経済に関しては時として気が変になる。運が良ければ、彼らが害を及ぼす前に撃

退することができる。ところが、本当の天才が後ろに群衆を従えたときには、大災難を引き起こしかねない。

　私たち人間はうぬぼれに陥る。私たちは、推論する能力があるというので、ほかの動物よりも優れていると考える。しかし、モスクワに至る道沿いに住みつき、ナポレオンの大陸軍（グランダルメー）やヒトラーの国防軍（ベーアマハト）が通るのを見た犬や馬やネズミや牛は、みんなもっと常識を備えていたに違いない。1匹の野ネズミでさえ、陸軍元帥に比べてもっと賢く行動すると言えたかもしれない。軍隊が通るとき、この卑しい毛むくじゃらのげっ歯類は、隠れ家に逃げ込みながら、いずれそのうち、倒れた兵士の骨や、寝ている兵士の凍傷の指をかじることができると考えたであろうか。

　ルイ14世の失脚はヨーロッパに新時代をもたらした。フランスの貴族たちは命からがら逃げ出した。そして、ヨーロッパのほかの君主たちに対して、フランスに介入して自分たちが元の地位と繁栄を取り戻せるようにしてほしいと訴えた。革命家たちがルイ14世とその夫人であるオーストリア人マリー・アントワネットの首をはねたとき、不安感は激しい感情にまで高まった。ヨーロッパ中の貴族は自分の首をさすりながら、行動を起こそうと決意した。

　18世紀のフランスは、現代アメリカの読者からみても望ましいいくつかの強みを持っていた。例えばフランスのGDP（国内総生産）の伸びはおそらく世界一だった。18世紀が始まったとき、フランスはイギリスに遅れをとっていたが、世紀末には追い抜いていた。さらに、フランスの人口は急激に増加していた。小さな男の子や女の子が増えても、生産力の向上によって食べ物には困らなかった。やがてフランスは子供でいっぱいになった。

　だが、フランスにはもうひとつの隠された強みがあった。それは、フランスがヨーロッパで最初に人民民主主義の利点を生かしきった国だということである。いったいだれが君主のために命を投げ出したい

と思うだろうか。ルイだの、ヘンリーだの、フランツ・フェルディナンドだのといった連中に、いったいどれだけの収入を奪われたことだろうか。

　オーストリア皇帝フランツ2世（マリー・アントワネットの甥）の軍隊はプロだった。彼らが戦場にいたのは金と軍隊の強制力によるものだった。それが当時のスタイルだったのである——フランス革命までは。1789年のフランス革命は、それに先立つアメリカ革命と同じように、臣民を市民へと変え、その市民にこれまでになく活躍してもらうことになった。

　革命からまもない1796年、コルシカ島出身で26歳の砲兵隊指揮官ナポレオン・ボナパルトは第一次イタリア遠征を任されることになった。数カ月の激しい戦いののち、彼は戦争の天才であることを世に示し、フランスの国民的英雄となった。当時、支持率の調査などなかったが、もし投票が行われたとすれば、その後19年にわたってナポレオンがトップクラスの順位に立ったことは疑いがない。

　一連の戦争と、身分違いの婚姻も含めたさまざまの縁組関係によって、ナポレオンとその大軍勢はだんだんヨーロッパ諸国を支配下に収めていった。1812年までには、ロシアとイギリスを除いたヨーロッパの国々はすべて統治下に入った。フランスは勢力の急拡大を享受していた。今やヨーロッパ最大の国となり、最強の軍隊を誇り、その新しい政治体制は以前よりもずっと効率的に、愚かな国民から血を絞り取れることを証明していた。フランスは19世紀初めごろの唯一の超大国だった。

　この時点でナポレオンを止められるものは何もなかった。すべてが順調だった。

　ナポレオンは自分の兄をスペイン王の座に据えていた。しかし、スペイン人はこれに反抗し、フランス軍に対してゲリラ戦争を仕掛けてきた。その後、ナポレオンはロシアを攻撃した。そんなにもひどくバ

カゲたことができるのは、戦争の天才だからこそのことだった。普通の人間の野望はそこまでいかないうちに抑制されてしまうはずだった。

ド・マルボー男爵が書いたナポレオン戦争の回顧録のなかに驚くべきシーンがある。

> ロシアでしばらく過ごしたことがあり、その地形や資源に詳しいフランス軍将校の何人かに〔皇帝は〕質問したがった。そのなかにド・ポントン中佐が含まれていた。中佐はティルジット条約後、数年間アレクサンダー〔ロシアの皇帝〕に仕えさせるためにナポレオンがロシアに派遣した将校のひとりだった。ド・ポントンは非常に有能で、とても慎み深い男だった。

彼はナポレオンのために地形調査の軍務についていたが、ロシアで戦争を行うときにぶつかりそうな困難について、自分から進んで進言することは思いもよらなかった。しかし、名誉を重んじ、国を愛するド・ポントンは、皇帝が質問をするのなら、ありのままをすべて話すのが自分の義務だと考えた。そこで、彼は、ナポレオンの機嫌をそこねることを恐れず、行く手に横たわる障害を全部説明した。それは主として次のようなものだった。リトアニア人が信用できないこと（フランス軍はリトアニアに作戦基地を置く予定だった）。モスクワ防衛軍のがむしゃらな抵抗。物資やまぐさの不足。フランス軍が横断しなくてはならない不毛地帯。2時間も雨が降れば砲兵隊が通れなくなってしまう道路。なかでも彼が特に強調したのはロシアの冬の厳しさだった。10月初めになるとたいてい雪が降って、戦争そのものが物理的に不可能になってしまうのだった。そして最後に、勇敢なド・ポントン中佐は、皇帝を怒らせ、自分の将来に傷がつく危険もかえりみないで、この危険な遠征を止めるようにと、フランスの繁栄とナポレオンの栄光の名にかけてひざまずいて懇願した。遠征の困難さについての

彼の予測は正しかった。

皇帝は静かに話を聞いていたが、それが終わると何も言わずにド・ポントン中佐を下がらせた。

数週間のち、ナポレオンは30万人以上の軍勢でモスクワへの進軍を開始した。そして、ド・ポントンが述べた障害の全部に次々と出合うことになった。フランス軍にとっては、遠征の早い段階でロシア軍が決定的な勝利をものにしていてくれたほうが、むしろ良かったであろう。そうすれば、傷口をなめながら、恥も外聞もなく再びニーメン川を渡って安全地帯に戻れたはずだった。しかし、フランス軍はよく戦い、その結果ほとんど全滅してしまうことになるのである。モスクワに着いたナポレオン軍はひどく不愉快な目に遭った。ロシア軍はゲリラ戦を展開していたのである。都市には火が放たれていた。冬の季節だというのにフランス軍兵士が泊まれる場所は見当たらず、食べ物もなかった。

フランス共和国の大陸軍は退却した。一歩歩むごとに、例年にないほど早く寒くなった天候とロシア人ゲリラに苦しめられた。ナポレオンの兵士のなかで、生きてロシアを脱出できた者はほんのわずかだった。

フランスのたくさんの敵がすぐに四方八方から攻めてきた。イタリアの英雄ナポレオンは打ち破られ、フランスは外国の軍隊に占領された。

## 普仏戦争

1870年8月、フランスはドイツとの戦争を始めた。歴史書を読んでみても、両国がなぜ戦争を始めたのか、さっぱり分からない。しかし、戦旗が持ち出され、徴兵所は人であふれ、やがて軍隊はライン川に向かった。

この戦争についてアリステア・ホーンが説明しているところによれば、「ギリシャ人のいうペリペテイア、つまり運命の急変がこれほど劇的に起こった例」は歴史上ほとんど見当たらない。

ルイ・ナポレオンに率いられた軍勢は自信満々であり、そのためドイツ地図だけを持ち、フランス地図は携行しなかった。しかし、フランスの自信は、相場でいえばちょうど弱気の状態へと転じる直前にあった。フランス人は得意の絶頂から絶望のどん底に落ちようとしていた。

2回の小戦闘ののちフランス軍は退却し、田園地帯には兵士たちの死骸がそこらじゅうに転がっていた。フランス軍はセダンまで押し戻され、身動きの取れない状態になった。フランスのマクマホン将軍に言わせれば、軍は「おまる」の中に落ち込み、「糞尿にまみれることになった」。

皇帝は、打ち負かされて捕われの身となり、パリは包囲された。クリスマスのころには、パリの市民は餓死しつつあった。ベルト・カバイユは12月29日に次のように書いている。「私たちはラインブルク叔母さんの猫を食べた。あんなに可愛かったのに、なんと気の毒なことをしたものか。……手元には犬の肉が一切れある。これはマリネに漬けたあと、ステーキにして食べるつもりだ」

最後近くになって、フランス政府要人のひとりであるレオン・ガンベッタが気球に乗ってパリを脱出した。そして、とうとうフランスは正気に返り、あきらめて白旗を掲げた。

## 失敗は成功のもと

戦争に負けても、勝ったのと同じくらい結果は良かった。敗北のあと、フランスは40年にわたる素晴らしい時代を楽しんだ。国は好景気に沸きかえった。人々は豊かになった。財産は増え、みんな競い合う

ように美しくぜいたくな家を建てた。レストランやビストロは満員になった。芸術家や芸人は、黒蠅がゴミに集まるように都市に引き寄せられた。パリでは広大な地域が壊されて再建され、地下鉄ができ、エッフェル塔が建った。ベル・エポックは西洋文明をみごとに磨き上げ、その輝かしさは以後再び見ることができないほどのものだった。

　しかし、1871年の敗北以来、フランスの軍部首脳は何年もの間その敗戦について研究を重ね、ひそかに栄光への復帰を狙っていた。戦争には負けたけれども、狂気が完全に消え去ったわけではなかったのだ。いったい何が悪かったのか、と彼らは自問した。そしてたどり着いた結論は、自分たちは慎重すぎた、攻撃側に回ってもっと激しく突撃すべきだった、というものだった。ド・グランメゾン大佐もこの考えを支持した。「攻撃して勝利するためには、無謀になることが一番だ。やりすぎるぐらいやろうではないか。それでもまだ足りないかもしれない」と大佐はうわ言のように言った。戦術としては完璧でも、戦略にまで高められるとそれはひどいものだった。その戦略が現実に採用されることになった。

　セダンの戦いから44年がたったとき、フランス軍はその新しい戦略を実際に試みた。前にも言ったように、この第一次大戦がなぜ始まったのか、あるいはそれで何を得ようとしたのか、はっきり分かるものはひとりとしていなかった。戦争の関係者はみんな、当時の水準からいってまともに行動しているようにみえた。軍旗がはためいて、徴兵所はまた人でいっぱいになった。そして1914年8月、フランスは国境会戦に突入した。

　夢見心地の恋人のような考えなしの情熱で彼らは突撃した。2週間の間にフランス軍は30万人の兵と、10人に1人の将校を失った。最初の5カ月間で失った人員は、アメリカの第二次大戦の死傷者数とほぼ同じだった。最初の1年間では、アメリカの第一次大戦と第二次大戦の死傷者数を上回った。戦争はまだそのあと3年も続くはずだった。

それが終結したとき、600万人以上のフランス人が死傷していた。
　それは何のためだったのか。だれにも分からなかった。

## 1940年の完敗

　バージニア州ブリーモブラフではたいしたことは起こらなかった。その町は単なる道の曲がり角のようなものだった。そこには気晴らしになるようなものがほとんどなく、考える時間がたっぷりあった。だから、町に住む軍事史研究家ベビン・アレクサンダーはあり余るほどの時間を使って、第二次大戦が違った結果に終わったかもしれない可能性について思いをめぐらせた。
　当時、フランス軍はヨーロッパ最強という評判だった。しかし、その戦略は20年ほど時代に後れていた。戦争は新時代に入っていたが、世界のなかでそれを理解していたのは一握りの軍人だけで、その大部分がドイツの国防軍にいた。もしフランス人がそんなにも間抜けでなかったら、第二次大戦はもっと違った展開になっていたのかもしれなかった。ドイツ軍が攻撃を仕掛けても効果的な抵抗に出合って、ヨーロッパの力のバランスは変わらずにすんだかもしれなかった。
　しかし、過ちは避けることができず、おそらくそれが必要なときに起きるようにできている——自然のバランスをひっくり返して再構築を図るために。だから、第二次大戦の交戦国が失敗をすることは避けられなかったし、同じことが1995年から2000年にかけての大バブル期の投資家についても言える。
　2世代前に起きたのと同じように、ドイツ軍は予想もしないところを攻撃してきた。しかも、そのやり方はフランス軍が見たこともないようなものだった。ハインツ・グデリアンやエーリッヒ・ロンメルに指揮された戦車隊は、フランスの防衛線を突破してそのまま突っ走った。フランス軍が予想したように歩兵を援助するのではなく、独立し

て行動したのだ。ロンメルの軍隊は素早く移動し、いるはずのところからずっと離れた場所に現れるので、「幽霊師団」と呼ばれるようになった。フランス軍もイギリス軍も効果的に対応することができなかった——その方法が分からなかったのだ。また、どこに敵がいて何をしているか、あるいはなぜそんなことをしているのか、かいもく見当もつかなかった。

　数週間でフランス軍は崩壊した。兵士たちは武器を捨てて逃げた。パニックに陥ったフランス政府は事態は絶望的だと思い降伏した。イギリス軍はフランス軍のわずかな残存兵とともにダンケルクの海にまで追いやられた。

　翌年の2月には、英独航空戦（バトル・オブ・ブリテン）は終わっていたが、その結果はどっちつかずだった。チャーチルは最後になって国民にげきを飛ばし、ドイツ軍の攻撃をやっとのことでくい止めた。ロンメルは北アフリカにいてドイツアフリカ軍団の陣容を整えており、いずれあっと言わせるような連続勝利を上げるはずだった。ドイツ軍はユーゴスラビアとギリシャに侵攻する準備を整えていた。

　1941年には、世界全体がゲーム盤のようなものだった——プレーヤーの気まぐれな運命が命じるままに、各国の軍隊が連合したり、戦闘配置についたり、移動したり、戦闘不能になったりした。

## 行きつ戻りつ

　人生は争いである。スポーツで、政治で、ファッションで、セックスで、ビジネスで、経済で、人はひとりあるいは集団で争う。1940年代には国民と国家の間の争いが異常に激しくなった——かつてないほど世界で頻発した。ドイツしかり。ロシアしかり。ギリシャも同様だった。イギリスだけは別だった。数年の間、ヨーロッパのほとんどすべての人や物がゲームの世界に投げ込まれた。人は、徴用されて労働

隊に入れられたり、戦闘中の前線に送られたり、家畜用貨車に詰め込まれて死のキャンプに運ばれたりした。政治は力のゲームで、勝者は徳という賞金を手にした。

ヒトラーはわずか数カ月の間にヨーロッパを支配する帝国を作り上げた。ドイツ軍はフランスの半分を占領した。フランスの中央を通るこの境界線を西端として、東はポーランドの中央まで、北はノルウェーまで、南はギリシャの先端と地中海に浮かぶクレタ島まで（そしてアフリカのかなりの部分も）、ヨーロッパ全土がドイツの統治下に入ったのである。

しかし、強気相場と同じように、短期間で成立した帝国はたいてい短期間で崩壊する。ナポレオンの帝国は16年しか続かなかった。ヒトラーの千年帝国は、ソ連攻撃のあとたった4年で滅ぼされた。

自然は対称と均衡を愛する。一枚の葉の中央に線を引いてみると、その両側が同じ形になっている。サンフランシスコとオデッサは地球の反対側にあるけれども、海面の高さは変わらない。

熱狂的相場のチャートも対称形になることがよくある。左側に上向きの鋭い山があれば、鏡像のようにその右側には下向きの鋭い谷がある。左側に長い緩やかな上り勾配があれば、普通はその右側に長い緩やかな下り勾配が続く。

この対称と均衡の傾向は政治の世界にも現れる。作り上げるのに何世紀もかかったローマ帝国は、崩壊するまでにやはり何世紀もかかった。ベビン・アレクサンダーの著書『ハウ・ヒトラー・クッド・ハブ・ウォン・ワールドウォーⅡ（How Hitler Could Have Won World War II）』で論じられた第三帝国はわずか数年で作られたが、その数年後には滅亡した（図2.1参照）。

**図2.1 相場の上昇と下降にならって表示した帝国の興亡**

第一帝政の興亡
（1769〜1815年）

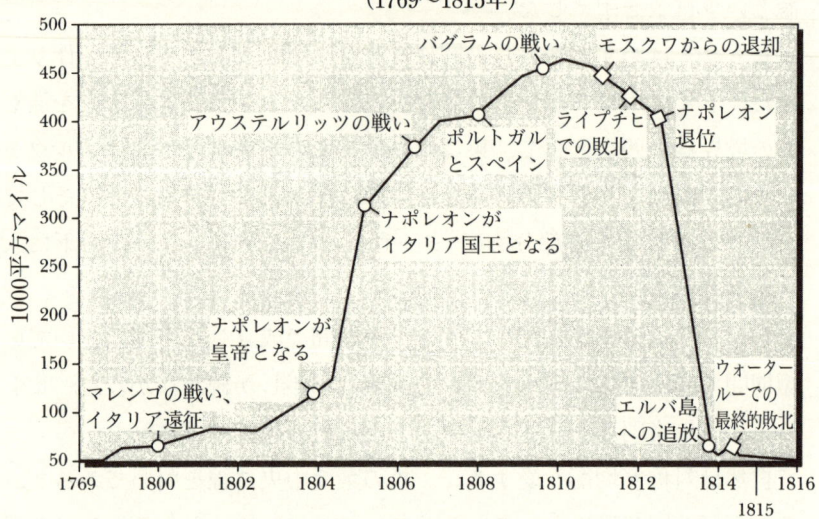

（縦軸：1000平方マイル、横軸：1769〜1816年）

- マレンゴの戦い、イタリア遠征
- ナポレオンが皇帝となる
- アウステルリッツの戦い
- ナポレオンがイタリア国王となる
- ポルトガルとスペイン
- バグラムの戦い
- ライプチヒでの敗北
- モスクワからの退却
- ナポレオン退位
- エルバ島への追放
- ウォータールーでの最終的敗北

第三帝国の興亡
（1933〜1945年）

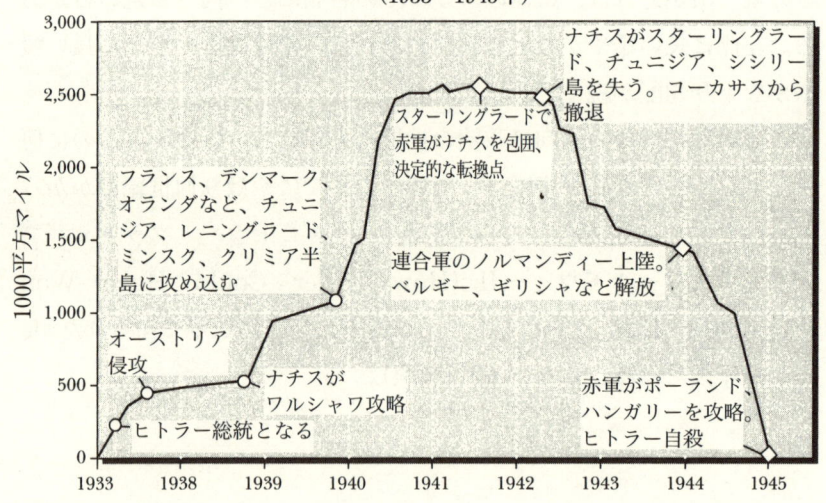

（縦軸：1000平方マイル、横軸：1933〜1945年）

- ヒトラー総統となる
- オーストリア侵攻
- ナチスがワルシャワ攻略
- フランス、デンマーク、オランダなど、チュニジア、レニングラード、ミンスク、クリミア半島に攻め込む
- スターリングラードで赤軍がナチスを包囲、決定的な転換点
- ナチスがスターリングラード、チュニジア、シシリー島を失う。コーカサスから撤退
- 連合軍のノルマンディー上陸。ベルギー、ギリシャなど解放
- 赤軍がポーランド、ハンガリーを攻略。ヒトラー自殺

## 自ら招いたことだ

　投資では、期待しても、自分に見合う以上のものを得ることはできない。短期間で得た利益は短期間で失う。長年にわたって少しずつ増やしてきた利益は、普通長年の間手元に残る。もしそうでなければ、常にみんなが短期間で儲けようとする。万一そんなことにでもなれば、緑に覆われた島の草が突然放たれた牛や馬の群れに食べ尽くされてしまうように、利益も消え失せてしまうことだろう。

　ヒトラーは思い切った軍事行動を行って、非常に短期間でドイツに利益をもたらした。しかし、ドイツの手に最後に残ったのは期待したものではなく、自分に見合ったものでしかなかった。

　アレクサンダーはこれを人間の過ちのせいにしている。まず第一に、ヒトラーはダンケルクでイギリス遠征軍を簡単に壊滅させられたのに、そうしなかった。また、イギリス空軍（RAF）を打ち破れるのに、やはりそうしなかった。ドイツ空軍がRAFを壊滅寸前にまで追い込んだときに、ヒトラーが空中戦を中止させてロンドン中心部の空爆に切り替えてしまったのである。ヒトラーのこの決定の背後には次のような経緯がある。ドイツ空軍がイギリスの空軍基地を爆撃したとき、そのうちの2機が方向を失い、誤ってロンドンに爆弾を落としてしまった。イギリスはその報復としてベルリンを爆撃した。ヒトラーはこれに激怒し、イギリス人が戦闘意欲をなくすまでロンドンを空爆することにしたのである。こうした経緯をみれば、ヒトラーの戦い方がアマチュア流でしかないことがよく分かる。空爆はイギリス人の戦意をくじくどころではなかった。RAFは、ドイツ空軍がロンドン攻撃で飛行機を失っている間に陣容を立て直すことができた。また、ロンドン空爆は、単にイギリス人の徹底的に戦う決意を強めただけだったし、ロンドンっ子には、彼らがその後ずっと味わうことになる空襲警報の感触を経験させただけだった。

さらに、ヒトラーは、ほとんど軍事的な価値のないクレタ島を攻撃対象として選び、マルタ島のイギリス軍基地を攻撃しなかった。また、ロンメルに対して、スエズ運河を攻略するのに必要な最小限の援助すら与えなかった。もしそうしていれば、イギリス艦隊が東地中海に入るのを（また東方へ簡単に抜け出るのを）防げたはずだった。

## 私を滅ぼしてくれ

しかし、ヒトラーの最大の誤りはロシア攻撃だった。歴史家には周知のことだったが、ナポレオンや、それ以前のスウェーデン人の前例からみて、ロシアは入るのは簡単だが、出るのは難しい国だった。

ヒトラーのこの大ドジの作戦は軍事戦略のあらゆる基本に反していた。これに加えて、真珠湾攻撃のあとアメリカに宣戦布告を行ったため、ヒトラーは世界最大の工業国三国を相手に戦うはめになった——ドイツ軍は東西南北何千マイルにも広がる地域に散らばっていた。それなのに、さらにひどい目に遭いたいかのようにロシア遠征にとりかかったのだが、それはあまりに狂気じみた拙劣な試みであり、ソ連軍でさえ最終的には打ち破ることができたのだった。

それでも最初のうちはドイツ軍もよく戦い、ソ連軍は散々だったので、ジューコフもスターリンからの司令官復帰の要請に二の足を踏むほどだった。それまでの戦争の常識はもはやこの新しい戦争には当てはまらないかのようにみえた。ドイツ軍は乾いた大地の上で、自分たちの総統と同じくらい愚かで無能力な敵を攻め立てた。

だが実際には、ヒトラーは最後には負けるしかない消耗戦にはまり込んでいたのだった。ソ連は、ドイツが戦車１台を作る間に４台生産した。戦車は、スターリングラードのジェルジンスキー・トラクター工場などさまざまの工場の組み立てラインでぞくぞくと生産され、何時間かのちには戦闘可能となっていた。ヒトラーの戦車は、前線に到

着するまでに何週間も何カ月もかかった——それも、もし到着できればの話だった。

ついに季節が変わり、遠征が絶望的であることが明らかになった。同時に、ドイツもまた絶望的であることが明らかになった。ソ連軍をくい止めることはできなかった。そして、ヒトラーが和平に応じる可能性もなかった。ヒトラーは、前線から悲惨な状況を報告してきた将軍たちを、あまりに悲観主義的で「やる気のない臆病者」だと決めつけて罷免した。ドイツ軍最高の戦車隊指揮官であるハインツ・グデリアンでさえ辞めさせられた。

ヒトラーの信じるところでは、これらのプロの軍人が真に必要とするものは「国家社会主義党員の信念の輝き」だった。だが、「国家社会主義党員の信念の輝き」もT-34戦車を阻止することはできなかった。それは、「新時代」への信仰がナスダックの弱気相場を阻止できなかったのと同様であった。

## 同じ土俵で

　火をおもちゃにしたり、戦争をおもちゃにしたりすると、いずれ火も戦争も自分の身に降りかかってくる。アメリカはこれまで、高見の見物というぜいたくを楽しんできた。そして、世界の「一般大衆」に対して、山ほどのアドバイスや……お説教や……励ましを与えてきた。今や、アメリカは世界のほかの国々と「同じ土俵にいる」。今や、私たちは知ることになるであろう。本当にアメリカが自ら主張するような、軍事上、産業上、社会上の強国であるかどうかということを。また、「アメリカ」という国が本当に存在しているかどうかということを。なぜなら、もはや、世界から注文を取って市場のシェアを奪いながら、その一方で、お説教をたれている場合ではないからだ。もはや、他人に対して熱心

に英雄的行為を勧めている場合ではないからだ。今こそアメリカは戦わなくてはならない。自らの国民を送り出して、体を張らなければならない。事態は変わった。私たちは知ることになるであろう……。──マルセル・デアが1941年12月9日付けのフランスの親独新聞ルーブル紙に書いた記事

　デアの口調は皮肉たっぷりである。
　日本軍が真珠湾を攻撃したとき、アメリカ人は「高見の見物」はもはや不可能だと悟った。勝手気ままだった2001年の愛国者と違って、彼らには犠牲を払う準備ができていた。苦難と損失に対する覚悟があった。新しい車を買うのではなく、古い車をガレージに置いて、歩いて仕事に出かける気構えだった。ガソリンは配給制になっていた。ほとんどの物がそうだった。株価はかつてないほどのレベルにまで下げていた──PERはたった6倍だった。
　事態は変わった。アメリカはほかのすべての国と同じ土俵にいた。人はしょっちゅうバカなことをし、ときには狂気じみたことをする。自己破壊の衝動があまりにも強くなって、国全体がそれに染まってしまうことさえまれではない。強気相場のピークで株を買ったり、PERが50倍の銘柄に手を出すのは、ほとんどすべての場合、狂気そのものである。たしかにその後も値上がりが続き、すぐには破滅はやって来ないかもしれない。しかし、それは必ず来る。人が狂気に陥ったとき、一番望ましいのはレンガの壁に衝突することだ──スピードが上がらないうちに。だから、戦争や相場ではたいてい失敗よりも成功のほうが危険なのだ。
　真珠湾にいたアメリカ軍部隊は人類史上最も愚かで、最も狂気じみた行為を目撃した。日本は世界制覇に乗り出そうとしていた。中国とインドシナに攻め込んだとき、ことは簡単に運んだ。これに力を得て、日本は軍事力で東南アジア全体に支配権を確立しようとした。

この軍事的拡大の狙いはどこにあったのだろうか。それは、石油やゴムや金属のような重要資源を確保するためだった。では、なぜ日本はそんなにたくさんの原材料を必要としたのか。軍事的拡大に必要な物資を調達するためだった！

　日本には原料がほとんどなかった。だが、もちろん、公開市場で買えばすむ話だった。しかし、20世紀の政治色の強い世界では市場は当てにならなかった。生産者が売るのを拒んだらいったいどうなる？　そう考えるのはバカげていた。売ってはじめて生産者は利益を手にできる。なぜ拒むことがあり得るのか。実際のところ、生産者が売らない理由はただひとつ。それは日本の軍事的拡張を阻止するためだった！　こうして、ルーズベルト政権は1941年初め、戦争機械と化した日本に対して重要品、特に石油の供給をとり止める措置を取った。

　真珠湾攻撃の狙いはどこにあったのか。それまでのほぼ10年間、日本は軍事的成功の「波に乗っていた」。バブル期に株がいつまでも上がると信じたときと同様に、それなりの根拠があったのかもしれない。だが、真珠湾攻撃は大きな賭けだった。日本はこれから立ち向かおうとする相手が分かっていた——ずっと大きくて、ずっとたくさんの資源を持つ国だった。山本提督はハーバード大学に通ったことがあり、大使館付き海軍武官として何年かワシントンにいたこともあった。彼は軍人ではあったが、けっして愚かではなかった——アメリカと争った場合、日本が長く持ちこたえられないことを知っていた。

　もし日本が中国で敗北していたら、その後どんなにか幸福に過ごせたことだろうか。故国に帰り、独伊との三国同盟を解消することができただろうし、世界から注文を取って市場のシェアを奪う——交戦国に戦車や飛行機や船を売る——こともできただろう。しかし現実には、勝ち戦が続いたためにかえって史上最大の戦略的失敗を犯すことになり、最後には、国家とその経済に完全な破滅をもたらすことになった。

　真珠湾攻撃以前には、戦争に対するアメリカ人の態度は大きく割れ

ていた。かかわりを持ちたくないというのが多くの人の気持ちだった。攻撃のちょうど１カ月前には、１年間の徴兵法が１票差で議会を通過していた。日本は、アメリカと戦争する危険を犯すことなく、極東のオランダやイギリスやフランスの植民地を奪い取ることができたかもしれなかった。日本はこともあろうに考え得る最悪の行動を選択してしまった。アメリカが積極的に断固たる決意で参戦するひとつの原因——おそらく唯一の原因を作ってしまったのだ。

山本提督は自分の誤りにほとんどすぐに気がついた。「われわれは……〔眠れる巨人に〕恐ろしい決意をさせてしまった」。一方、チャーチルは有頂天になった。「アメリカをこちらの側につけたのは、私にとって何よりもうれしいことだった。今この瞬間、アメリカが完全に戦争に加わり、最後の最後まで戦ってくれることを私は知っていた。とうとう私たちは勝利したのだ。ヒトラーの運命は決まった。ムッソリーニの運命は決まった。日本は粉々に粉砕される」[7]

12日後の12月11日、ヒトラーはアメリカに対し宣戦布告し、日本政府首脳と少なくとも同じくらい頭がおかしいことを世に示した。愚かな行いは日本に任せておけばよかったのだ。２週間にも満たない間に、三国同盟は世界最大の経済大国アメリカの怒りに触れて、戦局を不利な方向に傾けてしまった。２つの大洋に守られたアメリカは、ジープや戦車やＣ号携帯食をどの国よりも速く製造することができた。何百万人もの兵士を戦場に送り出すこともできたし、史上のどんな国よりもたくさんの爆弾を使って目標を攻撃することもできた。

しかし、1941年には、枢軸国側の軍事力はほぼ10年間にわたる強気相場のさなかにあった。強気相場のなかでは、人ははっきりとものを考えることができない。想像力も鈍っている。未来のこととして見えるのは経験したばかりのことに限られる。枢軸国の軍事力がピークから下降に向かったのは、いずれも1942年に起きたミッドウェー海戦とスターリングラード会戦以後のことである。そのときから思考力が回

復し、想像力が働き始めた。だが、時すでに遅しだった。

「すべてこの世は道徳に従う」とエマーソンは書いた。このことは政治や戦争、さらに金銭や市場にまで当てはまる。すべての罪に対しそれにふさわしい罰が下されるのだ。戦争ではその罪は死にも値し、結果は悲劇的である。一方、市場のほうは人を楽しませてくれる。その罪は喜劇的で、結果はたいていまったくの道化芝居だ。

## 賢いお金

1998年8月、ビル・クラスカーとジョン・メリウェザー、およびノーベル経済学賞を受賞したばかりのマイロン・ショールズとロバート・マートンはスワップ・スプレッドが原因で頭を抱え込んでいた。彼らのコンピューターモデルによれば、取引が活発な日にはスプレッドが1ポイントほどは動く可能性があった。しかし、その金曜日にはスプレッドが大きく跳ねまくっていた。

これはヘッジファンド、ロングターム・キャピタル・マネジメント（LTCM）のマネジャーたちにとって悪いニュースだった。彼らはさまざまなポジションを取って1兆ドルもの資金を運用していた。ポジションの大部分は、将来の価格が過去の平均値に回帰するという予測に賭けるものだった。過去のパターンに照らして異常だと判断される価格は、いずれ、元の慣れ親しんだ水準に戻るはずだとLTCMの天才たちは考えたのである（図2.2参照）。

LTCMのチームは歴史を変えつつあった。彼らにはひとつの強みがあった。そのメンバーは地球上で最高に賢い連中であり、そして、そのことが世の中に知れわたっていたのである。稼ぎ出す金額——ファンド発足以来ずっと年率40％の利益を上げていた——がまさにその証拠であった。ビジネスウィーク誌はこれを新しい「コンピューター時代」の到来として大歓迎し、教授たちはそのリード役となった。シ[8]

**図2.2　成功は失敗のもと**
最盛期にはロングターム・キャピタル・マネジメントのバランスシートは1000億ドルを上回っていた。しかし、彼らはさらにレバレッジをぎりぎりまで効かし、1.25兆ドルを超えるデリバティブ契約を結んでいた。

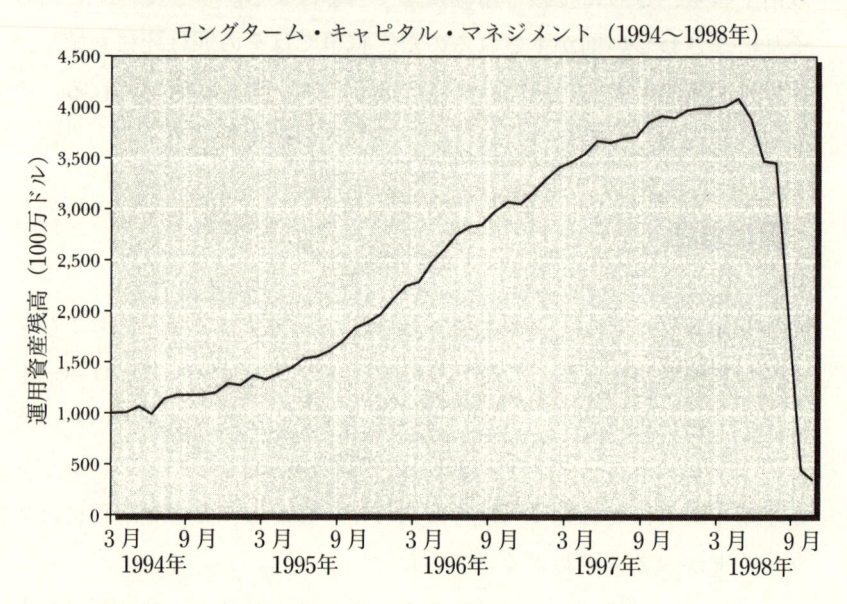

ロングターム・キャピタル・マネジメント（1994〜1998年）

ョールズとマートンは飛び切りの新車を運転していた。「マートンは髪を赤く染め、妻を置き去りにして、ボストンのしゃれた部屋に移り住んだ」、とロジャー・ローウェンスタインはその著『天才たちの誤算──ドキュメントLTCM破綻』（日本経済新聞社刊）に書いている。世界全体が──そして世界の金も──彼らの思いのままだった。

　教授たちが見つけたことは自明の常識だったが、それでも有用だった。つまり、異常に安いか、異常に高い投資が行われていれば、金融の変動を引き起こすエネルギーが潜んでいるというのだ。そして、時がたてばいずれ異常さは消えていく。

　彼らが誤った理由も自明のことだった。この世の中を実際以上に筋が通っていると考えたこと、そして「平均値への回帰」が市場についてだけ当てはまると思い込んでしまったことである。たしかに債券価

格は平均値に回帰するだろうが、教授たちの評判や投資家の財産だって平均値に回帰するのだ。平均値への回帰とは、物事はたいてい普通の状態に戻る、ということを目立たない言い方で表現したものにすぎない。これには例外がほとんどない。

　教授たちは、例えば長期国債と短期国債、あるいはイタリア債とドイツ債の間のスプレッドはサイコロの目のようなものだと考えた。スプレッドは広がるか縮まるかのどちらかだ。その確率は過去の記録を調べれば計算できる。もし現在の価格がその確率とくい違っているようなら、それは不合理な値であり、その価格はいずれ合理的になっていくものだ、と想定したのである。

　まあ、そうなのだろう。しかし、かつてケインズが注意したように、市場が長いこと不合理なままでいれば、その間に投資家や企業が支払い不能になってしまうということだってあり得るのだ。

## 夢から現実へ

　LTCMには膨大な額の借り入れがあったので、支払い能力の問題は大きな悩みの種だった。ローウェンスタインによれば、「借り入れがなければ、破産することもないし、無理に売る必要に迫られることもない。その場合『流動性』が問題になることはない。だが、会社がレバレッジをきかしていれば、一気に損失が膨らんで、事業がたち行かなくなることもある。だから、そうなる前に売らざるを得ない。レバレッジは常にこうした凶暴な力をふるうので、その危険性について、どんなに繰り返し強調しても十分ということはない」

　1998年12月23日、ニューヨーク連銀総裁のウィリアム・J・マクドナーはアメリカの主だった銀行の首脳と、外国の大銀行数行の代表者を一同に集めた。それは異常なことだった。というよりも前例のないことだった。FRBは、LTCMの破綻によって、かつてないほどの

「体制的リスク」に銀行がさらされる可能性を恐れたのだ。LTCMにはポジションを減らさなくてはならないことが分かっていた。しかし、それができなかった。緊張状態にある市場では無理な話だった。デリバティブはどんどん伸びているとはやされてはいたが、信用市場に流動性はなかった。同時にみんなが手仕舞おうとしていたのだから当然のことだった。

　ローウェンスタインはLTCMの破綻の説明をさらに続ける。「1998年9月、トレーダーたちはひどくリスクを気にかけるようになっていた。『安全な』国債と、安全性のより低い社債や外国債とのスプレッドが広がりつつあった。債券トレードという満員の劇場で、すべてのプレーヤーが同時に同じ結論を出したようだった。出口めがけて走れ、と。……その危険はトレーダー自身だけでなく、世界の金融システム全体に及ぶものだった」

　ローウェンスタインは市場が理性を失ったときの事態についてこう述べている。「損失が増えると、ロングタームのような高いレバレッジを使っている投資家は売らざるを得なくなる。そうしないと手の施しようがなくなるからだ。買い手のいない市場で無理やり売ろうとすれば、価格はベル型曲線のはずれのほうにまですっ飛んでしまう。ひとつだけ例を挙げれば、ニューズ・コーポレーションの社債の利回りは、最近まで国債より110ポイント高かった。それがなんと180ポイントを突破するほど高くなってしまったのだ。会社の業績見通しは露ほども変わってないというのに。こういうスプレッドも長期的な目で見れば、バカげていると落ち着いていられるかもしれない。しかし、長期的にものを考えるのは、大きなレバレッジをきかしている者には許されない贅沢なのだ。そんなにも長く生き延びられないかもしれないからだ」

　ローウェンスタインは統計学者が「太った尻尾（ファットテール）」と呼ぶものについて説明している。統計上、ベル型曲線は完全なもの

とされる——LTCMのノーベル賞受賞者たちが考える市場像と同じくらい完全である。現実には、市場は数学的な意味でも、論理的な意味でも完全ということはない。完全だとすれば、それは道徳的な意味においてだけだ。人は市場から自分にふさわしいものしか受け取れないのだから。

　ベル型曲線の両極端では、価格はもはや論理的なパターンに従わない。曲線の右端は価格が最高値を付けたことを示すものだが、ここでは投資家は訳も分からないほど熱狂する。逆の端っこでは絶望的なほど恐れおののく。たいていの場合株価は極端に高くなることも安くなることもなく、中程度に収まっている。しかし、ベル型曲線の端っこは闇夜のようなもので、恐れと貪欲が市場に取りついて、価格を予想もできないようなところにまで持って行く。投資家は、天井ではとんでもない値段で株を買うし、底ではやはりとんでもない値段で売る。法外な値段の付くことが多くなって、尻尾——つまりベル型曲線の両端——が太るのだ。しかし、人間は自由に好きなことを信じることができる。そして、ときには、ほとんどみんなが同じことを信じるようになることもある。1990年代半ば、教授たちはノーベル賞を受賞した。その理由は、いかに市場が完全であるかを示し、まるで投資がサイコロ投げや保険料計算表であるかのようにみなして、リスクとリターンの比を計算する方法を提示したからだった。

　サイコロを振るとき、ある目の出る確率は計算で出せる。その確率はいつも一定である。1のぞろ目が出たのが1回だろうが100回だろうが、次が1のぞろ目になる確率は変わらない。サイコロには記憶がないからだ。しかし、投資家は、たいした想像力はないけれど記憶はちゃんとある。そして、すぐ直前の体験をもとにして、しょっちゅう期待の確率を変える。例えば1982年から2000年にかけては、市場がリターンの大盤振る舞いをしてくれたので、投資家はそれを心待ちするようになった。

価格は自信の大きさに対応する。投資家に自信があれば価格は上がる。そうでなければ下がる。しかし、自信も平均値に戻る。投資家の自信がピーク水準にまで達するのに、18年間の株価上昇が必要だった。それを長期間の平均値にまで押し下げるには数年を要するだろう。ほとんどの投資家も、ほとんどのノーベル賞受賞者も想像できないことだが、次の20年がこれまでの20年の再現になる確率はあり得ないほど小さい。ローウェンスタインの説明によれば、投資家がおびえているときには、資金は、本来の価値がどうであれ、リスクの大きい資産から小さい資産へと流れる。本当のピンチになったら、むやみにリスクの大きい投資は避けたいのだ。

## 歩く前に走る

ロングターム・キャピタル・マネジメントは自分のコンピューターモデルに自信たっぷりで、しかもどんな小さな利益でもできるかぎり搾り取ろうと必死だったので、自然、市場で最も危険な資産を保有するようになっていた。とはいっても、それはくず株のたぐいではなかった。安値に沈んだ株を買って、それが元に戻るまでじっくりと何もせずに待っていることはできなかった。LTCMが手を出したのは、デリバティブ契約などの、配当も本来的価値もないような投資だった。しかも、輝かしい評判のおかげで、ほとんど「頭金だけで」ポジションを購入することができた。ある時期には自己資金の1000倍ものポジションを取ったこともあった。市場が不利な方向に1％動くだけで崩れ落ちかねなかった。

1998年の9月には、市場は来る日も来る日も不利な方向へ動いていった。信用市場は太った尻尾のところまで来ていた。すべてのトレーダーがちょうど同じときにちょうど同じポジションをはずしたがっているようだった。教授たちはどうしたらいいか分からなかった。それ

は自分たちの理解を超えたボラティリティだった。

長期的（ロングターム）キャピタル・マネジメントという名前に反し、会社は創業後わずか4年たっただけでにっちもさっちも行かなくなっていた。その原因は、LTCMに言わせれば10億年以上に1回しかないような価格にあった。ローウェンスタインによれば、その数学モデルでは、市場がそんなふうになる確率は「考えられないほどわずかで、言ってみれば、宇宙の一生に1回とか、銀河系宇宙が何回も繰り返される間に1回とかの可能性しかなった」

「教授たちのモデルには欠点があった。それは市場が理詰めで予測できるものだというあり得ない前提で作られていたのである。現実の生きた投資家は獣のような物欲と強烈な防御本能に動かされている。それを忘れていた。人間的な要因が計算に入ってなかったのだ」

平均値への回帰という主張は正しかった。ひどく具合が悪くなっても結局は何とか元の状態に戻るものだ。だが、その後再び平均から離れていって、尻尾が太りだす。価格は平均から離れたり、平均に戻ったりする。たっぷりレバレッジをきかしている場合、どっちに動いても破綻する可能性がある。実際、LTCMの天才たちは45億ドルを失った――そのなかには彼ら自身の資金もかなり含まれていた。

銀行も損をした。LTCMの救援に乗り出していなかったら、損失はもっと膨らんでいたことであろう。それはまた、信用の供給を増やしてみんなを助けようと乗り出してきた中央銀行のおかげでもあった。この新しい信用の急増は、エンロンのような新しい天才集団によって吸収された。エンロンに比べたらLTCMは「レモネード・スタンドみたいなもの」[9]だった。こう述べたのは、2001年春、エンロン問題が劇的に明るみに出たときに、議会の委員会で証言したフランク・パートノイだった。エンロンはデリバティブ取引で、LTCMが存続中に稼いだ額以上の利益を1年で上げていた。

ニューヨーク連銀はLTCMから世界を救う手助けをした。しかし、

結果がうまくいき過ぎたおかげで、投資家たちをエンロンの餌食に差し出すことになった——その被害は16倍にものぼるものだった。

## 浮世の中で

大天井では、投資家は経験によっても理論によっても、株を売るのは間違いだと思い込まされる。かつて株価が20年の間値上がりを続けていたころ、それだけでは不足だとばかりに、あるノーベル賞受賞エコノミストが株を売るのは理に合わないと新たに証明した。この効率的市場仮説は1960年代に初めてユージーン・ファーマが提唱したのであるが、それはマルクスやフロイトと肩を並べるくらい突拍子もない理論だった——深遠であると同時に常識はずれだったのである。

深遠さは細かな部分のなかに深く潜んでいたが、常識はずれは表面に浮き出ていた。その考え方の要点は、市場はそのときのすべての情報と選好を代表しているというものだった。だから完全だというわけだ。市場はすべての市場参加者の判断をまとめて反映しているのである。これとは対照的に、単独の参加者、例えばひとりの投資家の場合には頼りにできる判断材料がうんと少ない。彼は価格が上がるか下がるか考え、その結論に従ってお金で「投票する」。だが、その判断は不完全である。投資家は間違え、市場は間違えない。市場は、ちょうど有権者の意志と同じように、誤ることはあり得ない。民主主義は多数派の意志のうえに立つ権威を認めない。同じように、市場の決めた価格は常に正しい。市場も民主主義もこれ以上良くする余地がない。やはり歴史は止まってしまったかのようにみえる。

そうは言っても、群衆が神の恵みに触れたと思い込んでしまうと、もう止めようがない。最悪の事態は、最初の試みで並外れた成功を収めたときである。そうなると、バブルはどんどんどんどん膨らんでいく——最後に針が現れるまでは。

## 安定が不安定を生む

「すべての資本主義には欠点があるが、同じ程度に欠点があるわけではない」とエコノミストのハイマン・ミンスキーは書いた。

だれにでも分かる資本主義の「欠点」は、資本家もプロレタリアートも人間だということだ。彼らはデジタル人間ではない。冷静にリスクを測ったり、リターンを計算したりするわけではないのだ。そうではなく、非常に大事なこと——どこに住み、どんな仕事をし、だれを仲間にするか——を決定するのに頭ではなく心を使う。

例えば人は結婚するとき、機械のように細かく損得を計算しつくしてから決めるのではなく、荷物運びの愚かな動物のように自分に理解できない本能に従う。そして、戦争に行くのと同じように——つまり、訳も分からずに——教会に入って行く。祭壇に進み出るときも、戦争に行くときも、たいていは理性的にじっくり計算したり熟考したりすることはない。さまざまな感情の流れに押し流されて自分の命や安全を危険にさらす。その理由をあとになって冷静に考えてみれば、たいていはバカげてみえる。そのときどきでてはやされる狂気のとりこになって、人は唖然とするようなこともしでかす。しかし、それが、私たちの住むこの浮世なのだ。

ミンスキーの金融不安定性仮説は、資本主義は本来不安定なものだということを示そうとしたものである。それならば、ビールは長いこと放っておくと味が落ちるとか、子供たちは睡眠不足だとイライラしやすいとかということを示してもよかった。なぜなら、資本主義は生や死と同じで自然の一部であり、自然はすべて不安定なものだからだ。

しかし、ミンスキーの業績のなかで興味をひくのは、1990年代終わりごろに役立ったかもしれないちょっとした洞察である。当時の投資家が抱いていた妄想のひとつは、アメリカ資本主義はダイナミックな平衡の段階に到達し、人々を裕福にするための新しい、より魅力的な

手段をたえず作り出しているという考えだった。好況と不況はもはやなくなったとされたが、その理由は2つあった。ひとつは、情報化が進んだおかげで企業が在庫の増加を防げるようになったということ。2つ目は、中央銀行の管理技術が進歩して新しいレベルに到達したということだった。今では、中央銀行は、経済がそのときどきでどの程度の信用を必要としているかを正確に知ることができ、確実に必要量を与えることができるというのだ。

経済サイクルや信用サイクルにおける通常の下降期がないのだから、経済はこれまでになく安定するように思われる。しかし、ミンスキーは、会社は利益を追い求めて、常にできるかぎり資産にレバレッジをきかそうとすることに注目した。このとき、消費者も同じことをすると付け加えることもできたであろう。景気後退や信用収縮の恐れがなければ、人類は会社にいようと家にいようと、たいてい過剰なレバレッジにはしる。ミンスキーは「安定性は不安定化する」と結論を述べた。言い換えれば、成功は失敗のもとなのだ。

かつてケインズは実物資産とその最終的所有者の間にある「貨幣のベール」について論じたが、ミンスキーはこの概念についても触れている。資産はたいてい、抵当に入ったり、融資を受けたり、レバレッジをかけたりするなどして、いろいろな債務を負っている。日常の金融の仕組みが複雑になれば、この貨幣のベールはいっそう厚くなり、実際に利益にあずかるのがだれなのか見極めにくくなる。例えば家の価格が上がれば、その所有者が利益を得ているようにみえるだろう。だが、数年前に比べると、今では所有者の持分はうんと少なくなっている。

ファニーメイ（連邦住宅抵当公社）や銀行などの仲介機関は家屋価格について大きな利害関係を持っている。近年、ファニーメイは蠅取紙のようによくくっつく貨幣のベールを身にまとうようになった。不運な所有者はまず無事ではすまされない。ほとんど買ったとたんに、

くっついてしまう。そうなると絶望的で、くっついたまま逃れようがない。

アメリカの金融仲介機関——特にウォール街やファニーメイ——は、人々を豊かにするための新しい画期的な手段を生み出すどころか、貧しくするための手段を生み出しているのだ。

ミンスキーによれば、「金融不安定性仮説は、債務がシステムの動きにどのような影響を与えるかについての理論であり、債務がいかに有効化されるかについても説明している。金融不安定性仮説は、正統的な貨幣数量説とは対照的に、銀行業の核心は利益追求活動にあると考える。銀行は資金運用活動によって利益を上げようとし、銀行家は、資本主義経済のすべての企業家と同じように、利益は革新から生まれることをわきまえている。だから、（広く金融仲介業者すべてを含めた意味での）銀行家とは、ブローカーとしてもディーラーとしても負債の商人なのであり、資産を手に入れたり、負債を市場に出して取引したりする活動を革新しようと努力しているのである」。

## 信用を商う悪徳サークル

ミンスキーにとってみれば、資本主義は本質的に不安定なものであり、それを安定させるには政府の手が必要である。おおざっぱに言えば、これは民主党の考え方でもある。これよりも定説に近い経済観によれば、資本主義は本質的に完全なもので、政府がそれを不安定にさせる。伝統的にはこれは共和党の考え方に近い。しかし、1990年代にはその共和党員でさえアラン・グリーンスパンによる安定化の効果を評価するようになった。さらに2001年の秋になると、有権者からの突き上げによって、共和党員も民主党員も、弱気相場を終わらせ、デフレから国民を救うための「新政策」を大声で求めるようになった。

それ以前の15年間、政府の一員たるアラン・グリーンスパンは世界

市場の安定化のために影響力を行使してきた。市場が信用を必要としているときにはそれを与えた。あとの章で見るように、これはロングターム・キャピタル・マネジメントが破綻したときに彼が打った手だった。そして、アジア通貨危機が起こり、ロシア危機が続いた。Y2K問題もあった。最後にナスダックとダウの暴落が起こった。

　グリーンスパンはこれらの脅威が新しく起こるたびに、直前の手——市場の信用を増やすという手——をそのまま使った。いずれのときも介入によって市場は安定化したようにみえた。そのたびに金融仲介機関は新しい革新的な方法を見つけて、資産とその利益主体を隔てる通貨のベールをぶ厚くした。そして最後には、グリーンスパンの努力があまりにも大きな成功を収めたために、世界史上まれにみるほどの経済的惨事が生じることになった。

　ミンスキーはさらに金融不安定性仮説を展開する。「資本主義経済では時として、制御不能に陥る可能性を持ったインフレや負債デフレが起きる。そのような過程では、経済の動きに経済システム全体が反応してその動きを増幅する——インフレはそのインフレ自体によって拡大し、負債デフレはその負債デフレ自体によって拡大するわけである。これまでのいくつかの危機では、そうした悪化をくい止めようとする政府の介入は効果がなかったといってよい。特に、好調な時期が長く続くと、資本主義経済は、ヘッジされた〔用心深い〕資本運用ユニットが大多数を占める金融構造から、投機的でねずみ講式に資本運用するユニットに重点のある構造に移行しがちである」

　次章以降で見るように、1980年代の日本のバブル期には、銀行は得意先の企業に対してねずみ講式の融資を行った。その結果、ピーク後10年以上がたっても、ローンはさらに悪化を続け、銀行そのものを崩壊させかねなかった。その10年後のアメリカのバブルでは、ねずみ講の主役は消費者金融機関、主としてファニーメイとクレジットカード会社だった。

# 第3章
# ジョン・ローと危うい考えの起源
## John Law and the Origins of a Bad Idea

---

何から何までもう言われたことだ。だが、だれも聞く耳を持たないから、いつも元に戻って始めからやり直さなくてはならない。──アンドレ・ジード

　パリにある私たちの事務所の玄関から100歩も行かないうちにカンカンポワ通りの入り口に出合う。
　ロンバール通りを楽しみながら歩いて行った場合、その北側に接しているカンカンポワ通りをまったく見逃してしまうかもしれない。それはそっけない石畳の小路にすぎず、北に5ブロックも行かないうちにブッシェ通りにぶつかって、何ということもなく終わってしまう。パリの旧市街の通りはたいていそうだが、カンカンポワ通りもいつも湿っぽく、まがい物の露天商などいろいろな怪しげな連中によく出くわす。現在、この通りを端から端まで歩いても、変わったものを見かけることはない。それはまるで、歴史がたくさんの秘密を隠し持っていることを思い起こさせようとしているかのようだ。たったひとつの手掛かりはロンバール通りの角に埋め込まれた1枚の歴史案内のプレートであり、これだけが、この通りで経済史上最も奇怪な投機事件が起きたことや、現代の中央銀行の着想がここで生まれたことを示している。
　ジョン・ローが最初の普通銀行（バンク・ジェネラール）を設立した場所、そして、紙幣を使って国が豊かになれるとする「新しい」理

論を実際に試した場所が、まさにこのカンカンポワ通りだった。ほとんど落書きで覆いつくされているその観光プレートを読めば、わずかだが貴重な情報が得られた。プレートはジョン・ローとミシシッピ計略事件には簡単にしか触れていなかった。もっと大きなスペースが充てられていたのは、フランス摂政が、そのいとこで有罪の確定した殺人犯オルン伯爵に対してぶつけた激しい非難のくだりだった。「もしこの私にも忌まわしい血が流れているのなら、私はそれを全部抜き取ってしまうだろう」。摂政はこう言って恩赦を与えることを事実上拒否し、オルンの死刑が確定したのだった。

## カンカンポワ通りの殺人

オルン伯爵の物語は非理性的な人間行動の一例だった。それが起こった1720年5月には、ローのインド会社株に対する投機熱が最高潮に達していた。カンカンポワ通りは昼間、このブームでひと儲けしようとする株式トレーダーや投機家や王族やスリでごった返していた。夜には、立ち去ろうとしない投機家を通りから追い払うために、しょっちゅう兵隊が動員された。真っ昼間のこの場所で、オルン伯爵とその共犯者たちが、ある株式ブローカーに対して強盗を働いて金を手に入れようと決めたのだった。この話は、チャールズ・マッケイ著『エクストローディナリー・ポピュラー・デルージョン・アンド・マッドネス・クラウズ（Extraordinary Popular Delusions & the Madness of Crowds）』（パンローリングより近刊予定）に詳しく語られている。

　　　オルン王子の弟であるオルン伯爵は、アレンブルク、リーニュ、モンゴメリーなどの高貴な家柄につながっていたが、自堕落な性格の若者で、かなり金使いが荒く、節操もなかった。伯爵には同じくらい向こう見ずな2人の若い仲間がいたが、そのひとりはミ

ルという名のピエモント出身の船長で、もうひとりはフランダース人でデタン家出身だった。オルン伯爵はこの2人と謀って非常に裕福なブローカーから金品を強奪しようとした。このブローカーは、不運なことに、いつも多額のお金を身につけていると評判だったのである。伯爵はインド会社株を何株も買いたいとだまして、あるキャバレー、つまり低級のパブで会う約束をとりつけた。何も知らないブローカーはきっちり約束の時間にやってきた。オルン伯爵と2人の仲間もそうだった。……

　しばらく話をしたあとで、オルン伯爵はいきなり犠牲者に飛びかかり、短剣で胸を3回刺した。男は床にどしんと倒れた。そして、伯爵が、ミシシッピ会社やインド会社の総額10万クローネの債券が詰まった書類かばんをあさっている間に、ピエモント人ミルは哀れなブローカーを何度も刺して息の根を止めようとしていた。しかし、ブローカーは倒れながらも抵抗した。そして、その叫び声を聞いて、キャバレーにいた人たちが助けに駆けつけた。もうひとりの殺人仲間デタンは階段口の見張り役をしていたが、窓から飛び出して逃走した。しかし、ミルとオルン伯爵はその場で捕らえられた。

　この犯罪は、その行為の恐ろしさというよりも、犯人たちが高貴の生まれだったことでフランス中の評判となった。歴史上遠く離れた時点から冷静な目で見ても、身分も地位も高い伯爵がいったいどんなことを考えていたのか、不思議でならない。当然、伯爵が自分自身の行動を合理的だと考えていた可能性は十分ある。ブローカーは債券を持っていた。オルン伯爵とその仲間はそれが欲しかった。それにしても、なぜ奪うだけにしておかなかったのか。

　伯爵は期待したものではなく、自分にふさわしいものを得たとだけ言っておけば十分であろう。ジョン・ロー自身がとりなしをしようと個人的に努力したにもかかわらず、オルン伯爵は「車輪刑」に処せら

れた。この罰は普通、最下層の犯罪者だけに限られるものであり、一族の歴史の汚点となった。車輪は、当時のフランスやドイツで拷問の道具としてよく用いられた。刑吏は、犠牲者の四肢を伸ばして重い車輪に縛りつけたあとで、車輪を回転させて押しつぶし、死の一歩手前の状態にした。ここで車輪を逆に回転させるのだが、これは犠牲者の死ぬところを見物人がよく見えるようにするためだった。死ぬまでに時間がかかりすぎて見物人が退屈するような場合には、胸を殴りつけて死に至らしめた。

ところで、オルン伯爵は、ジョン・ローとそのミシシッピ計略に関する伝説を彩る登場人物のひとりにすぎない――殺人犯のほかにも、詐欺師や王や政治家が舞台に登場する。私たちはこれからそれを、通りがかりの交通事故を見るような具合に見ることにする。その理由は、ひとつには、ミシシッピバブルが、熱狂する金融市場で繰り返し起こるパターンの有名な例だからであり、もうひとつは、それが、「現代」政府が紙幣を使って問題を起こした最初の例として経済史の記録に刻まれているからである。

## ミシシッピブーム

歴史上、通貨として用いられた物品は多種多様にわたる――貝殻、牛、ビール、塩、銅製ブレスレット、馬、鶏、琥珀、珊瑚、魚の干物、毛皮、タバコ、穀物、砂糖、ゲーム用カード、釘、米、奴隷などなど。そして紙さえも通貨になった。西ヨーロッパに関していえば、古代からこのかた通貨は貴金属ないしその加工品であった。ギリシャ人は銀を用いたし、ローマ人はエトルリアを征服したあとは金貨を使用した。

紙幣を使った世界最初の試み――910年の中国――は数百年たって廃止された。インフレを引き起こしやすかったからである。紙幣のアイデアをヨーロッパに持ちこんで発展させたのはジョン・ローである。

しかし、その基本的な欠点を克服することは、彼も含めてだれもできなかった。中央銀行はそうしたいと思えばいくらでも紙幣を発行できたのである。ところで、今から見ればとんでもない話だが、1999年から2000年ごろのアメリカでは、利益も出せないドットコム企業に対する狂乱的ブームが起こった。歴史をひもとけば、人が集団的な非合理的行動にはまり込んだ例は、それが最初ではなかったことが分かるし、また最後だとも言えそうにない。マッケイのよく知られた指摘によれば、「人間は群れとして考えると言われるが、ずばり本質をついた表現である。人間は群れとして狂気に陥ることがあるだろうし、いったんそうなったらゆっくりとひとりずつ正気に戻るしかない」。こうした狂気に対し、紙幣は炎をひたすら燃え立たせる役目を果たすのだ。

18世紀初めにローが引き起こしたミシシッピブームの火種は、アメリカ大陸中央部にあるルイジアナ植民地の「将来の収益」だった。ちょっと問題なのは、ルイジアナがどんなところで、今後どれほどの収益が上がるのか、だれも知らないということだった。ルイジアナが発見されてフランスの領土だと宣言されたのはつい最近の1682年のことだった——まだ40年もたっていなかった。物好きにも人に聞いてみたパリの投資家は、たいていこんな答えで満足するしかなかった。ルイジアナっていうのはな、アメリカ海岸の沖合いにある大きな島でな、ミシシッピとかいう川の河口もその一部なのさ（じゃなきゃ、その河口の近くにあるんだ）。

そのバブルが絶頂期にあったころ、ローは一計を案じ、見せかけで気勢を上げようとした。パリ中の乞食やごろつきや浮浪者をかき集め、シャベルやつるはしを持たせてパリの通りをねり歩かせ、さらに西方534キロにあるラロシェルまではるばる行進させたのである。ラロシェルにはニューオーリンズ——新世界のパリ——に向けて移民が出発する港があった。ニューオーリンズにはローの貿易会社の本店が置かれることになっており、有望な労働者を肥沃なルイジアナの大地へと

引き寄せるあこがれの町になるはずだった。寄せ集めの宣伝隊にシャベルなどの鉱山用具を持たせたのは、金を発見して採掘すると見せかけるためだった。

しかし、私たちはこの異常な出来事が起きるずっと以前にさかのぼって物語を始める。出発点はジョン・ローの心のなかにあった。

## 過去を背負ったギャンブラー紳士

ジョン・ローの運命に殺人事件が絡んだのは一度だけのことではなかった。カンカンポワ通りでオルン伯爵が獲物に襲いかかる26年前の1694年、ジョン・ローは自分でも殺人を犯した。ロンドンのブルームズベリー広場でエドワード・ボー・ウィルソンなる人物と決闘をして殺してしまったのである。ローは捕まり、有罪とされ、死刑判決を受けたが、脱獄した。その後20年にわたってヨーロッパで逃亡生活を続けることになったが、この間、ギャンブルで生計を立て、世間からは白い目で見られた。ジョン・ローの生涯には、殺人、セックス、政治的陰謀、富、権力、そして絶望と、伝説の材料がいっぱい詰まっていた。

ジョン・ローは道楽好きで女たらしのおたずね者として知られていたが、ダブリン大学トリニティ・カレッジのアントイン・マーフィー教授が書いた伝記によれば、実は、こうした評判は、上流社会の賭博場で幅を効かすために、ロー自身が計算づくで作ったイメージかもしれなかった。

マーフィーによれば、ローの殺人事件には何通りかの違ったバージョンがあった。最も古い「公式の」バージョンでは、ウィルソンと決闘したのは、2人が愛情を共有していたロレンス夫人なる女性の名誉を守るためだったとされている。ローは逮捕され、死刑判決を受けたが、大胆にも牢獄の塀を乗り越え、足首を骨折しながらも脱獄に成功

した。その後ただちに、友人の助けを得てアムステルダムに逃れた。ロンドン官報には次のような捜索書が掲載された。

> ジョン・ロー大尉。26歳のスコットランド人。非常に背が高く、黒髪で、やせ型。均衡のとれた体型で身長180センチメートル。顔には大きなあばたの穴。鼻が大きく、大声でよくしゃべる。

奇妙なことにこの人相書きはロー本人とほとんど合致しなかった。あとにできた、また別の説によれば、争いの本当の原因は、ウィルソンの恋人でウィリアム3世の愛人でもあったエリザベス・ビリヤーズ嬢という女性にあり、ロレンス夫人は単にその女性の隠れ蓑として使われたにすぎないとされる。そして、ローは、やたらと詮索しすぎるウィルソンからビリヤーズ嬢を解放するために、雇われて決闘したのだという。しかし、マーフィーが見つけたまた別の筋立てによれば、ウィルソンはホモで、ある「高貴なかた」(国王自身の可能性もある)と関係があったことを隠すために、ローが刺客として送り出されたのだそうだ。

筆者は犯罪現場を目撃したわけでもなく、登場人物と面識があるわけでもないので、このどの説が正しいのか知っているふりをするわけにはいかない。マーフィーは、公式の文書を詳しく調べてみても真実を突きとめるのは難しいと主張している。しかし、ローの逮捕と「脱走」は単なる見せかけだったと疑うべき理由がいくつかある。それをひとつだけ挙げれば、脱走を取り上げたニュースがローについて正しく報じていないということだ。いずれにしても、ローはその後、一生「殺人犯」の烙印を押され、イングランドへの帰国を禁止される身の上となった。

脱走のあとローはアムステルダムに向かった。3年後に再びエディンバラに現れるまでの生活ぶりは、昼間は金融と交易について研究し、

夜は地方の賭博場に出かけてギャンブルをしたり地方貴族の相手を務めたりしたと言われている。現代の中央銀行の原型と呼べるようなものを頭に描き始めたのもこのころのことである。ローは生まれつき数字に強く、リスクをとる積極性を備え、物事、特にお金が動く仕組みに深い関心を寄せていた。

## スコットランド低地地方の若者が祖国に戻る

ローは1671年にエディンバラの金細工商の子として生まれた。当時、金細工商はその地域の銀行家でもあった。硬貨を作り、金を貸し、単純な銀行業務を行い、現金を預金として預かった。預金者が引き換えに受け取った証書はイギリスで最初に使われた紙幣類となった。金細工商の家庭で育ったローは銀行の仕事に精通していたし、数字の扱いにきわめて長けていたと言われている——この才能はあとになって賭博場で役に立った。

イングランドの死刑執行令状は国境を北に越えたスコットランドでは効き目がうすく、この事実を利して、ローは1907年に故郷の町に戻って来た。そして、32歳のとき、「土地銀行」の設立をめぐる論争に加わった。

その当時、スコットランドはダリエン計画の挫折のせいでふらふらの状態だった。この計画はパナマ地峡にスコットランドの植民地を作ろうとするものだったが、国の手持ち資金の多くを失うだけの結果に終わっていた。ダリエン計画はもともとイングランドとスコットランドの歴史的な争いのなかから生まれてきたものだった。ブルームズベリー広場での決闘のころ、ロンドンの東インド会社は東洋との貿易を実質的に独占していた——会社の株主にとっては途方もない幸運であり、競争相手にとっては悪夢だった。1695年、スコットランド議会は「スコットランド国アフリカ・インド貿易会社」を設立してこの独占

状態を打ち破ろうとした。この会社の本拠地はエディンバラにあったが、取締役や大部分の株主はイングランド人でロンドンに住んでいた。独占を失うことを恐れた東インド会社の取締役たちは大がかりな運動を行って、上院、国王、下院を次々とうまく説得し、その会社の株を保有することを法的に禁止させた。イングランドからの資金はあっという間に引き上げられた。

スコットランド国東インド会社は国家的な大義だった——のちに国家的な厄災となったのだが。イングランドのものならなんでも台無しにしたいという感情にあおられて、スコットランドを挙げての会社資金集めは成功した。この新会社は40万ポンドの資金を集めた——国中の正貨の半分に当たると考えられる額だった。

事業計画はかなり単純なものだった。ヨーロッパ大陸で3艘の船を建造し、1200人の入植者を輸送して、現在のパナマとコロンビアの国境付近に植民地を作ろうというのだ。入植者は、太平洋へと抜ける陸路の貿易ルートを開拓することになっていた。入植者が実際に上陸した場所は当時ダリエン湾と呼ばれており、そこから、この事業はダリエン計画の名で歴史に残ることになった。

入植者たちが到着したのは1698年11月のことだった。彼らは土地のインディアンとすぐ親しくなって条約を結んだ。しかし、その近辺にはスペイン人が植民しており、この連中が新参者にひどく腹を立てた。また、北米とジャマイカ島に住むイングランド人は、スコットランド人に対して援助したり取引したりしないように、国王から命令された。翌年2月、スペイン人はスコットランド人入植者の小集団を打ち負かし、1艘の船を奪った。このことがきっかけでダリエン計画は挫折への道を歩み始めた。これに赤痢や熱病や内部抗争や仲間の脱落が重なって計画は失敗に終わった。

8カ月の短い苦難の月日がたったとき、入植者は残った船によたよたと乗りこみ、故国目指して旅立った。スコットランドに帰ってきた

者は700人に満たなかった。スコットランドの東インド会社は消え失せ、それとともに、すでに乏しかったスコットランドの資金供給力はさらに半減した。

## 不換紙幣を目指して

その数年後、エディンバラに戻ったジョン・ローは、問題は正貨そのものが足りないことにあるととらえた。それならば、紙幣を使って通貨を増やしてやれば、ダリエン計画の失敗からスコットランドを救えると考え、その実現に向けて動き始めた。

ローは大陸を旅行している間に銀行システムの研究を重ねていた。その結果、紙幣は、持ち運びやすく使い勝手もいいのだから、従来の正貨である金や銀に比べて、国の交易をいっそう促進する効果があると信じるようになっていた。1704年に公表した「An Essay on a Land Bank（土地銀行についての論考）」という論説でローが提案しているところによれば、銀行は、国家が保有する土地を担保として――土地銀行（ランドバンク）という名称はここに由来する――、その時価総額の範囲内で紙幣を発行すべきである。紙幣の所有者は、銀行と時期を相談したうえで、その金を同価値の土地と取り換えることができる。ただ、ジョン・K・ガルブレイスが当時すでに設立されていたオランダの土地銀行について述べているように、「どういう方法で交換するのかははっきりしていなかった」。

ローの見解によれば、土地銀行には2つの利点があった。ひとつには、国家は経済を動かすのに必要な金や銀を準備しておく必要がなくなる。もっと大事な点は、国家はどんなときでも流通している通貨量の調整が図れるようになるということだった。このときスコットランドはほかの案も考慮していたのだが、ともかく土地銀行に関するローの提案は議会に上程された。それに対する議論は賛否が分かれ、結局

採択はされなかった。批判者はそれを「砂銀行（サンドバンク）」ともじり、当時はやりの航海の比喩を使って、国家という船が座礁しかねないとほのめかした。反対者に言わせれば、ダリエン計画の後遺症で経済が危機的状況にある現状では、紙幣による信用システムをとることは国にとって健全な政策であるとは考えられなかった。

「Money and Trade Considered（貨幣と交易に関する論考）」と題する2番目の論説で、ローは紙を通貨として使うアイデアにさらに磨きをかけている。「『正貨』にとって肝心な点は、それをどれだけ持っているかではなく、……どれだけ使うかということだ」。今のエコノミストが「貨幣の流通速度」と呼ぶ概念を先取りするかのようにローはこう述べている——どんな形であれ通貨がものの役に立つためには、取引に使われて動き続けなくてはならない。消費によって国は豊かになる。

土地銀行をめぐる論争のさなか、ローはチェンバレンという名のイングランド人から、アイデアを盗んだとして非難された。チャールズ2世の私的医師だったチェンバレンは彼自身、8年前にロンドンで土地銀行を設立していたのである。ローは、有力な親戚筋を持つチェンバレンの挑戦などには目もくれないで、現代人も感心するような別の考えに突き進んで行った。

紙幣を国家が保有する土地で保証するのではなく、ただ政府自身がそれを保証するのである。例えば、政府は紙幣に対する支払いを将来の国税収入で保証できるはずだった。こうして、紙の通貨を土地によって100％保証するというローのアイデアはさらに発展して、今日のすべての現代国家の通貨制度を支える不換紙幣の考えに行きついた。

ローは自分の法案に対する修正要求に応じる気もなく、ウィルソンの殺人についてイングランド裁判所から公式の刑の免除を得ることもできなかったので、再び大陸へ、ということは賭博場へと戻ることになった。その後の14年間は、ブリュッセル、ジュネーブ、ジェノバ、

ベニスなどのギャンブル場を転々として過ごしたと推測されている。この間二度、最初はナポリで、次はジェノバで、若者に悪影響を与えるとして追放の憂き目に遭っている。

　ギャンブルをしながらヨーロッパ中を流れ歩く間に、ローは愛人との間に2人の子供をもうけ、少しばかり財産をため込んだ。ローは計算によって勝機を見つける名人で、「バセット」というばくちカードゲームで最大の稼ぎを上げ、同時にうまく「仕切り人」としての地位を強めていった。ゲームでいつもそうした立場に立つことによって、ローはどんどん財産を増やし、ついには160万リーブルにまでなったと言われている。ローの計算どおり、放蕩者で女たらしのギャンブラーという評判は次第に広まり、やがてヨーロッパのすべての首都にその名が知れわたるようになった——オルレアン公フィリップ2世との謁見の機会さえ手に入れたのである。このめぐり会い——ひとりは過去を背負ったギャンブラー紳士、もうひとりは並ぶもののない政治的野心の持ち主で、自分自身放蕩者のギャンブラーである大公の顔合わせ——がきっかけとなり、歴史上、一、二を争う悪名高い金融投機の幕が切って落とされたのである。

　伝えられるところでは、フィリップ2世は最初の会見の間、ロー自身にもそのアイデアにもかなり魅力を感じたが、そもそも、それを実行に移す立場になかった。有名な話なのだが、ローのアイデアはかなり有望だとの評判をとり、太陽王ルイ14世の耳にも届いたのだが、結局は退けられた。その理由とされたのは、内容が悪いというよりも、ローがカトリック教徒ではなかったということだった。

## 最高の出番

　まもなく運命がローに向かってほほえみ始めた。1715年、ルイ14世が亡くなり、ヨーロッパ最大で最強の国は後継者ルイ15世の手に委ね

られた。新しい国王は7歳だった。その幼さのため、慣習によって叔父であるオルレアン公フィリップ2世が国家の財政を統括することになった。フランスの摂政になったのである。

　国家財政は火の車だった。長年にわたって戦争やベルサイユのようなぜいたくな宮殿への出費が続き、フランスの国債残高は30億リーブルに達していた。税による年間歳入はわずか1億4500万リーブルにすぎなかった。利払いを除いた年間支出は1億4200万リーブルだった。ラーズ・トビードは自著『ビジネス・サイクル（Business Cycle）』のなかで、国債の平均年利は4％だったと想定しているが、それに従えば国は毎年1億2000万リーブルを支払わなくてはならなかった。しかし、実際に払える額は1億4500万－1億4200万＝300万リーブルしかなく、結局、毎年1億1700万リーブルの赤字が出たことになる。

　それに対する対策として歴代の大蔵大臣が用いてきたのは、国としての破産宣告（できたての政府としてはできれば避けたい選択肢）、増税、硬貨の「刈り込み」（流通中の硬貨を、貴金属の比率を下げた新しい硬貨に置き換えること）、植民地の独占的貿易権の売却、不正を行った役人の財産の没収などであった。

　新任の摂政が選んだのは刈り込みと没収の2つだった。就任した次の年には、節約したり、かすめ取ったり、水増ししたりして、やっとのことで歳入を1億5000万リーブル増やした。だが、これでは未払い国債の6％にも満たなかった。オルレアン公はお触れを出して、破産宣告に追い込まれる前にフランス政府を救ってくれる優秀な財政家を募ることにした。これに答えたのが、夢のような「紙の」通貨のアイデアを携えたギャンブラー紳士ローだった。年は44歳、たっぷりと財産があった。そのローに、最高の賭け金——お金そのものの創造——がかかった勝負を行う出番がとうとう回ってきたのである。

　1716年5月5日、ローは資本金600万リーブルで普通銀行を設立した。それは最初から成功が約束されていたようなものだった。オルレ

アン公が布告を出して、以後税金は必ずこの銀行が発行する紙幣で払うようにと命じたのである。こうして、近代になって初めて、政府の正式の認可を受けた紙幣が導入された。

フランス国債は、現在のムーディーズの格付けでいえば、すでにずっと下のランクにまで落ちていた。浪費するためにルイ14世が発行した政府債（ビレ・デター）はまさにジャンクボンドだった。トビードによれば、額面100リーブルの債券が公開市場では21.50リーブルで取引されていた。政府が破産宣告するかもしれないという投資家の恐れを反映した価格だった。政府の目で見れば、その未払い政府債は額面どおり30億リーブルの価値を持ち、利率は4％で、毎年1億2000万リーブルの利息を支払わねばならなかった。投資家の目で見れば、その政府債は約6億4500万リーブルの価値があり、利回りは18％で、毎年総額1億2000万リーブルを受け取ることができた。ジャンクだからこその高利回りだった。

## 国家財政を再建する

ローの腕の見せどころは、いかにして、その21.50リーブルのままの市場価格で政府債を買い戻すかということだった。政府が政府債を回収していることや、オルレアン公が国家財政をうまく立て直せそうなことに、もし投資家が気づけば、21.50リーブル以上の価格でないと買えなくなることは確実だった。ローの打った手は、自分の銀行の株式を公開し、その代金を国債でだけ支払わせることだった。トビードによれば、28億5000万リーブルの国債発行残高と比較して、この「債券対株式」のスワップの額はごく小さなものだった。普通銀行の株式発行によって実際に回収できた政府債は600万リーブルの75％、つまり450万リーブルにしかならず、必要な30億リーブルに比べたらスズメの涙ほどのものでしかなかった。

ローの伝記を書いたエドガー・フォーレによれば、ミシシッピ計略は、聡明な段階（プラン・サージュ）と狂気の段階（プラン・フー）という２つの段階から成っていた。聡明な段階では３つの巧みな方策が実行されたが、そこにはローの経済的な読みの深さがよく現れていた。

　ローが最初の方策として行ったのは、紙幣を銀行に持って行けば、まったく同価値の硬貨と「一覧払いで」交換できると布告したことだった。ここで肝心な点は、交換するときの硬貨の価値は紙幣が発行された時点での価値とする、とローが定めたことである。これは、オルレアン公がまた「刈り込み」の衝動に駆られたときの用心のためだった。第二の方策として、ローは、自分が保有する硬貨の額以上の紙幣を印刷した銀行家は「死刑に相当する」と布告した。これらの布告によって生み出された制度は、ナポレオンや大英帝国が作り出し、19世紀の大部分の西洋諸国が採用した金本位制度のひな型といってもいいようなものであった。

　こうした施策の効果はすぐに現れた。実質的に金（きん）で保証された紙幣はプレミアム付きで取引されるようになった。投資家は、混ぜものの硬貨よりも紙のほうにずっと大きな信頼を置いたので、100リーブル紙幣に対して101リーブルの硬貨を支払った。20世紀の最後の20年間に再び繰り返されることになるのだが、紙が金よりも高くなったのだ！　１年後の1717年には、紙幣は115リーブルにまで高騰していた。この新通貨ブームは交易と商業を活発化した。ローは活動の舞台をさらに広げた。支店を、リオンやラロシェルやトゥールやアミアンやオルレアンに開設したのである。普通銀行の紙幣はたちまち国中の熱狂の的になった。

　引き続きローは計略の第３部に取りかかり、フランスの未払い国債を全部回収しようとした。これは、ローの作戦の「聡明な段階」に含まれる３つの方策中、たぶん最高に独創的なものだったが、その半面

で、終わりの始まりを示すものでもあった。ローは貿易会社を設立し、オルレアン公を説得して、ミシシッピ川流域とフランスが領有するルイジアナでの独占的貿易権を手に入れた。ローは、この新会社の株式を一般公開するに当たって、その支払代金としては市場に残っている政府債だけを受け付けるとしたのである。こうして、かの有名なミシシッピ計略が開始されたのである。

のちにインド会社と呼ばれるようになるこの新企業は、その競争相手——セネガル会社、中国会社、フランス東インド会社——を全部合わせたのと同じ権利を認められていた。つまり、ミシシッピ川、ルイジアナ、中国、東インド、南アメリカのすべての地域で、フランスの代表として独占的に貿易を行う権利を持っていたのである。この会社はさらに、9年間国の硬貨を鋳造する独占権を与えられ、同じ9年間国の徴税を担当することも認められ、また、フランスの支配地域ですべてのタバコ取引を独占する許可も得た。ここでまたトビードの助けを借りて、会社の株式公開を投資家がどうとらえたかを見てみよう。

新たに2500万リーブル相当の株式が一般向けに発行されるという発表があった——これで発行済み株式は全部で1億2500万リーブルになった。ジョン・ローは、これらの株式に対して総額で5000万リーブルの配当が支払われる予定であると明言した。つまり、40％ものリターンが得られることになる。だが、実際はそれ以上なのだ。株式は硬貨でも銀行紙幣でも買えない。太陽王のジャンク国債でしか支払えない。そこで、50万リーブルの株式を買う場合の計算は次のようになる。

名目株価————50万リーブル
予想年間配当——20万リーブル

支払いは実質価値が0.2の50万リーブルの政府債——10万リーブル

投資した場合の実際の利回りは（100×20÷10＝）200％となる！　確実に200％の実質利回りが得られるというのだ！　なんと200％とは！

## バブルを膨らませる

　IPO（新規株式公開）が始まるやいなや、インド会社の株式を買いたいという申し込みがあらゆる社会階層から集まり出した。その数は山のように多く、銀行の職員が申込書を全部仕分けるのに数週間もかかる始末だった。狭いカンカンポワ通りに、トレーダーや、商人や、公爵や、伯爵や、侯爵などが大挙して押し寄せ、申し込みが認められたかどうか確かめるために何時間も待ち続けた。やっとのことで申込者の名簿が発表されたとき、待ち続けた大衆やローは、その数が予定の6倍になったことを知った。で、次に何が起こったか。インド会社の株価が天井知らずになったのだ。

　カンカンポワ通りは一夜にして青空取引所に変わった。通りの家賃ははね上がった。目はしの利く店主は、にわかブローカーに変身した、やはり目はしの利く連中に法外な値段で店先を使わせた。

　ほぼ同じころ、オルレアン公は、銀行紙幣が大衆に対して錬金の霊薬のような作用を持つことに気づき始めていた。ローの理論はもはや実験段階にはなかった——センセーショナルな成功を収めたのだ。15年前の論考でローが予測したとおり、人々は交換手段として使われる紙に絶大な信頼を置くようになった。この新しい通貨は急速に普及し、交易と商業は盛んになった。どの時代の政治家も使う完全無欠の論理に従うかのように、オルレアン公はこう考えた。民衆は銀行紙幣を信

頼するようになった。紙幣を使えば政府は手軽に借金ができるようだ（だが帳簿上はまだ未払い国債が残っていた）。紙幣はプレミアム付きで取引されており、その一方で、失速したフランス経済をよみがえらせつつあるらしい。なら、もっと印刷したらいいじゃないか？

それまでオルレアン公は政府が普通銀行の仕事に直接かかわるのを好まなかったが、その大公が銀行の名前を王立銀行（バンク・ロワイヤル）と変更し、金と銀を精錬する独占的権利を与えた。そして、1719年の終わりまでに新しく10億リーブルの銀行紙幣が発行され、マネーサプライは実質的に以前の16倍にまで増加した。インド会社の株を手に入れたいという強烈な欲望と重なって、この新通貨は、燃えさかる暖炉のなかに爆竹を投げ込んだような効果を上げた。狂気の段階が始まったのだ。カンカンポワ通りの自由市場で売買される株の値段は発行価格の10倍を超え、さらに上がり続けた。

新規株で大もうけできるとあて込んだ投機家たちが加わってきた。ローとオルレアン公はそれを助長する行為をただひたすら続けた。2001年ころのFRBを思わせる方針で、1720年5月までにオルレアン公の役所は5つの布告を出して、26億9600万リーブルの新紙幣を発行させた。マネーサプライは急増した！

1990年代になってアメリカのベビーブーマーは引退の準備を始めた。それと同じように、ローのミシシッピ計画にかかわった投資家たちも、たぶん手を引くことを考えるべきだった。新会社の株を買うのに使われたのは政府が発行したくずのような紙切れだった。新たな資本が投入されたわけでもなく、ルイジアナの貿易で利益が入ってきたわけでもなかった。しかし、ローの銀行の前に群がった群衆には、彼らなりの考え方や論理——そして彼らなりの想像力があった。

## 無から生まれて

　だれが見てもフランス経済は立ち直ったかのようにみえた。たった４年の間にこの国は絶望をかなぐり捨て、興奮ではちきれんばかりになっていた。ブームの中心地パリは活気にあふれていた。ヨーロッパのすみずみから、商品やぜいたく品が、そして人間が流れ込んできた。パリの人口は膨れあがった。物価が上がり始めた。絹やレースやベルベットなどのぜいたくな布地がはやり始めた。美術や家具が世界中から輸入されたが、それは貴族だけのためではなかった。フランス史上初めて中産階級が姿を見せ始めていたのだ。新時代に入ったかのような有様だった。職人の賃金は４倍になり、失業率は減少し、次から次へと家が新築された――だれもが豊かになった。

　インド会社が1719年８月初めに発行した株式はすぐに2830リーブルの値がついた。だが、９月半ばにはそれが倍になった。９月末に小さな押しが入っていったん4800リーブルまで下落したが、その後すべてのレジスタンスを突破して天井知らずの値上がりとなった――10月26日に6463リーブル、11月18日には7463リーブル、その翌日にはなんと8975リーブル！　さらに上げ続けて、1720年１月８日にはとうとう１万100リーブルになった（図3.1参照）。

　たいていの人は信用で株を買っており、想像もできないほどの富を手に入れた。給仕が30万リーブル、乞食が70万リーブル、商店主が127万リーブル稼いだ。貴族たちはこうした人たちを指す新語さえ作り出した。バカにするように「百万長者」と呼んだのである。そのときパリに住んでいた23歳のアイルランド人銀行家リチャード・カンティロンは、フランスの年間税収額の20％に相当する山のようなお金を手に入れた。こうした話は伝説となった。伝説は投機熱をさらにあおり立てた。ある投機家は病気になったため、250株を8000リーブルで売ってくれと言って召使を送り出した。召使が市場に着くと株価は１

**図3.1 富は広がる――「バブル」の資金が経済にしみわたる**
　ジョン・ローのミシシッピ計略（上図）で投機家が使った資金の多くが、ちょうど6カ月後に国境を超えてロンドンの南海バブル（下図）に流れ込んだ。その資金はまたフランスのぜいたく品や不動産の価格を押し上げた。これは3世紀後の日本とアメリカで再現されたパターンである。

ジョン・ローのミシシッピ会社の株価（1719〜1720年）

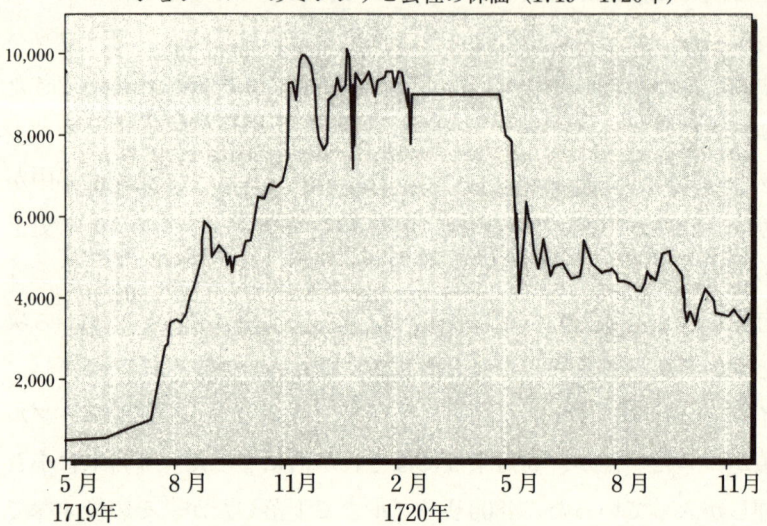

南海貿易会社（1719〜1720年）

万リーブルに値上がりしていた。株を売った召使は言われたとおり200万リーブルを主人に渡し、50万リーブルをうれしいボーナスとして自分のポケットに入れた。そして、荷物をまとめてその家を去って行った。これと同じような具合でローの助手も大金を儲けている。

ロー自身はフランスで一番名の通った外国人となった。フランス人にとっては、祖国の繁栄を取り戻してくれた経済的天才として、どんな王様よりもすごい英雄だった。ローの乗った馬車が通りかかると、崇拝者の群れが彼を一目見ようとして、わっと駆け寄ってくるので、近衛兵の護衛をつけなければならなかった。サンシモンの回想録によれば、「ローの事務所は申込者や志願者に包囲された。ドアはこじ開けられそうになり、庭を通って窓から侵入する者もいた。なかには、煙突から転げ落ちて来る者さえあった」。

あらゆる階層の女性がローの気を引こうとたくらんだ。オルレアン伯爵夫人はこう書いている。「ローはさんざんに追いかけ回されて、昼も夜も休む暇がありませんでした。ある伯爵夫人がまっ先にローの手にキスをしたことがありました。伯爵夫人が手にキスをしたら、ほかの普通のご婦人がたは彼の体のどこにキスをしたらいいのでしょうか」

計略が「成功」したおかげで、1720年には、ローは世界最高の金持ちになった。カンカンポワ通りでの取引がまき起こす狂気と騒乱から逃れるために、ローは、流行の先端をいくバンドーム広場が今ある辺りで、1ブロック全部のビルを買い上げた。また、スワソンホテルに事務所を開設して各地にある城を買い入れ始めた。ローがフランスから退去を求められるまでに買い取った城の数は1ダースを超えている。人気と富が頂点にあったとき、ローの財産のなかには、フランスの中央銀行と、南北はメキシコ湾から五大湖、東西はアパラチア山脈から中西部を通ってロッキー山脈まで広がるルイジアナ植民地が含まれていた。ローの会社は、南北アメリカとインドと極東を相手とするフラ

ンスの独占貿易権を持っていた。スコットランドの平民ローはアルカンサス公爵の称号を認められ、最初のアメリカ人伯爵となった。

しかし、悲しいかな、物事はすべて改められる——名声でさえも。

## 幻想の終わり

その1世紀後フレデリック・バスティアットが述べたように、経済には目に見える部分と見えない部分がある。そして、肝心なのはたいてい目に見えない部分である。世界の人々が注目するなかで、フランス人全体、特にパリの住人は歴史上例を見ないほどの勢いで裕福になりつつあった。オルレアン公は、ローの紙幣が国を救う霊薬だと確信しきっていたので、どんどん印刷し続けた。トビードによれば、「なんでやめる必要があったのか。明らかに、紙幣を印刷することによって国が繁栄したのではないか。もしそうなら、なぜもっと印刷しない？　通貨はちょうど経済という機械に注す潤滑油のようなものではなかったか。潤滑油が多ければ多いほど、機械は快調に動くものだ！」。

ローにとって不運なことに、アイデアが大成功を収め、名声が素晴らしく高まったせいで、少なからぬ政敵が彼をねたむようになった。1720年の初めごろ、コンティ王子という名の知れた貴族がインド会社の新規株を欲しがったのだが、ローは株を売り渡すのを許さなかった。そこで、コンティがどうしたかというと、自分が保有する王立銀行紙幣を全部かき集めて——2台の馬車がいっぱいになるほどの量になった——それを銀行に持っていったのである。そして、「やあ、諸君。ここにおたくの銀行券がある。『一覧払い』だそうだが、ご覧のとおりのこの金、硬貨に換えてくれたまえ」と言ったそうだ。

銀行は求めに応じた。オルレアン公は、王子の要求の一件を聞いて激怒し、得た硬貨の3分の2を銀行に返させた。それでもやはりダメ

ージは大きかった。信頼に小さな裂け目が入ったのである。紙幣を支えるものなど何もないとよく承知していたリチャード・カンティロンは、自分の金融資産を全部売り払って、約2000万リーブルの利益を確保した。そして、銀行をたたむと、フランスを離れ二度と戻ることはなかった。彼以外にも、ブルドンとラリシャルディエールという２人のパリの大物銀行家が、注意を引かないように少しずつ紙幣を交換し始めた。その一方で、こっそりと銀や宝石を買い入れ、硬貨も含めて手に入れた物を全部アムステルダムとイングランドに移した。

　それからしばらくたつと、一般投資家の群れが王立銀行に押しかけ、集団でドアを押し破ろうとするようになった。下がり続けている紙幣や、ローの独占的な持ち株会社であるミシシッピ会社の株式を硬貨と交換させようとしてのことだった。金貨を持つ投資家はたいていそれをマットレスの下に隠したり、こっそりと国外に持ち出したりしていた。以前は倍々の勢いで増えていたマネーサプライが、同じ勢いで減少していた。

　オルレアン公は、法令によって信頼を回復したり、ため込みをやめさせたり、通貨を国外に持ち出すのを防いだりすることができると思い込み、立て続けに過ちを犯した。ある布告では、紙幣は同じ額の硬貨よりも５％増しの価値があると定めた。その効き目がないと分かると、次の布告を出して10％増しの価値があるとした。そのあと、1720年２月には、フランス国民が金貨を使うことを禁止し、またさらに、500リーブルを超える硬貨を持ち歩く者は没収と罰金を課されることがあるとする新たな通達を出した。

　最後には、オルレアン公は印刷機をフル回転させるまでになった。その年の２月から５月までの間に15億リーブルの紙幣が印刷された。その結果、供給された紙幣は総額でほぼ30億リーブルとなった。そのころ、ローはパリの「役立たずたち」を集めて町中の通りをねり歩かせ、新世界から利益が上がっていると世間に信じ込ませようとした。

しかし、なじみのいる薄暗い通りを同じ汚い顔が何度も歩いたのではその効果もなく、信頼は失われ続け、最後にはひとかけらもなく消えうせてしまった。

結局、ローの会社と、王立銀行が発行した紙幣を救うことはどうしてもできなかった。1720年、ミシシッピ会社は破綻した。それとともにフランスの何千人もの中・上流階級が破滅して、通貨制度はがたがたになった。ほんの数カ月前まで、フランスはヨーロッパで一番豊かで、一番人口が多く、一番自信に満ちていた。今その国が破産していた。この宮廷時代以来ずっと、フランス人にとっては株式会社そのものが精神的トラウマとなり、今日に至るまで株式投資に乗り気になれないでいる。また、最近まで銀行（バンク）という言葉は敬遠され、貯蓄機関の名前として、クレディ・ナシオナル、クレディ・リヨネ、ケース・デパルニュなどが使われてきた。

## 愚行の見本

かつては国王その人よりも偉大だとみなされていた人物、ジョン・ローは近衛兵に守られてパレ・ロワイヤルに住まざるを得なくなった。あるとき、群衆が通りを行くローの馬車に気づいたことがあった。群衆はその乗り手を一目見ようとするのではなく、馬車に襲いかかって、粉々に打ち壊してしまった。運よくローは中にはいなかった。その後、ローはオルレアン公の許しを得てフランスを退去した——汚辱にまみれ、670万リーブルもの借金を背負って。

1729年にベニスで死を迎えるまでの間、ローには「冷静な計算に長け、まばゆいばかりの独創的なアイデアの持ち主」だったころの面影はなかった。見たところ、「かつてのおのれ自身の影でしかなく、ひどいけいれんにうち震えるただの老人にすぎなかった」[2]。しかし、どんなときも計略家だったローは、その遺産を調べにやって来たフラン

ス大使とイギリス大使の目を見張らせる、もうひとつの驚きを用意していた。1729年のその時点で、ローには箱81個分の絵画や彫刻や楽器や家具などの財産があったのである。全部で481点にのぼる絵画のなかには、何人かの巨匠のオリジナルが含まれていた。マーフィーによれば、遺産目録の最初のページには22点の絵画が掲載されていたが、そのなかにはティツィアーノが1点、ラファエロが1点、ティントレットが4点、パオロが1点あった。また、「目録をぱらぱらとめくっただけで、ほかの偉大な名前も目に入ってきた。ホルバイン、ミケランジェロ、プッサン、レオナルド・ダビンチ、さらに3点を超えるルーベンスなどである」

　不思議でもなんでもないことだが、ミシシッピ計略が壊滅したあと、ジョン・ローは多くの風刺画の標的にされ、それを集めた1冊の本——1720年にオランダで出版された『グレート・ミラー・オブ・フォリー（The Great Mirror of Folly）』——が世の評判となるほどだった。ある有名な版画——ミシシッピブームを題材にした短い脚本の口絵——には、カンカンポワ通りでローが株式投機家の群れに取り囲まれている様子が描かれていた。そこでは、戯画化されたローが、金貨や銀貨をオルレアン公に食べさせてもらっていた。それらが体内で紙幣に変わったということらしく、ローの背後から落ちてくるお札を投資家たちが必死になってかき集めていた。

　モンテスキューはローの話をもとにして皮肉のきいたアレゴリーを書いて、ローのアイデアをからかった。近代の通貨制度を支える大黒柱である金や銀が、なんで、銀行の信用のような、吹けば飛んでしまうほど軽いものに置き換えられるのか、というのだ。また、ダニエル・デフォーは次のような派手やかな詩によってローを風刺した。[3]

　　集まって秘密の会社を作る者あり。
　　一線を超えて新しい株を売りにかかる。

空っぽのうわついた名前で町を欺き、
　　新しい信用を高みに持ち上げたあとは落ちるがまま。
　　虚しい無を分割して株となし
　　人々の間に争いの種をまく。

　経済史家はどちらかというと、もう少し厳しかった。カール・マルクスは、ジョン・ローが「詐欺師と予言者を混ぜ合わせた憎めない人物」であると評した。アルフレッド・マーシャルは「ひどく魅力のある天才だが無謀で極端だ」としてローを切り捨てている。

　これに対して、20世紀の本格的なエコノミストたちはローの着想を高く評価している。例えばジョゼフ・シュムペーターはその著『経済分析の歴史』(岩波書店刊)のなかでこう書いている。「私は、ジョン・ローが比類のない存在だとずっと感じていた。自分の事業に対する経済的見方は鋭いし、そのうえ深遠でもある。ローは時代を通じ、通貨理論家としてトップクラスの地位にある」。また、著述家J・シールド・ニコルソンは、結果は失敗に終わったが、それでもジョン・ローは優秀な財政家だったと言ってよいだろうと述べている。ちょうどウォータールーの敗戦にもかかわらずナポレオンが偉大な軍人だったように。

## ローに続く者たち——投機ブーム小史

　投資ブームには大規模なものも、小規模なものもある。ミシシッピブームのときから約300年の時が流れ、いくつもの投資ブームが起きたが、その舞台は変わっても、恋の筋立てや、せりふのやりとりや、劇の緊張感はだいたい変わらなかった。

　マーク・ファーバーはこう書いている。「ミシシッピ計略〔と南海バブル〕の伝説には歴史的な価値がある。そこにはのちのブームに現

れる主な特徴が全部備わっているからだ。例えば、うさんくさい登場人物、腐敗、詐欺、怪しげな行為、投機騒ぎを支える通貨供給と危険なローンの増大、最初の破綻をもたらすきっかけ——よくある例としては、不正行為の発覚、追証を用意できない大口投機家、インサイダーが手仕舞ったとの情報暴露や衝撃的な政治・経済ニュースなど——そして、恐れと自棄的な投げ売りが欲望と興奮に取って代わるパニックなどなど」。

　時代が移り、世代が代わっても、相変わらず大衆は、今や新時代が始まり、だれもが素晴らしい富と繁栄を手に入れられると思い込んでしまう。新時代の幻想にはいろいろの要素が付きまとうが、たいていはなんらかの新発見と結びついている。その例としては、1849年のカリフォルニアや1851年のシドニーとメルボルン郊外での金鉱脈があり、運河や鉄道や自動車やラジオやパソコンやインターネットや無線通信などの新発明の応用があり、さらに、インドや南米やミシシッピ地域などの新領土の獲得すらその刺激剤となった。投機ブームはこうした出来事から生まれてきた。もしかすると21世紀における中国市場の開放もそこに加わることになるのかもしれない。

　ときには国全体が「根拠なき熱狂」のとりこになり、それがさらに伝染病のように各国に広がって行くこともある。1720年の初めにパリで生まれたあぶくのような富は、6カ月後にはロンドンの投機の館に移って南海バブルを膨らませた。数年後にはそこにリチャード・カンティロンが再登場し、初期の有名な経済学書の一冊とされる本を書いた。時代が下った1989年には日本市場が総崩れになり、1990年代を通して中央銀行が利下げを続けたが、このとき資金が日本からアメリカ市場に流れた。これは「円キャリートレード」と名づけられた手法で、日本でほぼゼロに近い金利で調達した資金が、利回り8.16％のアメリカ国債の買い付けに使われたのである。

　20世紀には小規模のブームが定期的に起こったが、被害が生じるこ

とはほとんどなかった。アメリカでは、1961年にボーリング関連の株が異常に値上がりしたし、1978年にはゲーム関連の株が飛ぶように売れた。1983年にはコモドアとかアタリとかコレコとかいった初期のパソコン会社（事業内容は組み立て式のガーデンプール程度のものだった）の株が天井知らずとなった。同じように、1995年にはプレステックとかダイアナとかアイオメガとかの怪しげな会社がとんでもない高い評価を受けた。だが、こうした小規模バブルは国境紛争や小国の革命のようなもので、ほとんど注目を集めることがなく、たいていの人が気がつかないうちに終わっていた。

同じく最近のことだが、ひとつのセクターに限定された投機ブームが何度かあって、これらはやや規模が大きかったがやはり無害だった。レイ・デボーは少なくとも4つの例を挙げている。1999年のドットコム狂乱を思い起こさせる1968年の「大ゴミ相場」ではテクノロジーと関係ありそうな銘柄ならなんでも買われた。また、ウラン、航空会社、カラーテレビにからんだブームも起きた。しかし、これらのブームは市場のほかの分野に広がることはなかった。そのバブルがはじけたときも、被害を受けたのはほとんどそのセクターの銘柄だけだった。とはいっても、そうした場合、高値に舞い上がった銘柄はほとんど売れなくなってしまうので、どうしても多少の余波が生じることは避けられない。それらの流動性がなくなったのを補うために、資本金が大きくて売買のしやすい別の銘柄が代わりに売られるからである。

しかし、大規模なブームとなると戦争のようなもので、まるで話が違ってくる。大規模バブルに穴があくと——1873年や1929年のアメリカ、1989年の日本、1997年の新興工業国のように——経済的な打撃は深刻で、しかもたいてい全世界に及ぶ。バブルは普通、経済が低インフレの状態にあるときに始まる。増大する信用が消費者物価ではなく直接、資産価値の押し上げに向かうのである。消費者物価インフレ率は、1920年代のアメリカでは低く、1980年代の日本では極端に低く、

1990年代のアメリカでは低い値がさらに低下しつつあった。

ファーバーはバブルについてこう説明している。

> 典型的なバブルは必ず常態からの「ずれ」を伴う。並はずれた投資機会とか、異常な出来高とか、過剰な借金とか、投機の行き過ぎとか、詐欺やペテンとかが生じるのだ。そしてその後、大規模な不正行為が明るみに出たりして危機的局面を迎え、最終幕では怒った大衆が容疑者を召喚して説明させるよう要求する。どんな場合でも、行き過ぎた通貨供給や信用の使用によって、まるで火に油を注ぐように異常な投機や大衆の参加があおりたてられる。その結果、投機の目的などちんぷんかんぷんで、ただ金持ちになりたいだけの人々がどんどん増えていく。

自分の資産価格が上がっているかぎり投資家は絶対に文句を言わない。だから、通貨も信用もそのまま膨れ上がり続ける——それが好ましいとされることさえある。やがてそれが途方もないレベルにまで達すると、ものの分かった投資家は、どうしたって我に返って脱出口を探すようになる。ところで、大規模なブームはほとんど必ずといっていいほど、なんらかの技術上やビジネス上の革新に付随して起きるものである。1920年代には、人々はそのブームの原因が新型の機械やラジオや設備にあると信じていた。また、1980年代には日本型経営や日本全体の経済システムが優れているとの思い込みがあった。

ハイマン・ミンスキーが示したように、ブームには重要な経済的役割を果たしている面もある——将来有望な分野に資源を集めて、その発展を促進するのだ。投資家はブームの最初からバカげた資金のつぎ込み方をするわけではない。そうするのは終わりごろの、価格がとんでもなく上がっているときだ。

投資ブームの破綻局面では、現実が顔をのぞかせ始め、利益が上が

らなくなり、自信が不安から恐怖へと変わる。破綻が大規模な場合には、たいていマネーサプライが急速に減少し、債権者は経済状態がどんどん悪化する得意先に融資するのを怖がるので、信用の収縮が起きる。1720年にミシシッピバブルがしぼんだあと、オルレアン公の猛烈な努力にもかかわらず、フランスのマネーサプライは急速に減った。ひどく抜け目のない投資家は金貨や銀貨を国外に持ち出した。紙幣への信頼をなくしておびえあがった商人やトレーダーは、硬貨をマットレスに詰め込むとか、土に穴を掘って埋めるとかの常套手段を使って隠し込んだ。こうして銀行の信用はがたがたになった。1000リーブルから1万リーブルまでの紙幣の用途を制限する布告が出されて、政府債かインド会社株を買うか、銀行口座に入金するためにしか使えなくなると、マネーサプライはいっそう減少した。ローの理論の中心的な主張のひとつが間違っていたことがはっきりした。いったん信頼が失われると、中央銀行はマネーサプライを管理することができなくなるのである。それでも、そのアイデアは今も引き継がれている。

　ジョン・ローは名誉を回復しないまま死んだが、中央銀行のアイデアは所得税と同じくらいの大当たりをとった。最初の本格的な近代的中央銀行であるフランス銀行が設立されたのは、新たな経済的厄災となったフランス革命が起きてから1世紀が過ぎたころだった。ヨーロッパのほかの国もすぐにそれを見習った。19世紀と20世紀の強力な中央集権的政府は通貨を管理下に置きたがったが、中央銀行によってそれが可能になった。彼らはしっかり教訓も学んでいた——少なくともしばらくはそれが生きていた。スイスのチューリッヒにあったライオン・キャピタル・グループのフェルディナンド・リップスによれば、19世紀の金本位制は「文明世界の最高の偉業である。それは通貨に関する会議で決定されたものでもないし、どこかの天才が考えついたものでもない。何世紀にもわたる経験が生み出したのだ」[6]。

　しかし、とてもゆっくりとではあるが、紙幣の危うさは記憶からだ

## 表3.1 投機ブーム小史*

| ブーム | 年代 | 国 | 投機の目的 |
| --- | --- | --- | --- |
| チューリップブーム | 1636-1637 | オランダ共和国 | チューリップ球根の珍種、不動産、運河、オランダ東インド貿易会社の株式 |
| ミシシッピ計略 | 1719-1920 | フランス | ミシシッピ会社の株式、普通銀行と王立銀行の紙幣 |
| 南海バブル | 1720 | イギリス | 南海貿易会社の株式、政府債 |
| アメリカ長期国債バブル | 1792 | アメリカ | アメリカ国債（憲法の承認による） |
| ウォータールー投機 | 1815-1816 | イギリス | 商品およびアメリカとの貿易に関する投機 |
| ワイルドキャット | 1837 | アメリカ | 綿、土地、銀、西部辺境地域で自前の通貨を印刷していた銀行 |
| 鉄道ブーム | 1847-1857 1873 | イギリス ヨーロッパ大陸 アメリカ | 鉄道会社の株式、不動産、小麦、ビルの供給 |
| 貴金属ブーム | 1893 | オーストラリア アメリカ | 銀、金、金鉱、土地 |
| 金融恐慌 | 1907 | フランス イタリア アメリカ | コーヒー、鉄道、銀行融資 |
| 戦後ブームとその破綻 | 1920-1921 | イギリス アメリカ | 株式、商品、船舶 |
| 大恐慌 | 1929 | アメリカ | 信用取引で買った株式 |
| ブレトンウッズ体制の崩壊 | 1974-1975 | アメリカ 世界各国 | 株式、不動産投資信託、オフィスビル、タンカー、ボーイング747 |
| ブラックマンデー | 1987 | アメリカ 世界各国 | 株式、高級不動産、オフィスビル、ドル |
| 日本株式会社 | 1990 | 日本 | 日経平均、不動産 |
| ハイテク大崩壊 | 1996-2000 | アメリカ 世界各国 | 株式、特にインターネットと電気通信関連株 |

*1990年代にはアメリカ株式市場の投資家は、投資にブームとその崩壊がつきものだとはもはや思わなくなっていた。そして、1996〜2000年のバブルでは、投機バブル史上最大の資金が投入され、失われた。たいていの投機ブームには、新しい領土の拡大、新技術の導入、戦争の終結などが絡んでいる

んだん薄れていった。エコノミストも中央銀行家も政治家もみんな少しずつ交換紙幣に抵抗を感じなくなり、創造主が許す以上の繁栄を実現するためにそれを使おうと考え始めた——かつてジョン・ローが提案したのとまさに寸分違わない発想であった（表3.1参照）。

## 第4章
# 日本的になる
### Turning Japanese

---

僕は日本的になっている、日本的になっていると思う、本当にそう思う。──ベイパーズ（1980年）

- 1971年から1985年にかけて、日本の株式市場は500％値上がりした。
- アメリカでは、その10年後の1981年に強気相場が始まった。1981年から1995年までの間にその株価はやはり500％値上がりした。
- 1985年、日本市場では吹き上げ相場が始まり、5年間で株価が3倍になった。
- 1995年、アメリカ市場でも吹き上げ相場が始まり、5年間で株価が3倍になった。
- 1990年、日本市場は大天井を打って値下がりに転じた。そして、その後18カ月で約30％値下がりした。
- 2000年、アメリカ市場は大天井を打って値下がりに転じた。そして、その後18カ月で約30％値下がりした（図4.1参照）。

　気味が悪いほどの一致ではないか。しかし、まだ続きがある。
　貯蓄率を見てみよう。日本では、70年代から80年代にかけて株価が値上がりしたとき、貯蓄率は10ポイント低下した。アメリカでもちょうど10年後に同じことが起きた。しかし、大事なのは過去の事実よりも、そこから得られる教訓である。
　最近、ある素人花火師の話を耳にした。その男は、ジーゼルオイル

**図4.1　10年後に繰り返されたバブル**
1985年に日本の株式市場は吹き上げ相場となり、5年後に株価が3倍になった。同じことが10年後のアメリカ市場でも起こった。

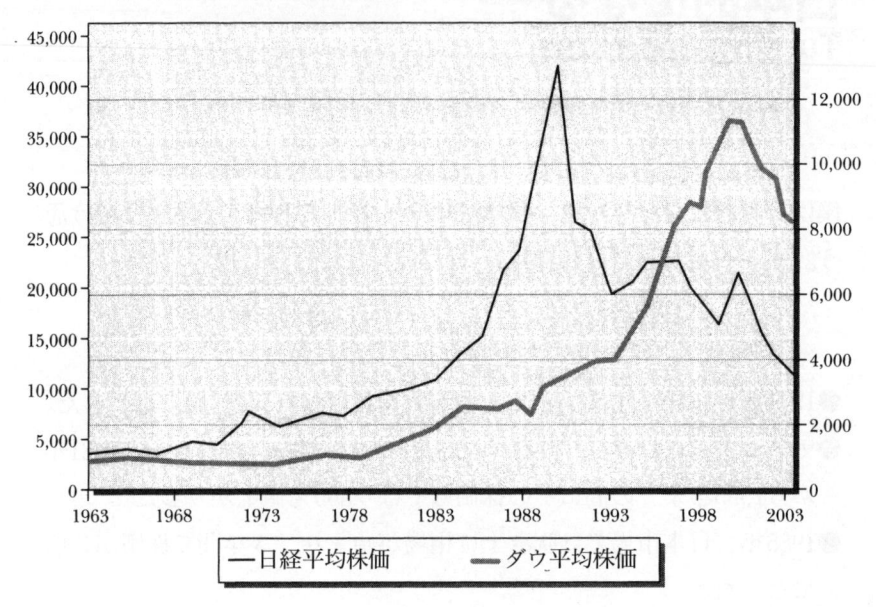

は発火しないと信じこみ、それを仲間たちに証明してみせようとして、容器からこぼれ出しているジーゼルオイルの上にライターをかざした。だが、何も起こらなかった。そこで彼は、自分の正しさをしつこく確認しようとして、もう一回その愚行を繰り返した。今度は、ライターをジーゼルに近づけすぎたようだった。——このとき受けたほぼ全身のやけどから、彼は今回復しつつある。

　この話は、知りたがり屋の傍観者の気持ちで書いている——人がそんなにも愚かになれることに驚き、そのすごい見世物に魅了され、そんな実験をやったのが自分でないことにほっとしているのだ。そして、この本自体も同じ気持ちで書いている。

ワシントンDCの経済エンジニアたちも、少し知りたがりの気分になっているかもしれない。彼らはこのところ金融と財政の両面で景気刺激策を打ち出したがっている。少なくとも、経済に火をつけるのにいったい何が必要なのかと思案しているのは確かなようだ。私たちとしては日本に行ってみることを勧めたい。

　戦後の主要国の経済で、日本経済ほどひどい困難にぶつかった例はほかにない。「日本は特別」なのだそうだ。それはたぶん正しいのだろう。みんながそう言っている。だが、どの点が？

## 日本人は特別

　日本人は10年にも満たない期間内に、驚くべき地位の変化を味わった。1980年代には、世界一利口で、世界一活動的な民族とみなされていたのが、1990年代になると、改善の方法も知らず、経済上不可避のリストラも実行できない無能力者だと、多くの者が考えるようになったのだ。

　通説によれば、日本経済がうまくいかない原因は、貯蓄傾向が高く、消費への態度が消極的なところにあった。日本人は、生活も豊かで、海外にも出かけ、ぜいたく品も買うけれども、平均貯蓄率が収入の13％にも達しており、アメリカ人の２％以下という数字とは大きく隔たっていた。消費者があまり物を買わなければ、火を燃え上がらせる焚きつけがないのも同然だった。だから、経済全体がしめっぽく、冷えきったままになってしまったというわけだ。

　FRBの理事たちが繰り返し襲われる悪夢は、アメリカ人が突然日本人のように行動し始めることだ。アメリカ人が収入に見合う以上の金を使うのをやめて、それ以下しか消費しなくなると、経済の火は何週間という単位であっという間に消えてしまうことだろう。アメリカの経済と株式市場は２つの無鉄砲な行い――アメリカ人の消費行動と、

外国人のアメリカへの投資行動——に依存していた。節約への動きが始まれば、それがどんなにわずかなものであっても、売り上げや、収益や、株価や、雇用などが悪化する。簡単にいえば、アメリカ人が日本人のように行動し始めると、アメリカ経済は日本経済と同じ道をたどり始める。

　島国である日本には、サーカスと同じように風変わりなところがたくさんある。日本語にはそれを表すために、「日本人の特質についての見解」という意味を持つ「ニホンジンロン（日本人論）」という単語がある。日本人は常に、自分たちが例外的で、だから当然、優れていると考えてきた。日本への移民はきびしく制限されている。日本人は外国人をあまり信用せず、時には見下すようなことさえある。だからといって海外旅行をしないわけではないが、その場合には、たいてい集団でおそるおそる出かけて、ガイジンをボーっと眺めている。

　日本人の特性としては、自分を優れていると考えることだけでなく、時には外国人と直接競争してそれを証明したがるということがある。20世紀の初めには、この競争が破壊的な形をとった。日本が太平洋沿岸地域を全部、軍事的支配下に置こうとしたのである。初めは、作戦はうまくいき過ぎるほどだった。その成功にはずみを得て、帝国軍は先へと進んだが、最後にはアメリカに行く手を阻まれることになった。そして、日本はみじめに自分の島へと退却し、次の作戦に期待を寄せることになった。

　日本人が自分たちの特質と考えるのは、基本的に、フランス人が連帯と呼び、日本人が「ワ（和）」と呼ぶものにほかならない。それは、すべての国民がまとまり、同一の国家的な目的に向かって協力し合うべきだという考え方である。しかし、フランス人が自分たちの組織やその目標をどんどん批判するのに対し、日本人はたいてい黙ったままでいる。

　もし、集団的思考に特に染まりやすいグループがあるとすれば、そ

れは日本人である。日本人は、1930年代から40年代の間、日本帝国の軍隊のあとを団結して歩いて行ったが、70年代と80年代には大規模な企業連合のあとをいちずに進んで行った。今も同じで、日本で何か流行すると、みんながそれに従わざるを得ないようにみえる。ルーブル美術館などに入っていく日本人の生徒集団をよく見かけるが、その髪を見るとひとり残らずオレンジ色に染めている。

　日本人は考え方さえ特別だ、と言われる。批判的な分析を生み出す西洋の「ドライ」な論理が日本では「ウエット」になって、社会的な結束を強めていると言われている。また、西洋では、ユダヤ・キリスト教の影響を受けて、正と悪、罪と恥は個人としての判断の問題とされるが、日本人はこれとまったく違った形でとらえる。集団の期待にそむいたり、集団への責任が果たせないときに恥を感じるのである。この場合、もし集団が道をはずせば、個人も道をはずすことになる。

　また、1990年代における日本の経済状態も、アメリカとはずいぶん違っていた。アメリカは好況に沸いていたが、日本の繁華街は切れた電池のように静まりかえっていた。アメリカは過去最大の、恐ろしいほどの経常赤字を抱えていたが、日本はGDPのほとんど10％に達する、唖然とするほどの財政黒字を続けていた。アメリカでは何ごとも順調にいっていたが、日本ではすべてがうまくいかないようだった。

## 日本株式会社

　2001年まで、10年以上にわたり日本市場は沈滞を続け、経済成長は落ち込んで弱々しく、時にはマイナスにまでなった。オニール元財務長官は日本のこの苦境にひどく心を痛めて、中央銀行責任者というより博愛主義者の観点から対応策を考えた。つまり、問題は「日本の人々がより高レベルの生活を達成するのをどうやって手助けしたらいのかである」というのだ。このような寛容な感情にとらわれると、

困ったことに、状況の現実が見えなくなってしまう。このオニール発言に対し、三菱総合研究所の主任エコノミストが逆ねじを食らわせた。「日本は世界一の純債権国であり、ということは世界一裕福な国である」という記事をワシントン・ポスト紙に寄せたのである。

どうしてこんなことがあり得たのか。10年もの不景気にあえぎ、株式市場は65%の価値を失いながら、どうして、それでも世界のトップの座にいることができたのか。どうすればそんなことが可能なのか。

ピークを過ぎて10年がたってもなお、日本は多くの点でアメリカよりも良い経済状態にあった。労働時間は短かった。税金は安かった。払った税額の割にはより多くの社会サービスを受けていた。また、アメリカ人よりも健康で長命だった。もう少し具体的にいえば、20世紀末、日本の製造業従業員の平均労働時間は、アメリカの同業種労働者と比べて週当たり5時間少なかった。日本の労働者と比べて、アメリカの労働者は平均してまるまる2週間余計に働いたことになる。日本政府は労働者の平均収入の12%を徴収した。アメリカでは16%だった。平均的にみて、日本の従業員は、アメリカの労働者よりもたくさん海外旅行に出かけ、よりぜいたくな品物を買った。全世界の高額製品の3分の2は日本人が購入した。

さらにまた、日本では昔も今も社会的サービスが驚くほどよく機能している。医療費は実質的に無料である。公共輸送は全国に行きわたり、効率的である。列車は平均して予定時刻の18秒前に駅に着く。アクセンチュア社（前のアンダーセン・コンサルタント社）の日本支社責任者は「当地の平均的な生活水準や満足度はアメリカよりも高い」と述べている。日本人女性は世界一の長寿だし、日本人男性の平均寿命はスウェーデン人に続いて世界第2位となっている。

しかし、こうした素晴らしさの一方には厳しい事実がある。1980年代の日本は世界2位の経済規模を誇っていたが、21世紀初頭には、そうした日本の姿はもはや存在していなかった。アメリカでは、エコノ

ミストだけでなく普通の人たちも、日本人は何か信じられないような過ちを犯したに違いないと信じていた。なにしろ、経済上は日本が地球から消えうせてしまったのだ。アメリカのエコノミストは日本に対してマネーサプライを増やすように繰り返し促してきた。彼らの考えでは、通貨の量を膨らませることが解決の鍵だった。円の価値が少しずつ下がっていけば、日本の消費者も貯蓄よりは消費に回ることが多くなるはずだった。

しかし、金融政策も財政政策も効き目がなかった。そこで、アメリカのエコノミストは、親切のつもりで、日本がもっと嫌がるアドバイスを提案した。日本は経済改革を断行しなくてはならない。不良債権と不良企業を無慈悲な市場の手にまかせ、必要に応じて産業全体をリストラし、活力あるアメリカ流の資本主義を導入しなくてはならない。こうした難題に日本は勇気をもって取り組む必要があるというのだ。

アメリカ型の資本主義は日本が最も望まないものだった。日本は、第二次大戦後まったく別のタイプの資本主義を作り出していた。それはマルクスが描いた勝手気ままな資本主義とは異なっていた。現実に生産手段を所有していたのは、自立した裕福な資本家ではなく、大規模な営利グループであった。彼らはその資金を大銀行から借り入れていた。その大銀行の資金は普通の庶民が預金したお金だった。それは、資本主義のリスクと報酬が日本独自の仕方で集団化された社会だった。

## 見えざる手

アメリカ資本主義の考え方は、もともと18世紀にアダム・スミスが導入した着想に基づくものだった。つまり、個人はそれぞれの自己利益を追求するが、「見えざる手」に導かれて、全員にとって益となる結果が生まれるというのだ。スミスにとって見えざる手とは神の手であり、したがって、経済は森や蜂の巣と同じような自然現象であった。

それは神が定めた規則に支配されていた。スミスはよく世界最初の大経済学者だと言われる。実際には、スミス自身は自分を道徳哲学者だと考えており、その努力は、神の作った宇宙が従う法則を発見することに向けられていた。

スミスの見解は、日本のエコノミストを含めた現代のエコノミストの見解とはずいぶん異なるものだった。現代のエコノミストは世界を動かしている力を理解すること以上に、自分自身が神の役割を引き受け、自分のやり方で世界を動かすことのほうを好んだ。アメリカや日本のエコノミストは単に眺めているだけでは満足できず、実際に手を出してレバーを引き、ボタンを押して、世界という巨大機械をブンブンいわせながら動かした。

資本主義の歴史に対して日本が果たした役割は、その特殊な生い立ちに由来するものかもしれない。第二次大戦後の日本では、封建主義に近い産業体制のうえに資本主義が移植された。1990年代の半ばになっても、日本のエコノミストや、産業界の指導者や、政府の責任者は、見えざる手についてまだ想像することすらできなかった。日本の宗教には主神というものが存在しなかったし、日本の経済はほんの少し前に封建主義を脱却したばかりだった。その社会は、各人が自分の目標を追求する個人の集まりというよりも、むしろ蟻の群生に似ていた。小さな働き手がそれぞれ自分の地位をしっかりわきまえながら、全体の利益のためにせっせと働いたのである。それは、合意に基づいた、協力的で、中央集権的で、ポスト封建主義的なタイプの資本主義だった。

17世紀にアメリカのプランテーションに連れて来られた奴隷たちはたいてい主人の姓を名乗ったが、ちょうどそれと同じように、日本の労働者は勤務する会社の名前で呼ばれた。労働者は奴隷のように長時間（好況の時期には普通午前8時から午後9時まで）働いたが、その割には給料は安かった。彼らは、呼び集められたときや、酔っ払った

ときによく社歌を歌った。会社にとって従業員は、売り上げが減少に転じたときに素早く解雇する原価中心点というよりも、農奴や召使のようなものだった。労働者にはほとんど終身雇用が保証されていた。日本人の言い方に従えば「米はくっつき合う」——たとえ火が加えられているときでさえも。

　大企業もまた永続的なものとみなされた。日本のシステムの中心にあるのは、株式持ち合いと共同プロジェクトのネットワークで結びついた大会社だった。小さな成長会社がそれに挑むことはめったになかった。だから、日本の大会社が国内で厳しい競争を経験することはめったになかった。大会社は新しい技術や機材を自ら作り出すことも、外から導入することもあった。いずれの場合でも、新しいシステムは疲れ知らずの労働者によって磨きあげられて、どんどん稼動された——そして、作られた製品はアメリカを中心に輸出された。

　それは奇妙なタイプの資本主義だった——大会社は利益を上げることすら頭にないようだった。アメリカのバブル時代のドットコム企業と同じように、利益を追求することは近視眼的で「短期的」な考え方だとみなされた。彼らが望んだのは市場シェアと成長だった。なんといっても、狙いは世界を支配することにあったのだ！

## 奇跡を期待して

　1949年4月、GHQ経済顧問のジョゼフ・ドッジはドルに対する円の価格を360円に固定した。円は割安で、日本の経済発展の幕が切って落とされることになった。日本は、競争相手よりも安く物を生産することによって、やがて工業国へと変身することになる。40年にわたる好景気がここに始まり、やがて日本は世界第2位の経済大国となり、世界最大の株式市場と世界一高額の不動産を持つようになる。

　日本人は教育のある労働者であり、あくなき模倣者であり、几帳面

なビジネスマンだった。その日本人が一丸となって経済成長に取り組むことで、目を見張るような成果が生まれた。例えば、日本の自動車会社は勝ち目の薄い競争に勝利した。それまで、競争の激しい資本集中型のこの産業で、アメリカのビッグスリーが独占に近い地位を享受していた。デトロイトに対するこの大挑戦が成功する見込みはほとんどなかったので、通産省の役人たちはホンダや日産に対してそれをやめるように強く勧めた。

しかし、自動車メーカーは先に進んだ。彼らはビッグスリーにとって脅威となりにくい小型車の分野でアメリカ市場に参入した。その後、デトロイトが現状に満足して注意も払わないでいるうちに、日本人は自動車の生産能力と販売技術を次第に向上させていった。アメリカ人がろくに気づかないうちに、アメリカ自動車市場のかなりの部分が日本人の手に落ちていた。

1990年代後半、アメリカのビジネススクールの学生たちは一連のはやりの新語を覚えなくてはならなかった。継続的な改善を表す「カイゼン」という言葉が、あたかもその内容自体が革新的であるかのように教えられた。学生たちはすぐに「ザイテク（財テク）、トッキン（特金）、ファンド、ケイレツ（系列）、バブル」などたくさんの語を覚えた。彼らは、てんぷらに醬油をかけるような具合に、こうした日本語を会話のはしばしに織りまぜた。そのうえ、生の魚を食べてもお腹をこわさないようになった。

日本に対するアメリカの称賛には、恐怖と軽蔑と羨望が入り混じっていた。80年代半ばには、日本が、アメリカの自動車労働者の仕事だけでなく、世界最大の経済国という地位までも奪ってしまうかのようにみえた。日本の銀行は世界最大になりつつあった。日本の製造会社はすでにほかの数種の産業分野でも支配的になっており、狙いをつければどんな産業でも勝利できそうな勢いだった。

日本人はさらに、お金を稼ぐだけでなく、使う側にも回り始めた。

世界中の記念碑的な財物を買い上げ始めたのだ。そのなかにはハリウッドの映画会社やニューヨークのエクソンビルやロックフェラーセンターが含まれていた。フランスでは、日本人バイヤーがステンドグラスの窓を持つルネッサンス時代の教会を買って、それをひとつひとつの石材に分解したうえで日本に輸送しようとした。フランス人はこれに怒って、国家的財宝の輸出を禁じる法律を成立させた！

　また、日本人バイヤーはロンドンやパリやニューヨークの主要オークションで最前列に陣取り、有名な美術作品をとてつもない高額で買いつけた。10年後にはアメリカ人の大物たちも同じことをするようになるのだが、日本人は本物の美術愛好家のような顔をして作品を買い込んだ。そうした日本人のひとりで、犯罪組織のトップに立つ石井進は1985年に株式市場に進出した。1986年から1987年にかけて、政界や財界の強力な友人からの大きな援助を得て、彼のポートフォリオは5000％も値上がりした。彼は、その財産のうち7500万ドルをルノワールやシャガールやモネなどの作品の購入に充てた。また、安田火災は約4000万ドルを払ってゴッホの「ひまわり」を購入した。斉藤了英は、8250万ドルで同じくゴッホの「医師ガシェの肖像」を買い、さらに7800万ドルでルノワールの「ムーラン・ド・ラ・ギャレット」を手に入れた。しかし、これらのさらに上をいったのは森下安道で、19世紀のフランス絵画に3億ドルを投入した。フランス印象主義のどこが気に入っているのかと聞かれて彼の返した答えは立派なもので、10年後にアメリカの美術収集家のデニス・コズロウスキーが言ったとしてもおかしくないようなものだった。「印象主義の絵は現代装飾のほうがよく似合うからだ」

### そして、ひとつになる

　1980年代にベストセラーになった『ジャパンアズナンバーワン──

アメリカへの教訓』(TBSブリタニカ)[4]という本の題名は、当時広まっていた予測からとってきたものだった。日本は着実に上へと登っていたのに対し、アメリカは下へと沈みつつあった。未来は決まっているかのようにみえた。日本の組織化され集中化された資本主義はとどまることを知らないかのようだった。少なくとも日本人はそう考えていた。総理大臣の中曾根康弘は、まるでシンガポールに向けて進撃しているかのように自分の同郷人に対して激を飛ばした。「すべての屈辱感を投げ捨て、栄光を目指して前進せよ」と指示したのだ。

日本の脅威に直面して、アメリカのおしゃべり連中は改革を求めた。経済の真珠湾だ、と政治家は叫んだ。アメリカにも日本のような中央主導の計画が必要だ、と評論家は言った。アメリカ人は日本的経営のテクニックを身につける必要がある、とコンサルタントは主張した。アメリカ企業はもっと長期的な見通しを持たなくてはいけない、とアナリストは断言した。アメリカは輸入制限を課すべきだ、と保護主義者は付け加えた。

アメリカ人が深く気に病んでいたのは、ただ市場のシェアを日本に奪われつつあるということだけでなく、ほかのいろいろな点でも敗北者のように感じ始めていたということだった。日本では何もかもうまくいっているようだったが、アメリカではほとんどのことがうまくいかないようにみえた。

1980年代、日本経済を見る目は驚きでいっぱいだった——世界史上最大の成功を収め、最もダイナミックで、最も自信に満ちた経済だった。アメリカのビジネスマンたちは、競争相手である日本の脅威に対しておびえ、震え上がった。

このような背景の下に、1985年9月、世界の主要国の経済閣僚がプラザホテルに集まった。アメリカの財務長官は、さまざまの貿易制裁や関税強化をちらつかせながら、強引にひとつの合意を引き出した。それは、各国が協力して、特に円に対して、ドルの引き下げを図ると

いうものだった。価格が同じなら日本の品物はアメリカの品物よりも優れていると閣僚たちは信じているようだった。円高になれば、少なくとも日本製品の値段を引き上げさせることができるはずだった。

もし、アメリカの経済的利益に対する日本の攻撃が真珠湾だったとすれば、プラザ合意はミッドウェー海戦に相当した。日本の野望はくじかれた。世界市場で日本製品を売ることが急に難しくなった。閣僚たちが自国に戻ってから2～3カ月以内に、円は40％も値上がりした。そして、日本の輸出品は夏に比べて2倍の値段になった。翌年初めごろには、日本のGDPの成長率は半分に落ち込んだ。日本銀行は何か対策を打たなくてはならなかった。しかし、何ができただろうか。

ケインズ主義者とマネタリズムは日本でも大きな影響力があった。だから、中央銀行の仕事は単純そのものだった。経済が減速したら、資金をより安く、より簡単に借りられるようにすればよいのだ。実際、日本銀行はまさにそのような行動をとった。金利を引き下げたのである。1986年には公定歩合が4回引き下げられて3％になった。アメリカでも10年後にちょうど同じことが起きるのだが、このとき、会社の利益はすでに減少に転じていた。しかし、投資家たちは日本株式会社に対してまだ強気の姿勢だった。資金はまだ市場にあふれていた。そして、金利引き下げによって株高に拍車がかかり、突然、街のどのすし屋に行っても株の話題でもちきりとなった。

1987年初めには2つの興味深い出来事があった。国営の電話会社である日本電信電話（NTT）が株式を公開したことと、世界の先進工業国の経済閣僚が今度はパリのルーブルで新たな会議を開いたことである。

NTT株の公募に関して言うべきことは、それがはっきりしたバブルの特徴を持っていたということに尽きる。エコノミストたちは、ただ新聞を読んでいるか、窓の外を眺めているだけでよかった。株への需要はきわめて強く、市民は購入申込書に記入するために列を作って

待たなければならなかった。そして、株は抽選で割り当てられることになった。ほぼ3世紀前のカンカンポア通りの出来事を思い起こさせるような光景のなかで、株の申し込みはすぐに枠を超えた。2カ月の間に1000万人の申込者があった。そのうちだれひとりとして株の値段を知る者はいなかった。みんな、政府が公募しているのだから安全に決まっていると考えたのだ。彼らは日本自体の一部を買っているかのように感じた。会社や市場が自分たちに損をさせるようなことは政府が許さない、とみんなが信じた。だから、恐れることなくNTT株を買った。

日本の株式市場が受けていたとされるその保護は、のちになってアラン・グリーンスパンがアメリカの投資家に与えたのと同じ種類のものだった。本書のあとのほうで詳しく述べるが、アメリカではこれを「グリーンスパンのプット」と呼んでいた。FRB議長は、ただ単に短期金利を下げて、いつでも好きなときに株価を回復させるオプションを持っているとみなされていた。日本の大衆が感じていた安心感はたぶんこれよりももっと強力だった。そこには体制への信頼があった。日本とその集団的資本主義は永遠に成功し続けると信じていたのだ。

ルーブル会議の結果が発表されると、当時すでに異常な高値にあった日本の株価はさらに異常に値上がりした。プラザ合意から新しいルーブル合意までの間にドルは大幅に引き下げられていた。円は、1985年のプラザ会議のとき、ドルに対し259円だったのが、1987年末には122円にまで値上がりしていた。今やアメリカにとっての危険は、ドルが高すぎることではなく、逆に安すぎることだった。経済閣僚たちは再び対策を講じることで合意したが、今回の合意は各国の通貨を引き下げてドルを押し上げるという内容だった。日本は金利を再び下げて、戦後最低の2.5%とした。

投資家はこれを歓迎した。円安は日本企業の競争力をいっそう高め、株価をいっそう押し上げるだろうと推測された。NTTの株価ははね

上がり、その時価総額は50兆円、ドル換算でおよそ3760億ドル以上になった。これは西ドイツと香港の株式市場の合計時価総額をも超えるものだった。

日本航空株は年間収益の400倍を超える値段で取引された。水産・林業会社の株価は収益の319倍になった。海運株は176倍だった。いったいこんな株価が正当だといえるだろうか。それほど狂気にとらわれていなかった西欧の投資家は正当だとは思わなかった。彼らは売り始めていた。しかし、10年後のアメリカと同様に、日本の投資家やアナリストやエコノミストたちは想像力を駆使して、そうした法外な株価を正当化する根拠を考え出そうとしていた。

「日本はほかの国と違って長期指向型だ」という声があった。

「日本は技術立国だ」という指摘もあった。

「西欧流の『ドライな』PERの数値にこだわっても、日本では通用しない」という説明もあった。

「日本の経済は世界の先頭に立っている。日本の社会は地球上で最も革新的で、最も効率的で、最も生産的だ。もちろん、株価の決まり方だってほかの国とは違う。含み資産（そのほとんどは過大評価された不動産）を全部加えて本当の収益力を計算すれば、結果の数字はうんと違ってくる」（そのとおり——もっと悪くなる）

「日本人には株に投資する以外の選択肢がない」

「今は新時代だ」

やがて1998年から2000年にかけてウォール街のバブルに注入されることになるほとんどすべてのガスが、このとき日本で実地試験されていたのだ。ほとんどどんな説明だってオーケーだった——逆に、どれも説明にならないともいえた。1989年半ばに東京で起きた地震でさえ、強気の投資家にとってはさらに株を買い増す材料となった。

高くなった株や不動産を買うための理由づけとして日本人が使ったウエットな論理は、1980年代の終わりごろになると、いわば水びたし

の状態でまったくどうでもよくなった。人々は、論理などお構いなしに、何でもどんな値段でも買いそうな勢いだったのだ。

## 新人種

　1980年代後半から1990年代初めにかけて、日本全国で財産価値が猛スピードで上昇し、たいていの家庭はこれについていくことができなかった。6大都市圏の商業地の地価は1986年3月から1990年3月までの間に3倍になった。1987年には土地価格がきわめて急激に値上がりし、全体の増加額は日本の年間総生産高を超えるほどだった。株式と不動産の値上がりによる資産増加が給与収入を上回る家庭も珍しくなかった。東京圏では、ちっぽけな見ばえのしない家の支払いに充てるために、複数世代にわたる100年間の住宅ローンが組まれた。日本人はのんびりと構える癖があり、時間の観念がいい加減であることからすれば、こうしたローンも不思議なものではなかった。バブルの絶頂期には、値段からすれば、日本の資産はアメリカのすべての資産の4倍の価値があった。皇居とその周辺の公園だけでカナダ全土以上の価値があると言われた。

　このような見かけの富はいったいどこから生じたものであろうか。10年後のアメリカと同じように、日本は自信に満ちあふれていた。80年代末の時点で過去を振り返ってみれば、ほぼ半世紀にわたって成長と繁栄が続いていた。それは偶然だったのだろうか。いや、そんなことはない。それは勤勉さと、自己規律と、商売や生産や投資の才能から生まれたものだ——日本人はこう自問自答した。10年後のアメリカと同様、40年間の成功は日本人を天才の集団へと変身させたのだ。

　市場ではさまざまのイメージが作られる。そのなかで、良い自己イメージほど強烈なものはない。10年後のアメリカでも起こったことだが、日本人は自分たちがほかよりも優秀なビジネスマンであり、優秀

な投資家である（だから、自分たちだけが日本株式の本当の価値を見つけ出すことができたのではないか）と考えるようになっただけでなく、より高レベルの種に進化したと思い込んだ。それを表すために「シンジンルイ（新人類）」という新語が作り出された。彼らのどこが新しいのかといえば、何世代にもわたってずっと謎に包まれていたこの世の仕組みを彼らがつかんだというところらしかった。

　父母や祖父母にはそうまでする勇気がなかったことだが、シンジンルイたちは、明日という日がないかのように熱心に消費し、借金した。彼らはナイトクラブで一杯300ドルのウィスキーを飲み、1000ドルもするルイ・ヴィトンのハンドバッグを買った。新人種の一員であることを誇示するため、高額なデザイナーブランド商品にこだわった。その結果、日本はぜいたく品の最高の市場となり、銀座の繁華街にはエルメス、ジャンフランコ・フェレ、イブ・サンローランをはじめとする何十軒もの高級店が軒を並べた。シンジンルイはそんなにも消費が大好きで、その振る舞いは人目もはばからないほどだったので、みんなの見世物になるほどだった。しかし、消費に使う金はどこから来たのか。企業収益は1987年にはすでに下降に転じていた。給与は少しずつしか上がっていなかった。いったい何が起きていたのであろうか。

## 世界トップクラスの借金漬けの消費三昧

　言うまでもなく、株式と不動産の所有者は「資産効果」の恩恵に浴することができた。収入が増えたわけではなかったが、資産をチェックしてそれが全体として増加していればうきうきした気分になった。減税も消費を拡大するのに効果があった。

　しかし、日本の消費経済を押し上げた最大の要因は借金だった。日本人は世界でも指折りの貯蓄家であるが、この好況期には、当時のエコノミストたちも気づかないうちに、借金が収入の130％にまで膨れ

上がり、世界トップクラスの負債者にもなっていた。投資バブルの熱狂にとりつかれるとだれでもそうなるように、日本人は信用融資による消費三昧にふけっていた。流通中のクレジットカードの枚数は3倍になった。もともと節約好きだった日本人が、たちまちアメリカ人も顔負けするほどの負債を抱えるようになってしまった。銀行の貸出総額も増加して、1985年から1990年までに7240億ドル増えた。「ノンバンク」と呼ばれる消費者信用会社の同期間の貸出額は700％増加した。

どんな負債も必ず貸方に記入されると会計士なら教えてくれるだろう。「どんな好況にも必ず不況がついてまわる」と私たちは付け加える。そして、どんな不合理な行いに対しても必ず審判の日がやって来る。バブルの間、日本の猛烈な設備投資に対して資金を提供したのは国内の預金者で、国全体の債務の95％は国内で保有されていた。この期間ずっと、日本はほかの国々に対する純債権者のままであり、純海外資産の保有高はずっとGDPの10％程度に保たれていた。

こうした新規の資金と信用は必ず一定の効果を生み出さずにはおかない。マクロのレベルでいえば、本来の稼ぎ以外の金が思いがけなく入ってきたときほど、経済的な幸福感が大きくなることはない。通常であれば、企業が従業員に給料を支払うと、その金は、貯蓄分を別にすれば、従業員が製品やサービスを購入したときに企業に戻ってくる。つまり、総売り上げは雇用費と見合っている。しかし、従業員が貯金や借金を使って消費すれば、その金は天からの恵みのように会社の金庫に入ってくる。会社はその金を受け取るために、余分な給与を払ったわけではないのだから、マクロの視点で見れば、その余剰分は最終利益の増加となって現れる。こうして、突如、売り上げと利益が増加すると、企業は、需要が増えたのだから生産を拡大しなくては、と思い込む。そして、新しい工場を作り、新しい製品を供給し、新しい従業員を雇う。しかし、信用によって生み出された新規の需要は長続きしない。金を借りたら、その金は遅かれ早かれ何らかの仕方で返さな

くてはならないからだ。

　例えば、ある男が100万ドル借りたとすれば、その金でいろいろな物が買える。生活レベルがいきなりぐんと上がったような感じになる。彼が支出を増やしたのがきっかけで、商人や工場主たちが、もっとたくさん商品を供給しなくては、と考えるかもしれない。目の前の好機を逃すまいとして、彼ら自身が借金をする可能性もある。しかし、いずれ最初の男が別の100万ドルを借りることができなくなるときが来る。それどころか初めに借りた100万ドルを返すように要求される。こうなると一切合財が崩れ始める。男はもはや、ずっとそうしたいと思っていたような具合には金が使えなくなるだけでなく、借金の返済のために出費を元のレベル以下に落とさざるを得ない。商人や工場主は、新規の需要を当て込んで金を借りたのだが、今や売り上げが期待どおりに伸びないだけでなく、事業を拡張する前の水準よりも落ち込んでしまう。こうした結末に至るまで何十年もかかることがあるかもしれないが、それを逃れることはできない。

## 貯蓄生活者や負債者たちの嘆き

　借金と同じ効果は貯蓄から金を引き出して使うことによっても生じる。マクロ経済学のレベルでいえば、「貯蓄取り崩し」は、どこからともなくやって来て、驚くほど好ましい効果を生み出すようにみえる。しかし、取り崩しの問題点はそれがいつまでも続かないところにある。取り崩すべき貯蓄がすぐになくなってしまうのだ。そうなると、嫌でもまた新たに貯蓄を始めざるを得ない。収入以上に消費するという美徳は、倹約の悪徳に変わる。企業は、以前と同じように給料支払いの経費をかけなくてはならないが、その金は売り上げとして戻っては来なくなる。

　必ずしも特別の理由がなくても、貯蓄生活者や負債者がもうこれ以

上は続けられないと心を決める決定的な瞬間がやって来る。借金をして気ままに使っていたときの自信がしぼみ始めるのだ。初めは、本当に自分の期待どおりになるのかどうかが気になり始める。株はもう思いどおりに上がってくれないかもしれないな、と独り言を言う。財産価値がもう増えないか、あるいは減ってしまうのではないかと心配し始める。迷いが出始める。「もっと大きなアパートや、車をもう１台買うのはちょっと待ったほうがいいのじゃないか」と思い悩む。迷いは売り上げの減少を招き、その減少がシステム全体に不安と混乱をもたらす。会社は人員の採用を減らす。残業代は少なくなる。新規の拡張計画は中断され、やがて取りやめになる。利益は落ち込む。投資家は買い控える。売り上げや資産価格が落ち込むと、投資家は株や不動産を安値でどんどん売り払うようになる。これまでとは違った雰囲気が集団全体を覆うようになる。限りない自信が、諦めと絶望の気分へと変わり、パニックさえ生じる。最後の審判の日がやって来たのだ。

　景気循環の谷間に落ちこむと、信用が収縮して警戒心が高まるが、それは、景気拡大期に気分が軽くなるのとまったく同じ仕組みによる。今や給与を支払ってもあとでその見返りがくることがないので、会社は資金を新たに注ぎ込もうとせず、かといって預金にも回さないで、そのまま社内にとどめておく。景気後退期の常として、会社は従業員数を減らす。従業員でもある消費者は使える金が少なくなる。売り上げが落ちてくると、会社は採算を確保するために、少なくとも経費節減という手を打つことができる。しかし、消費者が貯蓄を増やしたり、新たなローンをやめて現在のローンの返済に回り始めたりすると、売り上げも採算も厳しくなる。消費者の収入（経営者の観点からすれば給与支払経費）が変わらないとしても、使われる金額は減少するのだ。その打撃は大きく、会社が売り上げの落ち込みを補うために、従業員の給与を引き下げて利益を確保しようとすれば、事態はいっそう悪化する。消費者の可処分所得がいっそう少なくなって、購買力がさらに

低下してしまうからだ。

　作用は、それと同じ強さで方向が反対の反作用を引き起こす。このニュートンの第3法則は物理学だけでなく経済にも当てはまる。借金と消費によって生み出されたバブルが崩壊すると、極端な倹約や、破産や、負債の帳消しなどの反バブルになる。言うまでもないことだが、日本で1990年1月にバブルの崩壊が始まったあと、まさにこのことが起きたのだ。

## 奇跡の経済の危機

　日本銀行は不動産部門の価格上昇を懸念して対策を打つことにした。1989年5月に9年間ぶりの公定歩合の引き上げに踏みきって、それまでの2.5％を3.25％としたのである。短期金利は1月から6月の間に1ポイント上昇したが、たぶん、これもまた公開市場操作における日銀の引き締めを示すものであった。

　1989年11月11日には再度引き上げが行われて公定歩合は3.75％となった。短期金利は上昇を続けて、その年の末には6.25％になった――10年後にアメリカが弱気相場に入ったとき、短期金利の変動は25ベーシスポイントにすぎなかった。

　1989年12月29日、日経平均は3万8915円の最高値を付けた。その後の21カ月でそれは38.5％下落した。しかし、日本不動産研究所の調べによれば、この間、不動産価格は上昇を続けていた。その価格が最終的に天井を打ったのは、日経平均に遅れること2年後の1991年だった――その最高値は1989年末に比べて約15％高くなっていた。だが、地域によっては価格上昇がもっと大きい場合もあり、例えば千葉県では90％以上の上昇率だった。

　比較のためにいえば、アメリカの株式市場は、ほぼぴったり10年後の1999年12月31日に天井を付けた。それから33カ月の間にS&P500指

数は時価総額の45％を失った——第１段階の下落としては日本よりもひどかった。同期間、日本と同じように建物価格は上昇を続けた。ファニーメイ（連邦住宅抵当公社）の指数によれば、その上昇率は、驚くなかれ15％だった。

　日経平均が下落の瀬戸際にあった1989年、日本の経済的、財政的状況はどんな点からみてもきわめて良好だった。インフレの兆候はほとんどなかった——消費者物価は年間３％以下の上昇にとどまっていた（10年後のアメリカと同じである）。失業者数はかつてないほど低かった。外観から判断するかぎり、これ以上ないほどの良い状態だった。日本は、大部分のエコノミストがほとんど不可能だと考えること——低インフレ下の完全雇用、高度成長、資産価値の大幅な増加、巨額の貿易黒字など——を達成していた。日本人が特別に神の恵みにあずかっていたことを疑う理由などあっただろうか。それとも、日本人は特別に利口だった？

## 金利上昇、株価下落、ローンの劣化

　1990年１月下旬、日経225は３日間で５％下落した。投資家はこれに動じることはなかった。そして、２月には３日間でさらに4.3％下げた。今度も、経済メディアはほとんど注意を払わなかった。株価は下落しているが「はっきりした理由は見当たらない」と報道されただけだった。

　この間、金利は上昇しつつあった。長期国債の価格は下落して、利回りは7.3％になった。普通銀行はプライムレートを6.25％に引き上げた。日本銀行はまだバブルの空気を抜こうとしており、1990年３月に公定歩合を５％に引き上げた。株価は値下がりを続けていた。

　1990年８月２日に起きたイラクのクウェート侵攻は、世界中の市場に大きな不安をかきたてた。原油価格の上昇を懸念して日経225は１

日で11％も値下がりした。再び、日銀は公定歩合を引き上げて6％とした。株価は下がり続けた。

　土地価格も軟化し始めていた。全体的な土地価格はだいたい1991年半ばまで上昇し続けていたが、最も高額な都市部ではすでに1990年半ばに値崩れが始まっていた。1990年には、6大都市の不動産の時価総額は日本のGDPに匹敵していた。その不動産価格が1993年末には半分になっていた――GDPの半分が失われたのに等しかった。銀行貸出は好況とバブルの局面で大きく膨らんでいたが、それは不動産価格の上昇に裏打ちされたものだった。次に何が起きるかは明白だったが、避けようがなかった――何兆円にものぼるローンが劣化しつつあった。

## 失われた10年

　次の10年間、成長は遅く、ときにはマイナスだった。プロメテウスの光は日本人の目には輝かなかった。ポール・オニール財務長官が双子の革新技術と評したコンピューターとインターネットは、アメリカでは生産性を向上させ、繁栄の新黄金時代をもたらしたが、日本はまったくその恩恵に浴することがなかった。

　その経済と同じように、日本の人口もまた文字どおり縮小していた。縮小するだけでなく、老化も進行していた。65歳以上の人口比率は主要国のなかで日本が一番高かった。そのことをもたらした原因のひとつは、日本女性の出産率が人口の維持に必要な2.08を大きく下回っていたことだった。日本女性は平均して1.34人の子供しか出産しなかった。その結果、日本では5人にひとりが65歳以上であり、世界で最も大きな老齢人口を抱える国となっていた。

　しかし、景気不振が始まって30カ月後の1992年夏の段階で、日本の奇跡の経済が深刻な事態になっていると考える者はほとんどいなかった。

「いかにして日本はこの落ち込みを切り抜けるか」と題された1992年7月11日発行のエコノミスト誌にある特別記事が掲載された。その記事は、主としてその年の第1四半期に個人消費が3.3％伸びたという事実に焦点を当てながら、「日本の経済減速を西洋型の景気不振といっしょにしてはいけない。両者は異なっており、だからこそ日本はやがて勢いを取り戻すことになるであろう」と述べた（図4.2参照）。

記事はさらにこう続けている。「これまでのところ、経済減速の打撃を受けたのはほとんど金融と不動産部門に限られている。消費意欲は高い雇用率によって支えられている。設備投資が減少しているという事実を重視する向きもある。しかし、その3倍の規模を持つ個人消費は今年の第1四半期に3.3％伸びた。……日本はひどい景気不振を回避できるはずだと考える主な理由は、経済先進国のなかでも一番しっかりした財政金融政策を発動しようとしている点にある。それによって、景気不振を防ぐための政府の施策がさらに強化されるからだ」

## 「われわれは富を失いつつある」

エコノミスト誌はまったくといっていいほど間違っていた。日本経済が勢いを取り戻すことはなかった。高い雇用率も消費意欲を長くは支えられず、個人消費はしぼんでしまった。さらに、非常にしっかりしているはずの財政金融政策が、この問題では完全に不適切だったことも明らかとなった。

1991年7月1日、日銀は景気不振期に中央銀行が普通行うことを実施した——金融緩和策をとったのである。公定歩合が6％から5.5％に引き下げられた。これが一連の切り下げの皮切りとなったが、その動きは2001年1月にアメリカで始まったものと似ていないこともなかった。公定歩合は1993年9月には1.75％になっていたが、これは日銀史上、最低の利率だった。にもかかわらず、景気後退は1993年の年末

## 図4.2　失われた10年

過去の暴落では短期間のうちに激しい変化が起こったが、それと違って、日本経済は1990年代を通してずっと、増大するローンの直接償却と苦闘してきた。

日本における直接償却の増大
（1993〜2000年）

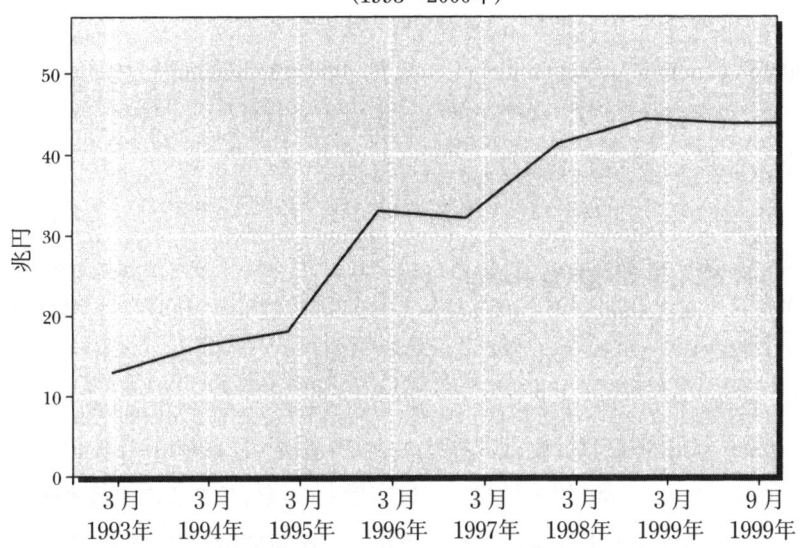

日本における直接償却のGDP比
（1993〜2000年）

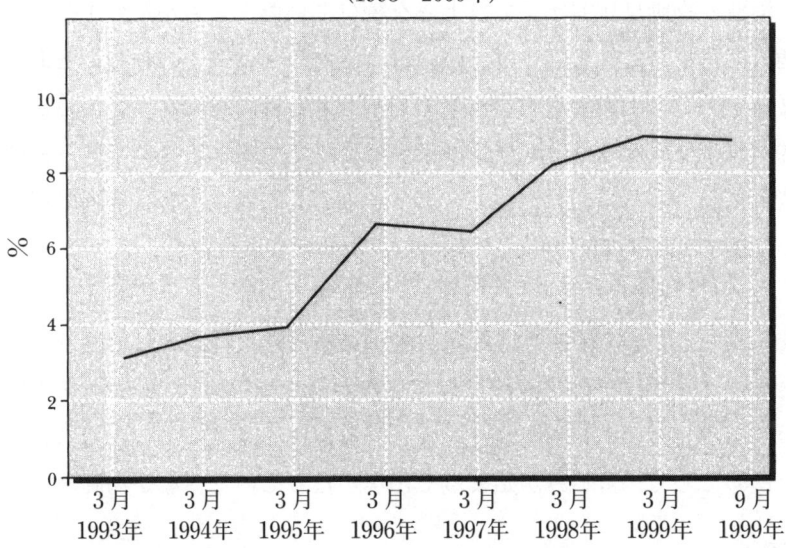

まで続いたし、それが最後の切り下げとなったのでもなかった。1995年４月にはまるまる１ポイントの切り下げが行われた。その結果、フィナンシャル・タイムズ紙の言うように、利率は「実質的にゼロ」になった。

さらに、名目成長率も、バブル期にはずっと７％ほどだったのが、90年代の初期にはほとんどゼロの状態が続いた。製造業の利益は1991年に約25％落ちこみ、1992年にはさらに32％減少した。破産も増加し、特に不動産や資金運用関連の会社で目立った。

不動産価格が上昇している間あれほど貸し付けに熱心だった銀行が、突如ほとんど融資をしなくなった。銀行の格付けが引き下げられた。貸倒引当金は増加した。銀行は1993年には4.3兆円の焦げつき融資を直接償却した。1994年にはその金額は5.7兆円に上った。それでもなお、貸借対照表から不良債権が消えるまでにはまだ長い時間がかかりそうだった。そして、銀行業界にとっての最大の打撃が10年先の未来で待っていた。2003年１月22日、日本最大の銀行であるみずほホールディングスが１兆9500億円の損失を出し、不良債権が２兆円に上ることを発表したのである。

消費者物価は1994年までは上昇を続けていた。おおかたの主張では、個人消費がこのまま続けば、政府による財政・金融上の刺激策とあいまって、この困難な事態をうまく乗りきれるはずだった。ところが、1994年半ばになって――景気不振が始まってまるまる４年半後――消費者物価が下落に転じたのだ。アメリカの大恐慌以来、主要国の経済が経験する初めての消費者物価デフレーションだった。

こうして物価が下落に転じると、日本はその経済史上でもまれな不安に満ちた状態に陥った。第二次大戦後、そんな経験をした国はほかになかったし、その治療法は存在しなかった。「われわれは富を失いつつある」[5]と元大蔵省財務官の榊原英資がタイム誌に語ったのは2002年秋のことで、苦しみが始まって10年がたっていた。なぜ物価が下が

るのか。それは消費者が物を買わないからだと経済学者は説明した。では、なぜ消費者は物を買わないのか。それは物価が下がるからだった。

　日本列島のどこでも、消費者は支出を切り詰め（減らせる支出があればの話だが）、銀行は企業への融資をしぶり、経営者は労働者の給料を引き下げ、首を切っていた。消費者は安売り店で買い物をするようになった。高級住宅街の住民がゴミに出された中古家具をあさっているという報道もあった。金融機関は不良債権を山ほどかかえていたので、新事業のアイデアの立ち上げを援助する意志も資金も持ち合わせていなかった。

　日銀も日本政府もこの問題を伝統的な方法、つまり、通貨と信用の量を増やすことによって解決しようと試みた。日銀は公定歩合をほぼゼロにまで引き下げて、市場金利をさらに下げた。一方、政府は世界中のコンクリート業者が夢見るような公共事業計画に着手した。

　アレックス・カーはその著『犬と鬼――知られざる日本の肖像』（講談社刊）[6]のなかで日本の破壊を嘆いている。

　　日本はまず間違いなく世界で最も醜い国になってしまった。こんなことを言うと、京都の寺院や富士山をあしらった観光パンフレットでしか日本を知らない読者はびっくりし、でたらめだとさえ思うかもしれない。しかし、当地の住人や旅行者はその現実を目の当たりにしている。原生林の森は全部伐採されて植林用の杉が植えられた。川にはダムが作られ、海岸にはコンクリートブロックの列ができた。湾や入り江を埋め立てるために丘が切り崩された。山々を無用の道路が通りその環境は破壊された。田舎は産業廃棄物の洪水にのみ込まれてしまった。

　日本全土で風景を作り変える作業が進行中である。土木作業チーム

は、1メートル幅の小川に10メートル以上もの長さのコンクリート板を打ちこんで、深い用水を作った。建設労働者は、小さな山岳道路を通すために、ダイナマイトで山腹を完全に吹きとばした。土木技師は土手だけでなく河床にも手を加えて、川をU字型のコンクリート水路に変えてしまった。河川局は、全国113の主要河川のうち110河川に対して、ダムを作ったり、流れを変えたりした。さらに、建設大臣は、現にある2800以上のダムに加えて、新たに500のダムを作ろうと計画している。

　日本政府はケインズが勧めることをそのまま実行した——支出を増やしたのだ。好況とバブルの時期には財政政策は控えめであったが、90年代になると、アラン・ブースのいう「国家に支援された公共破壊」[7]にのめりこみ、2002年には財政赤字はGDPの3％という異常な水準にまで膨らんだ。90年代に始まった建設計画によって、使われない道路や、コンクリートの海岸や橋やダムが作られ、その結果、利用可能面積1平方マイル当たりで比べた場合、日本の国土はアメリカの30倍もコンクリートで覆われることになった。こうした日本のコンクリート狂いはとんでもない極端に走ることもあった。1996年に清水建設が発表した計画は、特別に開発した技術によって月の表面でセメントを作り、そこにホテルを建設しようというものであった！

　このような役に立たない建設計画は何よりも国家債務を増大させ、その額はGDP比で、以前の60％から150％に膨らんだ。90年代末には政府債務は税収の15倍となり、2つの大戦間にイギリスの記録した史上最悪額のほとんど2倍にのぼった。

## 尾上事件

　1990年代の「失われた10年」は東京証券取引所と日本の不動産市場を沈滞に追いこんだが、経済スキャンダルの面では逆に興隆をもたら

し、全国の銀行や証券会社の多数がそれに巻きこまれた。評判は地に落ち、財産は失われ、自殺する者も出た。大きなバブルは常に世の出来事を揺り動かすものなのだ。

そうしたスキャンダルのひとつが尾上縫事件だった。それは奇妙な事件だった。いくつかの説明を読んでみても、西欧の普通の読者には何がなんだかさっぱり分からなかった。主役の名前はヌイ・オノウエ夫人なのか、それともオノウエ・ヌイ夫人なのか。記者たちはどっちとも決めかねているようだった。瀬戸物のガマを大事にしていたことは特に注目を集めた。日本の株式市場がニューヨーク証券取引所以上に大きくなっていたころ、尾上夫人は個人としては東京証券取引所最大級の投資家だった。日本興業銀行とその関連会社はこの61歳の独身女性に2400億円も融資していた。彼女は日本興業銀行株を310万株保有しており、その最大の株主だった。そのほかに所有していた株は、第一勧業銀行が800万株、住友銀行が200万株、東京電力が600万株、富士重工業が300万株、東芝が300万株だった。

その信じられないような富を彼女がいったいどこで得たのか、だれも知らなかった。そして、彼女は一種の新興宗教の教祖として振る舞った。大阪の怪しげな地域にある彼女の2軒の料亭には、紺のスーツに身を包んだビジネスマンたちがよくやって来て、真夜中過ぎまで出てこなかった。いったい何をしていたのだろうか。報道によれば、尾上夫人が、真夜中の奇妙な儀式によって神からのお告げを得ようとしていたのをビジネスマンたちが目撃している。この「大阪の闇夫人」は、風変わりな仏教宗派である密教とも関係があると考えられていた。

1991年8月、融資を得るために詐欺を働いたとして彼女は逮捕された。そのとき、彼女には、投獄だけでなく、破産の運命も目の前に迫っていたことが明るみに出た。総額4000億円にも上る負債を抱えていたのである。日がたつにつれて、この奇妙な小事件は次第に大きくなり、やがて日本のいくつかの大銀行を巻き込むようになり、暗黒街の

さまざまな犯罪者が関与していたといううわさも飛びかった。その年の10月22日には日本興業銀行の中村金夫会長が辞任した。
　80年代に形作られた異常な体制は、90年代にはほころびを見せつつあった。注目すべきことは、日銀幹部や、大蔵大臣や、そのほかの経済政策責任者たちが、そのほころびを縫い直すことができなかったという事実だ。初めは、ほとんどの人がほころびを信じなかった。布地はとても丈夫そうにみえたのだ。しかし、1990年1月にはその弱さがはっきりした。そのあと12年間、日本経済はデフレ状態に陥った。1992年から1995年までの間にGDPの年間成長率は1％に届くことがなかった。
　90年代の終わりまでに、日本は、株式市場における17年分の利得を帳消しにしていた。日経平均は2001年の夏、1万0979円に下落した。1万1000円を割り込むのは1984年以来のことだった。日経平均がほぼ4万円の最高値を付けてから11年が経過する間に、投資家は75％分の金を失っていた。失業率は以前にはほとんどゼロに近かったのが、5％にまで上昇した。それはアメリカとほぼまったく同じレベルだった。GDPの成長率も日本とアメリカで同じような数字となった。両国とも1％以下だったのである。ただ、アメリカでは8年間での最低値だったが、日本では8年間の平均値だった。
　もしも、グリーンスパン議長が、世界の反対側にあるこの国でも、評判のその魔法を使うことができたとすれば、いくつかの個人的悲劇を防ぐことができたかもしれない。今世紀終わりごろの日本では、線路への飛び込み自殺があまりに増えたので、鉄道会社は駅に鏡を設置し、自殺者がそこに映る自分を見て飛び込みを思いとどまることを期待したほどだったのだ。

## 明らかな類似

　1989年12月以降の2年間で、日本の株式市場は40％下落した。しかし、この間、経済全体としては堅調を維持した。実際、GDPの成長は1992年までマイナスになることはなかった。設備投資は急激に減速したが、個人消費は好調のままだった。不動産価格は株式市場が急落したあとも上昇を続けた。10年後のアメリカでこれと同じことが再現された。その類似はだれの目にも明らかだったので、当時のマスコミは、今その見出しをたどるだけで話の筋が分かるほどこの話題でにぎわった。例えば、2002年6月のエコノミスト誌には「アメリカ経済はバブルがはじけたあとの日本と恐ろしいほど似ている」という小見出しがあった。そしてそれに続いて、「過去2年間のアメリカ経済は、多くの点で、バブルがはじけた直後の日本経済の動きと瓜二つである」と書かれていた。

　以前の日本と同じように、アメリカでも景気不振の到来は予想外のものであり、ほとんど気づかれることがなかった。全米経済研究所によれば、国民経済は2001年3月に景気後退期に入ったが、そのときでさえ有力エコノミストはそれを否定していた。例えば、有力シンクタンク、コンファランスボードの主任エコノミストは、2001年2月22日に「全般的な指標によれば景気後退の兆しは見当たらず、経済活動は相変わらず、まずまずの調子である」と述べた。そのたった7日後には、公式に景気後退が始まっているのだ。しかし、同じような見逃しはFRBにもあった。

　「FRBのパリーは、アメリカは景気後退に陥っていないと言っている」と、ブルームバーグ・ニュースがサンフランシスコ連銀のロバート・パリー総裁の発言を報じたのは2001年4月5日のことだった。また、シカゴ連銀のマイケル・モスコー総裁は4月4日に「アメリカは景気後退に陥っているわけではないが、警戒を怠ってはいけない」

と述べた。

　これと同じ日、ダラス連銀総裁は「FRBのマクティアーはアメリカ経済は景気後退期に入ってはいないと言っている」と賛成した。何ごとも3回否定しないと信じてもらえないというわけだ。

　「私は比べるのが適切だとは思わない」と、ポール・オニール財務長官は2002年11月、日本との比較に反対した。そして、続けてこう述べた。「日本の経済は開かれていない。アメリカ経済が優れているひとつの点は、世界中の国に対して開かれており、さまざまの物をわが国に供給しようとする挑戦をそのまま受け入れていることにある」

　「エコノミストの主張によれば、アメリカの指導者は、日本の指導者よりもずっと素早く経済減速に対処したのだから、アメリカが日本型のデフレになることはない」。こんな記事が2001年11月のウォール・ストリート・ジャーナル紙に掲載された。

　こうした話題にはほとんどのアメリカ人がうんざりしていたが、少数のエコノミストにとっては未解決の犯罪のように頭から離れなかった。たしかに、アメリカ経済は日本で書かれたシナリオに従って動いているようにみえたのだ。ときにはちょっとしたアドリブもあったし、文化的な違いも差し引かなくてならないが、それでも1995年から2001年までのアメリカでは、1985年から1991年までの日本と基本的に同じ劇が進行したのだ。

## Plus ça Change, Plus C'est la Même Chose （いくら変わっても中身は同じ）

　その劇の筋書きはたいして変わらなかった（「いくら変わっても中身は同じ」）——派手やかな新時代も市場の冷たい現実にぶつかった。山場の恋愛シーンも同じだった——投資家は金融資産を失って奈落の底に突き落とされ、理性も品位もすっかり吹き飛んで、バカなまねを

しでかした。最初の2幕は以前と似たようなものだった——投資市場の価格上昇のあと、投げ売りのクライマックスが続いた。

　しかし、ここで第3幕が始まった。そして、アメリカの観客たちはどんでん返しを期待した。ただ啞然とするばかりだった日本人と違って、アメリカの投資家や消費者は、アラン・グリーンスパンという英雄が迅速に動いてなんとか救い出してくれると信じていた。そしてたしかに、グリーンスパンは金利をカットする刀を振りまわし、10カ月間で450ベーシスポイント分を切り落とした。これにひきかえ、日本銀行は同じことをするのに4年以上かかっていた。楽観的なエコノミストはグリーンスパンのスピードが事態を救うと考えた。

　ほとんどのエコノミストはいつ日本市場が上向きになるのか見当もつかなかった。そもそも、なぜ下向きになったのかも分からなかったのだから、それも当然だった。だが、アメリカ市場は、金利の引き下げによって快方に向かうと相変わらず信じていた。1992年4月、日経平均が（1年半前の高値3万9000円から下げ続けて）1万7000円の安値を目前にしていたときも、12人のトップ予測家は一致して、まだ経済成長が続き、株価は上昇に向かうものと考えていた。しかし、それから10年後、日経平均は1万円前後に低迷しており、日本経済は10年間で4回目の景気後退に苦しんでいた。短期金利はもう5年以上も「実質ゼロ」の状態だった。

　アメリカでは賢明な当局者が迅速に行動した。日本の当局者はぐずぐずするばかりだった。FRBは2001年の最初の10カ月で基準金利を4.5％分カットしたが、日銀は同じことをするのに4年半もかかった。アメリカ議会は景気刺激策として大急ぎで1000億ドルの支出を決めたが、日本の国会はもっとのんびりしていた。アメリカ当局のこの反応の速さが事態を救うだろうか。信用によってあおりたてられた過剰能力が、信用をより多く、より安く、より容易に入手できるようにすることで、本当に迅速に解決できるのであろうか。

投資家は日本経済の方向転換が始まるのをむなしく待っていた。1990年から2000年までの10年の間には、「改革とリストラ」の呼び声がかかって、日本企業が、併合や買収や経費削減など、アメリカ式の株主価値重視の経営方針をとるという話が出たこともあった。それに釣られて、投資家が日本の株式市場に呼び込まれるということも何度かあった。ウォール街の会社はリストラがお気に入りだった。彼らは、1980年代には、アメリカ企業が日本株式会社の方式を採用するというので、それに手を貸して利益を上げた。今度は、日本企業がアメリカ式のモデルを採用するのに手を貸して稼ごうというのだった。

## 想像力がない

毎年毎年、日本企業は新しいリストラ案を発表した。そして、日本政府は、より強力な景気刺激型予算をはじめとして、ますます多くの改革案を発表した。予算案の景気対策費は膨大なもので、国債残高が１兆1300億円分増えることになった。国債残高のGDP比は1992年には60％だったのが、1999年には100％を超えてしまった。

思いどおりにはいかないもので、対策費を増やしても実質成長率は低下するばかりだった。1996年から2000年までの間に、赤字はGDP比で4.3％から7.2％に増加したが、実質成長率は5.1％から1.2％に低下した。相変わらず日本の消費者は支出に消極的だった。むしろ、貯蓄を増やし、ローンを返した。海辺の別荘を買うよりも金融資産をため込んだ。

日本人がどんな間違いをしでかしたにしろ（だれにもそれは分からなかった）、アメリカ人は絶対にそれと同じ過ちを犯すことはないと信じ切っていた。なんといっても、アメリカ人は日本人ほど貯蓄に夢中になることはなかった。膨大な財政黒字を抱えてはいなかった。スシ（寿司）だって温めて食べた。そして、FRBのトップにいるのは、

あの「気楽なアル」ことグリーンスパンであり、うまくいかないと飛び込み自殺をするようなピリピリした銀行家ではなかった。

　日本の経験はまったく前例のないものだったので、前述のマスコミと同じように、90年年代末のエコノミストたちもまだそれが信じられず、まして、それが今後も続くものとは想像すらしなかった。しかし、それは続いた。アメリカが史上最大の好況（とその後のバブル）を享受している間、日本の経済と株式市場はタバコの吸殻みたいに動かず湿りきっていた。

　「日本政府は低成長と生活苦が続くと警告」とフィナンシャル・タイムズ紙の見出しは伝えた。1991年にブッシュ大統領が宮沢総理を訪問して以来、日本からのニュースはほとんど変わらなかった。悪い話ばかりだった。

　ほんの少し前まで、コラムニストやアナリストやエコノミストは、なぜ日本が今後長期間、世界経済を支配しそうなのか説明しようとして必死になっていた。その後、それは、なぜ日本の減速が深刻なものではないか、ということの説明に変わった。そして、今や、なぜ日本がすぐには立ち直れないのかを説明しようとしていた。その想像力のなさはあきれるほどで、これまで使ってきた理由をただ裏返しにしただけのことだった。日本政府は時代についていけないとか、経営者は無能力だとか、経済がうまくいく秘訣は借金と消費にあることを日本の大衆はどうしてものみこめないとか、そんな説明ばかりだった。90年代末の経済ジャーナリズムでは、日本についての意見が珍しいほど一致していた。どの見出しを見ても、日本が経済的絶望のなかでもがき苦しんでいる様子が目に浮かんできた。例えば、「株価が安値を更新」「日本の失業率が急上昇」（第二次大戦後最悪となった）、「日本の鉱工業生産高が5カ月連続減少」といったような具合だった。

　もちろん、どんなに似ていてもそっくり同じということはない。どんな状況もどこかが異なっている。1日1日が新しい。しかし、たい

ていの場合、役に立つのは、状況のなかの新しい点よりも、なじみのある似かよった点である。80年代の半ば、日本はメモリーチップと自動車に熱中していた。90年代の半ばから終わりごろ、アメリカ人の想像力に火をつけたのはインターネットとテレコスムだった。

　北アメリカでは、電気通信会社が何十億ドルもかけて何百万マイルもの光ファイバーケーブルを敷設した。

　「作れよ、さらば使われん」というのがその時代のモットーだった。しかし、作ってみると、実際にはその3％も使われなかった。その余剰のせいで、アメリカでも日本でも価格と利益が減少した。

　もうひとつ、表面的な違いを実質的なものと取り違えた例を挙げれば、日本では不良債権が銀行部門に集中していたのに対して、そうした現象はアメリカにはないとされたことがある。日本の銀行は不良の企業債権を抱えていたが、アメリカの新興融資会社は不良の企業債権だけでなく、不良の住宅ローンと消費者債権を抱えていた。

　たしかに、アメリカでは会社の負債が日本ほどの規模にまで大きくなることはなかった（ピーク時には、日本の法人部門はGDPの225％に相当する金額を借りていたが、アメリカでは、2002年のFRBの調査によれば55％という数字だった）。しかし、だからといって、アメリカでは、景気不振から生じた行き過ぎ現象が日本ほどではなかったということにはならない。あるいは、日本以上だったかもしれないのだ。例えば、アメリカの消費者債権は、日本の銀行の足かせとなっている不良債権に匹敵しうるほどのものだった。個人貯蓄率が12％を下回ることのない日本と違って、アメリカ人の貯蓄率はもともとたいしたことがなかったが、その数字がバブル以前の1994年終わりには6.5％だったのが、90年代終わりにはほとんどゼロになりかけていたのだ。

## 集団的妄想

　バブル末期、アメリカ企業は日本企業に比べてかなりしっかりしていたが、消費者のほうは弱々しかった。もし、消費者が請求書の支払いができなくなったとしたら、いったいどんな事態になるのだろうか。日本の、合意による資本主義はゾンビ企業に対して手ぬるかったが、アメリカ資本主義はゾンビ有権者に対してより厳しくあたるのだろうか。その答えは今はまだ分からないが、やがて出されることになるだろう。

　日本では、不動産価格の大幅な上昇によって富の幻想が加速された。アメリカの建物価格は、マンハッタンやシリコンバレーなど少数の地区では異常に値上がりしたが、それを除けば穏やかな上昇にとどまった。アメリカで日本と同様の幻想が現れたのは、毎日の株価一覧表のなかだった。アメリカでは株の所有者が日本よりも多かった。20世紀末の時点で株式は各家庭の金融資産全体の30％を占めていた。日本では、ピーク時の1990年でも16.5％にすぎなかった。

　こうしたなかにも、よく見れば、アメリカと日本の間に類似点のあることが分かるはずだった。

　しかし、アメリカで物事が順調にいっていた90年代終わりには、ほとんどがこの類似に気づかなかった。アメリカ経済は、さまざまな楽観的予測や、情報技術革命とか軍事費削減とかの思わぬ幸運のおかげで、少なくとも表面上はうまくいっていた。一方、日本経済は退職した徴税官のように無気力で孤独のままだった。日本は2～3年の間に、全世界のあこがれの的から、おおっぴらな軽蔑の対象へと転げ落ちていた。1989年には、アメリカのビジネスマンたちはへつらうように日本人のまねをして、髪をストレートにして黒く染めていた。その2～3年後、彼らは日本人に忠告を与え、それが受け入れられないと、ほとんどかんしゃくを起こすほどだった。

こうして、アメリカ経済と日本経済の間の最も重要な類似点はまったく明らかなのに、完全に無視されていた。その類似点とは、株式市場と経済状況に対して、そんなにも大勢の人がそんなにも強烈な関心を寄せるという、かつてなかった事態が生じたことである。市場の動きを理解するのに、群衆の動向がそんなにも決定的な役割を果たすことはかつてなかった。両国のバブルの絶頂期には、人々は、今の経済には何か特別のことがあるので、通常の規則や限界はもう通用しないのだと思い込んだ。

　何の制約もないのだから、株をとんでもない値段で買っても筋は通ると人々は考えた。なぜなら、何カ月かたてば、その株はもっととんでもない値段にまで上がっているはずだったからだ。同様に、借金や消費を切り詰めるべき理由は何もなかった。物事は良いほうにしか動かないと信じていたからだ。日本の好況とバブルの時期に、設備投資は2倍になり、銀行は大企業にみさかいもなく融資した。一方、アメリカでは1992年から2000年までの間に、一人当たりの固定資本投資は73％上昇した。こうした点について、ハーバード大学の経済学者ジェフリー・A・フランケルは次のように評した。「どちらの国でも、人々は経済構造が根本から変わったと決めつけた。永遠の若さの秘密を発見したと思い込んだのだ」[10]

## ここにはゾンビはいない

　問題は、バブル経済の終わりごろになると、企業の利益が減少して負債が返せなくなりだしたことだ。また、ローンの裏づけとなっている（株や不動産としての）資産が弱体化して、経済全体がおかしくなった。設備投資、雇用、個人消費のすべてが同時に悪化した。

　たしかに、銀行融資が会社負債の60％を占めていた日本と違って、アメリカでは銀行貸し付けはそれほど問題にならなかった。アメリカ

の会社の場合、借受金の大部分は資本市場で直接調達したものだった。そして、楽観主義者に言わせれば、そのおかげで会社は迅速に市場の評価にさらされることになるはずだった（エンロン社、ワールドコム社、クエスト社、タイコ社、コンピューター・アソシエイツ社というビッグファイブの清算分だけで、全会社の負債総額のうち約5000億ドル分が消え去った）。

　日本では、夢を生かし続けることがほとんど抵抗不能のプレッシャーになっていた。とっくに解散しているはずの会社が、簡単に融資してもらえるおかげでまだ生きていた。[11] こうした「ゾンビ」会社は、借金を使うことで以前と同じように資源を消費し、従業員を雇っていた。例えば、松下電器産業は2001年には20億円以上の赤字を出したが、13万人いる従業員のうちひとりとして削減することはなかった。日本で企業が生き延びることはそう難しくなかった。政策によって金利は低く、金を自由に借りられたので、たやすく気楽にやっていけたのである。

　日本の企業が融資を受けることは簡単だっただけでなく、ほとんど義務同然だった。政府や銀行や企業は、自分の利益に反するときでも互いに助け合った。政府は日本銀行を通して、ほんのわずかの金利で大量の通貨を供給した。銀行は支払い不能の顧客に対してさえ貸し付けを行った。このことをよく示すのは、ニューヨークのリップルウッド・ホールディング社が所有する新生銀行の例である。新生銀行は、借金をしないとつぶれてしまうような取引先にも融資するように、監督機関から指示を受けたのである。企業は、必要があってもなくても、ただ友好関係を保つためだけに借金をすることがあった。こんなふうに融資が行われるおかげで、バンパイアー会社が実業界にとどまることは容易だった。日本の当局者は、景気後退を早く終わらせるために、金を簡単に借りられるようにしたが、かえってそれをほぼ永続的なものにしてしまった。

一方、アメリカでは、専門家たちはゾンビ経済の現象が起きているとは認めなかった。「われわれにはゾンビにかかわっている時間などない」とそのひとりは説明した。資本家にまつわる伝説のアメリカ版では、死にかけている会社の心臓に、市場が素早く杭を打ちこんで息の根をとめるのだ。そして、株主である住人が闇にひそむ食屍鬼（グール）と出くわす恐怖を未然に防ぐのである。

　だが、ハーチ・キャピタル社のマイケル・E・リューイットに言わせれば、この伝説は現実とはほど遠い。「アメリカ経済はバンパイヤー会社につきまとわれている。そうした会社は、債権者にとっては実質的に死んでるのだが、競争会社にとっては生きて脅威となっている」とリューイットは2002年10月15日版のHCMマーケットレターに書いた。そして、続けて、ワールドコム社やウィリアム・コミュニケーションズ社やグローバル・クロッシング社は破産を申請したにもかかわらず、「まだ支払い能力のある競争会社の体を食べて生きている」と指摘した。

　実際、アメリカの航空業界は何十年もの間こうした悩みを抱えてきた。リューイットによれば、「イースタン社、パンナム社、コンチネンタル社、ブラニフ社などが破産から（時には一度ならず）よみがえって、アメリカン社、UAL社、USエアー社、ノースウエスト社の体に食らいついている。これらのバンパイアー会社は、生命を失いながら、まだ生きて地上をうろつくことを許されて、破産からよみがえりつつある。そして、原価構造と、業界の競争バランスをつき崩して、自分と同じ仲間を新たに作り出すことになるのである」。

## 中央銀行の過ち――教訓劇

　いったい日本はどうしてしまったのか。日本には中央銀行がなかったのか。いや、日本経済に対して日本銀行の果たす役割は、FRBよ

りももっと中央銀行らしいものだった。それでは、日本銀行首脳部に何か問題があったのか。なぜ、総裁だった速水氏も三重野氏も、アメリカのグリーンスパン氏が見せてくれたような経済運営の妙技を行うことができなかったのか。

これについて多くの説明がなされてきた。有能な社説主幹なら、日本が経済の「リストラができなかったからだ」と教えてくれたことだろう。そういう彼が自分の口にする意味をはっきりつかんでいたかというと、そういう可能性はあまりなさそうだ。普通、解決策としてリストラが浮かび上がってくるのは、金融政策や財政政策といった伝統的な手法がうまくいかなかったときのことである。

たしかに、日本ではそれがうまくいかなかった。当局者は、金利を引き下げて金をばらまき与え、最後にはほとんど債務超過に陥った。だが、こうした努力も実らなかった。日本経済を成功に導いた会社のエネルギーや集団化されたシステムが、今度は事態の解決の妨げになったのだ。金利を引き下げたからといって、三重野や松下や速水の声望が高まることはなかった。それはむしろ、恐慌の代わりにポール・クルーグマンのいう「長期のスローモーション的な不況」をもたらし、たぶん最後の審判の日を先延ばししたにすぎなかった。

クルーグマンはさらにこう述べている。「私は、この日本のみじめな経験がアメリカとはなんの関係もないと断言できたら、どんなにいいかと思う。そして、たしかにわが国はいろいろな点で日本と異なっている。だが、10年前に日本に起きたことと、たった2〜3週間前にアメリカ経済に起きたことの間には、見逃しようのない類似点がある。日本の出来事は、まさに私たちを啓発するために書かれた教訓劇としか思えない」

アメリカの投資家と政策立案者のために教訓劇を上演するとは、創造主のしてくれそうなことではないか。創造主はシーザーに対して3月15日を警戒せよと告げ、ニューヨークの通りに靴みがきの少年を配

して、客に株の秘密情報を教えさせたのではなかったか。また、ベレジナ川を渡って来たヒトラーの将軍たちに占領されたロシアに対して、ナポレオンの侵攻が大敗北に終わった前例を直接教えたのも創造主ではなかったか。創造主は、アマゾンの株が100ドルもしていたころ、タイム誌の表紙にベゾスの顔写真を載せなかったか。そして、そうすることで、もっと良識のあるはずの人たちがとんでもない甘言をふりまいていたバブル絶頂期に、警告の鐘を鳴らしたのではなかったか。

しかし、こんなふうに未来を覗き見するのはやめるべきだ。さもないと、歴史は議会の合同会議のように味気なく無意味なものになってしまう。ハンプティー・ダンプティーが優雅にゆったりと塀から降りるようなことがあってはならない——どしんと転落するものと決まっているのだ。

実際のところ、アメリカの景気不振が日本よりもひどくなることだってあり得る。日本では国内貯蓄が好況を支えていたが、アメリカの熱狂的な個人消費を支えた資金は貯蓄によるものではなかった。支えたのは外国からの大量の借金だった。言い換えれば、アメリカの個人消費を可能にしたのは、余剰のドルを再びアメリカ経済に投資する気になってくれた異邦人の親切のおかげなのである。

## FRBの懸念

FRBには何千人ものエコノミストがいる。彼らは「パス追跡法を用いた大規模経済モデルに対する数値解——ビンテージ・モデル」というような題のさまざまな研究論文を作成する。こうした論文は（執筆者自身も含め）まったくだれにも読まれないこともあるが、2002年の夏に発表されたある論文は、相対的に見てのことだが、ベストセラーとなった。

その論文は「デフレーションの防止——1990年代の日本の経験に学

ぶ」というもので、2002年6月にFRBの刊行物に掲載された。もし、この論文がもっと早い時期に――例えばその2年半前に――出ていたとすれば、まず間違いなく、FRBのほかの出版物と同じように無視されたであろう。なぜなら、そのころ、日本の経験から何か有益な教訓が得られるなどと信じる者はほとんどいなかったからだ。地球の反対側にあるこの国は、絶望的なほど見込みがなく、まともなことは何ひとつできないようにみえたのだ。これに対してアメリカが間違える可能性はまったくなかった。だが、私たちが住むこのいとしい地球の大きな魅力のひとつは、それが回転するということだ。

　アメリカが、老いも若きもみんな道を誤ってしまうほどの、輝かしくも晴れやかな好況に沸いていたころ、日本は、弱気市場、景気後退、破産、デフレなど、12年にもわたる暗い夜に苦しめられていた。日本のこの陰気なコメディがやがて北米にまでやって来ることはあり得ないように思えた。ところが、その後、ダウが8000ドルを割りこみ、ワールドコムが倒産し、失業率が上昇した。すると、クレディ・スイス・ファースト・ボストン社のある市場ストラテジストが言うように、突然「みんながFRBの例のデフレ論文のことを話題にし出した。大勢の人間が日本について語り出し、アメリカとの比較を始めたのである」[14]。

　アラン・グリーンスパンは2002年秋の時点でもまだ英雄だった。これと対照的に、三重野康[15]は敵役というよりもさらに悪く、存在しないも同然だった。日本がこれまでで最悪の落ち目を味わっているときに、日本銀行総裁の椅子に座って世界第2位の規模の経済を監督することは、ひどく不運なことだったが、彼はそうした役回りを引き継いだのだった。グリーンスパンはいまだに、1998年の危機のあとで世界を救った人物のひとりとみなされていた。三重野は世界をほとんど破滅させた人物として広く評されていた。少なくともそのFRB論文はそう示唆していたし、アメリカのエコノミストの評判もおおかたそんな具

合だった。

　FRBはびくついていた。日本では物価の下落にしつこく悩まされていた。1996年以来ずっと消費者物価のデフレを経験していたのだ。名目でみても、2002年の日本の経済規模は1995年以下だった。日本がこんなふうだったので、FRBは2002年の秋に広報活動を始め、アメリカにはデフレの恐れはないとして、世界を安心させようとした。FRBは、物価が動かなくなる前に、通貨の調節を図るはずだった。

　アメリカではデフレは「起きそうもない」とモスコウFRB理事は言った。そのリスクは「きわめて低い」とベンジャミン・バーナンキFRB理事は付け加えた。「考えられないほど少ない」というのがアラン・グリーンスパンの見立てだった。

　その後、バーナンキは「われわれには印刷機という技術がある」とも言ったが、この発言は世界全体の通貨制度を危機に陥れかねなかった。

　グリーンスパンは、デフレは問題にならないと保証したが、2002年秋の時点で、アメリカが「日本的になる」ことを考えたら、自分自身よく眠れなくなったに違いない。この問題は主なジャーナリズムで取り上げられ、部下のエコノミストは対策法を提案してきた。三重野はどうしてしまったのかとグリーンスパンは自問したはずだ。というのも、デフレのリスクは「考えられないほど少ない」のではなく、実際には、考えられないほど身近に迫っていたのだ。この60年の間に物価上昇がこれほど緩やかだった時期はほかになく、製品価格は完全にデフレ状態にあった。上昇を続けていたのはサービス価格とエネルギー価格だけだった。FRBの理事たちはこれに気づかなかったわけでも、無関心だったわけでもない。反対に、おびえきっていた。

　2002年の秋まで、日本からのニュースは悪くなるばかりの感じだった。実際、すべての経済データがそれを裏づけているようにみえる。景気不振に陥って12年もの年月が経過した2001年の第2四半期におい

て、日本の名目GDPは年率10%にとどまっていた。貸出基準金利が0.001%だというのに。

## 長く穏やかでゆっくりとした景気不振

クリストファー・ウッドは、1992年発行の著書『バブル・エコノミー――日本経済・衰退か再生か』(共同通信社刊)で日本とアメリカの類似点について予備的なまとめをしている。しかし、当時は類推の方向が今とは逆だった。

> アメリカと同じように、日本には日本なりのモラルハザードの問題がある。日本の金融や商業に携わる人たちは、外国人も含めて大多数が、日本株式会社は金融機関を倒産させないとか、すべての債権は健全だとか、すべての預金は安全だとかという見方をとり続けている(こうした、どんな種類の信用リスクも制度が引き受けてくれる、という安心感によって投機バブルが助長されたが、FRBによる保証を持つアメリカでも事情は同じであった)。万一、こうした広く共有された思い込みがおびやかされるような事態になると、大きな失望や、あるいはそれ以上に大きな危険が生じることになる。なぜなら、合意に支えられた社会では、現実から離れた状態が長く続くほど、みんなが突然考え方を変えることでパニックが生じる可能性が高くなるからである。それは極端な話だと軽く考えてはいけない。というのも、近ごろの日本で見られる投機はそれ自体極端なレベルにまでなっており、穏やかに修正できるようなものではなくなっているからである。

ウッドは正しくもあり、間違ってもいた。預金は安全ではなかった。結局は、金融機関が倒産することもあった。すべての債権が健全でな

いことが明るみにでた。そして、それでもなお日本はパニックにならなかった。日本の集団化された資本主義制度では、だれもが現にあるような形での利権を持っているので、創造的破壊の力にまかせてしまう気になる者などひとりもいなかったのである。銀行家、政府関係者、労働者、マスコミ関係者など、日本株式会社を作り上げるために必死になって働いてきたそれらの人々が、今度は、過ちを素早く改めるのをこぞって妨げようとしていた。彼らの努力のおかげで、日本は、1990年1月に始まって今も続いている、長期のゆっくりとした景気不振にずっと耐え続けなくてはならなかったのである。

「神の作ったどんなものにもキズがある」とエマーソンはそのエッセー「償いについて（Compensation）」で述べている。「人は空想力を働かせて自由奔放な物語を作り、型破りの楽しみを与えたり、古い掟を忘れさせようとした。だが、そうした物語のなかにも制裁的な要素が知らないうちに必ず忍び込んで来るようだ。それは、反撃や、銃の反動のようなもので、掟は絶対であり、自然のなかでは無償で得られるものはなく、必ず対価を求められることを教え示す」

審判の日というものが間違いなくある。それは24時間続くかもしれないし、それとも24年続くかもしれない。ジェレミー・グランサムはアメリカ市場を念頭に置きながら「大きな弱気相場はゆっくりと進行する」と語った。「1929年には17年間の弱気相場が始まり、そのあとで20年間の強気相場が続いた。1965年には17年間の弱気相場が始まって、その後は18年間の強気相場となった。今のこの弱気相場は１年間で終わるのだろうか。もしそうならあまり釣り合いがとれているとは思われない。やはり、何年もかかるのだろう」

もし、アメリカで日本の経験が繰り返されるとすれば、株は2012年に1995年のトレンドラインまで戻って、ダウは4000ドル以下になる。それはちょうど、アメリカのベビーブーマーが一番お金を必要とする時期とほとんど一致する。

創造主はその知恵によって、神はその慈悲によって、人々が、期待したものではなく、自ら招いたものを必ず得るように仕組んだ。「ヒロシマ、わが愛」の世界にようこそ。

# 第5章
# アラン・グリーンスパンの途方もない運命
## The Fabulous Destiny of Alan Greenspan

知ってのとおり、悪魔が自分の愛人に与えた金は、悪魔がいなくなると排泄物に変わる。——ジグムント・フロイト


　2001年7月7日、FRBはシカゴに博物館を開設した。新聞報道によれば、入場者に経済問題を出すコーナーがあり、FRBとしてどんな手を打つべきかを答えてもらう仕組みになっている。金利を上げるのか、下げるのか、何もしないのか、このうちどれでしょう？　入場者は答えを言ったあとで、現実の同じ場面でグリーンスパンが取った行動の説明を受けることになる。大衆の心のなかで中央銀行はいわば科学になっていたわけだ。正しい答えと間違った答えがある。そして、FRB議長のアラン・グリーンスパンは必ず正しい答えを出してくれるはずだった。この人間不信の世の中にあって、彼はほとんど疑いや不信を抱かれることのない数少ない人物のひとりだった。また、歴史上最も巧みに管理される通貨の番人であり、ジョン・ロー以来最も有名な中央銀行家であり、ポンティウス・ピラト以来最も名の知れた役人だった。
　アラン・グリーンスパンが生まれた1926年3月6日、すでに中央銀行はアメリカにしっかり根づいていた。しかし、連邦準備制度と呼ばれるその組織は、20世紀末のような威厳あふれる存在とはとうてい言えなかった。アメリカの中央銀行はまだひな鳥のような機関であり、ティーンエイジャーのようにぎこちなく、自分に自信が持てなかった。

FRB議長はまだ有名人ではなかった。

連邦準備制度は、ほとんどごまかしのような具合にアメリカの中央銀行として設立された。「中央銀行」と呼ばれなかったのは、それだと響きが強すぎるからだった。当時アメリカは今よりも自由な国で、各州が残された独立性を守り抜こうとまだ努力を続けていた。中央銀行と呼んだのでは、1913年の議会に対してはちょっときつすぎた。そんなわけで、政治家たちは、自分が何をしているかほとんど分からないままに連邦準備制度に票を投じ、掘り出し物のように中央銀行を手に入れたのだった。

## 金よ、さようなら

FRBが創設されたころ、アメリカも1880年から世界で実施されていた通貨制度に加わっていた。それは、「純粋な」国際金本位制で、各国の通貨はいつでも金と交換することができた。しかし、連邦準備法は新設のFRBに対して「融通性のある通貨を供給する」ことをはっきりと求めていた。連邦準備法の正式名称はこうなっている。「連邦準備銀行の設立条件を整え、融通性のある通貨を供給し、コマーシャルペーパー再割引のための方法を定め、アメリカの銀行をより効率的に監督すること、およびその他の目的に関する法律」。このなかで議員たちが一番引かれたのは、たぶん「その他の目的」の部分だったであろう。選挙の前に、ちょっと通貨を増やしても害はなかろうというわけだ。

純粋な金本位制は、正しい礼儀作法や建築様式とともに、第一次大戦の戦乱のなかで消え去った。戦争の資金調達がきつくなってイギリスが抜けたことで、この制度は崩れ去ったのだ。このあたりの事情について、ミルトン・フリードマンとアンナ・シュワーツはその著『マネタリー・ヒストリー・オブ・ザ・ユナイテッド・ステイツ（A

Monetary History of the United States)』で次のように述べている。「連邦準備法が成立したとたんに、その前提となっていた条件が失われてしまった。FRBが動き出す前に第一次大戦が始まった。交戦国はただちに事実上金本位制をとりやめた。同盟国からは物資買い付けの代金として金が洪水のようにアメリカに流れ込み始めた」

　フリードマンとシュワルツはさらに続けて、72年後にグリーンスパンが職に就いたときの制度について書いている。「金本位制のほぼ自律的な仕組みはもはや過去のもので、どうしても人間集団による自由裁量的な判断に頼らざるを得なかった」

　FRBの創設は、いつも金が目の前にあった前世紀との決別を象徴する出来事である。19世紀の人々は18世紀の教訓——ジョン・ローのミシシッピ計略、南海バブル、東インド会社バブル、フランス革命時のアシニヤ紙幣、イギリスにおける不動産や運河によるバブルなどの経験——をもとにして苦労もなく順調にやってきた。彼らは紙幣を信用せず、金の裏づけのある通貨にこだわり、1世紀にわたってかなり安定した金融状態を享受してきた。

　金は第一次大戦後もまったく姿を消したわけではなかった。2つの大戦にはさまれた時期、通貨はまだ金価格と連動しており、金交換の制度は続いていた。ただ、その連動は緩やかなもので、時には切れることもあった。この制度は第二次大戦の終結とともに終わりを告げ、代わりにブレトン・ウッズ体制が確立された。この新体制では、ひとりひとりの国民は貨幣を金と換えることはできなかったが、政府にはまだそれが許された。政府は中央銀行の「金の窓口」へ紙幣を持って行けば、金を手にすることができたのである。

　1971年8月15日、金の窓口に並ぶ列がどんどん長くなっていくのに気づいたニクソン大統領はブレトン・ウッズ合意を破棄した。外国人はドルへの信頼を失い、金に換えたがっていた。少しずつアメリカの準備した金が国外に流出していた。これを止めるためには、金の窓口

を閉めて、実質的にブレトン・ウッズ時代の幕を降ろすのが、一番てっとり早い方法のように思われた。

　もちろん、ことはそう単純にはいかなかった。保有するドル紙幣を金と交換できなくなった外国人はそれを公開市場で売ったため、ドルは急落した。ドルの値下がりによって、輸入品が高くなった。国内国外のドル保有者がどんどん目減りするドルをあわてて処分しようとしたせいで、アメリカの消費者物価インフレ率は急上昇した。ドルをため込んでいた者、収入をドル建てにしていた者は損をした。

　それは強盗のようなものだったが、だれも気にかけなかった。大多数は考える気もなく、考えるべきだとも思わなかった。通貨問題は、ウィリアム・ジェニングス・ブライアンが1896年7月に有名な「金の試練」の演説を行って以来、アメリカの大衆の関心をそそらなくなっていた。ブライアンの不満は、「硬い通貨（ハードマネー）」（つまり金に裏づけられた通貨）のせいで、農民や労働者が簡単に借金を返せなくなっているという点にあった。哀れな人々はきっちりそのまま返さなくてはならないというのだ。

　ブライアンにはブレトン・ウッズ体制が崩壊したあとの通貨制度がおおいに気に入ったに違いない。金とはすっぱり縁を切ったからだ。1971年から20世紀末まで、そして21世紀に入ってからも、政府は問題が起こらないかぎりいくらでも通貨を増やせるようになった。それは全世界的な管理通貨制度であり、もはや通貨を金によって明快に裏づける必要がなくなっただけでなく、IMFなどはそれを避けるように勧告しているほどである。その理由というのは、何か経済的な問題が生じたときに、各国政府が柔軟に対処しにくいからというものだった。

　とはいっても、やはり金は歴史上ずっと通貨制度を支える堅固な基盤であった。例えばビザンチン金貨は、国王が変わり帝国が変わってもずっとその価値を保ち、8世紀もの間使われ続けた。金がそうした役目を果たした理由は明らかだった。金は希少価値があり、運びやす

く、加工が容易だった。紙が工場からトラックでどんどん運び出され、財産と同様に燃えてなくなりやすいのと比べてみれば、金は、母なる地球が渋るように少しずつしか産出せず、その1オンス1オンスが大事にされる。掘り出されたすべての金は、たとえ大昔のクロイソスのころのものであっても、アラン・グリーンスパンが生まれたこの時代まで変わらない価値を保ち続けている。

　金とは対照的に、紙幣はけっして長続きしなかった。収集家は裏づけがなくなり価値のなくなった紙幣をよく壁に飾る。紙幣はすべて遅かれ早かれ価値がなくなるものだ。歴史にこの例外はない。一方、金はグリーンスパンが生まれたときにはまだ通貨制度の重要部分をなしていた。その生誕の日、1オンスの金は20.63ドルで買えた。その12年前、同じ1オンスの金は19ドル弱で買えたはずである──金の価格はほとんど200年もの間固定されていたも同然だった。金は非常に長くドルをつなぎ止める錨の役目を果たしてきたので、その値段を聞く必要などほとんどなかったくらいだ。たとえ、法令で命じても、前日よりも大幅に離れた値段を維持することは不可能だった。そして、連邦準備制度──ドルの価値を守ることを目的に掲げた制度──が創設されて13年後の1926年、ドルの強さがずっと維持されることを疑う理由などあっただろうか。

## リンカーンのグリーンバック

　アメリカの中央銀行制度は1860年代に最初のリハーサルを行っている。南北戦争のころまで人々は好きな銀行券を自分で選ぶことができた。また、イギリスなどの主権国の硬貨が南北アメリカ大陸で自由に流通しており、だれもがそれを使うことができた。

　当時、国の認可を受けた中央銀行は存在しなかった。法が認めた貨幣は正貨、つまり金貨か銀貨だけだった。正貨に交換できる銀行券で

あれば、経済上の通貨として通用した。だから、紙幣の流通をめぐって民間レベルの競争が行われていたわけだ。

しかし、1862年ごろ、リンカーン政権は南部人を殺す資金を調達しようとしていた——その額は北部の銀行家から融資してもらえる金額を超えていた。財政的な負担がすでに厳しい状態になっていたところから、リンカーンはおなじみの方法を使って問題を解決しようとした。1862年初めに法定通貨法を成立させて、連邦政府が紙幣を発行できるようにしたのである。リンカーンが発行したグリーンバック紙幣は政府の約束以外になんの裏づけもない通貨だった。この紙幣は政府によって直接発行される法定通貨で、関税と国債利息を除いてどんな支払いにも使うことができた。

その法案に反対したチャールズ・サムナー上院議員はこう疑問を投げかけた。「交換できない紙幣の発行によって国家への信頼を傷つけたり、初めから交換拒否をするなどのはしたないまねをする」必要がどこにあるのか。「このように強力で、裕福で、敬愛されている国があえてそんな上品さの欠ける政策を取るべきだとは思えない——とうてい思えない」[1]

リンカーンの緑の紙幣は今も生きている。その通貨制度やその担当責任者を疑わしい目つきで見るのは、一握りのエコノミストか陰謀マニアかつむじ曲がりの評論家に限られている。そうした連中を除けば、だいたい、生還した戦争の英雄や亡くなったロックスターが受けるのと同等の高い評価を得ている。しかし、管理が必要なものは簡単に管理し損なってしまうものだ——少なくともそれが私たちの仮説である。

ちょっと想像しにくいことだが、一国の通貨の中央管理者が存在しなかった時代がある。経済史家——とどまることのない進歩の信仰者——は南北戦争以前の銀行について、しょっちゅう危機に陥り、不安定で、破綻することもまれではなかったと述べている。これに比べれば、リンカーンの新しい中央集権的な通貨体制は、また、裏づけを欠

く紙幣でさえも、多くの人にとっては改善と言ってもいいように思えた。

　だが、南北戦争前の時代——ジャクソン大統領の時代——について、通貨制度がアメリカ史上最も安定していた時期だと考える歴史家もいる。ジェフリー・ロジャーズ・ハンメルがこの時代の歴史について書いた本『エマンシペイティング・スレイブ・エンスレイビング・フリー・メン（Emancipating Slaves, Enslaving Free Men——奴隷解放と自由人の奴隷化）』によれば、「山猫（ワイルドキャット）銀行はひどく詐欺的で、支払い能力もなく、非常に投機的だったと言われるが、それは誇張のしすぎである。例えば、銀行業の自由を法的に認めていたすべての州の紙幣保有者が南北戦争以前にどれだけの損をしたか算出し、その一方で、1860年当時の経済に対して、最近の年間インフレ率（2％）と同じ値を当てはめた場合の損失を計算して、その両者を比べてみると、前者のほうが低いのである」[2]

　1863年の通貨担当責任者が悪習に染まるのにたいして時間はかからなかった。彼らもまた印刷機をフル回転させたのである。北部のマネーサプライはすぐに倍になった。次の年にはグリーンバック紙幣はもう金価格の35％にまで下落していた。みんなが自己防衛のために、紙幣を安値で処分して金貨や銀貨をため込もうとした。そのうち、貨幣の私的鋳造は違法とされた。議会は、金を将来受け渡すという契約に基づく取引を凍結しようとした。しかし、その時代には、グリーンバック紙幣は今の紙幣のような広い信認を得ていなかった。結局、リンカーン政権は元の制度に戻らざるを得なかった。外国政府はまだ金の裏づけのある通貨を要求していたのである。

　リンカーンの中央銀行機構は19世紀末にはかなりの部分が解体された。だが、禁断の考えを長いこと抑えつけておくことはできないものである。そして、連邦準備制度が1913年に創設された。これは、1907年の恐慌を経験した銀行家たちが、そのカルテルに慈善事業の装いを

ほどこして、うまく議会を通過させた結果であった。

　初め、FRBは主として、アメリカの12の地域にまたがる補助的なシステムだった。だが、アメリカが第一次大戦に参戦したことで、それががらりと変わった。FRBは戦費の調達に中心的役割を果たし、短期国債のかなりの部分を所有することになった。戦争が終わったあとも、FRBはせっかくの主役の座を手放す気にはなれず、相変わらず通貨を増やし続けた。また、1920年と1921年の短いが深い景気の谷では中核的な役割を演じた。1920年代には、当時のニューヨーク連銀総裁ベンジャミン・ストロングに指導されたFRBは、イギリスと歩調を合わせながらポンドを支えるに当たって実際の「原動力となった」（ウィリアム・アンダーソンの用語）。

　「原動力になる」ことこそ、まさにFRBの天性だった。

## デカダンスから恐慌へ

　グリーンスパンが生まれたのと同じ年、アービン・フィッシャーは「スタティスカル・リレーションシップ・ビトゥイーン・アンエンプロメイント・アンド・プライス・チェインジ（失業と価格変化の間の統計的関係）」と題された有名な論文を発表した。この論文は、のちになってフィリップス曲線として知られる現象を取り上げたものだった。フィリップス曲線が示すところによれば、軽いインフレは雇用を刺激することがあり、それほど悪いものとばかり言えなかった。このころまでに、FRBの理事たちは20世紀の中央銀行が取るべき基本的な行動方針をすでにマスターしていた。経済を温めるには金利を下げ、それを冷やすには金利を上げればいいのだ。インフレの手綱を手にしているかぎり、低金利によって健全な経済的活況をもたらすことができる、とだれもが信じていた。

　グリーンスパンが生まれた翌年、FRBの歴史のなかでも注目すべ

き出来事が起きた。その後の３四半世紀における基本方向を決定づけるような出来事だった。

　1927年７月、アメリカのオグデン・ミルズ財務長官はロングアイランドの自宅で会議を開いた。招かれたのは当時最高の金融当局者であるイギリス、フランス、アメリカ、ドイツの中央銀行首脳たちだった。出席したのは、FRBのベンジャミン・ストロング、イングランド銀行のモンタギュー・ノーマン、ドイツ国立銀行のヒャルマール・ホラース・グレーリー・シャハトの面々だった。フランス銀行総裁のエミール・モローは旅行嫌いで、さらに同じくらいイングランド銀行総裁が嫌いだったので、代理としてシャルル・リストを派遣してきた。

　そこでの問題は金だった。もっと正確にいえば、イギリスの金の流出で、これはノーマンがスターリングポンドの水準設定を間違えたために起こったことだった。第一次大戦後、イングランド銀行はポンドの価格をあまりに高くしすぎて、イギリスに経済危機を招いてしまったのである。会議で提案された対策は各国がいっせいに信用を増やすというものだった。ストロングとノーマンは個人的に親しく、シャハトとノーマンも友好的な関係だった。ちょうど44年後にも繰り返されたことだが、問題はフランスだった。フランスは債券をイングランド銀行に持ちこんでイギリスが保有する金を引き出すと脅していた。

　ストロングはポンドへの圧力を取り除く手伝いをしようとして、アメリカの金利を引き下げ、自国の保有する金をフランスが手に入れやすいようにした。ストロングはリストに対して、「株式市場に気つけのウィスキーをぐいっと一杯[3]」飲ませてやるつもりだと機嫌よく語った。1931年になって、FRBのアドルフ・ミラーが上院銀行委員会で証言したところによれば、この決定は「FRBが行った最も重大で、最も大胆な行動であり、私の意見では、ここ75年の間にアメリカだけでなく世界の中央銀行が犯した過ちのなかで、最も高くつくもののひとつだった」。ロングアイランドの会議のあとすぐ、J・P・モルガ

ンのエコノミストはこう評した。「モンタギューとベンジャミンは失敗の種をまいた。私たちはそこから生えてくる災いを刈り取らねばならないだろう。……まもなく世界は信用危機に陥ることになる」

たしかに信用危機が訪れた。しかし、それは2年間にわたって借金が膨らんだあとのことだった。株式市場ではすでに1924年末に比べて株価がほぼ2倍になっていた。そして、ロングアイランド会議のあとの1928年後半には、さらに50％値上がりした。1929年8月までの3カ月間で株価はまた25％上昇した。

分割払いのような新しい信用手段も開発されており、以前よりも多くの人々が繁栄の分け前にあずかれるようになっていた。ゼネラルモーターズの取締役で民主党全国委員会議長だったジョン・J・ラスコブは「全員が金持ちになるべきだ」[4]と書いた。1999年と同じように、1929年には、ラジオや電話や自動車や電気製品のような新技術のおかげで、みんなが裕福になれる新時代がやってきたと広く信じられていた。

イギリスを助けるために金利を引き下げたあと、FRBは行き過ぎと思われるほどの借金依存と株式市場の「根拠なき熱狂」に神経質になっていた。1925年には商業銀行は軒並み低金利になっていた。なにしろFRBの貸出金利がたった3％だったのだ。その金利は一連の引き上げによって1928年には5％になった。しかし、熱狂は続いた。とうとう1929年8月にはFRBは金利を6％に上げ、これでバブルがはじけた（図5.1参照）。

こうした金利引き上げに対して、その後の破綻の元を作ったという非難が投げかけられている。だが、借入資金による利益率が非常に高かったことからすれば、引き上げが大きな影響を与えたとは考えにくい。1929年の第2四半期のように3カ月で株から25％の利益が上がるとすれば、金利コストが1％上がってもたいした抑止効果はないだろう。株の値上がりを期待して、ヨーロッパからも大量の資金が流入し

### 図5.1　大弱気相場は長期間続き、大きな被害をもたらす

株の人気が落ちてほかの種類の資産に移った場合、その状態が十数年続く傾向がある。日本の株価は17年かけて1984年のトレンドラインに戻った。アメリカの弱気相場は2000年に始まった。もしアメリカが日本の通った道を歩むとすれば、その株価はやがてトレンドラインに戻り、ダウ平均は2017年に4000ドル以下の値を付ける可能性がある。そのころはちょうどアメリカのベビーブーム世代が一番お金を必要とする時期である。

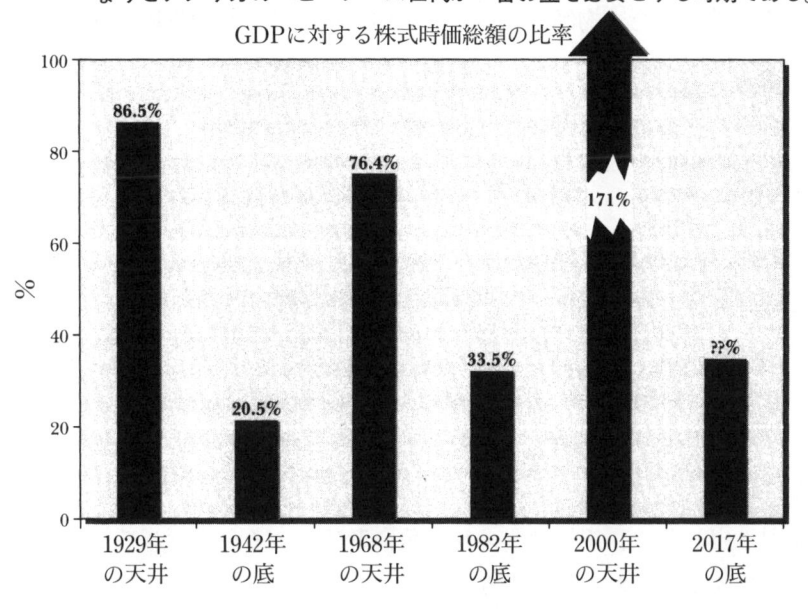

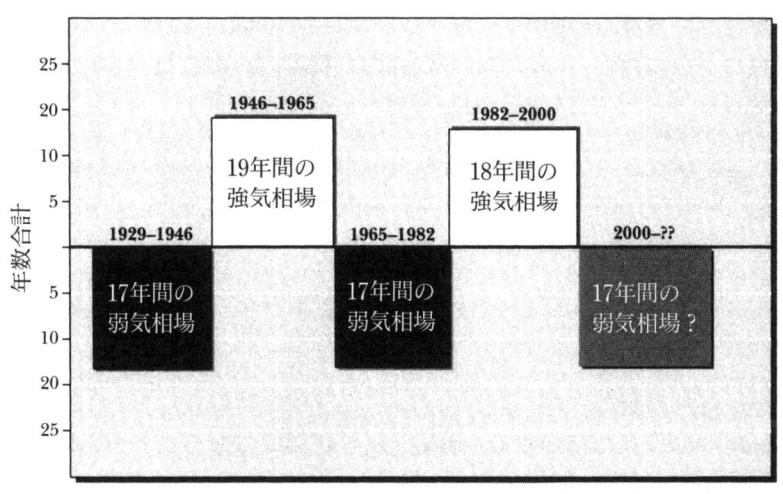

GDPに対する株式時価総額の比率

| 年 | 比率 |
|---|---|
| 1929年の天井 | 86.5% |
| 1942年の底 | 20.5% |
| 1968年の天井 | 76.4% |
| 1982年の底 | 33.5% |
| 2000年の天井 | 171% |
| 2017年の底 | ??% |

年数合計

|  |  |
|---|---|
| 1929–1946 | 17年間の弱気相場 |
| 1946–1965 | 19年間の強気相場 |
| 1965–1982 | 17年間の弱気相場 |
| 1982–2000 | 18年間の強気相場 |
| 2000–?? | 17年間の弱気相場？ |

205

ていた。金利による出費が1ポイント増えたくらいで、資金をアメリカから引き揚げるほどの影響はなかったはずだ。

しかし、現実には大量の資金の引き揚げが生じて、あっという間に投資の流出額が流入額を超えるようになってしまった。株は暴落した。企業は破綻した。物価は急落した。1931年には、卸売物価は1929年と比べて24％下落しており、その後すぐにまた10％下がった。1931年には労働者の15％が失業しており、2年後にはそれが25％になった。1万以上の銀行が破綻した。

そのころの銀行は今でいえば投資信託か株式投資会社のようなものだった。銀行預金保険のようなものはなかった。損失は預金者を直撃し逃れようがなかった。富があっさりと消えうせた。

人々は銀行を恐れ、株を警戒して、金（きん）によって自分を守ろうとした。銀行の預金残高は減少した。みんな現金か金を手元に置きたがった。これは問題だった。金融システムというものは、銀行が健全で積極的に貸し出しを行うことによって円滑に動く。みんながお金を引き出したら、銀行はつぶれ、預金者はいっそう銀行システムに恐れを抱くようになってしまう。

銀行の破綻は大問題だったので、フーバー大統領は国民に対し銀行預金に手をつけないでおくように説得を試みた。率直な語り口で知られるフランク・ノックス大佐を全国遊説に送り出して、通貨や金をしまい込まないよう説かせたのである。

銀行の破綻が増えるにつれてマネーサプライは減少した。言い換えれば、貨幣の価値が上がった（物価は下がった）。そして、アメリカはまだ金本位制をとっていたので、金の価値がそれだけ上がったことになる。しかし、やがて、イギリスのジョン・メイナード・ケインズを信奉する、先の読めるエコノミストたちが、経済を再び動き出させるためにはもっとたくさんの通貨と信用が必要であることを見てとった。金がそのじゃまをしているように思われた。

アメリカが（金に対して）ドルの切り下げをするかもしれないと恐れた投資家は、資金を海外に移したり、金に換えたりし始めた。1933年2月には金への大量交換があって、1億6000万ドル分が財務省から流れ出た。3月には最初の4日間でさらに1億6000万ドル分が出て行った。商業銀行の金も減少していた——2月の最後の10日間で8000万ドル分が、3月の最初の4日間で2億ドル分が引き出されたのである。
　ハーバード・ビジネススクールのアーサー・デューイング教授もそのひとりだった。状況にあわてふためいた教授はハーバード広場にあるハーバード・トラスト社に駆け込んで、残高全部を金貨に換えて引き出したのである。ピーター・バーンスタインが『ゴールド——金と人間の文明史』（日本経済新聞社刊）に書いている話では、「銀行のなかにいた連中がデューイングの行動を通りにいる人々に知らせると、広場には群衆が集まり、名高い教授のお手本をまねしようとして銀行にわれ先に入ろうとした」。のちにデューイングは「非愛国的な行動」をとったと批判され、まもなく大学を去るはめになった。
　この金の取りつけ騒ぎの真っただ中に斬り込んだのが新大統領のルーズベルトである。3月8日に行った最初の記者会見で、ルーズベルトは金本位制が変わることはないと国民に保証した。3月9日には、緊急銀行法を議会で強引に成立させて、金の保有を規制し禁止する権限を自らに与えた。就任後1カ月もたたないうちに、フーバーの説得方針をやめて、あからさまな強制に訴えたわけである——自由の国のリーダーが金の所有を法で禁じたのだ。その2カ月後、ルーズベルトは、金での支払いを定めた契約は、政府の債務も含めてすべて無効であるとした。
　政府がわざわざ違法だと決めるほど人気があるものは、間違いなくかっこうの投資対象となる。金に対する市場の需要は政府の布告によって強化され、1933年3月のルーズベルト就任から1934年1月までの間に価格を69％押し上げた。購買力の点からすれば、金はアメリカ史

上最大の金融危機の間にほぼ100%値上がりした。

　「これは西洋文明の終わりだ」と予算局長のルイス・ダグラスは断言した。たしかに、ある意味でそれは正しかった。

　アランの父ハーバート・グリーンスパンも大恐慌による犠牲者のひとりだった。経済的破滅に見舞われ、妻とも離婚して、彼は一家の生活のなかからほとんど消え去った。しかし、アランが8歳になったとき、父は再び舞い戻って来た。そして、『リカバリー・アヘッド（Recovery Ahead）』という楽観的な題名の自著を息子に与えた。本の中身も経済的な予測も結局たいしたことはなかった。20世紀の歴史が証明しているように、アランのほうがずっと先まで進んだ。だが、それは必ずしも著作や予測が父親よりも優れていたということではない。成長するにつれてアラン少年は、あのジョン・ローとそっくりの2つの才能を発揮しだしたのである。数字に強く、地位の高い人物に取り入るのが巧みだった。

## 世界で最も理性的な女性

　「我思うゆえに我あり」とデカルトは言った。頼りにできるのは自分自身の考えだけだというわけだ。アイン・ランドならそれにこう付け加えたことだろう。自分にとって何が意味を持っているかは、自分自身の「合理的な自己利益」に基づいてひとりで決めると。アイン・ランドは哲学の歴史のなかで特別な地位を占めている。1950年代の終わりから60年代いっぱい、そして70年代に入ってからも、何千人もの聡明でまじめタイプの若者が、『ファウンテンヘッド（The Fountainhead——水源）』や『アトラス・シュラッグド（Atlas Shrugged——肩をすぼめたアトラス）』といったランドの本をコツコツと読んで、深遠な真理に出合ったと信じた。ランドによれば、自分自身の倫理基準を決めるためには、両親や、祭司や、政治家や、警官や、隣人

や、恋人や、友人や、教師たちの言うことなど聞かないで、自らの「推論する」力を使うべきだった。

　ランドの「客観主義」は何よりも理性の力を重く見る。本能の入る余地はほとんどないし、人から得た真理や習慣や経験の入る余地はまったくない。これは、まだ現実の経験によって擦り切れていない、鋭いぎざぎざの鋼鉄のような思春期の精神にぴったりの考え方だった。知識がまだ不十分な若者たちの心を舞い上がらせるような教義だった。彼らはある日突然、何をするのも、どこへ行くのも自由であり、自分の心の馬力いっぱい走っていいのだと信じ込むようになった。

　ニューヨークにあるランドのアパートでは、彼女のまわりに人々が集まって、生き生きと知的なおしゃべりをかわした。この集団は「集合体」と呼ばれていた。どんなものよりも自由を重んじる人間集団にしてはおかしな行動ルールがあって、メンバーたちはみんなそれに従っていた。ランドと意見が合わないものは集団から追い出されることになっていたのだ。例えばエコノミストのマレー・ロスバードは、国家の役割についてランドと意見が食い違ったために、望ましからざる人物だと烙印を押された。アナーキストであるロスバードは政府が果たすべき役割など何もないという考えだった。ランドのほうは、防衛と裁判と警察に限って政府の役割を認めていた。また、そのあとの話だが、エディス・エフロンという女性が、批判的な言葉を口にしているところをランドに聞かれて追放されるということもあった。

　異端者や非信者は除かれてしまったので、当然、集合体に残った自由思想家は全員同じことを考えるようになっていた。それがいけないというわけがあろうか。なんといっても、みんなが信じ込んでいたように、いっしょにいるのは「歴史上最も理性的な女性」だった。これらの原リバータニアンたちは何よりも純粋理性に従っていた。少なくともそれが彼らの自負だった。理性に満ちあふれた自分たちの女神の教えにそむくことなど思いも及ばなかった。

1950年代にアラン・グリーンスパンが集合体に加わったころの、目くるめくようなランド流リバータニアリズムの世界はそんな具合だった。エフロンの表現を借りるなら、アランはすぐにランドの「特別ペット[7]」に昇格した。アランとアインは特別なきずなで結ばれているようだった、と2人を知る者は語っている。自由の信奉者が集まった小さな集団のなかで、アランはほとんど最高の自由を許されていた。
　習慣や伝統のしばりから解放され、集合体のメンバーは——どんなにバカげたことであっても——自分の好きなようにものを考える傾向があった。ランドは顔に毛があるのが嫌いで、タバコを吸わない人間を信用しなかった。背の低いロシア系ユダヤ人だったランドは、背の高いブロンドの男に対し、英雄的なイメージを重ね合わせて夢中になった。彼らこそ男の「理想像」だった。結婚の相手であるフランク・オコーナーもそうした男のひとりだった。フランクとは、ランドがハリウッドにやって来た翌週に映画スタジオで会っていっしょになったのだった。彼女よりも25歳年下でやはり同タイプのナサニエル・ブランデンとは愛人関係になったが、フランクはそのことを知っており、同意もしていた。合理的な自己利益の世界では、ほとんどどんなことでも信じ込むことができた。不貞や密通が許されるということさえ例外ではなかった。だが、必死になってものを考え続ける緊張状態から、大勢の人が傷ついた。フランクがそうだったし、ブランデンの妻もそうだった。
　しかし、ブランデンが、自分の心から崇拝する女性と寝てはいけない理由などあっただろうか。また、ランドはもうすでに弁明書（アポロギア）——『バーチュ・オブ・セルフィッシュネス（Virtue of Selfishness——わがままの美徳）』——を書いていた。
　「人間は理性的な動物である」とランドは言う。つまり、人間には、ウサギやヤギと違って、論理的に考える能力がある。理性的な人間は、何が自分に幸福をもたらしてくれるかを心得ているし、一時的な気ま

第5章●アラン・グリーンスパンの途方もない運命

ぐれを理性で抑えることもできるとランドは考えた。これを聞くと、たいていの人は、ランドは本当にそんな人間に会ったことがあるのかと疑いたくなるだろう。

しかし、たとえ理性があっても、バカげた行いから身を守ることはできない。どんなに賢い人でも簡単に心を動かされ、すぐに道を誤る。人は、自分の幸福を求めてPER200倍のハイテク株を買うこともあるし、世界をもっと良くしようとして、悲しみしかもたらさない軍事行動に出ることもある。

ランドの「合理的な自己利益」の信奉者たちは、心にまったく道徳的意識を持つことなく、自分が気に入ったほとんどどんな悪行も行うことができた。

1970年代に入って、アラン・グリーンスパンは自分のしたいことを見つけた。ヘンリー・ジェローム・バンドでジャズミュージシャンとして身を立てる計画はもう何年も前に放棄していた。選んだのは父親の仕事——つまり経済予測だった。予測の能力がどれほどのものだったにせよ、権力の座にある人物の機嫌をとる能力のほうが、たぶん上だったようだ。1974年9月4日、無神論者グリーンスパンはユダヤ教の経典タルムードの上に手を置いた。そして、リバータリアンであるグリーンスパンは大統領経済諮問委員会委員長としてアメリカ政府に忠誠を尽くすことを誓った。アイン・ランドはアランの母ローズ・グリーンスパンといっしょにそれを見守っていた。2人の心は誇りでいっぱいだった。

もしグリーンスパンが敵側に寝返ったらどうするかと、ある記者がランドに質問した。「アランは私の弟子です。私のワシントン駐在員なのです」[8]と彼女は答えた。

ランドの駐在員は、彼女の自由市場の持論でワシントンを染め上げることができるであろうか。ぜひ知りたいものである。もっとも、史上最高の理性的な女性は、その任務に時間がかかることを自分で認め

211

た。

　グリーンスパンは指名承認公聴会でうわべをつくろうことはしなかった。質問者に対して自分の信じるところを述べた。リバタリアンとして見れば、政府は核心部分だけに縮小されるべきだった。また、保守的エコノミストとしての観点からすれば、そのときのインフレの責任は、8割から9割がた政府の赤字財政支出にあった。

　彼はまた、金についての意見も述べた。

## 金と経済的自由

　のちに史上最も有名な中央銀行家となるアラン・グリーンスパンは、ランドが創刊したオブジェクティビスト誌に次のような見解を載せている。「国家統制主義のほとんどすべての分派に当てはまる特徴のひとつは、金本位制に対するほとんどヒステリーじみた敵意である。彼らは金と経済的自由は切り離すことができないことを感じ取っているし、金本位制は自由放任主義のための手段であって、この2つは互いに他を前提とし、必要としていることをよく理解している。おそらく、その理解は、自由放任主義を熱烈に擁護するたいていの者と比べても、より明瞭で細やかである」[9]

　1960年代当時、「金と経済的自由」というテーマはグリーンスパンのお気に入りだった。

　　　貨幣はどんな経済取引にも姿を表す。それは交換手段として使われ、交換経済に参加する者はみんな商品やサービスの代価としていつでもそれを受け取る。だから、市場価格を示す基準としても使えるし、価値の貯蔵、つまり貯蓄の手段にもなり得る。

　　　貨幣があって初めて分業経済が成り立つ。もし、客観的な価値を持ち、貨幣として広くみんなが受け入れるような物品が存在し

なかったら、原始的な物々交換に頼るか、分業化の素晴らしいメリットをあきらめて自給自足でやっていくしかないであろう。また、もし価値を貯蔵する手段、つまり貯蓄の手段がなかったら、長期的な計画や取引が不可能になってしまうであろう[10]。

そして、グリーンスパンは貨幣の働きについて長々と議論を重ねたあとで、客観主義者が聞きたいと思っているような結論を述べている。

　もし金本位制がなかったら、インフレを通した財産没収に対して貯蓄を守るすべがなくなってしまう。安全な価値の貯蓄などできなくなってしまう。しかし、逆に金本位制をとったとした場合どうなるか。実際に金についてなされたように、政府はその保有を法的に禁止せざるを得なくなってしまうだろう。例えばみんなが銀行預金全部を銀とか銅とかの物品に換えて、その後は、商品の代金を小切手で受け取ることを拒否するようになったら、銀行預金には購買力がなくなり、政府が作り出した銀行信用は商品に対する効力を失ってしまうであろう。福祉国家としての財政政策をとるかぎり、富の所有者には自分を守る手段はないのである[11]。
　福祉国家主義者は金に対してさまざまの非難を浴びせるが、その中心にあるのは以上のような古ぼけた主張である。……赤字財政支出は富をかすめ取るための陰謀にすぎない。このひそかな企みの前に立ちはだかっているのが金である。金は財産権の守護者として働く。このことが理解できたなら、国家統制主義者がなぜ金本位制に対して敵意をむきだしにするのかが納得できるであろう。

指名承認公聴会で質問を行っていた政治家のなかには、目の前にいる本位制の信奉者を見て心配になるものもいた。「うまくやっていく

には、人に合わせなくてはならない」というのがワシントン流のやり方である。政治家たちが気にしていたのは、グリーンスパンが、物事を白と黒に分けるランド流の考え方に凝り固まった、融通のきかないイデオロギー主義者なのではないかということだった。

プロクスマイヤー上院議員は次のような意見陳述を行った。「私たちがひどく困惑しているのは、あなたが自由企業説に立っており、独占禁止法も、消費者保護も、累進所得税も認めないということだ。それは自由放任主義の立場にはよく合うものかもしれない。しかし、あなたは、わが国がこれまで実現してきた社会計画の多くに反対しているのだ」

プロクシマイヤーは心配する必要などなかった。グリーンスパンは変身しようとしていた。

## アランの誘惑

そのころアメリカ経済は暗い時期にあった。グリーンスパンが職に就く60日ほど前、ウォーターゲート事件が終わって、ジェラルド・フォードが大統領就任の宣誓を行っていた。株価は大恐慌以来何度目かの大底をたたいていた。ダウは770ドルだった。そして、10月初旬には600ドルを割り込んだ。バロンズ誌の1974年10月7日号には、PER3倍以下の有望銘柄の紹介記事が載っていた。「これらの銘柄の株価は平均で約15ドルだ。それに対して1974年の予想収益は6.60ドルほどになる。つまりPERの平均は2.3ということだ」と記事にはあった。

グリーンスパンがワシントンに着いたとき、投資家は株のことなど耳にもしたくない気分だった。それが、25年後には、株からいっときも離れられない気持ちになっていた。その25年の間——読者のなかには自分の目で確かめた人もいると思うが——アメリカ政府は必ずしもアイン・ランドの考えたような方向には行かなかった。それどころか、

グリーンスパン自身が変わってしまった。みすぼらしいリバータリアンは今や、世界一強力な中央銀行の権威あるトップだった。1966年の金本位推進論者は、世界一しっかり管理された通貨の高名な番人に変身していた。
　グリーンスパンが大統領経済諮問委員会委員長に宣誓就任したその日、金の価格は154ドルだった。それから先6年の間にそれが急騰して、1980年の1月には1オンス当たり850ドルの高値を付けることになる。
　連邦準備制度は本来、その会員銀行が作ったカルテルにすぎず、各銀行は自行の利益のために資金や信用を操作して収益を上げていた。だから、ドルの価値を厳しく守ることに特に興味があったわけではなかったが、かといって価値の急速な下落によって得をするわけでもなかった。だいたいにおいて、各銀行はドルが緩やかに下がっていくことを好んだ。かりにインフレ率が3％だったとすると、ちょうど14年間でドルの価値は半分になってしまう。しかし、3％のインフレ率は広く認められていたし、望ましいとも受け取られていた。軽いインフレは経済にとって良い効果があるとたいていの人が考えていた。それがフィリップス曲線の教えだった。
　しかし、1970年代後半にはアメリカ経済のインフレ率は2けた近い数字になっていた（1978年の消費者物価ベースのインフレ率は9％だった）。FRBは1978年11月1日に公定歩合を1ポイント引き上げた。これは45年間で最大の引き上げだったが、インフレが収まる様子はなかった。有権者は不平をわめきたてた。政治家は激しく非難した。エコノミストは毒舌を浴びせかけた。ポール・ボルカーは、1979年にFRBを引き受けたとき、何か手を打たなければならないことが分かっていた。そして、公定歩合をさらに1ポイント上げて12％とした。それに加え、支払い準備にも目を向けて、管理債務に支払い準備率を適用することにした。

その後、1980年2月15日にFRBは抜き打ち的にまた1ポイント上げて13％にした。また、3月14日には支払い準備率をさらにきつくし、それをメンバー以外の銀行にも広げて適用した。最後には、自主的な貸出制限計画を発表して、各銀行に融資、特に投機目的の資金提供を控えるよう要請した。

　こうした、なりふりかまわない金融引き締め策の狙った効果が現れた。インフレ率は下落に転じ、その後22年間下がり続けた。

　ボルカーのとった強烈な金融政策の打撃は非常に大きく、株価は急落した。雇用は悪化した。投機家は破滅した。長期国債の利回りは15％にはね上がった。暴徒が議事堂の階段に集まってボルカーの人形を焼いた。

　しかし、ボルカーの計画はうまくいった。以前あれほど高かった金利がインフレ率と歩調を合わせて下落し、その後20年間だいたいにおいて横ばい状態を続けた。金についても同じことが起きた。1980年1月19日の高値850ドルから、1999年7月にはサイクル上の安値である253ドルにまで下がった。70年代終わりごろに高値を付けたときには、たった1オンスの金価格がダウ30種平均の値と同じになることがあった。これをネタにして、コメディアンのベット・ミドラーは、ドルでなく南アフリカの金貨でギャラを払ってほしいとギャグを飛ばした。[12]

　1980年1月、その年最初の2営業日で金価格は大幅に動いていた。1オンス当たり110ドル上がって634ドルとなったのである。その急激な上昇を見て、中央銀行家たちは、また金を、世界の金融システムを支える役目に戻そうかと思案し始めた。G・ウィリアム・ミラー財務長官は、政府はもう金のオークションは開かないと発表した。「今はそんなことをする時期ではないだろう」[13]と記者に語ったのだ。その30分後、金価格は30ドル上がって715ドルになった。翌日には760ドルとなり、とうとう1月21日、1オンス当たり850ドルの史上最高値を付けた。

1980年1月に至る12年の間に、金は平均年率30％のペースで値上がりした。この時期、インフレ率は年平均7.5％だった。株式投資によるリターンは、歴史上のどの12年間をとっても、金投資によるこの12年間のリターンに及ばない。また、最後の段階では金への投資総額はアメリカの全株式市場での投資総額を上回っていた。1980年ころには、大勢の投資家が、金だけが本当のお金だとか、金はいつまでも値上がりするとかと信じ込んでいた。「金は不滅だ」と投資家は言った。「金は永遠だ」と彼らは声を合わせた。「黄金の規則を思い起こせ。金を持つものが支配者となる！」と彼らは叫んだ。

　だから、人々は金を買い、そして以後20年間それを悔やみ続けた。

　それからの20年、金とダウは天と地ほども違う道を歩んだ。20世紀の終わりには、両者は口もきかない仲になっていた——2000年12月31日における前世紀の終値は、ダウが1万0787ドルで、金は273ドルにも届いていなかった。

　1974年にアラン・グリーンスパンがワシントンに着いた日、ダウはたった785ドルだった。グリーンスパンがまだトイレの場所も分からない間に、株式市場は栄光への堂々たる行進を開始したのだ。1974年12月9日、株価が当面の安値を付けたとき、S&Pの平均PERは7.3だった。

## マエストロ

　アイン・ランドは肺がんのため1982年に亡くなった。ちょうどアラン・グリーンスパンの誕生日だった（神は少なくとも皮肉のセンスは持っているようだ）。そのときまでに、グリーンスパンはランドを追い越してずっと先のほうまで行っていた。彼女は上からの経済計画をひどく毛嫌いしていた。しかし、彼女の弟子は、上に立つ経済計画者として市場最大の成功を収める道を歩み続けていた。ランドが死んで

わずか4年後、グリーンスパンはFRBのトップに任命された。だが、このときまでに、かつての金本位制支持者は管理通貨制支持者になっていた。彼は素晴らしくうまくやっていた。

「アラン、君の出番だ」。『グリーンスパン——アメリカ経済ブームとFRB議長』（日本経済新聞社刊）[14]の著者ボブ・ウッドワードによれば、E・ジェラルド・コリガンは1987年10月20日にこう声をかけたそうだ。グリーンスパンがFRBの議長になって11週間後のことで、前日にダウが508ポイントも急落していた。

「くそっ、頼れるのは君だけだ。君の肩に全部がかかってるんだ」とコリガンは続けた。

ウッドワードはその本のなかで、銀行強盗を見つめるリスのようにこのシーンを眺めている。すべてが目に入っているのに、その意味がまったく分からないかのようなのだ。しかし、グリーンスパンは自分がなすべきことをちゃんと承知していた。筋金入りのランド主義者であるグリーンスパンは、けっして他人の利益を自分の利益のうえに置くことはなかった。ただ思うとおりにやるだけだった。

「わが国の中央銀行としての責任を果たすため、FRBは本日、経済と金融のシステムを下支えする目的で、市場に流動性をもたらす用意のあることを明言した」とグリーンスパンのプレスリリースには書かれていた。金本位制はどっかに放り投げて、FRBのトップはこう言いたいらしかった。FRBはみなさんのために紙のお金と通信上の信用をたっぷり供給します、と。そして、実際そうなった。

その後に起こったすべての危機——湾岸戦争、1993年の景気後退、アジア通貨危機、ロシア危機、LTCMの破綻、コンピューターの2000年問題、そして最後に2000年以降の大弱気相場——に対して、グリーンスパンのFRBは全部同じ仕方で対応した。市場の通貨と信用をいっそう増やしたのだ。その数字は思わず息をのむほどのものである。グリーンスパンがアメリカの通貨を管理する立場になって以来、

### 図5.2 グリーンスパンのFRBが供給した使用可能通貨

ニクソンが金との交換を停止してから16年が経過する間に、ランドの従者で一時期、金本位制支持者だったアラン・グリーンスパンは先任のFRB議長全員を合わせたよりも大量の不換通貨を発行した。

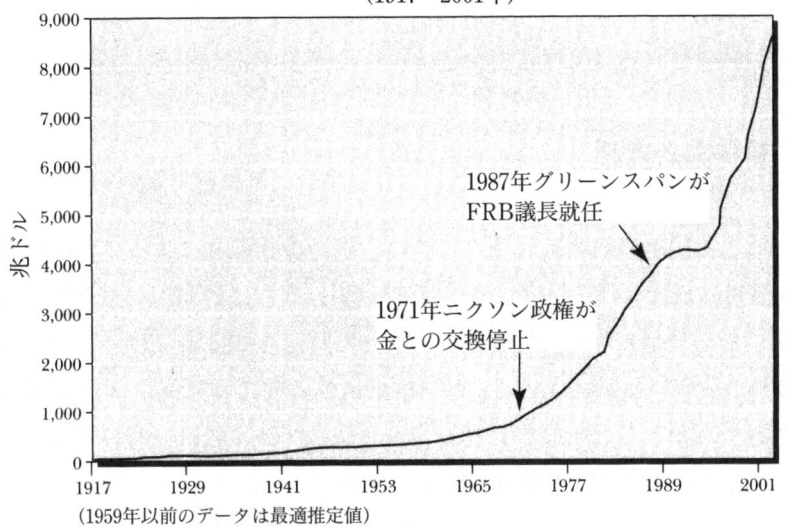

ドル本位制の大成長——M3による通貨供給量
(1917〜2001年)

(1959年以前のデータは最適推定値)

1987年グリーンスパンがFRB議長就任

1971年ニクソン政権が金との交換停止

マネーサプライは4.5兆ドル増加した（M3の指標による）——以前のFRB議長全員が行った総額の2倍に達する（図5.2参照）。

「彼は、アメリカが強力で、最高で、無敵の国だというイメージに生命を吹き込む一翼を担っている」とウッドワードははやしている。しかし、アメリカの頭がちょっと変になった原因は、ほとんど無限の信用が吹き込んだ危険（ホット）な息吹にあるのだ。

こうした通貨と信用の増大によって、世界史上空前の規模のバブルが生じた。ボルカーがインフレの背骨を折ってくれたおかげで、今や

FRBは気軽になり、ほとんど勝手し放題の状態である。1920年代後半のアメリカや1980年代の日本のように株と不動産が値上がりすればだれも文句は言わない。不満の声が上がり、中央銀行の人事のうわさが流れるとすれば、それは消費者物価インフレが起きたときだけだ。資産価格がとんでもない水準にまで値上がりしても、FRB議長の人形が燃やされることはないし、その後任探しが始まることもない。

## 根拠なき熱狂

「ここ10年の日本で起きたように、根拠なき熱狂によって資産価値が過度に値上がりし、その後、予期しないうちに長期的な値下がりに転じることがあるが、行き過ぎになった時点を知る方法はあるのだろうか」。こう語ったのは、まだ神格化される前のグリーンスパン議長である。語った場所はアメリカ・エンタープライズ研究所の格式ばったディナーの席で、1996年12月のことだった。

彼はさらにこう続けている。「中央銀行家であるわれわれは、金融資産バブルが破綻しても、実体経済や、生産や、雇用や、価格の安定性が損なわれる恐れのないかぎり気にすることはない。しかし、資産市場と経済とは複雑に影響し合っており、そのことを過小評価したり、忘れてしまったりしてはいけない。だから、貸借対照表の内容、特に資産価格の変化を読み取ることは、通貨政策を展開していくうえで欠かすことのできない作業となる」

1996年には、1973年から74年にかけての弱気相場や1987年の株価急落が、まだ警戒信号としての働きを保っていた。グリーンスパンが語ったのは12月5日夜のことだったが、翌6日の朝には市場が反応をみせた。東京市場はパニック状態で、日経平均は1日で3％値下りし、その年最大の下げとなった。香港も3％近く下げ、フランクフルトは4％、ロンドンは2％だった。しかし、ニューヨークに日が昇ると

き、FRB議長のことをよく知っている当地では、投資家はそんなことなど気にしないことにした。寄り付きから30分はストンと下げたが、昨夜からの売り注文をこなし終わると、相場は反発に転じ、その後は値下がりすることはなかった。2000年の春までに、ダウは、FRB議長をひどく心配させた水準から、さらにまた倍近い値上がりをみせていた。

　グリーンスパンは、ダウが6437ドルを付けたときにはあわてたが、１万1722ドルになったときには落ち着きはらっていた。1996年の時点では、おかしなことを口にしないようにと、共和党と民主党の政治家がプレッシャーをかけていた。株は上がり続けており、みんなが幸せだった。FRBの気難し屋がこれをぶち壊しにしないことだけを望んでいたのだ。都合のいいことに、アラン・グリーンスパンは——少なくとも口先では——新時代とそれに伴うすべてのものを信じるようになっていたし、自分の力で経済を動かすことができるとさえ思い込んでいた。

　ファンドマネジャーは自分の持ち株に都合のいい話を意図的にするものだが、ウォール街にはこれを表す表現がある。ベテランは「奴さんは自分のポジションをしゃべっている」と言うのだ。大量の株を空売りしているファンドマネジャーは、間違いなく相場は下げる、と言う。資源株の担当者は、そのセクターがすぐに値上がりするらしいと口にするし、ハイテク株を専門にしている者は、ウォール街で儲けるにはハイテク株しかないなどと、ほとんど必ず声をかけてくる。

　グリーンスパンは根拠なき熱狂について語ったあとになって、突然、自分がなすべきことに目覚めたようだった。自分は、何よりもまず、アメリカ消費者資本主義やアメリカ経済やドルや資本市場をPRする最高責任者であるべきだったのだ。

　1996年には株価はすでに相当高くなっていた。だが、値上がりはさらに続き、政治家やブローカーや投資家はだれもがその終わりを見た

くなかった。それなのに、グリーンスパン議長は、株価がもっと値上がりするように図るほうが自分の得になることを一瞬忘れて、株価の水準について客観的なコメントを述べてしまったのだ。株価が上に行けば行くほど、世間は、中央銀行のトップは自分の仕事を心得ていると見てくれるはずだった。グリーンスパンの「ポジション」は、売りではなく買いだった。

　数週間のち、議会に登場したFRB議長は自分の誤りを思い知らされた。

　ケンタッキー州出身で共和党のジム・バニング上院議員は、自分が相場の神様たちと直接結ばれていると思い込んだに違いない。どうしたわけか議員は株式市場は行き過ぎていないと知っていた。グリーンスパンのとっている方針は「誤って」おり、そのせいで、「わが国の経済はインフレよりももっと大きな脅威にさらされている」と彼は述べた。

　テキサス出身の別の共和党員フィル・グラムはこれよりは穏やかだった。しかし、自分の意見というものはちゃんと持っており、それがFRB議長のものと食い違っていた。「私の見るところでは、株の値段が高すぎるということはなく、むしろ逆に安すぎる」と議員は挑むように言った。

　そのあとバニングは露骨に言った。「もしプライムレートが2けたになったとしたら、わが国の経済はただちに止まってしまうだろう。私はあなたの在任中にそんなことが起きるのを見たくないし、もちろん私の在任中だってごめんだ」[15]

　意図はグリーンスパンに伝わった。「私も同じ意見です」と彼は答えた。

　グリーンスパンは素早く教訓を学んだ。かつて新時代など信じなかった男が、今や自分のポジションをしゃべっていた。1998年5月にはビル・クリントンに対して、「私は50年の間、1日も欠かさず経済を

研究してきましたが、これほど良好な状態は見たことがありません」[16]と語った。

　この年の12月にはこんなことも言っている。「今の状況のなかで起きていると思われることは、さまざまの基本技術——完成の域に達したものさえある——が相互に影響し合って、価値創造のための新しい注目すべき機会を作り出しているということである。新技術のおかげで、従来の国境を超えて借り入れや貸し付けを行うコストが劇的に下がっている」[17]

　2001年半ばには、アメリカの投資市場で何兆ドルもの資金が失われ、景気後退が始まっていたが、そんな時点でもまだ議長はウォール街のアナリスト、アビー・ジョゼフ・コーエンのような口調で話していた。「生産性の基本的な成長をもたらした広範囲の技術革新に対する投資が停滞しているようであるが、現在のさまざまな証拠からして、これは一時的な現象にすぎないというのが私の判断である。……下落がわずかで短期間なのは、経済の復元力や柔軟性が大きく改善していることのあかしである」。いったん景気後退が収まったかのようにみえたとき、彼はこう語った。

## 私たちはグリーンスパンを信じる

　2000年の終わりごろ、投資家はまだ株に対して大きな希望を持っていた。たしかに、損失、それもかなりの損失はあった。ナスダック市場ではすでに1兆ドルが失われていた。ザグローブ・コム、キャリアビルダー、ウエブバン、オーディブルのような会社はそのころにはほとんど事業が行き詰まっていた。投資家はまだ熱狂していたが、1年前よりはずっと理性的になったと自覚していた。

　おかしなドットコム企業がダメになるのは仕方がないとしても、ダウ平均となると話は別だった。「グリーンスパンは、ひどい弱気相場

やひどい景気後退に入るのを絶対に放っておかないはずだ」と投資家たちは考えていた。なんといっても、それが中央銀行との間で確かに取り決めた約束ではなかったか。国民は、銀行家たちが利益を上げ、リムジンに乗り、豪華な会議室を使うのを認める。国の通貨システムをだんだん壊していくことにも目をつぶる。しかし、その見返りに、FRBは経済をうまく運営して、みんなが暴落の心配をしないですむようにしてくれるはずだった。だからこそ、アメリカの貯蓄率がそんなにも低かったのだ。人々は雨の日に備えて貯めておく必要がなかったのだ——絶対に雨が降ることがないのだから。

　ポール・クルーグマンはアップサイド誌にこう書いている。「要するに、資本主義とそのエコノミストたちは大衆と取引を交わしたのだ。今後は市場を自由に任せても大丈夫なようになった。なぜなら、大恐慌を防ぐためのノウハウがもう十分にあるのだから」[18]

　かくして、世界全体が疲れ切った目をアラン・グリーンスパンに向けることになった。この中央銀行家のボス中のボスはアメリカの投資家だけでなく、世界全体を救ってくれることになっていた。世界のだれもが、アメリカが「成長のためのエンジン」で、アメリカ人が最高の消費者であることを知っていた。なにしろ、いつだって、自分のものでないお金を使って、自分に必要のない物を買ってくれるのだ。たしかに、ナスダックはひどい打撃を受けたが、それでも、グリーンスパンがいれば、アメリカという富を生み出す機械がその財貨を世界に分配してくれるはずだとみんなが心得ていた。

　2000年には、グリーンスパンが値下がりを許すはずがないと確信して、投資家はダウを買った。グリーンスパンが値下がりを望まないのは、株価が下落すればみんなが貧しくなったと感じ、貧しくなった人は買うのを控え、そうなれば、世界経済全体が危うくなるからだった。

## グリーンスパンのプット

　グリーンスパンが、株が下がらないようにするつもりであることは確実だった。そして、ほとんどの人が一致して、彼にはそのための手立てがあることを認めていた。それがいわゆる「グリーンスパンのプット」だった。

　プットオプションというのは、その保有者があらかじめ合意された値段で売る権利——取引の相手に「押しつける」権利——を意味する。プットオプションがあれば、相場が下げたときに市場価格以上の値段で相手に買わせることができるので、そこから利益が得られる。

　グリーンスパンのプットオプションは短期金利を操ることだった。中央銀行家を含め、ほとんどだれもが信じていたように、金利を引き下げれば通貨に対する需要が刺激され、そのことによって消費支出と設備投資が増え、ほぼ間違いなく投資家が株を買うようになるはずだった。2000年末、フォーチュン誌は「私たちはグリーンスパンを信じる」[19]という宣言を表紙に掲げた。金利を実際に引き下げる前でも、FRBがそうしそうだと知れわたるだけで効果があった。

　グリーンスパンには仕事をやり遂げるためのすべての手段があったが、女装した男のように実質が伴っていなかった。電気通信会社の大手9社は2000年末に256億ドルの負債をかかえていたが、そのせいで株主の利益を損ねても、FRB議長は何もできなかった。また、消費者の貯蓄残高を増やすこともできなかった。エンロン社に健全経営を行わせ、過剰設備を解消させ、投資家の損失を挽回させることもできなかった。

　バブルの絶頂期に、グリーンスパンは間違った理論を抱いていただけでなく、間違った情報を持っていた。情報化時代は、中央銀行家を含め、より多くの人により多くの情報をもたらした。しかし、情報が増えれば、自分の目的に合う誤った情報を選んでしまう可能性もそれ

だけ多くなるのだ。

## 生産性の神話

1999年の第3・第4四半期における労働生産性はとても良好な値だった。アメリカ労働統計局の記録によれば、第3四半期は5％の上昇率で、第4四半期は6.4％だった。この数字をひとつの根拠として、オールドエコノミーからニューエコノミーへの歴史的な資金移動が起こっていると説かれ、その正当化が行われた。その説明によれば、オールドエコノミーであれば生産性はゆっくりと伸びるはずだった。これに対し、ニューエコノミーでは、情報革命によって信じられないような生産性の増加が引き起こされるので、その伸びはもっとスピードの速いものになるとされた。「信じられないような」というのがポイントとなる言葉だった。あとになって生産性の数字が改定されたとき、その値は、詐欺的とまでは言わないとしても、信じられないようなものではなくなっていた。

この数字を過去のものと比べてみよう。1945年から1962年までアメリカの労働生産性は年平均約3.1％の割合で増加した。その後、伸びは低下した。1965年から1972年にかけてはたった2％から2.5％の間にとどまっていた。それから0.3％にまで急降下した。そして、1995年まではだいたい1％前後の値が続いた。

カート・リッケバーカーによれば「1992年から1995年までほとんど不振に近い状態が続いたあと、〔1995年の第4四半期になって〕生産性の伸びが突如としてはね上がった。その原因はなんだったか」[20]

その原因は、労働統計局が生産性の計算方法を変えたことにあった。新たに、コンピューター機器の価格だけでなく、その処理能力も考慮に入れた「ヘドニック」物価指数なるものを採用したのである。表面的にみれば、これに意味がないわけではない。ある年、同じ1ドルで

前年の2倍分の処理能力が買えるようになったのなら、処理能力の価格が半分に下がったようなものだからだ。

1995年の第3四半期に初めてこうした変更が取り入れられた。その結果、コンピューター支出は24億ドルから140億ドルへと奇跡のような伸びをみせた。そして、同時にGDPを20％押し上げ、インフレ率を低下させ、(1時間当たりの) 生産性を上昇させた。

情報技術に対する支出がどんどん増え、コンピューターの処理能力がムーアの法則に従って18カ月ごとに倍化した結果、生産性の値は、整形手術をしすぎた顔のように、奇怪で見分けがつかなくなっていた。そして、1999年の第4四半期には、ヘドニック指数による生産性は人を舞い上がらせるような数字にまでなった。1999年下期には、行き過ぎたY2K騒ぎに刺激されて、情報技術への支出が猛烈な勢いで拡大した。Y2K問題は労働統計局にあおり立てられて、世界中で取り上げられるほどになった。6％という生産性の伸びは大勝利だった——新時代がその成果を上げたわけだ。

もう一度繰り返せば、第4四半期の数字は目を見張らせるようなものだった。信じられないほどだった。それは、のちに修正され、さらに信じがたい6.9％という値になった。

たったひとつ問題があるとすれば、それが現実と違うということだった。それを可能にしたとされる新時代と同様、詐欺だった。コンピューターの処理能力の向上と経済的成長とはまったく同じものではないのだ。また、1時間分の労働によって生み出される処理能力が増加したからといって、それがそのまま生産性の増加につながるわけでもない。何百万行ものプログラムや何百万マイルもの光ファイバーケーブルと同じで、処理能力の価値は、人々がそれにどれだけのお金を使う気になるかということだけで決まる。それを測る指標は、ヘドニックの数字などではなく、現実のドルやセントなのだ。

国の財政実績に当てはまることは、個々の会社にも当てはまる。会

社は営業報告書に手を加えて、投資家が気に入りそうな内容に作り変えた。よく行われた手口は、まさにグリーンスパンが懸念したようなものだった。貸借対照表を歪めて、ウォール街が喜びそうな成長や収益の数字にするのである。奇妙なことに、史上最大の経済的好調が続いたとされる時期に、現実には多くの大会社の財務状況が悪化していた。

## 間違った理由で

しかし、2000年ごろにはグリーンスパンの目は節穴になっていた。自分自身、根拠もなく熱狂していたのだ。ウォール街でよく言われることだが、市場が見方を作る。FRB議長の見方は株の強気相場に足並みをそろえていた。ベンジャミン・グレアムは1949年から1966年にかけての強気相場についてこう書いている。「ウォール街は当然にも素晴らしい成果に満足し、さらに、普通株で将来も同じように驚異的なリターンが得られるとする、まったく非論理的で危険な思い込みを抱くようになった」

バフェットが言うように、株は初め正しい理由で値上がりし、そのあと間違った理由で上がる。1982年の株は安かった。それから14年たってダウ平均は550％値上がりしていた。だから、グリーンスパンが根拠なき熱狂だと警告したとき、株はもう安くなかった。だが、そのときにはもうだれも値段など気にかけなかった。グレアムの言う巨大な「投票機械」であるウォール街は、根性主義の経営陣が指揮する最新流行のハイテク会社の株に投票を集中していた。株はさらに上がり、人々はこれからももっと上がるという確信をいっそう強めた。

「グリーンスパンなら景気後退を絶対に起こさせない」とアナリストは言った。「本当にひどい弱気相場になりそうなときは、いつでもFRBが乗り出して阻止してくれる」と投資家は言った。「長い目で見

るのなら、株を持つリスクはもうなくなった」とも言った。グリーンスパン自身でさえそれを信じているようだった。もし、FRB議長が信じているのなら、だれか疑う者などいるだろうか。本当らしく見えれば見えるほど、いっそうみんなが熱狂していった。

『投機バブル　根拠なき熱狂──アメリカ株式市場、暴落の必然』(ダイヤモンド社刊)の著者ロバート・シラーによれば、「1990年代には、人々は新時代に突入しつつあると本当に信じ、分別のある人なら避けるはずのリスクを進んで取っていた。……貯金をしなくてはと感じる者などいなかった。この先リスクなどないと考えていたので、めちゃくちゃにお金を使った」[21]。

しかし、価値と同じで、リスクは思いがけないところに姿を現すものである。グリーンスパンが絶対正しく見えるようになるにしたがって、資産価値の「過度の値上がり」はいっそうひどくなった。たいしたことのない根拠なき熱狂に警告することで、議長はより大きな熱狂を引き起こした。

2000年12月初め、フランスの経済雑誌トリビューンは「グリーンスパンはウォール街の破綻をくい止めた」という見出しを掲げた。たしかにそのようだった。彼は危機に駆けつけた英雄だった。

だが、グリーンスパンはまだ何もしていなかった。それに、いったい何ができただろうか。短期金利を下げることか？　それでうまくいくだろうか。もうすでに首までどっぷり借金漬けになっている人々や企業が、もっと借りたがるとでもいうのだろうか。

ウィスキーのジムビームの値段を下げても、アルコール依存症を治すのになんの役にも立たない。信用のコストを下げるのもたぶんそれと同じである。どちらの場合も、問題は霊薬の値段なのではなく、それをどんな目的で使うかなのだ。

## ジャンクボンドと間違った賭け

　1990年代に登場したバカげたアイデアは、すべてが資金調達という酒場に直行して、浴びるほどお金をのんだ。何兆ドルもの資金が集められ、使われ、そして失われた。残ったのは、借用証書であり、株であり、不良債権であり、債券だった。これらの債務証書の質はどんどん悪化していった。

　2000年ごろ、ジャンクボンド市場は少なくとも1990年以来最悪の落ち込みに苦しんでいた。ジャンクボンドを対象にした投資信託はその年、平均して11％の損失を出した。これは1990年以降で最低の成績だった。ジャンクボンド市場のなかでも最悪の債券はいわゆるTMT（電気通信・メディア・テクノロジー）の会社のものだった。これらの会社は、将来有望なコミュニケーション・ネットワークを新規に作ろうとして、多額の借金をしていた。例えばICGコミュニケーション社は、2000年11月に破産法11章による保護を申請したとき、20億ドルの債務があった。

　ジャンクボンドの価格が下がるということは、借り手にとっては信用のコストが上がるということを意味した。借り手はTMTだけではなかった。J・C・ペニー社の債券利回りは18％、テネコ・オートモティブ社の債券は21.3％、金生産会社アシャンティの債券は27％にまでなることがあった。これらはみんなトラブルを抱えた企業だった。しかし、それが信用の乱用の結末だった。会社があまりに多くの資金を集め、それを勝手気ままに使うとこういうトラブルを引き起こすことになるわけだ。消費者だって同じ理由で問題を抱え込むことになる。

　信用のコストが安すぎると、安易に利用されてしまう。その結果がトラブルである。だが、そうしたトラブルは、信用をさらに安くすることによって解決できるのではなかろうか？　2000年には、アメリカ経済は史上最大級の信用ブームの最終局面にあった。二日酔いの頭痛

と後悔は、押さえつけることも無視することもできなかった。市場を支配する時代精神は変わりつつあった。夢に代わって悪夢が現れた。ベンチャーファンドはハゲタカ（バルチャー）ファンドに押しのけられつつあった。つけいられやすいアマチュアは、すご腕で押しのきく投資家や、タフな専門家に取って代わられた。これらの本格的投資家たちの目的は、もはや相場で大儲けする（クリーンアップ）ことではなく、相場の後始末をする（クリーンアップ）ことだった。そのうえ、以前は、何でもできると信じ、おとぎ話のような事業計画を全部そっくりそのまま（チャプター・アンド・バース）受け入れた投資家たちが、何も信じなくなり、破産法の第11章と第7章だけを受け入れるようになりつつあった。

その当時、ウエブ上を駆けめぐった悲しい話のひとつが、フィラデルフィアを発信源とするウォーレン・「ピート」・マッサーの物語だった。マッサーはインターネットブームのさなか、最高に精力的な起業家のひとりだった。

マッサーは愚かではなかった。この73歳の投資家は、アメリカで最大級の成功を収めた新テクノロジー企業支援会社を設立した。そして、ICGとかバーティカルネットとかUSインタラクティブなど、インターネット世界で有名な会社に多額の資金を投入した。マッサーは一足飛びにここまで来たのではなかった。会社を始めたのは何十年も前のことであり、自分のビジネスをよく心得ていた。長いことインターネットを信用しなかった投資家であるハワード・ブッチャー4世によれば、「分別の足りなかった連中のなかでは、マッサーは実に素晴らしい株のプロモーターだった。彼ならその仕事で借金を背負いこむこともなく、現金の蓄えをたっぷり残せたはずだった[22]」。

だが、どう見ても、マッサーは、株のプロモーターがみんな背負いこんでいるリスクにのみ込まれてしまった（たぶんグリーンスパンでさえ同様だった）。自分自身の誇大宣伝にかぶれてしまったのだ。そ

して、苦境に陥った。例のおなじみの追証を払うために持ち株の80%を売らざるを得なくなった。その株は数週間前には7億3800万ドルの価値があったのだが、1億ドル以下にしかならなかった。すでに時期が遅すぎたのだ。そのとき、世界中の経済紙は、グリーンスパンが助けに駆けつけると報じていた。

　株主たちも、グリーンスパンにはまだあの素晴らしいプットオプションがあって、そのおかげで、損をしないよう守ってもらえると信じていた。本当にそうだろうか。FRBが政策を変えれば、それで世界中のマッサーのような人が救われるのだろうか。それとも、彼らの投資はあまりに無謀で、あまりに絶望的だったので、もうこのまま破綻するしかないのだろうか。投資資金には、利口なお金と、考えなしのお金と、愚かすぎてほとんどもう安楽死を求めるしかないお金がある。ペット・コム社はドッグフードの客をひとり獲得するのに179ドル使った。この会社がダメになったら、いったい何が残るのか。金利政策が変われば、会社の使ったお金が戻ってくるとでもいうのか。同じように、ザストリート・コム社は2000年の最初の9ヵ月で3700万ドルを失った。別の言い方をすれば、有料会員ひとりにつき400ドルの損が出た。会社はイギリス支社の閉鎖と、従業員の20%削減を発表した。公定歩合が下がれば、ひょっとすると投資家がその3700万ドルを取り戻すきっかけになるのだろうか。また、どうすれば、金利引き下げが、AOL・タイムワーナーが2002年に失った1000億ドルの回復につながるのだろうか。

　公定歩合を引き下げたからといって、それで急に債務者の信用度が増すわけではない。引き下げがあったというだけで、ザストリート・コムとかアマゾンとかの問題企業にすぐにあわてて融資する者はだれもいないだろう。というのも、返済能力を超えて借りている相手や、生産的な投資ではなくむだな浪費に資金を使うような相手には、いくら低金利でも融資する気にはなれないからだ。まず財務状態を正常化

することが先なのだ——借金を増やしただけで正常化が果たせるはずがない。

　ジョージ・ソロスに言わせれば、儲けるためには、間違った前提で動いているトレンドを見つけて、その逆に賭ければよい。2001年のウォール街が前提としていたのは、公務員たるグリーンスパンが、これまでだれもできなかったこと——株価が平均値に戻るのを押しとどめること——に成功するということだった。

　その成功を根拠づけようとするさまざまな理由が出された。「生産性の奇跡」説は人気があったが、その人気も、多くのデータによって生産性も平均値に回帰することが示されるまでのことだった。「GDP成長率の高止まり」説ももてはやされたが、現実にその値が鈍化して、消え去った。「情報技術」説にも支持者があった。だが、なぜ情報技術が生産性の伸びや、経済成長につながるのかが説明できず、力を失った。では「企業収益の拡大」はどうか。これも収益が悪化したときに、ウォール街のどぶの溝に落っこちてしまった。ほかのすべての説もこうした運命をたどったのだが、そのなかには「限界なき拡大」や「完全な在庫管理システム」の神話などが含まれていた。たったひとつ残ったのは、立ちつくす１本の葦——アラン・グリーンスパンがアメリカのドルとその経済を管理しているという思い入れ——だった。

　ところが、FRBの歴史を見ても、そこに寄せられた信頼が期待どおり報われた例はほとんどない。FRBの主な役目はドルと銀行システムを守ることだった。しかし、1913年の創設以来、それ以前の時代よりもたくさんの銀行がつぶれていた。大恐慌のときだけで１万行が破綻したのだ。また、創設後87年がたつなかで、FRBは交換紙幣（ハードマネー）だったドルをプリン程度のぶよぶよの代物に変えてしまっていた。

## 不意打ちの力

　1999年の秋になってもなお、グリーンスパンは、FRBには近い将来を見通す力があるという証言を行っていた。「世界で一番優れたFRBの計量経済学的モデルが14四半期連続して間違ったからといって、15回目も間違うということにはならない」[23]

　このくだりを述べたとき議長が笑ったとか、ほほ笑んだとかという記録は残っていない。だが、もしFRBには、向こうからやってくる車が見えないのであれば、どうやって衝突を避けようというのだ。たいがいぶつかってしまうことになる。

　それでもなお、投資家には、グリーンスパンのプットがあれば、賭けにけっして負けないように思えた。もし状況が本当にひどくなれば、水文学者グリーンスパンが水門を開いてくれる——ロングターム・キャピタル・マネジメントがほとんど干上がってしまったときのように、あるいは、アジア通貨危機が世界の市場を脅かしたときのように。FRBが灌漑設備を管理しているかぎり、ウォール街の言い方を使えば、「世の中の緑を保ってくれる」。

　2000年終わりには、ナスダックの時価総額は半分になっていた。間違いなく、オプションを行使して、水門を開き、野菜を喜ばせるときのようだった。だが、早く動きすぎないことが肝心だった。主な危険はモラルにあった。もし投資家たちが損をするリスクがないと感じたら、もっと無謀な賭けに出ることだろう。グリーンスパンは不意打ちの効果についてもよく心得ていた。万一これからしようとすることが読まれたら、市場はそれを織り込んでしまう。議長は身動きがとれなかった。大衆がグリーンスパンのプットを信じているかぎり、株の値段はどんどんエスカレートしていく。そうなるしかないのだ。なんといっても、プットオプションがあれば、損をすることなどあり得ないのだから。ところが、逆にFRB議長がプットオプションを放棄した

場合、株は暴落して、避けたいと思っていた厄介事が現れることになる。

FRBは金利政策を決めるとき、「株式市場のことは念頭にない」と断言してきた。これはたぶん、半分は本当で、半分は言葉足らずである。株式相場が値上がりすれば、人々は自分が豊かになったと思い、お金をいっそう気軽に使うようになる。株式市場は、印刷製版局が供給する貨幣と同じように、財やサービスに使える富（ストックオプションやポートフォリオの価値）を作り出した。FRBはそれを無視するわけにはいかなかった。そして、現在、株式市場の富が失われつつある以上、グリーンスパンもそれを無視することは許されなかった。結局金利を下げざるを得なくなるのだ。そして、みんながそれを知っていた。

## バブルに浸かって

新聞報道によれば、アラン・グリーンスパンは毎朝1時間以上熱いお湯に浸かる習慣があるという。石鹸の泡のなかでゆったりとくつろぎながら、この偉大な男はさまざまのことに思いをめぐらすに違いない。自分の奇妙な経歴のことにもよく思いは及んだはずだ。近代の中央銀行ができて200年たった今、彼は正当にも自分の業績をじっくりと振り返ったに違いなかった——バブルに埋もれながら。

アメリカの通貨は世界一重要な紙幣となったが、それは主としてグリーンスパンの功績だった。少なくとも自分ではそう考えていただろう。そんなにも長くインフレを抑えつけてきたのも彼だった。アメリカ経済を巧みに導いて、世界中の人々がドルの資産をそんなにも羨ましがるようにしたのも彼だった。

しかし、グリーンスパンの業績は大部分の人が考える以上にずっと素晴らしいものである。FRB議長として在任した20年の間に、不換

紙幣が金に負けないほどの価値を持つようになったが、こんなことができた者はこれまでにいただろうか。1980年には1オンスの金を買うのに850ドルもの貨幣が必要だった。22年後には、その1オンスの金が280ドルで取引されていた。金本位制から紙本位制へと宗旨変えを果たしたグリーンスパンは、こっそりとほくそ笑んだに違いない。

　2001年にニューヨークで開かれた貨幣研究会で、グリーンスパンは、中央銀行家たちがインフレを制御するのに成功した最近の実例を報告した。そして、その例を見るかぎり、（金などの実物資産に裏づけられていない通貨である）管理通貨の未来は明るいようだ、と示唆した。それは控えめといってもいい口調だった。

　コイン収集家たちは、グリーンスパンが成し遂げた成果をだれよりもありがたく思ったであろう。ジョン・ローが1719年の秋にほんのひとときだけできたことであるが、マエストロであるグリーンスパンは金に対する紙幣の価格を引き上げたのである。

　グリーンスパンは貨幣を「人類の偉大な発明のひとつ」として賛美したことがあった。しかし、本当の大発明は不換通貨——貴金属による保証なしに政府が発行する紙幣——だった。会社の収益予想と同じで、紙幣は政府のさじ加減ひとつでどうにでもなった。紙幣は、自己欺瞞やペテンのための貴重な道具であり、突如として価値がなくなってしまうこともあった。

　グリーンスパンはこのこともよく自覚していた。そして、それこそが彼の業績を立派な、というより信じられないものにしている点だった。金貨のような実質のある貨幣なら、どんな愚か者でも価値を認めさせることができた。だが、紙幣を金よりも価値があると認めさせるためには真の才能が必要だった。

　グリーンスパンはこのことをジョークの種にした。もし紙幣がうまくいかなかったら、昔のように貝殻や牛を交換しなくてはならなくなる、と。

そして、「もし万一そんなことにでもなったら、ニューヨーク連銀の割引窓口にはきちんとした牛の登録簿を置いておくことになりそうだな。やれやれ」[24]。

2001年の1月に入ったとき、エコノミストたちの心はハラハラ、ワクワクしていたに違いない。守らなくてはいけない通貨を紙幣にうまく切り替えたFRBは、今度は経済全体の救世主になろうとでもいうのだろうか。FRBの根拠法にはどこを探しても、「みんなの富を増やすこと」という条項はなかった。「ウォール街の手数料を保護すること」という議論がなされたこともなかった。また、「赤字企業を立て直すこと」「消費者を刺激して物を買わせること」「アメリカ人がもっと借金をするのを手助けすること」「空気の漏れやすいバブルを再度膨らませること」などというのもなかった。しかし、こうしたことこそ、今FRBがしようとしていることだった。

## グリーンスパンのプットは失敗に終わった

ケインズとフリードマンが現れる前、エコノミストは経済の動きをニュートン力学ふうにとらえていた。ブームがあれば、その逆向きでほぼ同じ大きさの反作用があるというわけだ。トレンドサイクルが上方高く舞い上がれば——つまり、後先を考えることなく借金して消費すれば——あとに続く下降スイングでそれだけひどく苦しむことになる。経済学と道徳哲学はぴったり寄り添い合うような関係だった。両方とも最も人間くさい学問に属し、人間が現実に行った行為を研究対象とした。大恐慌は1920年代のブームの必然的な反動であり、市場の自律的な修正メカニズムに政府が介入したことによって悪化した、と考えられていた。

だが、ミルトン・フリードマンとアンナ・ジャコブソン・シュウォーツは、『マネタリー・ヒストリー・オブ・ザ・ユナイテッド・ステ

イツ（A Monetary History of the United States）』（1963）という本を書いて、大恐慌の再解釈を行った。この本によって、政策立案者や投資家たちは、苦難なき復活や、受難節なきイースターや、脂肪なき大食や、破綻なきバブルなどというものが可能なのでは、という希望を抱くようになった。

2人によれば「1929年から1933年にかけてのアメリカ経済の破綻は、けっしてそれ以前のブームがもたらした必然的な結果なのではない。むしろ、ブーム期以後の政策に原因がある。その期間に何か別の手を打てば、いつでも通貨の混乱をくい止めることができたはずだった。FRBは金融緩和策を取っていたと言うが、実際には行き過ぎた引き締め策を行っていた。金融当局は貨幣ストックの減少を防げたはずだし、それどころか、必要なだけ貨幣ストックを増やすことだってできたはずだった」。

グリーンスパンはそうした過ちを二度と繰り返すまいと決意していた。フリードマンのアドバイスに従って、目いっぱい金融刺激策をとるつもりだった。だが、もしフリードマンが間違っていたらどうなる？　もし、政策を実行しても、望んだとおりの効果が得られなかったら？　もし暴落と恐慌が単なる通貨上の現象ではなくて、市場と経済（と人間）の問題だったら？　もし銀行危機が市場に損失をもたらしたのではなくて、実はその逆だったとしたら？

公定歩合——FRBが加盟の銀行に貸し出す金利——を引き下げれば、銀行もより低い金利で貸し付けることができようになる。しかし、デフレ的な不況期には、人々は失業し、株などの投資対象の価格は下落する。返済しなくてはならない莫大な債務を抱えながら、売り上げも収益も落ち込む。貸出金利を下げればなんらかの効果はあるだろうが、必ずしも意図した結果になるとはかぎらない。

アラン・グリーンスパンが本当に何か巨大な機械をうまく操作できたとしたら、どんなにか良かったことだろう。つまみを回したり、レ

バーを押したりすれば、機械は望みどおりのことをしてくれるはずだった。だが、グリーンスパンがレバーを押し間違えたために、機械は予想もできない方向に動いてしまった。

大相場はベストセラーの小説のようなものだ。話のなかには、必ずひとつか2つの皮肉な逆転がある。登場人物がぴったり予想どおりに動いたのでは、大当たりをとることなどおぼつかない（スカーレットがアシュレイ・ウィルクスと結婚して、その後ずっと幸せに暮らしたと想像してみてほしい。『風とともに去りぬ』は、マーガレット・ミッチェルの友達や親類が数冊買っただけで終わってしまったことだろう）。実生活でも、そんな世界は喜ばれないはずだ。マヤ・アンジェルーの詩のように退屈で堅苦しいだけの世界だからだ。

## 偉大なるグリーンスパン

「下落がわずかで短期間なのは、経済の復元力や柔軟性が大きく改善していることのあかしである」とグリーンスパンは、2002年7月、議会の委員会が開いた公聴会で述べた。

「ファンダメンタルズは良好であり、持続的な安定的成長によるリターンが見込まれる」とグリーンスパンは続けた（株式相場は上昇していた）。「在庫と資本財の不均衡はあらかた解消されたようだ。インフレ率はきわめて低く、今後もそれは変わらない見通しである。生産性の伸びは著しく大きく、家計支出や設備投資をしっかり下支えし、コストや価格上昇の圧力を緩和する可能性を持つものと推測される」

こう語ったときも、やはりグリーンスパンは笑みを浮かべてはいなかった。また、私たちが知るかぎり、指で十字を切ることもなかった。本気でそう言いたいかのような口調で述べたのだった。あたかも、自分でもそれを信じているかのように。そして、明らかに聴衆はそれを信じ込んだようだった。カメラがとらえた政治家たちはまじめぶった

顔つきをしていた。彼らは、熱心なスタッフが準備したくだらない質問をしたり、自分の言ったつまない冗談に笑ったりした。このショーのすべてが、実際どれほどバカげて、みっともないものなのか、だれも気づいていないようだった。

　この見世物はわざわざゴールデンアワーに合わせて行われていた。それは、株を保有する国民を安心させるためだった。たいしたトラブルがあったわけでなく、一部の憶病な投資家が一時的に「自信喪失」しただけのことにすぎないし、一握りの悪党を刑務所にぶち込めば全部けりがついて、すぐに忘れてしまえるのだと思い込ませようとしていた。バブルとその後遺症に対する責任の多くは、実は、証人のなかの主役であるアラン・グリーンスパン自身にあることをはっきり指摘するようなぶしつけな者はひとりもいなかった。また、FRB議長はどうすれば自分の失敗を直せるのか、などということを疑問に思うような者もいなかった。

　1929年の大暴落のあとも、今と同じようなワシントンの政治屋たちの集団が同じような公聴会を開いていた。まだエアコンのない時代だった。この国の首都の暑さに汗だくになりながら行うほど大事な問題は、ほかにはそうなかった。季節が穏やかになっても、政治家たちは、自分の出身地に住む、人の良い田舎者たちのために、さらに熱を上げて追及を続けた。チェース・ナショナル銀行のアルバート・ウィギンス頭取が自行の株を空売りして何百万ドルも稼いでいたことが発覚した。ワールド・コム社の1920年代版である30億ドル規模の電力会社コモンウエルス・エジソンは、アーサー・アンダーソン会計事務所の監査を受けていた。この会社の会長であるサム・インサルは、警察が身柄を拘束しようとしたとき国外に逃亡した。また、ニューヨーク証券取引所の所長を務めていた哀れなリチャード・ホイットニーは、取引所の年金基金から3000万ドルもの金を着服したとして獄につながれた。

　これとは対照的に、70年後の今日、グリーンスパンはまだ議会の公

聴会に英雄として迎えられていた。周知のように、まだ政治家たちは——そして一般投資家たちも——世界の救い主として議長を当てにしていた。

グリーンスパンに対する人々の期待はとても——おそらく行き過ぎるほどに——大きかった。彼の目指す目的は非のうちどころがないと思われていた。ところが、グリーンスパンが行った最初の11回の金利変更は、株式市場をよみがえらせるには不適切で誤ったレベルに設定されたのだった。

あらゆる点で、グリーンスパンの金利引き下げは失敗する運命にあった。それは、借りるべき者をしり込みさせ、借りるべきでない者をいっそうひどい借金漬けにしてしまった。また、不動産という思いもしなかったセクターで新しいインフレを引き起こした。

普通、景気後退は消費者支出を減少させ、貯蓄レベルを上昇させると考えられている。だが、2001年の景気後退はそうではなかった。消費者は、明日も快晴だと決めつけて、以前にもまして借金と支出を増やしたのだ。グリーンスパンはこれを警戒するどころか、この暴走ぎみの行動は「経済全体の安定をもたらす重要な力」[25]を持っていると議会で証言するほどだった。これを聞いて、大声で笑い出す者はいなかった。2002年の半ばごろには、消費者は中央銀行と同じくらい無力で絶望的になっていた。ノーザン・トラスト社のエコノミストであるポール・カスリエルの指摘によれば、第二次大戦後初めてアメリカ人の保有する平均純資産が減少した。1990年代の終わりの数年は毎年約3700ドルずつ資産が増えていたのが、新世紀の最初の２年間には約1000ドルずつ減ったのである。株式市場では、５〜７兆ドルが失われた。不動産価格だけが全体的なデフレトレンドに逆らっていた。[26]

## 最後まで立っていた者

　アメリカ経済のなかで、消費者だけが最後まで立ち続けていた。グリーンスパンは、もしかするともう死んでいるかもしれない消費者を立たせておくのに、あらゆる手段を動員しなくてはならなかった。もはや口先だけでは裕福な投資家を破滅への道に引き入れることはできなかった。FRB議長は、短期金利を475ベーシスポイント引き下げることによって、何も分からない何百万もの消費者を借金の泥沼へと誘い込んだ。そして、まるで国の運命がかかっているかのような具合に、新しいSUVを買わせたり、マイホームのローンを借り換えさせたりした。より高額な住宅ローンや自動車ローンを組んでも消費者にはなんのメリットもなかったし、少数の人はそのことに気がつき始めていた。それと同時に、グリーンスパンは以前ほどには世界の救世主と見られなくなり、逆に、その正体どおりに野心的なならずものとみなされ始めていた。

　貸し手には資金がたっぷりあった。だが、借り手のほうは首まで借金漬けになり、渦を巻く流れのなかでしっかり立っていようと必死の思いだった。2002年末には抵当流れになる比率は30年来で最悪の高さになっており、破産数は記録を塗り替え、企業の収益は落ち込み続けていた。

　で、アラン・グリーンスパンは？　喜劇は悲劇へと、歌は狂歌へと変わる。グリーンスパンの仕事ぶりは2002年8月30日にこっけいの頂点に達したように思われる。この日の議長は、ワイオミング州のジャクソンホールでFRBが開催したシンポジウムで講演を行った。

　6年前、グリーンスパンは株式投資家を「根拠なく熱狂している」と評した。それが今では、たとえダウが100%値上がりしてもなんら不都合はないと断言するようになっていた。バブルが自分の顔にどんとぶつかってきても、それと分からないと言っているようなものだっ

た。しばらく時間をおき、それから鏡をのぞいて見てアザができていれば、そこで始めてバブルだったと分かるというわけだ。

　たとえバブルが膨らんでいることに気づいても、手元にはそれをつぶす針がなかった、とFRB議長は続けて述べた。配下の何百人ものエコノミストにはなすすべがなかった。「というのも、最近の日本の経験を別にすれば、だれも個人的に経験したことのない強い流れに直面していたからだ。正しいスタンスで政策を立てるための手がかりは、歴史書やかび臭い記録文書のなかにしかなかった」

　グリーンスパン——タイム誌が選んだ「世界救済委員会」の３巨頭のうち、ただひとり残った現役であると同時に、中央銀行界のシーザー——はもう長く持ちそうになかった。

　黄金の短剣を手にした刺客たちがじりじりと忍び寄っていた。ニューヨーク・タイムズ紙ではポール・クルーグマンが、バロンズ誌ではエイベルソンなどが攻撃を強めていた——批判からあからさまな侮蔑までのさまざまの方法で。

　グリーンスパン議長は国民が望むがままに物を与えてきた。みんながいっせいにことを始めるように仕向けたのも彼だったし、世界史上例を見ない大バブルを膨らませたのも彼だった。

　2000年11月14日、ボブ・ウッドワードが書いた聖者グリーンスパンの伝記『グリーンスパン——アメリカ経済ブームとFRB議長』（日本経済新聞社刊）が発売された。グリーンスパンの人気はこの日、天井を付けた。このとき、グリーンスパンの人気と逆比例の関係にある１オンスの金価格はたった264ドルだった。ちょうどここから金の大強気相場が始まることをだれが知り得ただろうか。その価格は、２月に一度、そして2001年４月にもう一度260ドルを割ったあとグンとはね上がった。

　金が値上がり局面に入るのと反対に、グリーンスパンの人気は衰え始めた。議長はバブルを膨らませるのに手を貸したあと、それをつぶ

すのに失敗しただけではなかった。バブルが自然にしぼみ始めると、そのたびに必ず新しく空気を注入したのである。

2002年のワイオミングでの講演のあと何日もたたないうちに金価格は320ドルになり、年末には330ドル台を付けていた。

その年の夏の新聞に載った写真を見ると、この中央銀行の巨人はやや疲れているようにみえる。泡（バブル）に埋もれて1時間入浴しても効果はなかったようだ。愚かなことをするのにもエネルギーがいる。写真のなかで議長は腕であごを支えていたが、それはまるでエネルギーが足りなくなっているようにみえた。

連邦公開市場委員会の議事録を読むと、もっと自信とエネルギーに満ちた議長の姿が現れているのに驚かされる。例えば1996年9月にはほかの委員に対して、「私は現時点で株式市場はバブルの状態になっていると考える」と語った。そして、投機をしずめるために委託証拠金率を上げるべきだとする提案に対して、「バブルというものがどんなものであっても、そのやり方で十分退治できると思う」と述べた。

こうした鋭い読みはいったいどうなってしまったのか。その時期のグリーンスパンはどうなってしまったのか。彼はボルカーとは違っていた。前議長はもっと頑丈な物質でできていた。グリーンスパンはたわみやすかった。

FRB議長はもうすでに野心に合わせて自分を作り変えてしまっていた。アイン・ランドを崇拝する金本位制支持者は世界史上まれにみる規模の紙幣の振りまき屋に変身していた。かつて金だけが正当な貨幣だと書いた人物が、国の通貨制度とともに自分自身の信念を裏切っていた。もしこうしたことがなかったら、どうなっていたことだろう。

グリーンスパンの本当の考えを知る者などあっただろうか。もしかすると、この国の資本市場が「生産性の奇跡」によってすっかり変わってしまったと思い込んだのも、泡がふわふわと漂う風呂につかっていたときだったかもしれない。

また、もしかすると、温かで滑らかな風呂のなかで石鹸を見つけようとしているときに、委託証拠金を引き上げる必要などないとか、バブル相場が危険だと投資家に警告しなくてもいいとか、自分がバブルをつぶす必要などないとかと、自分に信じ込ませたのではなかったか。

## エピローグ

　アラン・グリーンスパンに対して歴史はどのような判断を下すのか。だが、そんなことを気にかける者がいるだろうか。人は集団として考えるかぎり、事後的な判断を行うという有利な立場に置かれていてさえ、豚をバレリーナと簡単に言いくるめられてしまう。FRB議長を英雄と信じさせることも、悪党と信じさせることもできるのだ。
　「私の意見では、グリーンスパンは歴代のFRB議長のなかでも間違いなく最高だ」[27]とノーベル賞受賞経済学者のフリードマンは2002年末に述べた。しかし、グリーンスパンの金融緩和策に対する理論的な支えを与えたのが当のフリードマンだったことからすれば、この発言もまったく偶然になされたとはみなしがたいであろう。
　もちろん、別の見方があることは言うまでもない。「歴史はグリーンスパンに対して厳しく、新時代のバブルを引き起こした新時代のバーテンダー長として扱うだろう」[28]と述べたのは、パシフィック投資顧問会社のファンドマネジャーのポール・マッカリーである。グリーンスパンは消費者や投資家が法的な限度を超えたあとも酒を飲ませ続けた、と批判者は主張する。その結果として生じた暴落について、グリーンスパンはそれなりの責任を負うべきなのではなかろうか。
　未来のニュースを覗き見するという芸当などできないわけだから、経済や株式相場にこの先何が起きるかということも、評論好きの連中がそれをどう評するかということも知りようがない。ここでグリーンスパンの途方もない経歴について述べたのも、本人を断罪するという

のではなく、単に人間がどんなものかを示すためであった。人は合理的な考えを心に抱き、それを合理的に根拠づけることをやってのける力がある。ある日、理性に従ってこれ以外にないと思われる結論にたどり着く。ところが、次の日にはそれと反対の意見が同じくらいか、あるいは前以上に正しくみえてしまうのだ。

　もっと驚くべきことは、人間はある考えを抱き、しかも心から大事だとさえ思いながら、それと完全に逆のことをやれるという事実である。議会のただひとりのリバータリアンでテキサス州選出のロン・ポール下院議員が、あるときグリーンスパンを追いかけて行って釈明を求めたことがあった。ポールは「金と経済的自由」のコピーを突きつけた。それは、グリーンスパンが1966年にランドのオブジェクティビスト誌に発表した論文で、その主旨は、金の裏づけのない貨幣は大衆に対する一種の詐欺だというものだった。そして、議員は尋ねた。

　「これを否定する意見を付け加えたいと思いますか」

　「いや。私は最近それを読み直したのだが、1語も変える必要はないね」。歴史上最も大量の不換紙幣を生み出した男はこう答えたのである。

# 第6章
# 群衆の時代
## The Era of Crowds

人口の半分はもはや新聞を読まない。率直に言って、それは賢い側の半分である。——ゴア・ヴィダル

　境界線のあたりでは何でも起きる。境界線上の人間は、良いか悪いか、利口かバカか、強気か弱気か、どちらか一貫することがなく、すぐにほかの影響を受ける。投票日に一杯おごってやれば、言われたとおりに投票する。うまくデマで踊らせれば、群衆のなかに身を投じ、マザー・テレサでさえリンチしてしまう。

　ギュスターヴ・ル・ボンは1896年に書いた『群衆心理』（講談社学術文庫刊）のなかで、20世紀は群衆の時代になると予言した。西洋では群衆がほとんどすべての政府を引き継いでいた。宮殿にはまだ君主や皇帝がいることもあったが、どこでも民衆の集会が力を得ていた。近代のコミュニケーション手段がそれを可能にした。安い新聞や、汽車や、電報のおかげで、国民全体がほとんど同じ時にほとんど同じことを考えることができるようになった。暴徒というものは、以前は市街地のかなり小さな集団にかぎられていたが、それが国全体や世界全体にさえ及ぶほどになった。すぐに巨大な群衆が政治に、そして金持ちになることに興味を持ち始めた。

　群衆には、個人として感じるどんな感情も増幅する傾向がある。人は普通、分別があり、右側通行を守り、家にあるオーディオ装置の操作方法を心得ており、スーパーでなんの問題もなく一番安い品を選ぶ。

それがいったん群衆のなかに入ると、訳の分からない人間に変わる。市場では貪欲と恐怖が解き放たれる。価格は、正気の人間がひとりでいるときならけっして買わない水準にまで競り上げられるし、正気の人間ならどうしても手を出したくなる水準にまで押し下げられる。しかし、何が問題なのだろうか。正気が窓の外へ吹っ飛んでしまうのだ。強気相場の最終段階では、戦争の初期段階と同じく、人々はひどく大胆になる。これに対して、弱気相場や戦争の最終段階では、人々はすべての希望を失う。絶望的になり、隠れ家へと逃げ込む。理性はただ眠り込むというよりは、意識不明になって床に倒れる。

## 群衆の狂気

プリンストン大学のジョゼフ・ロレンス教授は大まじめになってこう断言した。「株式相場の価格水準は何百万人もの人々の判断によって決まるのであるが、そうした人々の一致した見方によれば、これらの銘柄は高すぎることはない。それでは、こうした賢い大多数の判断に対して、拒否権を発動できるほどに大きな知恵を持った人物たちとは、いったい何者であろうか」[1]

その賢い大多数が何を考えていたかについては、ほとんど疑いの余地がない。PERの20倍か30倍か40倍のどこで株を買ったものかと考えていたのだ。そんなに大勢が決めたのなら、その値段にだれが異をとなえられるだろうか。

大集団のなかでは、複雑な考えや、あるいは洗練された考えでさえもすりつぶされて、空疎なうたい文句やスローガンや誇大宣伝の、ブツブツと発酵するシロップに変えられてしまう。大衆はちょっとした折にこの液体を手に取り、酒の切れたアルコール依存症患者のように一気に飲み干す。ほぼ即座にその効き目が脳まで回る。先に述べたように、ロレンス教授は大衆の考えについて断言した。それは1929年の

夏のことであり、タイミングが悪かった。その時点では、大多数の考えを正しく当てたのであるが、2～3カ月のちにはその考えががらりと変わってしまった。

グレアムとドッドは1929年の大暴落とその余波を振り返ってこう書いている。「莫大な利益はもっと巨額な損失に変わってしまった。新たに持ち出された理論はその後見向きもされなくなってしまった。限りない楽観主義は最悪の絶望に取って代わられた。こうしたことは全部、昔からある伝統的パターンとぴったり一致するものである」[2]

伝統というものはひとつの世代の間だけで作られるものではない。伝統に価値があるのは、何世代にもわたって、何回もの周期を繰り返しながら、加熱と冷却により鍛えられ、何度も打ちすえられて好ましい姿に叩き上げられて、少しずつ進歩してきたからだ。

啓蒙運動の時代以後、伝統など不要だという考え方が広まった。十分な情報と、それについて考えるための十分な時間があれば、理性によって必要なものすべてにたどり着けると信じられた。しかし、そこには問題があった。知識を得るためには時間と労力が必要なのだ。現実の利益と計算上の利益とが別物であるのと同じように、データや情報を知識に変えるのには、時間と労力をかけなくてはならないのである。手に入れるべき知識が重要であればあるほど、それに必要な時間と労力は大きくなる。知恵を身につけるには何十年もかかることがある。「汝の隣人を愛せよ」とか「安く買って高く売れ」といった法則や原理を確立するには何世紀もかかることがある。

## 知恵と伝統

1920年代、昔からの伝統に照らせば、株には警戒が必要だった——危険な状態になっていたのである。1921年、投資家の大集団は企業収益の1ドルにはたった5ドルの価値しかないと判断していた。だが、

1920年代の終わりごろには、株を買う大衆の価値観に何か変化が生じていた。20年代には自動車や電気器具やラジオ放送など数々の新しい大発明があって、「新時代」が始まったのだった。1929年になると、投資家は収益1ドルに対して気軽に33ドルも払う気になっていた。しかも、まともな取引だと考えていた。そして、言うまでもなく暴落がやって来た。

その年の終わりには、「なぜゼネラルエレクトリックがそんなに高い価値があると考えてしまったのか」とみんな首をかしげた。一般大衆にはその答えを知る手掛かりがなかった——そのときも、今も。

人間の集団は個人とは違った考え方、振る舞い方をする。人は個人として狂気に陥ることもあるが、人間の集団の狂気はそれをはるかに超えるものとなる。集団は行動だけでなく、思考の点でも異なっている。思考はたいてい単純化され、しばしば愚かで妄想的となる。

ギュスターヴ・ル・ボンは次のように書いている。

> 群衆はイメージで考える。ひとつのイメージはすぐに一連の別のイメージを呼び起こすが、その間にはなんの論理的なつながりもない。理性的に考えれば、これらのイメージの間には一貫性などないことが分かるが、群衆はそれにろくに気づかず、本当の出来事と、想像力によって歪められたその映像とを混同してしまう。
>
> 聖ジョージがエルサレムの壁に現れて十字軍兵士全員に目撃される前に、まず最初に、そこにいる者のひとりが気づいたに違いない。そして、暗示と伝染の力によって、ひとりが啓示を受けた奇跡がすぐさま全員によって受け入れられた。
>
> 歴史によく登場する集団的幻覚は常にこんなふうに起こるものだ——その幻覚がみんなに真実だと認められるのも、その現象を何千人という人々が体験しているからなのだ。

群衆が勝手気ままに振る舞う——戦闘を行ったり、CNBCの番組を見たり、選挙の演説を聞いたりする——なかで、事実と虚構の境界が狂ってくる。どっちがどっちだか分からなくなる。火星人が攻めてくるとか、IMFが自分たちをだまそうとしているとかと言われても、群衆のメンバーにはそれに反論するだけの個人的な経験も知識もない。なにしろ、群衆は何ごとについても確信が持てないのだ。群衆の知識は、個人の知識とはまったくタイプが異なる。集団は、出来事や事実をひどく荒っぽく、きわめて幼稚な形でしかとらえられない。集団のメンバーが個人として持っている経験——無限に多彩で微妙な変化に富む経験——はほとんどなんの役にも立たない。

　例えば大恐慌とか大戦とかを生き抜いた世代は、出来事それ自体の記憶はあるが、それを理解するとなると、一般的な知識による逸話的な証拠に頼りがちである。1930年代をずっと幸福に生きて、何か大変な出来事が起きていたことなど露ほども知らなかった人がいたとする。その人が、大恐慌のさなかにいたのだといったん知らされると、その人独自の経験は新しい意味を帯び、集団的な感情に合致するように再解釈される。

## 集団的コミュニケーション

　技術の進歩によってもたらされた現代のコミュニケーション手段のおかげで、感情のうえでも、行動のうえでも物理的な一体感を感じる人がますます増えてきた。なにごとも素早く——事実上瞬時に——伝わり、アメリカの山奥でCNN放送を見ている人が、世界中の出来事を今そこで体験しているかのように感じられるようになった。テレビやラジオや新聞や雑誌などが一体となって集団的な思考を形作り、みんながほぼ同じ時にほぼ同じことを考えるようになった。

　例えば1990年代にウォール街のテレビ報道が始まって、株式市場に

対する大衆の意識やかかわりがずいぶん増幅され誇張されるようになった。仕事場や寝室を一歩も離れないで、まるで取引所にいるかのような生の興奮を味わうことが可能になった。

インターネットによって引き起こされた大きな変化は、人々が群衆としての感情に簡単に染まりやすくなり、その感情に基づいてすぐ行動するようになったことである。1990年代の半ばには、何千人もの人々が金持ちになれると信じて、自宅や仕事場のコンピューターで株のデイトレードを行うようになった。1日24時間続くオンライン・チャットのせいで、人々はどんなところにいても、扇動的なデマゴギーの片棒をかつぐことが可能になった。彼らは、モニカ・ルインスキー事件やエンロン事件やそのほか数え切れないことについて腹を立てることもできた。また、フランス革命のさなかにチュイルリー宮殿の庭にいるかのような臨場感を味わうこともできるようになった。家を出ることもなく、蜂起した民衆のひとりにもなれたのだ。

インターネットのおかげでたくさんの情報が得られるので、みんながいっそう利口になれるとよく言われたものだ。現実には、インターネットのおかげでみんなが群衆的思考法に染まりやすくなるだけだった。というのも、ワールドワイドウエブの絶え間ない雑音が自分自身の考えというものを外に締め出してしまったからだ。

ひとりでいるときなら、良くも悪くも、インターネットについての自分の経験というものを持ち得たかもしれない。しかし、いったん接続してしまえば、インターネットについての見方は、自分の経験というよりは、ウエブ上を伝わる集団的感情に支配されたおしゃべりによって作られがちになる。集団的思考のなかに引き込まれると、どんなにバカげたものであっても、集団の判断に逆らうことは難しくなるものだ。

## ニーチェを超えて

　ニーチェは2種類の知識を区別した。ひとつは、個人的な経験や観察から知ったことで、エアファールンク（経験）と呼ばれるが、私たちはこれを「個人的知識」と呼ぶことにしよう。もうひとつは、自分が知っていると考える抽象的な事柄——新聞に報道され、論説欄で議論されるようなことがら——で、ニーチェがヴィッセン（知）と呼び、私たちが「一般的知識」と名づける知識である。
　ところで、これはニーチェが見逃していることであるが、知識に2種類のものがあるだけでなく、思考にも完全に異なった2種類のものがある。
　ひとつは、自分が知っていることについて用いる思考法である。例えば遠くでだれかが木の枝に登っていて、その枝が折れるのを見たとすれば、類推によって、同じような状況では同じようなことが自分にも起き得るという結論を導き出すことだろう。ニーチェ流の伝統に従い、この種の思考法を「本格的思考」と呼ぶことにする。これは直接的な経験や観察から論理的に推論するときに用いるものである。
　しかし、テロリズムに対する戦争や次回の選挙について考えようとすると、それとはまったく異なる思考過程がかかわってくる。自分が知っている事柄について考えるのではなくて、自分が知ることも説明することもできない事柄について考えることになるのである。このタイプの思考法を「貧困思考」と呼ぶことしよう。例えば新聞の論説欄を広げてみれば、ズビグニュー・ブレジンスキーが「今やアメリカが介入すべきとき」という題でインターナショナル・ヘラルド・トリビューン紙に載せた論説記事に類したものを見ることになろう。そうすれば、たちまち違った世界に踏む込むことになる。
　筆者たちはブレジンスキーには賛成しない。アメリカは単に抽象物として存在するだけなのだから介入などできないのだ。アメリカ人兵

士は人を撃つことができるし、アメリカの飛行機は爆弾を落とすことができる。しかし、アメリカ自体はあまりに大きすぎてそれができない。「アメリカ」が行うことはなんでも、実はそのほんの一部によってなされている。大部分のアメリカ人はなんの役割も果たしていないし、なかには反対する者もいる。多くの人々が、何が行われているかまったく気がついていない状態なのだ。[3]

いったいどんな利益があるというのだろうか。どうすればそれが分かるというのだろうか。それを知ることはまったく不可能だった。だが、だからといってブレジンスキーがくじけることはなかった。

「究極的には、480万人のユダヤ系イスラエル人がずっと450万人のパレスチナ人（そのうちの120万人は下層イスラエル人である）を抑えつけておくことは不可能である。さらに、そうした状態が続けば、イスラエル自身の民主主義や道徳的な自尊心の感覚も危うくなることになる」とブレジンスキーはうわ言のように語った。

「このような状況では、アメリカは世界中の世論を無視するわけにはいかない」[4]

筆者たちは中東の情勢についてなんの意見も持っていない。私たちはアメリカ人であるが、イスラエルとパレスチナの間に何が起きようと、ジンバブエと南アフリカの間の出来事と同じようになんの関心もない。私たちがブレジンスキーの見解を取り上げたのは、貧困思考の一例として、それで出世した人物の例をランダムに取ってきただけのことである。その記事を注意深く読んでみても、元国家安全保障問題担当補佐官が正しいかどうか決めることができない。というのも、そこには評価を下すべきしっかりした根拠が何もないからだ。この文章全体のなかに、解釈や論証や傍証を必要としない語句はほとんどないといっていいくらいである。反対の事実を思い浮かばせることのない事実はなく、まったく同じ事実や状況からそれとは逆の結果を導き出せないような結論もない。キケロの言葉を借りるならば、一般的知識

と貧困思考の世界は、「火のついていないたいまつを持って暗い部屋に入っていく」ようなものである。

ブレジンスキーは自分の感情を、まるでそれが論理的であるかのように、あるいはなんらかの論理的思考の結果であるかのように述べている。しかし、その背後には鉄壁の論理などはなく、張り子なみの論理すらない。彼の「論理」はただ言葉上のもので、空疎な一般的感情を述べただけにすぎない。しかし、新聞の論説欄や、インターネットのチャットルームや、選挙演説や、テレビや、ラジオのトーク番組には──カフェで聞かれる会話でさえも──こうしたたぐいの無内容な論理ばかりがあふれている。

## お粗末な貧困思考

インターナショナル・ヘラルド・トリビューン紙の別の論説委員であるエール大学教授ジェフリー・E・ガーテンは2003年1月に次のように述べた。「世界経済は困難な状況にある。設備投資も貿易量も鈍化し、工場は売れる見込みを超えて生産しており、多くの地域でデフレの影が忍び寄っている。ドイツと日本は景気不振に陥っている。インドネシアやブラジルなどの大きな発展途上市場は深刻な問題に直面している。アメリカ政府は経済的パートナー国──主要7カ国のメンバーであるカナダ、日本、EUの4カ国──を集めて、世界経済が再び動き出すように図るべきだ」[5]

貧困思考が作り出す世界はなんと驚くべきものなのか。世界経済に問題がある？　ならば雇われ政策屋の仲間をちょっと集めたらいいじゃないか。ガーテンはそうした連中が仲間うちで何か決めれば、それで世界経済全体を変えられると考えている。

アメリカは自分でできることにはすべて手をつけたと彼は言った。金利は下げた。国は「すでに膨大な財政赤字を抱えている」と賛意を

込めて彼は述べた。それに引き換え、ヨーロッパ諸国はどうなのか。彼らももっと金利を下げて消費を増やすように、はっぱをかけてやらねば。ああそうだ。「日本をせっついて、成長の邪魔をしている銀行債権をリストラさせる」必要もある。

よし、これで万全と。だが、ちょっと待てよ。もし世界の経済問題をなんとかしようというのなら、ここで止めてしまうっていう法はあるか。

忘れてならないのはイラクの復興だと彼は言う。それには1.2兆ドルほどかかりそうだ。ただし「そのなかには現在の米政権が考えているような、湾岸地域に民主主義と自由市場の制度を広めるコストは含まれていない」。1.2兆ドルあれば、ハリウッドスターの外科手術並みの復興が期待できるだろう。その額は、イラク国民一人当たりにならせば4万9896ドルになるが、これは彼らの平均年収の19倍に相当する。その資金はいったいどこから来るのか。ここでもガーテンは答えを用意している。「ブッシュ政権は必要資金を計画のなかに組み込むために、議会の協力をとりつける必要があるだろう——行政管理予算局長のミッチェル・E・ダニエルス・ジュニアは乗り気ではないのだが」。筆者たちはダニエルスとは面識がないが、ガーテンほど狂気じみてはいないようで、うれしく思う。

ガーテンはまるで未来が読めるかのような調子でさらに続ける。「政治的、軍事的緊張の10年が今始まりつつあり、国家建設という任務がアメリカの果たすべき責任の主要部分を占めることになるであろう」。ごもっともである。世界経済を立て直したあとならば、1つ2つ国を作るくらい、雇われ屋の連中は汗もかかずにやってのけるに違いない。

厄介なのは、人々がこうした貧困思考を額面どおり受け取ってしまうということだ。彼らは、小さな問題と同じように大きな問題も理解できると考え、芝刈り機を直すような具合に世界問題もうまく処理で

きると思い込んでしまうのだ。

## 抽象化された一般的知識

　群衆もものを「知る」ことはできる。しかし、群衆の理解の仕方を決めるのは抽象的な一般的知識であり、直接的な個人的経験ではない。一般的知識にはそれ特有の性質がある。というのも、愚かな群衆にものみ込めるように、やさしくかみ砕かれていなくてはならないからだ。

　知識豊かで思慮深い人が群衆に語りかけても、なんらまともな反応が返ってこないことがある。これに対し、筋金入りの扇動家が、自分の考えを短い単純な表現に凝縮して口にすれば、すぐに大勢の賛同者たちを役所にけしかけることができる。読者のなかに、政治家というものはなぜみんなあんなに単細胞にみえるのかと不思議に思う人がいたとすれば、ここにその答えがある。それは仕事上必要だからだ。集団のなかの人間は、複雑な考えや多面的な考えを理解したり、記憶したりすることができないのである。

　だからこそ、群衆は、ひどく知的に低俗な形でしか歴史を記憶することができないのだ。ほかのすべてのことと同様に、集団が取り込めるように、歴史はほんのわずかの共通部分にまで縮められて、たいていはまったくの神話にまでなりはててしまう。ひとつ、ごく単純な「事実」を取り上げてみよう。第一次大戦で勝利したのはフランスをはじめとする連合国側であり、敗北したのはドイツである。どんな小学生でも知っているように、これは真実である。ただ、これはニーチェの言う「知」、つまり一般的知識である。それは純粋な抽象であり、だれも実際にそれを見たり経験したりした者はいないのだが、それでも真実とみなされている。

　しかし、2人の息子が戦死し、夫は手投弾で失明したフランス人女性に対して、勝利を祝いなさいと言ったとしたら、彼女にバカかと思

われてしまうだろう。フランスの首都の3分の1はめちゃくちゃになった。何百万もの人が死んだ。国土の主要地域は破壊された。これが勝利と呼べるだろうか。
　そう……しかし、フランスはアルザスとロレーヌの領土を取り戻したではないか。だが、それがいったいだれの利益になったのか。ロレーヌに生き残った男たちは、年配で頑丈なフラウよりも新しい小柄なファムのほうがきれいだと思っただろうか。ザウワークラウトはフランス語でシュクルートと呼ばれて前よりもおいしくなっただろうか。地元の密造ぶどう酒がヴァイス・ヴァインでなくヴァン・ブロンと呼ばれるようになったおかげで、消費量が増えただろうか。ありそうもない話である。実際は、戦争前と同じように、男たちはやはりその土地を耕していたのだ。そして、長い年月が過ぎたあとも、ときどき第一次大戦の不発弾に出くわすことがあった。鋤が触れてそれが爆発することもまれではなかった。
　ところで、第一次大戦の勝利国は敗戦国よりも戦後うまくやれたのではないか。いやいや、とんでもない。1930年代には、フランスもイギリスもアメリカもまだ不景気だった。一方、ドイツは絶好調だった。連合国側の国々は疲れ、すり切れはて、目的を失っていた。ドイツは素晴らしい根性と誇りとエネルギーの時代に入っていた。
　フランスはライン川西岸地域の支配権を手に入れて、より安全になっただろうか。まったくそんなことはなかった。ドイツ軍は素早く再軍備を果たし、以後の歴史が示すように、1934年には20年前よりもはるかに大きな脅威となっていた。
　もしフランスが勝利者だというのなら、いったい何を得たというのだろうか。フランスは戦争に敗北したと言ってもいいくらいのものだった。

## 事実は事実、とはいっても……

　なんというおかしなタイプの知識ではなかろうか。貧困思考の結果として、ある「事実」が正しいと分かる。ところが、ちょうどその正反対のことも同じように正しいのだ。こんなことが可能になるなんて、どんな思考回路になっているのか。どんな論理によれば、昼と夜のようにはっきり異なった２つの結論に同時に達することができるのか。

　これが、群衆の思考の道筋が個人のそれと違っている点である。群衆はほとんどなんでも信じてしまう。それは、その結論と同じように、それを導く知識そのものがまともではないからだ。個人の知識はその時と場所に極めて密接に結びついている。燃えているマッチを長く持ちすぎたり、妻の感情を害したりするとどんな始末になるかみんな知っている。こうしたことで間違えることはまずない。

　しかし、各個人が備えている理性も、たいていの人が考える以上に不確かなものである。私たち人間は自信過剰に陥る。私たちは自分が理性的だと信じており、たしかにほとんどの場合そう言える。そして、手近な対象に推論を働かせて、とてもうまくいったというので、私たちはどうしても、その同じやり方を遠くの見当もつかない対象にも当てはめようとしてしまう。身のまわりの出来事を、たまたまうまく説明できる理由を見つけると、それをほかのところに持っていって、理屈からして今度も同じような結果が生じるのだと期待してしまうのである。

　ツェツェバエやカンガルーと違って、人間は２＋２の計算ができる。手近にあって、その性質がよく分かっている対象については、ほとんど間違いなく４という答えが出せる。しかし、この同じ推論能力をほかの人間の領域――例えば中東に平和をもたらす方法とか、ウォール街で利益を上げる方法とか――にまで及ぼそうとすると、事実はバラバラになり、その計算式もめちゃめちゃになって意味を失ってしまう。

私たちにとって理性はたしかに一番の力であるが、悲しいことに、それは一番の落とし穴でもある。単に事実を述べただけの「私は嘘つきだ」という言葉がみんなを混乱させる。もしこの言葉が正しいのなら、本人は嘘をついているのかいないのか。もしそれが正しくないのなら、いったい……。

　すべての行いのなかで最も合理的なはずの数学でも、理性はその見かけほど純粋ではない。バートランド・ラッセルの書いた『プリンキピア・マテマティカ序論』（哲学書房刊）はすべての数学の論理的基礎を確立しようとしたものである。聡明な数学者であるカート・ゲーデルは1931年に、ラッセルの著作のなかに言い逃れのきかない矛盾のあることを指摘した。ラッセルはその後何年もあれこれとあいまいなことを言い続けたが、後年次のように回想している。「私にはもちろんゲーデルの仕事が根本的な重要性を持っていることが分かっていた。ただ、私はそれをどう扱うべきか決めかねていた。数学的論理の問題からもう手を引こうと決めたとき、私は本当にうれしかった」[6]

　世界有数の天才的数学者ゲーデルは1978年に死んだ。看護婦たちが毒を盛ろうとしているのではないかと恐れて部屋に入ることを許さず、胎児のような姿勢で横たわったまま餓死したのだった。

　哀れなカート。彼が残したものはその理性の力だけだった。その経歴を輝かしいものにしたデカルト的論理は彼の死にもかかわりを持つことになってしまった。ゲーデルは他人が自分を毒殺しようとしていると考えた。それゆえ、彼らは存在していたのだ。

## プロでさえ予想をはずす

　私たちが住むこのなじみ深い地球で厄介なのは、本書で詳しく述べてきたように、人生が限りなく複雑だということだ。近くで見れば見るほどたくさんのものが目に入る。遠目には単純に見えるもの——テ

ィーンエイジャーのしつけとか南アフリカの政策など——が、近くに寄ると啞然とするほど入り組んでいる。真実の全体は限りがないのだから知ることができない。そして、そのどんなかけらをとってみても、哀れな間抜けがピストルを自分の口に突っ込んで、地獄の特別コーナーへと直行する原因となり得るのだ。

「だれも何も分からない」とハリウッドでは言うが、これは映画ビジネスの複雑さを表したものだ。映画会社が1億ドルも注ぎこんで大作を作っても完全な不発に終わることもある。その一方で、若造が2万ドルの元手で大当たりを取ることもある。ベテランには、一生の経験があってもまだ確かなことは言えないと分かっている。どの映画が大ヒットになるか、ベテランでさえしょっちゅう予想をはずす。

しかし、通りを歩くひとりの男をつかまえて聞いてみれば、たいてい何かの意見を持っているはずだ。夏に大作が封切られるという話を聞いて、その娯楽会社の株式さえ買っているかもしれない。シナリオも読んでない、俳優に会ったこともない、映画産業で1セントだって稼いだことがない、映画館の案内係すらやったことがない——そんな男でも、新聞を読んだりテレビを見たりして、何か意見を持っているのである。1980年代のボルティモアの有権者たちは、どうすれば市役所を動かしてゴミを持って行ってもらい、道路の穴をふさいでもらえるのか分からなかった。しかし、その彼らが、ほとんどだれも行ったことがない南アフリカ——ほとんどだれもその言語を話せず、その主な人種構成も知らない国——について、その政府をどう再構成すべきかという点に関し、確固たる意見を持っていた。

南アフリカの状況について知れば知るほど、単純な意見を持つことは難しくなる。見識のある人は、状況についてのコメントを求められると、考えを言う前に「よく分からないのだが」と前置きを述べる。

情報時代のコミュニケーションのおかげで、人々は日ましに無知になっている。集団思考と一般的知識の雑草が伸びたせいで、本当の知

と真のわずかな若芽は押しのけられてしまった。集団的な愚かさはクズ（葛）のようにはびこっている。やがて、ほかに生きているものがなくなってしまうだろう。みんな何も知らなくなってしまうだろう。

## 群衆の支配

「遠くの恋は家では厄介の種」とエマーソンは書いた。男は妻には目を向けず、スーダンの女性の窮状に大きな関心を寄せる。また、ニューデリーの公衆衛生の状態を憂いながら、家のゴミを出すのを忘れる。

集団思考は個人的思考よりも簡単で、自分へのはね返りも少ないのでよくはやる。外での態度は大勢の支えがあり、メディアによって後押しされ、いつも繰り返されて強められる。その反対に、個人的思考はもろく、心細く、たいてい孤立している。自分の子供たちに部屋を片付けさせたり、家計プランについて妻の賛成をもらったりすることすらできない。そんな人間に対して、他人に何も頼めないからといってどうして非難を投げかけることができようか。

大勢の人々が戦争に行くのは、そのことで個人としての人生が豊かになり、長くなり、良くなるからではない。それは、ほとんどだれも説明したり正当化したりすることのできない抽象的原理のためなのだ。「生存圏（レーベンスラウム）」「連邦を守れ」「聖地から異教徒を追い払え」「民主主義のために世界に平和をもたらせ」「ドミノ理論」──好戦的愛国主義の中身はほとんど何でもよかった。大衆が理解できるように単純で、彼らを自己破壊へと引き込むために十分きらびやかでありさえすればよかった。

アメリカ革命やフランス革命によって近代国家が確立される以前には、戦争にかかわるのは比較的少数の人間だけだった。戦争は小規模で季節的なものだった。とはいえ、兵士たちは相手や邪魔者に対して

たいていひどく残酷だった。

　ところで、1793年にフランスの国民公会が君主制を打倒したあと、フランスは四方を敵に取り囲まれた。国境にはどこにも外国軍隊がおり、その多くは亡命したフランス人貴族を大勢抱え込んでいた。亡命者たちは国内に侵入し、人民の新政府をくつがえして君主制を復活させようといきり立っていた。このような危機に直面して、国民公会は祖国のために最初の国民総動員令を定め徴兵制を敷いた。多くの将校（アメリカ革命の偉大な英雄ラファイエットもそのひとりだった）が敵側に寝返っていたため、身分のそう高くない若くて才能のある将校がすぐに昇進できるだけの余地があった。このようにして、ナポレオン・ボナパルトがイタリアでフランス軍の指揮を取り、あっという間に国民の最大の英雄に昇りつめた。

　ボナパルトが軍事の天才だったことに異論を唱えるものはほとんどいないだろう。だが、その作戦が歴史上みごとに際立つほど成功したのは、個人としての戦争の才能もさることながら、人口構成や集団のかかわり方の影響も大きい。次章でも検討することだが、18世紀のフランスはベビーブームに沸いていた。君主制を歴史の外へと追いやったのは、そうした若くて向こう見ずな市民たちだった。また、彼らのおかげで、ナポレオンは多くの「大規模大隊」を何千マイルも離れた場所での戦闘に展開できたし、危険な状況に投入した兵士が倒れればその補充もできたのである。

## 歴史の長く緩やかな歩み

　ビルヘルム・フリードリッヒ・ヘーゲルが、歴史が終点に達したと初めて宣言したのは1806年のことだった。ナポレオンがイエナの戦いでプロイセンを打ち破ったとき、ヘーゲルはそこにフランス革命の理想の勝利を見た。この勝利は、フクヤマが1989年の夏に見たと信じた

勝利と同じ種類のものだった。ヘーゲルもフクヤマも、政府への大衆参加によって永遠の平和と繁栄がもたらされると信じた。歴史はそこで終わるはずだった。

しかし、歴史は（1989年と同様）1806年には終わらなかった。というよりも1806年には、今の私たちが知っているような意味での「歴史」はまだろくに始まっていなかった。以前には、今ほどたくさんの人々が、歴史家を魅了する集団的な営みに加わることはなかった。19世紀の進展とともに、民主的集会や議会の発達を通して、次第に多くの人々が断続的に政治にかかわるようになった。西洋世界のこうした民主化の進展は、歴史の歩みを妨げる障害とはならなかった。むしろ逆に、人類の経験のなかで最も歴史的変動の激しい世紀へ至る道を開き、ならし固めたのだった。世界に政治と民主主義、そしてそれに伴って戦争が満ちあふれたのは20世紀だった。史上初めて、ヨーロッパのほとんどの列強が、完全に集団化された社会のすべての仕組みとともに、民兵の軍隊を持つようになった。これまで声とうわさの届く範囲に閉じ込められていた群衆が、鉄道や電報や電話や新聞やテレビといった近代のコミュニケーション手段のおかげで、時間帯を超えられるようになった。すでに述べたように、国全体が群衆心理に染まるようになり、以前、田舎の最低の愚か者ですら見込みがないと考えた冒険にも手を出すようになった。

フクヤマは歴史についてだけでなく、経済と民主主義についても間違っていた。フクヤマが取り入れた一般的な見方によれば、共産主義の没落は、マルクスの考えが完全に打ち負かされたことを意味する。

フクヤマによれば、「20世紀初めには、西洋の自由主義的民主主義が最後には勝利するとの自信が満ちあふれていたが、世紀末の今、流れは一巡して再び出発点に戻りつつあるようにみえる。流れの向かうところは、かつて予測されたような『イデオロギーの終わり』でも、資本主義と社会主義の合流でもなく、経済的・政治的自由主義の堂々

たる勝利なのである」。国家社会主義は第二次大戦で破壊されたとフクヤマは指摘した。ソビエト社会主義連邦は1980年代終わりに瓦解した。

## 窒息した「資本主義」

　しかし、共産主義が没落したからといって、歴史の趨勢が終わりを告げたわけではなかった。共産主義は構想としてはまったく見捨てられたが、その共産主義も過去2世紀に及ぶ集団化の趨勢の一部にすぎなかった。民主主義そのものもこの趨勢の一部であり、集団化された意志決定システムの単なる一変種だったのである。

　共産主義体制では、生産手段はまず第一に人民の手のなかにあると言われる。そして、その果実が政治過程を通して分配される。現代の民主主義では、財産は個人が所有するが、その用益権は民主主義的集会のきまぐれによって、恵まれたグループに分配される。財産権は個人にあるが、所有者は自分の所有物をまったく自由にしていいというわけではないのだ。例えば財産所有者は、だれをどんな条件で雇い入れるか、どれだけの報酬を支払うべきかなどについて規制を受けている。また、敷地内の動物や植物をどう扱うべきかについても指図を受け、都市計画法や建築基準法による認可を受けるための行列に並ぶ必要もある。

　所有者は資本市場を通して次第に自分も大衆化しつつあり、また、従業員から税金を集めるとかいった奉仕もするように求められている。それ以外にもさまざまの社会的、厚生的、政治的な機能を果たすことが要請され、従業員の言うことを監視したり、会社の施設内での喫煙を禁じたりしている。

　いうまでもなく、アメリカの民主主義にも、国家よりも個人の権利や自由を重視した時代があった。しかし、20世紀終わりにはそうした

時代ははるか過去のものとなっていた。ベルリンの壁が崩壊したころには、アメリカの民主主義はヨーロッパ流の考え方にずっと近くなっており、個人の意志は選挙で決定される集団の利益よりも下に置かれていた。多数派は国王のマントを身につけ、国王よりもずっと神聖な権利を持つようになった。少なくとも国王は神からその地位を与えられており、たいていはその主を恐れていた。しかし、多数派にはだれか恐れる相手があっただろうか。多数派にはそれを超える権威がなく、間違いを犯すという可能性がなかった。その地位はだれかから与えられたものではなかった——群衆を別にすれば。

アメリカの驚異と呼ばれるシステムに関し、1989年ないし1999年と、それ以前との間に本当にそんなはっきりした境界線があったのだろうか。

## 民主主義の神話

群衆が心に抱くことのできるのは単純な考え——分かりやすいようにかみ砕かれ、矮小化されて、もはや神話同然になった考え——に限られる。

重要な点は、民主主義によって、より多くの人間が政治と利権にかかわるようになったということであり、この点では共産主義やファシズムと変わるところがない。国王や皇帝は自分の個人的な判断や良心によって政策を決定した。その政策の施行や実施は、状況次第でうまくいくことも、そうでないこともあった。これに対し、大衆がかかわってくると政治と政府の質が変わり、以前以上に専制的になり、不思議なことに、いっそう変化を受けにくくなった。

アメリカは奇妙な専制政治に苦しんでいる。多数派による、濡れた綿のような独裁制ともいえるし、サテンの鎖によるがんじがらめ状態ともいえる。ともかく、うまく説明する言葉が見つからない。アレク

シス・ド・トクヴィルは200年前にこのことを予想していた。「私の考えでは、民主主義国の脅威となっている圧制はこれまで世界が経験したことのないようなものである」[7]

トクヴィルが述べているように、帝国や王国ではお上の権力は絶対的で、たいてい気まぐれで、危険である。だが、国王の軍隊はどこにでもいるというわけではなかった。役人もたいていは、ちらほらという具合だった。こうした形の政府の下で生きている人々は、大部分がお上とはごくわずかの接触しか持たなかった。税金は安かった。規制はほとんどなかった。そして、規制する側自身がしばしば、群衆に吊るし首にされるのを恐れながら生きていた。国王の統制は恐怖の的だったろうが、それが届く範囲は狭かった。

民主主義はこれと違っている。それは人々を支配階級へと引き込み、彼らを政府の無報酬の手先へと変え、果ては弾圧者に変える。

トクヴィルはこう予測している。

〔民主主義の〕最高権力はこうして共同体のメンバー全員を次々にがっちりと捕らえて意のままに作り変えたあと、その腕を共同体全体の上に伸ばした。社会全体が細かい複雑な規則の網にすみずみまですっぽりと覆われ、最も独創的な者も、最もエネルギッシュな者もそれを突き破ったり、群衆の上に出たりすることができなかった。人間の意志は砕かれるのではなく、軟化され、たわめられ、ねじ曲げられた……行動を強制されることはめったになかったが、常に行動を制限された……そうした権力は破壊することはないが、あること自体を妨げる。それは暴虐をふるうことはないが、国民を抑え込み、無気力にし、黙り込まらせ、無感覚にする。

こうして、人々の精神は次第に突き崩され……考えたり、感じたり、ひとりで行動する力を次第に失っていった。〔その後、

人々は自由を失ったことについてこう言って自分を慰めた〕——元をただせば、そうした守護者を選んだのは自分たちなのだから。

2年ないし4年に一度、アメリカ人はノソノソと足を投票ボックスまで運ぶことによって民主制の自由を祝う。そしてまた、元の言われるがままの生活に戻るのだ。

## 規制された「自由」

中世社会では、各人が世の中で果たすべき役割は神が定めたものと考えられていた。神がそう望んだがゆえに、国王は国王だった。この世で農民となるべき運命も神が決めたものだった。それをうまく生かすのか、生かさないのか、それは自分次第だったが、自分の権利と義務についてはかなりはっきり決められていて、自分の自由にはならなかった。

現代社会、特に民主制にあっては、自分がどんな役割を果たすかは自分で決められるということになっていた。神はもう決まりを定めたりすることはなかった。人間が、みんなの投票で選んだみんなの代表を通して集会で決めるのだった。

19世紀と20世紀を通して選挙権が拡大するにつれて、次第に多くの人々がこの新しいシステムに加わることになった。提案された法律の是非を公開の場で徹底的に論じ、それについて各有権者がじっくり考えたうえで1票を投じる、というような仕組みを空想した理論家もいた。実際には、さまざまな形の民主制は、良くも悪くも、集団的なルール決定の特徴をすべて備えており、ただその特徴が、ルールの適用を受ける集団の習慣や特性によって多少変わるだけのことだった。

しかし、どんなルールであれ、それを定める自由を持つことは悪行へのあからさまな誘いだった。ハーバート・スペンサーも心得ていた

ように、表面的な自由が増えると、それはやがて本物の自由を減じることになった。

スペンサーが19世紀のイギリス議会について述べた部分を引用しよう。

> 法律の制定は……私の指摘したとおりの道筋を歩んだ。どんどん増えていく独裁的な法案のせいで個人の自由は制限される一方だったが、そこには2つの方向があった。制定される法律の数は毎年毎年増えて、前には市民がまったく自由に行えたことについて制限を加えたり、前にはするもしないも自分次第だった行為を強制的に行わせるようになったりした。それと同時に、公的負担とくに地方の課す負担がどんどん重くなって市民の自由はいっそう制限されることになった。というのも、それによって、好きなように使える利益の取り分が減少することになったし、公的権力が意のままに使うために取り上げる部分が増加したからだった。[8]

19世紀のイギリスの状況は20世紀のアメリカの状況でもあった。民主的立法府の定める法律はどんどん増えて、自由はいっそう制限された。それとともに、いっそう大勢の人々が一連托生にされるようになった。各人の結果がお互いの財布、もっと一般的にいえば、経済全体と株式相場にはね返るようになったのだ。

民主制はその核心部分に嘘がある——登録有権者の51%が味方につけば、だまそうが、殺そうが、盗もうが、勝手にしていいというわけではないのだ。人々は投票で決めれば他人の銀行口座のなかにまで踏み込んで、このうえなく幸せになれる。しかも、そのことで道徳的な優越感も味わえる。というのも、そうするときにはいつも、厚かましいことに、環境や貧しい人への心配りとか、世界の解放とかの何か高尚な名目を使ったからだ。

「立法府の会期中はどんな人の自由も財産も安全ではない」とはよく知られた格言である。次第次第に立法府は商業のすべて分野に触手を伸ばしていった。フクヤマの主張に反し、20世紀の終わりには、アメリカでもほかの先進国でも、GDP全体のおよそ3分の1から2分の1は政治的過程を通して再配分されるようになっていた。

## 高尚な厚かましさ

フランス革命以来、西洋世界全体の主な趨勢は投票権の拡大と自由の減少へと向かっていた。「自由を与えよ、さもなくば死を」とパトリック・ヘンリーは言ったが、その当時政府の規制はほとんどないに等しく、税収の総額は3％以下だった。ヘンリーはいったい何を考えていたのだろうか。

言いたかったのはたぶん、上に立つものを選ぶ国民の自由のことだったのではなかろうか。そのことなら、ヘンリーよりもムッソリーニのほうがうまく表現している。「ファシズムは自由のためのものである。しかも、現実的な力を持ち得るただひとつの自由、つまり、国家と国家における個人の自由のためのものなのだ。したがって、ファシストにとってすべては国家のなかにあり、国家の外では人間的なものや精神的なものは存在せず、まして価値などは問題にもならない。ファシズムは……すべての価値を統一し総合したものであり、国民の生活全体を意味づけし、向上させ、強化する」

こうした集団的自由は投票によって行使される。民主制はまさにそのためのものなのだ。アメリカでもどこでも、初めのうち、投票できるのはごく少数だった——白人男性の土地所有者に限られていた。女性に初めて投票権を認めたのはニュージーランドで、1898年のことだった。そのとき以来、次第次第に多くの人が1票を投じる自由を与えられるようになった。

20世紀初期には、投票権は平和と繁栄と自由のための前提だとみなされていた。今日でもたいていの人はそう信じている——1世紀にわたる反対の証拠があるというのに。第一次大戦のときには、主な参戦国はすでに男性による普通選挙制を敷いていた。だからといって、それで何かいいことがあったというわけではなかった。戦争が終わると、民主制が広がることでもうこれ以上の戦争はなくなると、ほとんど世界中で信じられた。だが、停戦後10年もたたないうちに、ドイツの民衆はヒトラーを政権の座につけ、イタリアの有権者はムッソリーニに最高の地位を与えていた。

経済的なアドバイスを期待している読者にとって、こうした民主制批判は場違いなもののようにみえるかもしれない。しかし、私たちの目的は世界が動く仕組みを示すことにある。人間は単独性の動物ではなく、群れを作る。考えるときも、歴史を作るときも、単独ではなく集団として行う。経済的な世界における集団思考が株式市場に集約されるのとちょうど同じように、政治では集団思考が民主制によって増幅される。どちらの場合も、集団思考によって必ずしも世界がより良くなるわけではない。しかし、どちらも以前と違った世界を作り出し、両者一体となって世界をいっそう危険なものにする。

民主制によって人々が裕福になれるわけではない。第二次大戦後、最も経済的に発展した地域のひとつは香港である。だが、その住民は投票で人を選ぶ権利をいっさい持っていない。また、西洋の民主主義国では、有権者の数が増えるにつれて経済成長率が低下したのであって、その逆ではない。

民主制の下で暮らす人々はより自由なのだろうか。より平和なのだろうか。民主制のおかげでより裕福になれるなれるのだろうか。より幸せなのだろうか。証拠はこれを否定している。

リュシアン・ボアは『ミス・オブ・デモクラシー（The Myth of Democracy）』のなかでこう書いている。「〔民主制とは何かについ

て〕図書館がいっぱいになるほどの本が書かれている。だが実際には、民主制は単純で明確な図式のなかに収まるようなものではない。それは多面的で相矛盾する性格を持った動く標的のようなものだ。それは『もの』ではなく、『思想』ですらない。それは神話なのだ」

　ボアはさらにこう説明する。フランスのルイ16世は民主主義者ではなかった。絶対君主だった。そして、ほとんど神のような存在とされ、民衆の意志に縛られない権力を持っていたと言われる。それはたったひとりの有権者からなるシステムだった。ルイ16世だけが投票権を持ち、自分で物事を決めた。しかし、そのルイ16世は何ができただろうか。たしかに戦争はできた。だが、その戦費を調達する方法を見つけ出さねばならなかった。そのために、銀行家に融資するように要求することもできたし、税金を取り立てることもできた。しかし、運が必要だった。

　こうしたことを実現するためには、さまざまな地位にある非常にたくさんの人の助けが不可欠だった。なにしろ、ルイ16世はバプテスト派の執事よりもびっしりと包囲されており、あらゆる方向から制限を受けていた。役人や、教会や、融資者や、ブルジョアのうちだれかが反対するかもしれなかった。女王が何か批判めいたことを口にすれば、それだけで気がくじけたかもしれなかった。

　ルイ16世は法律を公布することができた。だが、だれがそれを執行するのか。彼は宣戦布告をすることもできた。だが、だれを戦わせるのか。

　ルイ16世は全能だと言われた。言われるとおりに全部の権力を持っていたとすれば、普通の市民にはまったく権力がなかったはずである。しかし、現代の選挙で選ばれるごく普通の人々と比べてみれば、ルイ16世の持つ力はアメリカのひとりの有権者とほとんど変わらなかった。そして結局は、ロシア皇帝のニコラス2世と同じように、革命を阻止することもできず、そのうえ、自分自身の命を救う力すらなかったの

である。

　革命家たちは、ルイ16世の弾圧政治の象徴とされていたバスティーユの扉をうち壊したとき、一筋の真実を見つけ出した。牢獄は空っぽに近かった。ルイ16世はほとんどだれも弾圧できなかったのだ。絶対君主がこの地球から消え去ったのは、強大な権力を持ちすぎたからではなく、あまりにもわずかな権力しかなかったせいだった。

## 自由の国

　現在、自由の国アメリカや、西洋のほかの民主主義国の民衆は、ありがたい民主制のおかげで、絶対君主国の民衆よりも5〜10倍高い税金を払い、ルイ14世が想像もできなかったような規則と規制に従っている。

　今のこの時代、アメリカの刑務所は満杯の状態だし、大統領はどれでも好きな国を選んで戦争を仕掛けることができる。ところが、フクヤマも世の人々も何が起きているのかを理解できず、どう手直ししていいのやら見当もつかないでいる。

　公衆衛生や公衆安全に関する法案や、みんなが富を生産し配分するのを手助けしてくれる現代資本主義の仕組みのおかげで、国民はこの世の幸せを手にすることができる——はっきり明文化されているわけではないが、これが現代の民主主義的消費主義の基本的な約束のはずだった。フクヤマによれば、合理的な意思決定をすることのできる人類は、配達をしてくれるという理由で酒屋を選ぶのとちょうど同じ具合に、西洋流の民主主義的資本主義を選んだのだった。

　しかし、その制度が共産主義と呼ばれようと、自由主義的民主主義と呼ばれようと根本をなす約束は同じである。その下にいる人々は、自分ひとりの個人的な努力によっては得られない物をその制度から手に入れようと望んでいるのだ。多数派の力は国王の力よりもはるかに

大きいので、君主に対して臣下が期待するよりも、もっとずっと多くの物を、国民は多数派に期待したわけだ。そして、国民はその約束が守られないかもしれない理由など全然想像もできなかった。

この点ついてギュスターヴ・ル・ボンは次のように説明している。「群衆はただ衝動的で気まぐれだというだけにはとどまらない。未開人と同じで、群衆は欲望とその実現の間に何か別のものが入ってくる可能性を認めようとしない。群衆は数の力のせいで圧倒的なパワーがあると感じているので、邪魔が入るという事態がよくのみ込めなくなっている。個人が群衆のなかに入ると、不可能という観念が消えてしまうのだ」9

## すべての目的に合った時代

戦争はロマンスと同じでちょっとした狂気を必要とする。騎兵隊を率いて猛烈な突撃を行おうとするとき、最悪なのは理屈好きの傍観者の集団を与えられることである。欲しいのはそんな連中ではなく、こん棒のように単純で愚直な頭を持った本当の男たちだ。

そんな男たちを率いるのなら、成功の——敵の隊列を打ち砕き突破する——チャンスもある。それでも、ちょっとしたためらいや疑いが命取りになる。

戦争の神も恋の神も中途半端は好まない。1792年にダントンはフランスの将軍たちにこう言った。「大胆さだ。われわれに必要なのは、大胆さであり、さらなる大胆さであり、常に大胆さなのだ」

兵士、政治家、フットボールファン——いずれも群衆思考に特に染まりやすい人種である。フットボールの試合でのファンを見るがよい。ファンは、試合の結果が本当に自分の問題であるかのように、立ち上がって自分のチームを夢中になって応援する。ひいきチームに勝ってもらいたいと思うのはそれ自体、原始的な形の集団思考である。もち

ろん正確に言えばそれは思考でもなんでもなく、単にむきだしの感情にすぎない。その感情が集団全体をとらえ、そのせいで個々のメンバーは自分の意志を捨て、多数派の意志に従う。自分の周囲と体を押しつけ合うことによって、人々はひどく驚くべきことをしでかすようになる。

フットボールの試合が群衆の感情をとりこにするのはほんの一時のことである。ファンもそれがただのゲームにすぎないことを心得ている。そのイベントがもっと大きくてもっと抽象的な目的で行われる場合、例えば全員を金持ちにするとか、――フットボール場などでなく――全世界の勝利者にするとかの場合には、群衆ははるかに深くそれに取り込まれることになる。見逃せないのは、群衆は合理的な思考に従うのではなく、原始的で単純な感情、普通ほとんど言葉で表現できない未分化の欲望によって動かされているという事実である。その感情は理性によって歯止めがかけられるということがない。

ル・ボンはこう述べている。

　哲学もずいぶん進歩したが、それでもまだ大衆を引きつけるような理想を示すことができずにいる。大衆はどんなことをしてでも幻想を持たずにはいられないので、虫が灯りに集まるように、望むものを与えてくれる修辞家に本能的に引き寄せられる。国々を発展させてきた主な要因は真理ではなく常に過ちだったし、今の時代に社会主義がこんなに力を得ている理由もそれが現存している最後の幻想だからだ。あらゆる科学的な証明にもかかわらず、社会主義は勢力を増し続けている。その強さの主な源泉は、臆面もなくあえて人類に幸福を約束することによって、現実の状況というものがろくに分かっていない人々の支持を集めるというところにある。現在、この社会的幻想は山積する過去の瓦礫の上にはびこり、未来をその手に握っている。大衆はこれまでけっして真

理を必死に追い求めたりはしなかった。好みに合わない証拠には背を向け、魅力的だと思えば過ちも良しとした。大衆に幻想を与えることのできたものは簡単にその支配者となり、大衆の幻想を壊そうとしたものは必ずその犠牲者となった。

　これに少し付け加えることにしよう。群衆心理によって軍隊やフットボールチームがまとまるのは、その目的には都合がいい。それがないと騎兵隊はばらばらになり、とうてい任務をやり遂げることなどできなくなってしまう。それが人間の性質の一部になっている理由はそこらあたりにある。愛国心と同じように、おそらく群衆心理にはそれなりの目的がある。

　群衆思考はある種の競争的な活動には不可欠かもしれないが、ほかの場合には余分というよりも、害がある。「もし全員が同じことを考えるなら、だれも考えていないのと変わらない」とはウォール街の格言である。市場では戦場と違って、集団思考が効果を上げることがめったにない。みんなが同じ銘柄を買って儲けようと思ったら、儲けるのは買い手ではなく売り手である。株価は、まともな買い手なら手を出すはずのないレベルにまでさっと上昇するだろう。株を手にした者はすぐに払いすぎたことに気がつく。だが、だれにその株を売ったらいいのか。買い手はもうみんな買い終わってしまっているのだ。

## 出口を目指して

　経済学ではこの問題は合成の誤謬として知られている。要するに、ひとりでやればうまくいくことでも、集団でやればうまくいかないことがあるということだ。もう一度騎兵隊の話に戻れば、ひとりの兵士は、敵に近づこうとする自分の馬を立ち止まらせて、銃剣やマスケット銃による敵の最初の攻撃をほかの仲間に引き受けさせることができ

る。そうすれば、自分が生き延びるチャンスが少しは多くなる。しかし、すべての騎兵隊員がこれと同じことをやったら、まず間違いなくうまくいかず、敵の隊列の前でグズグズしているうちにみんな撃ち殺されてしまうことだろう。

　このパラドックスは経済でもほかの分野でも繰り返し生じている。従業員を解雇するのがひとりの企業主なら、経費が減り、採算性が良くなって、成果が上がるかもしれない。しかし、企業主全員がいきなりそんなことをしたら、消費支出が減少してしまう。そのうちに企業の売り上げも収益も落ち込むことになる。

　チャールズ・キンドルバーガーはスポーツの試合で観客が立ち上がる現象の例を挙げている。立ち上がるのがごく一部なら、立った者はよく見える。しかし、全員が立ち上がったらその有利さは消えてしまう。高くなりすぎた株を売るのがひとりならば、相当の利益を手にすることができる。しかし、ほかの株主全員が同じときに同じことをしようとすれば、株価は急落する。利益を上げるどころか、全員が損する結果に終わる。

　参加型のシステムの下にいる多数の人々は、群衆によって歪められてほとんど嘘になってしまったことがらを信じる。例えば国王が彼らに対しあれこれ命令する「神聖な権利」を持っているとか、選挙で選ばれた多数派も同じような権利を持っているとかということである。あるいは、人種的に優れているとか、「領土拡張権」があるとか、ドミノによって倒されてしまう危険があるとか、ということを信じるかもしれない。政治の世界では、嘘やナンセンスや愚かさがさまざまの結果を引き起こしている――ほとんどは下劣で、たいていは痛ましく、ときには笑える。しかし、市場では結果はいつも同じである。パニック状態になった群衆が出口に殺到するように、嘘によって気が変になった参加者はまさに合成の誤謬へと走る。彼らはみんな株を買えば金持ちになれると信じるが、金持ちかどうかというのは相対的なものだ。

ただ少数者だけがそうなれるのだ。歴史上の大多数の人間と比べてみれば、ほとんどアメリカ人投資家全員がすでに金持ちである。だが、関心があるのは、この世にいるほかの投資家——友人や隣人——との比較だけである。彼らの全員がその友人や隣人よりも金持ちになれるだろうか。そんなことは、彼らの子供が全員平均以上の知能を持つことと同じくらいあり得ない話である。

例えば2002年の終わりごろには、アメリカのベビーブーマーは高い値段で家を売って引退できるものと信じていた。しかし、だれに売るつもりなのか。最初に売る者はうまくやれるだろうが、7800万人いるブーマーの全員が同時に売ろうと決めたら不動産価格はいったいどうなるだろうか。

市場への大衆参加が拡大するにつれて、ますます多くの資金が流れ込み、自分のしていることがよく分からない人々がますます増えてきた。価格は値上がりしたが、経験豊富なベテランの多くがそれに戸惑いをみせている。要するに、失望に終わる最終幕が上演されようとしているのだ。大衆が共有する神話は、空想の産物か、もともと不可能な話であり、最後には期待を裏切られることになる。

## ル・ボンの「一般通念」

どのような社会でもその中心にはル・ボンのいう「一般通念」——つまり広くいきわたった神話——があって、社会全体をまとめ上げている。例えばマルクス主義者のレーニン主義は、少なくとも建前として70年の間、ソ連をまとめ上げてきた。1960年代には、人々はすでにもうその教義ではやっていけないと悟り始めていたが、それでも代わるものがなかったために、以後30年もそれにしがみつき続けた。

一般通念が一番のピークにあるときには、ひとつの見方として意識されることがなくなる。もはや自明のこととして疑問の余地がなくな

るのだ。ローマ帝国の滅亡のあと、ヨーロッパの人々は、神が今ある状態を作り、以後もそのまま続くように望んでいるという一般通念の下で生きていた。たぶんそれは正しかったのだろう。しかし、フランス革命とともに一般通念はがらりと変わった。

大衆的な民主主義的消費主義の一般通念は、18世紀末までは完全な形になっていなかった。それはまだ、時代に合わなければ捨ててしまえるひとつの考え方とみなされていた。ル・ボンによれば、1790年から1820年の間にフランスの一般通念は3回変わった。まず最初に、君主主義的な神の秩序の考え方から革命主義的な信条へと変化した。次に、革命家たちは自滅するか、ナポレオン帝国の魔法によって打ち倒された。さらに、勝利した連合国がナポレオンをセントヘレナ島へかたづけると、またくたびれ切った君主制が復活した。

民主主義的消費主義の一般通念が成熟するまでには、それからまる1世紀を要した。

## アメリカの世紀

中期ビクトリア朝時代にシドニー・スミスは、アメリカの芝居を見たり、アメリカの曲を聞いたりしたい者が本当にいるかどうか疑問に思った。アメリカ全体を「低俗さの実験」と呼んだのも彼だった。たぶんそうだったのだろうし、今もそうなのだろう。しかし、だからといって、それでアメリカが裕福になるのが邪魔されたわけではなかった。むしろ、それで促進されたといっていいくらいだった。

フィガロ紙はパリで長いこと読まれ続けてきた。2000年の第1号には、1900年の最初のページがそのまま再掲されたが、そこには上院議員のアンドリュー・クラークについての記事があった。フィガロ紙のワシントン特派員が伝えるところでは、クラークはアメリカ上院のなかで一番の金持ちであり、そのあと8番までの議員を全部合わせても

彼にはかなわないほどだった。クラークは財をなす前には車を引く一団の牛しか持っていなかった。それで銅鉱山、つまりベルデ鉱に乗りつけて財産を築いたのである。世紀の変わり目には、彼は銀行や鉄道やゴムのプランテーションやそのほかなんでも所有していた。

　クラークは低俗だっただろうか。間違いなくバスの停留所並みに低俗だった。しかし、彼はニューヨークに「現代フランス派」の名作のコレクションも所有していた——おそらく今ごろはどこかの公立美術館の壁を飾っていることだろう。フィガロ紙はもの欲しげな様子で「この大金持ちの実業家」をパリへ呼べないものかどうかと問いかけ、「わが国の美術家も貧しい人々もこれには反対しないだろう」と書いていた。

　アメリカの知識人たちはイギリスやヨーロッパのいとこたちにこびへつらったが、アメリカの精力あふれるビジネスマンたちは、マクドナルドのファストフード店を作り、映画を製作して世界中に輸出した。彼らが売り出した音楽は、今や人の住むどんな遠隔地や奥地でも聞かれている（逃れようがないといってもよい）。

## 民主主義的消費者資本主義

　ジョゼフ・コンラッドはその小説『ノストロモ（Nostromo）』のなかで、アメリカンビジネスのそうした特質を描き出している。「私たちは、好かれようが好かれまいが、世界のビジネスを動かす」[10]というのが登場人物のホルロイドの言葉である。たしかにそれが20世紀に起きたことだった。20世紀はヘンリー・ルースが示唆したようにアメリカの世紀となった。

　「われわれは20世紀の持つ意味、つまり自由の勝利を忘れてはならない」とビル・クリントン大統領は告げた。1900年のアメリカにあふれんばかりにあったのは自由だった。そのおかげでクラーク議員やホ

ルロイドのような人物がビジネスの栄光へと至る道を歩んだ。彼らは自由だからこそ裕福であり、同時に卑俗だった。裕福になることによって、それだけいっそう卑俗になれたのだった。

　それから1世紀がたった今、アメリカの消費者資本主義に肩を並べるものはなかった。世界中どこにでも、マクドナルドの黄金のアーチとギャップ（GAP）の店があった。しかし、一般通念は中世の封建的秩序と同じように目に見えなくなっていた。20世紀の終わりを目撃した世界のどんな場所でも——東でも西でも北でも南でも——一般通念をとらえることができなくなっていた。というのも、それと対比するものがなくなっていたからだった。フクヤマのいう「歴史の終わり」がやって来たようだった。「西洋と西洋的見解の勝利は、何よりも西洋的自由主義に対する有力な対抗思想がすっかり消えてしまった点に表れていた」とフクヤマはその有名な論文に書いた。

　20世紀末には、アメリカが文化でもビジネスでも株式市場でも次の世紀を支配すると、だれもが考えていた。大半の社説欄には「アメリカ勝利主義」に触れたくだりがあった。大半の論説委員はマクドナルドにあきれ果て、アメリカ中産階級の偉大な庶民を軽蔑していたけれども、世界トップの座にいっしょに立つことは誇りに思っていた。消費者も投資家も政治家も、21世紀になってもまだアメリカは競争力を保っていると信じていた。そして、アメリカ経済は自由で、ほかの国よりも柔軟で革新的だと断言していた。

　幸いなことに外国人もそれを信じていた。ドル——アメリカの最高の輸出品——は他の通貨に対して実質的な価値が減少していたにもかかわらず、相変わらず特別の通貨として受け入れられていた。教皇が十字架にしがみつくのと同様に、いまだに政治にしがみついているキューバでさえ、法定通貨としてドルを受け入れていた。米ドルは買われすぎていた。だが、その神話は難攻不落になっており、そのことを口に出す者はいなかった。別の意見が出てくることはなかった。アメ

リカはもうずっと以前から、自らの自由な行動の結果として金持ちになったり破綻したりする高投資・高成長の経済ではなくなっていた。そうではなく、人々が無から有の出てくることを期待し、そのために投票に向かうような、高消費・高規制の経済に変質していた。しかし、それに気づく者はだれもいないようだった。

### 革命だ

筆者は最近パリのカルチェラタンの中心にあるカフェに座って、まわりのテーブルの会話を耳にすることがあったが、ただの一度も、マルクスやレーニンやフロイトやフーコーやサルトルの教義が話されるのを聞くことがなかった。彼らはみんな本当に死んでしまったようだった。

30年前、この一角は政治でもみくちゃにされており、現代の革命主義者たちがかなてこで敷石を引きはがし、バリケードを築いていたものだった。「革命だ。世の中が変わる」とお互いが言いかわした。その当時もカフェやレストランは混んでいたが、客は旅行者ではなかった。いたのは論客たちで、ベトベトの髪の若者たちが夜中すぎまで、タバコを吸い、酒を飲み、マルクス主義の細かな点について口論していた。チェ・ゲバラは、マルクスたちと同様、彼らのTシャツにではなく、彼らの唇と頭の中にいた。

おそらくその風景は213年前とそう違わなかったはずである。フランス革命は「現在のすべての共産主義的、無政府主義的、社会主義的思想の原点である」[11]とピョートル・クロポトキンは書いた。

18世紀末、フランスは20世紀末のアメリカとそう違わない高揚状態にあった。フランスは最大の経済力とヨーロッパでも抜きんでた軍事力を持った最大の国だった（その10年前にアメリカの植民者がイギリスの支配を脱したのはフランスの介入のおかげだった）。フランスは

自由企業の利点について他国に教えをたれることができるほどだった。
　しかし、成功はいつまでも続かないものである。チュルゴと重農主義者たちは「自由放任主義」の原則をフランス経済に適用して大きな成果を上げていた。その過程で不安を感じた有力者たちは、自分の利権と市場を守ろうとして国王に接近して行った——ブッシュ政権下におけるウエストバージニアの製鋼所やカンザスの農場主たちも似たようなものだった。アメリカの独立戦争が始まり、アダム・スミスが『国富論』を書いたのと同じ1776年、チュルゴはその地位を奪われた。
　ボルテールによれば、「この偉大な人物の免職は私の心を押しつぶした……その運命的な日以来、私には従うべき手本がなかった……そして、じっと耐えながらだれかがこの国の喉首を切ってくれるのを待っていた」[12]。
　それからたった数年後、ナイフを手に現れた者がいた。1789年7月14日、パリの暴徒はバスチーユにある古い要塞を襲った。そこから「2人のバカ者と4人の偽造者と1人の放蕩者」[13]が解放された、とそのときの目撃者は書いている。看守たちは安全の約束をとりつけて降伏したが、いったん武器を捨てると、暴徒たちはめちゃくちゃに切りつけ、そのあとで槍の先に彼らの頭や胴体などを刺してパリの通りをねり歩いた。
　その後25年間、フランスはいろいろな集団的狂気の間を揺れ動いた。マルキ・ド・サドが監獄から解放され、その代わりに何千人もの上品な人々が投獄された。紙幣が金や銀にとって代わった。「優良市民証」と呼ばれる身分証明書がすべての国民に求められた。ほとんどすべてのことに許可証が必要となった。旅行は厳しく制限された。

### 伝統に対する攻撃

　すべての革命は伝統に対する攻撃である——このことはウォール街

の新時代でもパリの新時代でも変わらない。教会は略奪された。地方言語や学校や裁判管区は廃止された。古い呼びかけ方さえ捨てられた。革命以来、だれもが「市民」と呼ばれることになった。

とうとうフランス人は我慢できなくなった。まさにその瞬間にナポレオン・ボナパルトが現れ、「ぶどう弾を発射」してパリに秩序をもたらした。

今のこの時代、カルチェラタンで語られる革命といえばテクノロジーとファッションにかぎられる。レズビアンはどの街角にもいるが、革命家を探してパリ中歩いても、見つかるのは30年前に志を失った数人の苔むした共産主義者だけである。チェ・ゲバラのTシャツはあるが、1960年代の遺物のような２～３人の教授を除けば、だれがゲバラの言ったことなど気にかけようか。共和党員ももういなくなっている。というのも、ブッシュの政策のどこがクリントンやシラクやブレアやルイ16世と違うというのか。彼らのすることはみんな同じだ。税金も支出も規制もできるかぎり増やそうとするのだ。

私たちがやって来たこの奇妙な交差点はいったいなんなのか。主要政権は全部、なにか堕落した社会主義で一致しているようにみえる。しかし、どこに社会主義者がいるのか。政治家たちはほとんどだれも、自分たちが共有している教義を認めることすらしないだろう。そして、有権者たちは本当は何を問題にしているのだろうか。

エコノミストのゲーリー・ノースは次のように書いている。「私たちはレーガンによる主としてレトリック上の革命を生き抜いてきた。レーガン以後はブッシューークリントンの反革命を生き抜いてきた。現在、私たちは現政権下で、同じ方向のさらに先のほうへと引っ張って行かれようとしている。つまり、生活への規制が増え、政府支出が拡大し、政府赤字が増大しようとしているのだ」[14]

ノースはさらに続ける。「レーガンの勝利によっても国家が縮小することはなかった。減税、ビジネスへの規制緩和、政府赤字の削減、

国債の償還、学校の改善、安全な街づくり、福祉政策の縮小などはこれからも実現されることはないだろう」

200年以上も前にパリで始まった革命はずっと続いている。しかし、1900年代の半ばから群衆は悲劇よりも笑劇に興味を持つようになった。つまり、政治から経済へ、戦争から経済競争へ、イデオロギーから消費主義へと関心が移ったのだ。

## 現代の、長く、のろい、なだらかな恐慌

過去12年の奇妙な出来事について説明しながら、エコノミストのポール・クルーグマンは次のように示唆している。「世界が現在のような苦難に悩まされるようになったのは、経済政策が改革されなかったからではなく、改革されたからだった。つまり、世界の国々は、大恐慌への反省として発展してきたこれまでの政策体制にはかなり根本的な欠陥があると考えて、大恐慌以前のさまざまの長所を多く備えた体制——自由市場の資本主義——へと逆戻りしていた。だが、旧式の資本主義の長所を復活させると同時に、そのいくつかの短所、とりわけ、不安定になりやすく、経済不振が長引きがちだという性質も復活させてしまった」

クルーグマンの想像によれば、大恐慌のあとで一種の社会的契約がなされ、有権者は資本主義を許すことにしたが、その条件として、もうだれも傷つかないようにセーフティネットと規制を設けさせた、ということのようだ。クルーグマンが考えているだけのことだが、こうした制限のおかげで安定した繁栄がもたらされ、50年代、60年代、70年代を通して国民にその利益が分配された。

クルーグマンによれば、「私が育ったアメリカ——50年代と60年代のアメリカ——は中産階級の時代だった。そう、もちろん、まだある程度は金持ちもいたが、〔神のおかげで〕その数はそう多くなかった。

アメリカ社会において、経済面でも政治面でも金権政治家の影響力を考慮しなくてはいけない時代は遠くに過ぎ去ったように思えた」。

　このクルーグマンの論文は2002年10月のニューヨーク・タイムズ紙に載ったもので、ものの分かった読者向けに書かれていた。いつものことだが、彼は金持ちがまた増えるのではないかと心配し、やっかみの気持ちを抑え切れないでいる。アメリカのトップCEO100人の報酬額は、1970年にはわずか130万ドル（1998年を基準に換算）だったのが、2000年には3750万ドルへと急上昇している。今のアメリカに、中規模程度の町の都市計画課を手いっぱいにさせるほどの地所を持つ超金持ちがそんなにいるわけではないが、クルーグマンの怒りはあまりに強く、そのために重要な点を完全に見逃してしまっている。アメリカで自由放任的資本主義が勝利したとして、保守派は喜び、クルーグマンは嘆いているが、実はそれはまがい物だったのである。20世紀がその幕を閉じるまでに、本物の資本家はこの地上からほとんど姿を消していた。資本主義というのは、金持ちが生産手段を私有して大衆を搾取する制度を表すためにマルクスが作った軽蔑的な用語だった。初めからけんか腰ならそんなふうに見たくなるのかもしれないが、マルクスが述べたような制度は、その説明どおりの形では、現実に存在したことはなかった。

　マルクスの経済学はその歴史観と同じように空想的なものだった。しかし、少なくともマルクスの予測のうちひとつは正しかった——彼の思っていたのとはまったく違った形でだが。シャンパンで乾杯が行われ、21世紀の始まりを告げるベルが鳴らされたとき、少なくともスミスとチュルゴの自由放任主義と同じ程度には、マルクスの未来観は勝利を収めた。たしかに生産手段が労働者に所有されるようになったのだ（奇妙なことに、2002年、世界で最も自由放任主義的な経済政策は、今も共産主義をとる中国が直接支配する香港で行われていた。また、世界一のスピードで成長し、多くの点で世界一自由な経済は中国

本土のものだった）。

## 集団化されたリスク

　20世紀にはアメリカでも日本でも、19世紀の気ままな自由放任的資本主義に代わり、合意による集団的資本主義が現れて、広範囲の政府の介入が行われ、バランスシートとおむつシートの区別もつかないような人たちが大量にかかわるようになった。クルーグマンの怒りを買った大金持ちのCEOたちは真の資本家ではなく、ただの雇われ人だった。その給与水準がとんでもなく高かったのも、純粋な資本主義の勝利というよりは、その敗北の現れだった。真の資本家なら、自分のお金がそんなにたくさんマネジャーの手に渡るのを絶対に許すはずがなかった。

　もし真の資本家がいるとしたら、眠り込んでいるにちがいなかった。というのも、マネジャーが事業を私物化して投資を台無しにするのを止めようともしなかったからだ。法人の債務は1990年代に382％増えたが、この増加はGDPの成長よりも30％以上早いスピードだった。その借入金は資本家の利益になるような資本の改善には使われなかった。多くは合併とか買収とか自社株買いなどに浪費されてしまった。そうした経営策は真の資本家の実入りを増やすためではなく、ただ株価を押し上げて、市民株主、つまり大衆投資家に良い印象を与えようとして行われたものであった。

　また、なぜ資本家は、ストックオプションのあんな大盤振る舞いを黙って見ているのだろうか。ブームが頂点に来たとき、まるで感謝祭の七面鳥のように従業員にくれてやっているのだ。

　現代の会社を所有しているのは、大口ではなく小口の投資家であり、たいていは中間に年金基金や投資信託などの集団化された組織が入っている。こうした小口の株主は、エグゼクティブのとんでもなく高い

給料に反対するだけの才覚も力も動機も持っていない。1990年の後半には、収益が低下したり、破産に近づいている会社のCEOでさえスーパーボールの花形クォーターバック並みの給与を受け取っていた。なかにはきわだった才能のある者もいただろうし、そうでない者もいただろう。だが、単にそんなに多くの収入があって雑誌の表紙に登場したというだけで、小口の株主は恐れ入り、アナリストは感心したのだ。投資家の大群衆はそうした有名マネジャーの会社の株に群がったが、経営陣のことなどまじめに考えようともせず、本格的な調査をしてみようという気もほとんどなかった。

株式市場の投資家が有権者のように振る舞うようになったのだ！

大衆的資本主義は大衆的妄想とともに、株主の新しい損得計算法を生み出した。ウォーレン・バフェットのような投資家なら、ストックオプションに反対し、エグゼクティブの報酬を念入りに調べることにも意味があった。幹部従業員に余分に支払われた報酬のうち、かなりの額は本来、有力投資家であるバフェットのものになるはずだったからだ。しかし、小口投資家にとっては2〜3セントが問題になるだけで、本気で調べるのはただわずらわしいだけのことだった。

## 大バーゲン

クルーグマンの信じるところでは、1930年代の大恐慌のあとで重要な契約がなされた。それは、資本主義はこれからも西洋の経済システムとして存続するが、将来、破綻が来ないように政府の統制を受けるというものだった。ある意味でそれは正しかった。アメリカの資本主義は、ルーズベルト政権が手を打ったあとは、もはや以前と同じものではなかった。しかし、その変化は、政府が自分の都合のいいように手を加える大衆資本主義へと向かうよりも大きな趨勢の一部にすぎなかった。株式の保有は次第に広い層に広がりつつあった。今世紀の終

わりには、大統領を選び出せるほどの人数が株を保有していた。20世紀の初めには人口のわずか5％にすぎなかった株主数が、その終わりには全世帯の56％にまで増えたのである。

事実や直接的経験から隔てられた人間の大集団として、株主たちは有権者集団やリンチする暴徒のように集団的感情に流されやすい。一般的知識しか頼るものがないため、彼らは経済メディアに簡単にあおり立てられてしまうし、すぐに流行に乗せられてとんでもないところにまで行ってしまう。

大衆的資本主義への最初の大きな動きが生じたのは1920年代のアメリカだった。1900年には株式を保有する者はほとんどいなかった。株式ブローカーは国全体で約4000業者しかいなかった。それが30年後にはブローカーの数が5倍以上になっていた。みんなが株に関心を持つようになっており、靴みがきの少年でさえ株に一家言を持つほどだった。ダウは1925年最初の営業日の120ドルから、1929年の最高値381ドルまでいっきに値上がりした。

そして、バブルがはじけたあと、アメリカは最初の大衆的恐慌の時期に入った。1930年代には、それ以前の経済破綻と違って、一握りの金持ち資本家だけでなく、国民全体が苦しみを味わった。労働者の4分の1が職を失った。1931年と1932年には5000以上の銀行がつぶれた。ウォール街の弱気相場はずっと長く続き、ダウが1929年の最高値を回復したのは1954年のことだった。

これも初めてのことだが、有権者は政府に対して「何か手を打つ」ように要求した。そして、ルーズベルト政権は手を打った。マクロ経済学の最新流行に従った通貨・財政刺激策を引っさげてその場に駆けつけたのである。以前は政府がそんなに強力な介入をすることはなかった。また、経済がそんなに無反応だったこともなかった。1873年の恐慌や1907年の破綻のときには元に戻ったのだが、今回は景気不振と破産と緩慢な成長のどぶのなかにはまり込んだままだった。その後10

年間そうした状態が続いた。そのときでもまだ、そのかわいそうな奴をどぶから引き上げるには、歴史上かつてないほどの大戦争が必要なようにみえた。

「あまりに小さく、あまりに遅かった」というのが有力経済学者たちの専門的な意見だった。政府はよくやった、しかし、規模が足りず、時期が遅れたのだ。

## 良くも悪くも株主国家

当時主流のそうした考え方と異なる解釈として、経済を恐慌から抜け出させようとする政府の努力自体が結果的に状況を悪化させた、とする見方もあった。どっちみち必要だった苦しい再調整を引き伸ばすことで、余分な時間と余分なコストがかかってしまったというのだ。

いずれにしても、資本主義の新時代がやってきた。今では、政府が──たいていはFRBの官僚を通して──資本主義のギザギザの縁を丸くすることを約束していた。また、仕事でも仕事以外でもみんながひどい傷を負うことのないように、政府がセーフティネットを張ってくれることになっていた。ビジネスサイクルの下降局面での痛みを和らげるために、通貨・財政政策の運営にあたることにもなっていた。したがって、財政赤字もひとつの経済的手段となり、臆病な政治家が計画実施費用のための増税を嫌がったときの単なるつじつまあわせではなくなった。その結果、金利は、貯蓄による供給と需要によって市場が決めるものではなくなった。少なくとも、金利曲線における短期側の端の金利に関しては、経済の状況を見て中央銀行が定めることになった。

ところで、クルーグマンは、1980年代にはネオコンの圧力で規制緩和が行われて、ルーズベルト時代以前の浮き沈みの激しい資本主義に戻ったと信じている。また、大恐慌以前の政策へ戻った必然的な結果

として、大恐慌以前の経済が再現されることになり、そこから1990年代の日本や、2000年代初めのアメリカの状況が生じたとも考えている。

だが、1980年代のアメリカで行われたわずかな規制緩和が、どのようにして、90年代の日本の長期的な無気力状態や現在のアメリカの景気不振をもたらしたかについて、クルーグマンはその本のなかで納得できる説明をしていない。日本は戦後になって資本主義体制をとった。しかし、日本の資本主義はクルーグマンの想像するような純粋の資本主義とはあまり似ていない。資本に対する支配権が自由な資本家の手中になく、資本主義の本質的な特徴が欠けているのだ。資本についての重要決定をするのは、銀行と企業連合と政府の集まりなのである。

アメリカにおいても、レーガン時代の改革によって、この21世紀の資本主義が変質したというようなことはなかった。巨大な公的セーフティネットはほとんど１本の紐もほどけなかった。財政赤字は、個人収入比、実質ドル、名目ドルなどどのような指標で見ても拡大を続けていた。大衆的消費者資本主義に向かう基本的な趨勢は加速されていた。1989年のアメリカでは、全世帯の32％しか株式を保有していなかったが、20世紀末にはまるまる半分の世帯が擬似小資本家になっていた。そして、その世帯のうちほぼ過半数が、資産の半分以上を株式会社の株の形で所有していた。

アメリカは株主国家になっていた。10年前の日本と同じように株価のことがみんなの頭から離れなかった。リスクは集団全体に及び、その結果、経済不振など関係ないと感じる者はほとんどいなくなった。

どのような宗派のエコノミストもほとんど気づかないうちに、政府が、20世紀後期における、リスク嫌いの管理的な資本主義システムに一枚加わっていた。先進国の政府はいずれも、20世紀を通じてGDPのシェアを拡大していた。アメリカでは、政府支出は1900年に推定でGDPの8.2％を占めていたが、20世紀末には30％だった。税金もグングン上がった。20世紀がスタートした時点では、まだアメリカに連邦

所得税はなかった。導入されたのはそれから10年以上たってからのことだった。それも最初は非常に高収入の層に限られていた。そのとき、保守派の政治家は、税率がいずれ10％にまでなるかもしれないと言って課税に反対した。しかし、その脅しはあまりに荒唐無稽にみえたので、憲法修正は反対を押し切って可決されてしまった。今世紀の終わりになってみると、平均連邦所得税は13.2％で、最高税率は39.6％（2001年の数字）だった。それと同時にほかの税金も種類が増えて率も上がったので、平均的アメリカ人の税負担の総額はさらに大きく、30％と40％の間の値になっていた。全世界的にみた場合、2000年において、先進的なOECD（経済協力開発機構）加盟国のなかで最高の個人平均所得税率は約47％、最高の法人所得税率は34％だった。また、主要先進国の政府支出は平均でGDPの38.8％となっている（OECDの2000年の数字）。

　こうした状況からして、政治家も中央銀行家も、経済と市場についてひどく敏感にならざるを得なかった。有権者が、もっと景気が良くなるよう政治家に「手を打つ」ことを要求しただけでなく、政府自身の歳入がそれに左右されていた。国民にとって、政府関係の支出はもはや臨時出費ではなく主要出費であり、単独では最大の出費費目だった。経済全体からみても、政府は今や小さな寄生物ではなく、やはり最大になっていた。

　レーガン政権のエコノミストは、寄生物が宿主の健康状態に左右されることを心得ていた。宿主の経済が強くなれば、寄生物もそれだけ大きくなれるというわけである。サプライサイドの経済学者アート・ラッファーが作った曲線（昼食時にナプキンに書いたと言われている）の教えるところでは、限界税率を引き下げれば国家の総歳入は増えるはずだった。1期目のレーガンはこれをうまく利用しようとして、最高税率を70％から50％にまで引き下げた。その効果は20年前のケネディ減税のときと同じだった。政府の歳入は経済活動の活発化ととも

に伸びていったのである。

　要するに、民主制の政府は、もはや観客ではなく、まして公平なレフリーではなかった。西洋世界の建前上の自由市場にあって、最大の参加者となったのだ。また、消費者経済の最大の支出者であり、最大の借り手だった。通貨と信用も管理した。さらに、資本市場ではその番人であり、主な監視者であり、主な受益者でもあった。ジョージ・W・ブッシュが歳入を守るために即座に「手を打った」のもなんの不思議があろうか。

# 第7章
# 人口学の厳しい計算
## The Hard Math of Demography

人口学は運命である。——オーギュスト・コント

　スミス、リカード、マルサス、ミル、マーシャルなど初期の古典経済学者たちは、富の形成に若者と老人がどんな役割を果たすかについて深い関心を寄せていた。当時は出生率が高く、人口が増大していた時代であり、彼らの研究の関心は、人口の増加が賃金や貯蓄や生産高にどんな影響を与えるかとか、どの年齢階級が利益を受けるかとか、人口の増加は長い目で見てプラスか、などに向けられていた。

　それから2世紀がたった今、ピーター・ピータソンはその著『グレイ・ドーン（Gray Dawn）』のなかで、私たちは別の問いかけをすべきではないかと指摘している。老齢化が進み、人口が減り始めたら何が起こるのかが問題だというのだ。この章では、人口学的な推移の影響について述べるが、その理由は、それがただひとつの主要な趨勢だからというよりも、見過ごされやすい趨勢だからという点にある。

### 大規模な人口推移

　歴史家のジャック・アンドリュー・ゴールドストーンが自著『レボリューション・アンド・レベリオン・イン・ザ・アーリー・モダン・ワールド（Revolution and Rebellion in the Early Modern World)』のなかで主張しているところによれば、ヨーロッパの大革

命──イギリス革命とフランス革命──と、オスマン帝国や中国と日本の諸王朝を滅ぼしたアジアの大反乱との間にはひとつの共通点がある。これらの重大事件が起きたのはいずれも、硬直化した政治的・経済的・社会的制度に対して、人口が増加すると同時に手元の社会的資源が減少するという二重の重圧がかかったときだったのである。1700年代の初めごろには、出生率が高かったのに、(伝染病のような)病気や飢えによる死亡率が減少したので、ヨーロッパ全体で人口が増え始めた。近代初期にはだいたいずっと出生者数が死亡者数を大幅に上回っており、ベビーブームの状態になった。人口学者のマイケル・アンダーソンによれば、1750年から1850年までの100年でヨーロッパの人口は倍になった。フランス革命などが起きた1700年代後期の「民主主義革命の時代」は、若者の比率の拡大と対応していた。

フランスでは革命の前もそのさなかも、地方の手に負えない膨大な数の若者たちが社会的ストレスの大きな要因となっていた。フランスの人口は18世紀の間に800〜1000万人増えていた。これに比べて、前世紀の増加はたった100万人だった。1772年ごろ、アベ・テレイはフランス最初の本格的な人口統計調査を始めた。その推計では人口は約2600万人だった。

1789年のフランス革命直前には、ルイ16世はその国土に約3000万人の臣下を従えていたと考えられるが、これはロシアを除いた全ヨーロッパの人口の2割を超えていた。ジョージメーソン大学が発表した研究が示しているように、これだけ人口が多ければなんらかの影響が出るはずだった。おそらく間違いなく、フランスの政治と経済に作用したはずだし、さらに言えば、ルイ14世が国と首を失うことにもつながったはずだった。

同じように、ロシアの人口も1850年代から第一次大戦の開始までに倍化した。1855年の7300万人が1913年には1億6800万人になったのである。それだけの人間に食べ物と住居を与えるのは、そのときの体制

には荷が重すぎた。地方での主な問題は土地が足りないことだった。急速に人口が増えたせいで、一人分の広さは、1861年の平均5ヘクタール強から1900年の3ヘクタール以下へと減少した。

西洋では膨れ上がる人口は工業が吸収していた。だが、ロシアでは新しい人口の3分の1しか組み立てラインに配置することができなかった。何か手を打たないと地方が爆発しそうな雰囲気が強まっていた。農民たちはこの問題をあっさり解決した。地主の私有地を全部取り上げたのだ。

ロシアの歴史家レフ・プロタソフは、2001年のヨーロッパ人口学会で論文を発表して、ロシア革命に先立って民衆の不満が高まっていたが、このことに人口の要因が重要な役割を果たしていたと指摘した。奇妙なのは、革命遂行の担い手となった急進派のかなりの者が1880年に生まれていたことである。プロタソフによれば、「80年代世代は急進派のほとんど60％を占め、左派勢力の中心となっていた。社会革命党の62％、ボリシェビキの58％、『国家』社会党の63％、メンシェビキの47％が80年代世代だった。たしかに、20世紀初期における若い急進派たちの大勢力は、歴史家の注目を集めていた」。

地方では、スイカの種が吐き出されるような具合に子供たちが生まれており、村は埋めつくされて過熱状態になっていた。医療の改善と栄養や衛生の向上のおかげで、乳児や児童の死亡率は低下していた。プロタソフは次のような結論を述べている。「1905年と1917年のロシアの政治的激動は、経済的・政治的な要因だけでなく、自然法則によっても『準備』されていた。19世紀の最後の20～30年に起きた人口の爆発的増加は、近代化の問題をより厳しいものにしただけでなく、社会からの取り残しの現象を加速させ、将来の革命の担い手の前線に豊富な『人的素材』を提供することにもなった」

人口の爆発的増加は問題を引き起こした。ところが、今では人口が減少しつつある。そして、その影響は同じくらい悲惨なものになる可

能性がある。すべての先進国は、年をとった退職者を扶養するのに、若年労働者が払う税金を当てにしている。しかし、西洋社会がもっと多くの若者を一番必要とするちょうどそのときに、人口の減少と老齢化がやって来るのである。

## 西洋の老齢化

1999年12月12日、世界の人口は60億人を突破した。ポール・エーリックが『ポピュレーション・ボム（The Population Bomb）』を出版した1970年代以降、世界の大半は新マルサス主義的な人口過剰の恐怖にとらわれていた。それが最近では、『グレイ・ドーン（Gray Dawn）』や『エイジクエイク（Agequake）』などの本の影響で見方が変化してきている。今や先進国の多くは老齢にじりじりと近づいている。現在、65歳に達した人の少なくとも半分が生きている。[2]

歴史上の大部分の時期、65歳以上の年齢層はだいたい人口の２～３％程度のものだった。ピーターソンによれば、ハムラビやジュリアス・シーザーの時代、あるいはトマス・ジェファーソンの時代〔でさえ〕、65歳以上の人に出会う確率は非常に低く、40人にひとりにすぎなかった。今では、この確率はだいたい７人にひとりとなっており、数十年後には４人にひとり――イタリアのような極端なケースでは３人にひとり――になるはずである。OECDによれば、先進国では2030年までに65歳以上人口が8900万人増える見込みであり、これに対して、労働年齢にある成人の人口は3400万人増えると推測されている。

1960年には、65歳以上の人ひとりに対して７人の労働年齢の人がいた。2000年にはこの数字が4.5人に低下した。先進国では、2030年の時点で、老齢者ひとりを扶養する労働年齢者はたった2.5人になるとOECDは予想している。

人口構造の変化に加え、先進国では退職する年齢が低くなっている。

その結果として、退職した年金生活者を支える納税者のプールは急速に縮小している。西ヨーロッパの高度に発達した福祉国家ではこの減少は驚くべきものである。フランスやドイツやイタリアでは、65歳以上で働く人の数は100人のうち5人にも満たない。これらの国では2050年までに、たったひとり（イタリアではそれ以下）の納税者がひとりの年金生活者を扶養するような事態になる、とIMFでは見ている。

ゲーリー・ノース博士は私たちが「愚者の楽園」に生きていると考えている。[3]西洋の民主主義的先進国（日本を含む）では、すべての国民が政府の保証した退職年金と医療保険の制度によって「即金払い」の給付を受けることができる。ところが、西洋のどこの国でも夫婦の平均子供数は2.1人を割っている。この2つを合わせれば答えは簡単に出る。経済活動に携わる労働者の数が減って、老齢年金制度に十分な資金を供給することができなくなるのだ。

神話と現実の争いのなかで、ここでもやはり大衆は神話を選び、全員が他人のふところを当てにして退職できるものと信じた。ねずみ講や市場のバブルと同じで、最初に加わった者はけっこうな利益にあずかることができた。わずかな額を支払って、思っていたよりも長生きすれば、正当な取り分をはるかに超える金額を引き出せたのだ。あとから参加した者は帳尻を合わせるのがかなり難しくなっている。寿命が伸び、退職の年齢が低くなると、世の中の労働年齢人口にかかる負担が耐え切れなくなりかねないからである。

## 若者とイスラム原理主義

西洋の人口の減少によって引き起こされる厄介な問題のひとつは政治的なものである。2001年9月13日にはテロリズムとの戦いが宣告されたが、潜在的なテロリストは膨大な数にのぼるという単純な理由か

らして、その戦いは高いものにつきそうである。世界全体の人口のなかで、西洋人が占める割合は低く、それがさらに低下しつつある。1900年には全人類の30％を占めていたのが、1993年には13％になり、この趨勢が続けば2025年には10％にまで下がる見込みである。これとは逆に、イスラム世界では若者が増え、人口も増大している。

実際、世界の総人口に占めるイスラムの割合は、20世紀を通して劇的に拡大した。今後もその傾向は続くと見込まれ、いずれ西洋とイスラムの人口比は、1900年のときとは逆になりそうである。イスラムは、1980年には世界の人口の18％だったが、2000年には20％を超えた。2025年にはそれが30％になりそうである。

サミュエル・ハンチントンはその著『文明の衝突』（集英社刊）のなかで、20世紀後期にイスラム勢力が復活した主な要因は、こうした人口推移にあったと述べている。それによれば、「イスラム諸国の人口増加、とりわけ15～24歳の年齢群の拡大によって、原理主義やテロリズムや暴動や移民に加わる者も増えている。人口の増大はイスラム諸国政府と非イスラム社会の脅威となっている」。

イスラム勢力の復活は1970年代と1980年代に始まったが、それはちょうどイスラム諸国の15～24歳の若者人口が爆発的に増加したときと重なっていた。この時期、多くのイスラム諸国ではその層の割合が全人口の20％を超えることもあった。これらの若者たちはイスラム組織と政治運動の担い手の潜在的な供給源となっている。例えば1979年のイラン革命はイランの若者人口のピークと一致していた。

「これから先何年にもわたって、イスラム世界の人口は、異常に若者層の割合が高く、特に、ティーンエイジャーと20代の層が突出して多くなるであろう」とハンチントンは述べている。このことをどう考えたらいいのだろうか。

ハンチントンによれば、こうしたイスラムの若者層の突出と最もよく対応する西洋社会の出来事はプロテスタント改革である。

皮肉なことに、イスラム社会における原理主義運動もプロテスタント改革も、その発生は「現存制度のよどみと腐敗」への反発が引き金になった、とハンチントンは言う。両者とも、「その宗教を、伝道や儀式や戒律の面で、もっと純粋でもっと厳しい形に戻す」ことを主張し、そのために、活力あふれる新興の中産階級に訴えかけた。また、いずれも、そのときの政治的、経済的秩序に歯向かった。そして、原理主義運動の脅威に関するかぎり、それに対する西洋主要国の防衛出費はあまり適切なものとはいえないようである。

　「プロテスタント改革は、若者による運動としては歴史上傑出したもののひとつである」とハンチントンは書いている。そして、ジャック・ゴールドストーンを引用しながらこう続ける。「18世紀最後の20〜30年の民主主義革命の時代は、西洋諸国で若者層の割合が特に高くなった時期と一致する。19世紀になって工業化と移民がうまくいくと、ヨーロッパ社会では若者層による政治的影響が緩和された。しかし、1920年代にはまた若者層が増えて、ファシストやそのほかの過激組織の予備群となった。その40年後には、第二次大戦後のベビーブーム世代が60年代のデモ活動で名を上げた」。

　一般的に言って、若者は社会に対して反抗や革命につながるような影響を与えるが、もし老齢層が増えたら何が起こるだろうか。まったく反対のことが生じるのだ。

　年をとると普通、物事を恐れ、欲望を感じなくなる。年配の人々は日々、若者ほど多くのことを欲しないものである。例えば友達や親戚やつれあいを感心させたいとは思わなくなる。いりもしない品物を買うことはなく、どちらかと言えば、必要な物が得られなくなることのほうを恐れる。これはごく当然のことである。行動の機会が少なくなったことを意識すれば自然にそうなるのだ。40代ならばやり直すことができる。だが、60代も終わりになれば、その意欲もエネルギーも失われる。その結果、必要なときに必要な物が手に入らなくなるのでは

と不安になり、アルミ箔から、お金から、ぼろ布から、なんでもかんでもため始める。年のいった人々はだいたいこんなふうに行動するものである。しかし、社会が年をとるとどんな状態になるのだろうか。ここでまた海のかなたをちょっと見てみる必要がある。日本はどうなっているのか。

## 日が沈み、老人の影響が強まる

日本ではすでに急速な老齢化が始まっており、先行的なテストケースとして警戒信号を発している。[9]1980年代初めの日本は先進国のなかで一番若い国だった。だが、2005年には一番年老いた国になりそうである。日本では、15歳未満の子供ひとりに対して、老人（ここでは65歳以上の人と定義する）が1.19人いる。[10]世界中のマーケティング担当者はとうにこの趨勢を読んでいた。そして今、日本を研究して、消費者が老齢化したとき、どんな状況が生じるのかをつかもうとしている。例えば、日本で衰退しつつある業種としては小児科、玩具、教育などがあり、その一方では、介護、レジャークルーズ、ペット、仏像などが大きな関心を集めている。

日本の新聞は「出生率の急低下」や「人口問題」について騒ぎ立てている。2010年までに、日本の老齢者扶養率（労働年齢人口を老齢者数で割った値）は先進経済国で初めて3以下になりそうである。現在、15歳未満人口は全人口の14.3％であるが、日本の人口は2050年には今の1億2700万人から1億人に減少する見込みである。この数字は現時点での趨勢をもとに算出したものだから、憶測ではなくちゃんとした根拠がある。

では、世界のほかの先進諸国と比べて、なぜ日本の趨勢はそれほど際立っているのだろうか。それは、アメリカやヨーロッパと違って、日本では第二次大戦後、赤ちゃんの数がいったん増加したのちにもっ

と激しく減少したからである。1960年代初めに、出生率が20年前の半分の水準にまで急低下したのである。最近では、25歳から29歳の未婚女性の数が1950年の2倍になっており、当然とも言えるのだが、出生率も低下を続けている。

　また、日本人はほかの国の人々に比べ長生きである。1998年にはその平均寿命が世界で初めて80年を超えた。1950年には65歳の人の平均余命は12年だった。今ではそれが19年になっている。そして80歳になったら？　計算上は89歳の誕生日を祝うことができることになっている。

　この調子で行けば、2015年には日本国民の25％が65歳以上になる見込みである。2050年には国民の42％以上が60歳以上となり、15％以上が80歳を超えるとされている。トヨタ自動車会長の豊田章一郎博士はこうした数字を見て、日本人という人種はちょうど800年後に絶滅すると冗談を言った。厚生省の報告によれば、もし「あえて計算をするなら、日本の人口は……3000年には500人になり、3500年には1人になると見込まれる」。

　こうした老齢化の影響はどんなものだろうか。アナリストのヤグイ・ウェイはアメリカ国勢調査局の報告[11]を分析して、だれでも気づくことに気がついた。「どのような基準で考えても、社会のひとりひとりの構成員は、普通、成長するにつれて能力が向上するものであり、ある年齢でそれがピークに達し、やがて年をとるに従って下降線をたどる。体力だろうが、性的能力だろうが、収入力だろうが、全部このことが当てはまる」

　2002年秋、エール大学のコールズ経済学研究財団は、人口の趨勢と投資行動とを比較した研究を発表した。それはウェイの結論が正しかったことを示した。老齢者は生活の質を落とし、出費を切り詰め、借金を返し、貯蓄を増やす。人は中年から老年に入るにつれて、退職に備えてだんだん貯金を増やし、所有していた株を売り払う。このこと

は、1989年に日経平均が急落したのにも直接響いているだろうし、間違いなく、過去12年間の経済不振をいっそうひどいものにした。

日本で消費者社会が発達したのは1970年代のことであるが、それはベビーブーム世代の大半が中年になった時期だった。資産バブルが起きたのは1980年代の後半のことであるが、それは人口の最大層が45〜54歳という一番出費の激しい時期に入ったころだった。引き続き起きたバブル破綻は、そうした人々が退職の準備を始めた時期だった。資産バブルの間に、日本のマーケット指標は10倍以上になった。しかし、バブルの10年が終わったとき市場は暴落し、3分の2の価値を失っていた。

ポール・ウォーレスは次のように書いている。「1990年を通して、日本問題の核心は、貯蓄のフローに見合うだけの投資機会がないという点にあった。日本人は退職に備えるために巨額の貯金をしていた。しかし、それまでの出生率の低下のせいで労働年齢人口は減少し始めていた。ということは、資本を投入すべき相手となる人間の数が減るのだから、それだけ投資機会が少なくなるわけだ」[12]。1990年代における日本の経済危機の「根本原因」は人口問題にあったのである。

日本のベビーブームは1945年に始まって1950年に終わった。その45年後、日本市場は暴落した。それ以降、ベビーブーム世代が退職のために貯金を増やすのにつれて、株式市場も経済も後退した。こうした人口学的なパターンは、アメリカで1990年代後期に起きたバブルとその破綻の過程に薄気味悪いほどよく対応している。日本でベビーブームが終わった1950年は、ちょうどアメリカのベビーブームが始まった年だった。そして、アメリカの出生数のピークは1955〜1960年の5年間に生じた。日本のピークの10年後だった。

## 故郷の老人たち

アメリカの国民もまた年をとり、長生きになっていた。国勢調査局の予測によれば、2040年には長期年功手当受給年齢層（65歳から74歳までの層）は80％増加し、81歳以上の年齢層は240％も急増する見込みである。ピーター・ピーターソンの指摘によれば、1900年には、85歳を超えるアメリカの住民はわずか37万4000人だった。2000年にはその数は約400万人で、2040年には1300万人を超えそうである（筆者たちもその仲間に入りたいものである）。2040年に今の3倍以上になるはずの81歳以上の年齢層は、通学年齢にある子供の数を上回る見込みである。

ヤグイ・ウェイは、平均収入が一番高いのは45〜54歳の年齢層で、次は35〜44歳の年齢層であることに注目している。ウェイはさらにこう述べている。「ごく普通の人の場合、46歳以前には、収入レベルはたいてい上がり続ける。そして、退職後のことを考えて、この期間に、退職基金や積立貯金にまわす可処分所得をだんだん増やしていく。46歳を過ぎるとたいてい収入は減少し、貯蓄に充てられる割合も少なくなる」（図7.1参照）。

もしハリー・デントが言うように支出と投資がピークに達するのが46歳なら[13]、2000年が市場のピークだったと推測される。デント自身は2008年にブームが来るだろうと考えているが、この計算には賛成しがたい。ベビーブームの時期のちょうど真ん中は1954年であり、それに46年を加えた2000年という年に株式市場がピークに達したと考えるべきである。ベビーブーマーが中年後期の年代（55〜59歳）になれば、通常なら手持ちの株を売って退職の準備をし始める。また、支出を少し抑え、貯金を少し増やすだろう。

日本の前例が示しているように、若者中心から老人中心への人口構造の変化は、かつての若者による革命と同様に、「既存の政治経済体

### 図7.1　バブル破綻の人口上の原因？

45〜54歳は通常、収入と支出がピークの状態にある年齢である（上図）。日本のベビーブームは1951年にピークに達した（中図）。アメリカのベビーブームは1961年にピークに達した（下図）。両国とも、そのピークの約40年後にバブルが起きた。

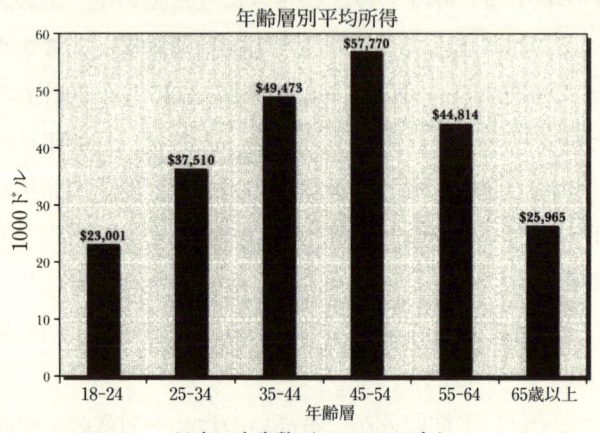

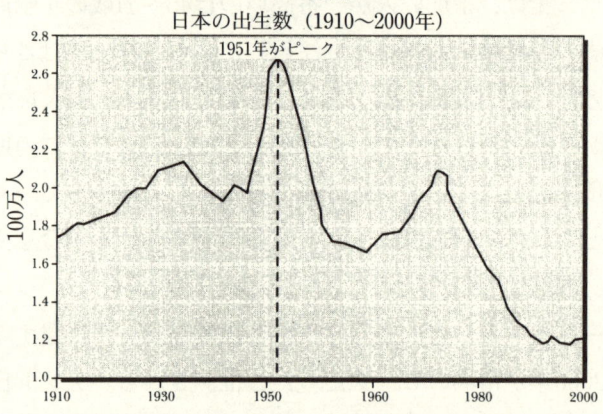

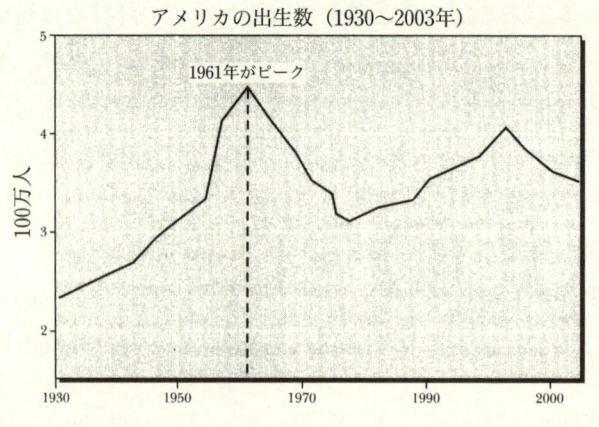

**年齢層別平均所得**

- 18-24: $23,001
- 25-34: $37,510
- 35-44: $49,473
- 45-54: $57,770
- 55-64: $44,814
- 65歳以上: $25,965

（1000ドル）

**日本の出生数（1910〜2000年）**

1951年がピーク（100万人）

**アメリカの出生数（1930〜2003年）**

1961年がピーク（100万人）

制」に対し大きな課題を突きつけることになりそうだ。何百万人もいる退職予定者のことを考えてみるとよい。彼らはもう大きな家に住み替えるために借金をすることはない。家族旅行のために大きな車に買い替えることもない。必要な家電製品も便利な道具類も全部そろっている。もはや「長期的目的」のために株を買うこともない。

株は10年も15年も前に買ってある。今や、長期的目的を実行すべき時期になったのだ

## トレンドを生み出す者たち

1946年から1964年までの間に7800万人のアメリカ人が生まれた。これはアメリカ史上最大の人口増加だった。ベビーブーム世代としてもこれまでで最大で、1980年代半ばには全人口の3分の1を占めた。1953年にベビーフードの缶詰の売り上げが12億ドルになったのを皮切りに、2002年には1億5000万枚のクレジットカードが発行されるなど、ベビーブーム世代は大きな存在感を示してきた。

ベビーブーム世代の大きさと影響については、これまでにも多くのことが書かれてきた。私たちはやや違った観点から述べることにしよう。戦後生まれの7900万人の集団は、群衆の歴史のなかに置いて見た場合、これほど大きく、これほど自己意識の高かったものはなかった。以前には、こんな規模の大集団が一体となって成長したことはなかった。現代のコミュニケーション手段、特にテレビのせいで、全国のベビーブーマーたちは互いにつながりを保ち合った。彼らは「ミッキーマウスクラブ」とか「ビーバーちゃん」とか「ディック・クラークのアメリカン・バンドスタンド」とかのテレビ番組を、お互いの姿を重ね合わながら見た。何時間も果てしなく続くテレビを見てダンスの踊り方を覚えただけではなく、音楽の好み、服の着こなし、しゃべり方、そして考え方まで教わった。

こうした人間の大集団がアメリカ社会でどう行動し、それをどう変えたかについては、これまでもうんざりするほど語られてきた。そのなかで十分に理解されていなかったことは、それ以前のどんな人間集団とも違って、ベビーブーマーたちは途方もないスケールで群衆の狂気に染まることがあったという事実である。彼らは自分たちの気に入った考えは全部取り入れ、それを単純化し、広め、低俗化し、好きなポピュラーソングを口ずさむように気軽に実行した。若き革命家は中年になるとブルジョアになった。そして、株式市場で特大の買い手になることによって、特大のブームを作り出した。そして、この先待っていることを先取りしていうならば、特大の破綻を引き起こしそうなのだ。

　ウィリアム・ストロースとニール・ハウの本『フォース・ターニング（The Fourth Turning）』には次のような一節がある。「『私は人間だ！　折り曲げるな、ピンに刺すな、ちょん切るな！』。1964年、バークレー校キャンパスのスプラウル・ホール前のピケ隊が持つプラカードにはこう書いてあった」。これらのデモ参加者の多くは20～30年後にはシリコンバレーの会社員になっていたことだろう。しかし、そのデモでは、大学が学生用に導入しようと決めた「コンピューターカード」をそんなふうにおちょくっていた。

　一世代前のアレン・ギンズバーグとビート族たちが、静かな詩の朗読会で抗議の声を上げていたのに比べ、ベビーブーマーたちは不満を通りに持ち出した。それがどんな不満で、だれに対するものなのか、さっぱり分からなかった——特にご本人たちがそうだった。ストロースとハウによれば、「ベビーブーム世代のヒッピーたちは、拡声器を使って『交渉の余地のない要求』について叫んでいたが、聞き手がようがいまいがおかまいなしだった」

　「波長を合わせ、ハイになり、ドロップアウトしよう」と彼らは歌った。

1960年代の経済はエネルギーに満ちあふれ、望めばみんな職に就くことができた。仕事にあぶれるリスクはかけらほどもなかった。「キャンパスの反乱者たちのほとんどは、ちょっとそう言えば、たちどころにアメリカンドリームの道に戻れると考えていた。将来の計画を立てることは造作もなかった」とストロスとハウは書いている。当時のポピュラーソングはベビーブーマーにこう呼びかけていた。「ラ、ラ、ラ、今日に生きよう。明日はどうにでもなる」。新興のベビーブーマーたちは、髪を伸ばし、くくり染めのTシャツとすそを切ったジーンズを身につけることで、「グレイのフラノのスーツ」を着た人間が作るひどく秩序だった社会に意識的に反抗していた。1967年のアカデミー賞を受賞した映画「卒業」のなかで、キャサリン・ロスは出世の階段に近づいていったとき、心のなかの何かが「止まれ」と叫ぶのを聞いた。ベビーブーム世代は少しの間、止まった。
　ベビーブーマーは倫理の問題としてベトナム戦争に反対したが、それは徴兵制が廃止されるまでのことだった。彼らは我慢ということができず、すぐに欲求が満たされることを求め、欲しいものが手に入らないといらだち、腹を立てた。出合ったもの——セックスや麻薬やロックンロール——はなんでも自分たちが作り出したと思い込んだ。
　ある年配の上院議員の語るとこでは、ベビーブーマーたちは何に対しても批判的で、すべてが気に入らず、細かなことに無頓着で、妥協を知らなかった。完璧さを賛美したが、おかしなことに、自分たち以外の何者にもそれを認めなかった。人口学者のウィリアム・ダンに言わせれば、その世代の典型はクリントン大統領である。「やや自分勝手で、自分や自分の同世代人はほかの者よりも利口だと、相当に自信を持っている」のだ。
　しかし、10年もたたないうちに、ドリームマシンに舞い戻るベビーブーマーの能力は生まれて初めて試練を受けることになった。1970年代になると、1929年の大暴落以来ひさびさの大弱気相場が始まったの

だ。

　1973年にアラブ諸国が行った石油輸出禁止は経済に大きな打撃を与え、景気後退を引き起こし、単純な仕事は見つけるのが難しくなった。「経済が変調をきたすと、多くのベビーブーマーたちは、金儲けなどするものではないとする理由を新しく見つけ出してきた。ダートモス大学の卒業生代表は、同窓生の歓声にこたえながら、『僕がプランを立てなかったのは、立てるだけの価値のあるプランなどなかったからだ』と言い切った」とストロースとハウは書いている。実際、「やるべきことはほとんどなかった」と、音楽プロモーターのビル・グラハムは同世代の若い過激派について語っている。彼らは、ビートルズの歌にあるように、革命が来てほしいと喜んで言った。しかし、いざ何かする段になると、たいていのベビーブーマーは歌の文句のように「僕を除いてもやっていけるって知らなかったのかい」と口にした。彼らの青春はかんしゃくのように過ぎていった。

## 消費者社会の出現

　1980年代とともに、ベビーブーム世代は、家族生活と中年と、以前には避けていた物質的な欲望の時期に入った。「マリワナから白ワインへ、進んだ（ヒップ）コミューンからケープコッドの夏の休暇へと、かたぎの生活に戻るべきときが来た」とトッド・ギトリンは回想している。スヌーピーとウッドストックはベビーブーマーたちに「私たちに会って。損はさせないから」と語りかけていた。ベビーブーム世代は「活気が中断された状態にいつまでもとどまっていることができなかった」とストロースとハウは言う。要するに、彼らは消費生活とキャリア志向を核として燃え始めたのだ。

　1984年3月25日、ニューヨーク・タイムズ紙はヤッピーの年を宣言した。ヤッピーたち（若い都会派の専門職）は結婚して子供を持ち始

めた。そうするのが進んだことだった。「満足を先延ばしにすることが、突如としてはやり始めた」とウォール・ストリート・ジャーナル紙は80年代半ばに書いた。

　ところが、問題があった。これまでベビーブーム世代は、ただその数の力で自分たちの思いどおりにやってきたが、突然その数が逆向きに作用し始めたのだ。80年代の労働市場では、多くのベビーブーマーの賃金が低下した。「国中に流行の品やダイエット食品があふれ、ニューズウィーク誌が『超越的な獲得競争』と書いたような状態で飲料水のペリエが売り切れ、そのことでジョークがはやった」。しかし、ベビーブーム世代は親たちの生活水準を超えることはおろか、そこに到達することさえできなかった。アメリカ経済の歴史で初めての出来事だった。

　80年代にはベビーブーム世代は中年になっており、退職に備えて貯金をする必要があった。だがその逆に、彼らは借金を増やした。収入の見通しが開けない現実にあって、信用の魅力はあまりに強く、抑えることができなかった。クレジットカードのアメックスは「会員には数々の特典があります」としつこく誘いをかけてきた。ベビーブーマーたちは山をなして契約をした。FRBによれば、1999年にはベビーブーム世代の42％以上がクレジットカードの負債を抱え、その平均額は1万1616ドルになっていた（図7.2参照）。

　ベビーブーマーたちは集団で借金漬けになった。そして、大量消費は90年代に入っても続き、クレジットカードの債務と住宅ローンの残高は膨れ上がった。たいていの者が、ためずに使いまくった。何百万人の消費者によるこうした大消費は目を見張らせるような効果をもたらした。アメリカ経済はやがてクレジットやSUVやアウトレットであふれた。ベビーブーム世代の生活が変化するにつれて、経済の中心は生産から次第に消費へと移っていった。90年代終わりころには、この動きは異様な状態にまでなっており、1997年から2001年までの間に、

### 図7.2 「ラ、ラ、ラ、今日に生きよう」

1990年代を通してアメリカの貯蓄率はずっと低下し続けた（上図）。急速に増加するクレジットカード債務（下図）によって消費者支出が支えられた。1990年代の終わりには1世帯当たりのクレジットカード債務残高8000ドルを超えた。

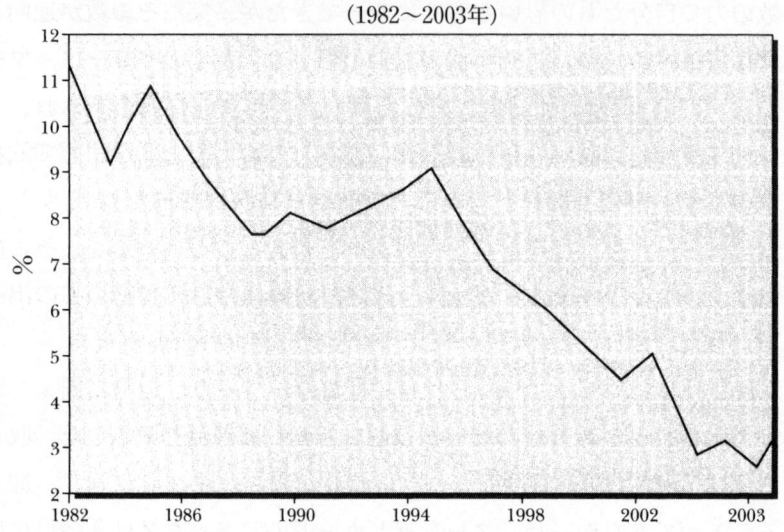

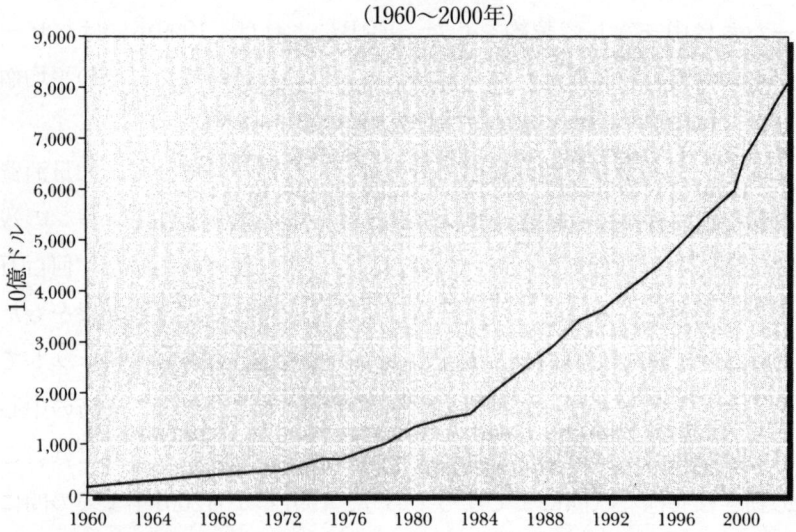

個人の可処分所得に占める貯蓄額の割合
（1982〜2003年）

家計債務残高
（1960〜2000年）

GDPの1ドルの増加に対して、信用と負債のほうは4.8ドルも増加するほどだった。

　財をなすのには何が必要だろうか。時間、労働、想像力、能力、忍耐。入ってくるお金を一銭残らず使ったのでは財産を増やすことはできないのだから、少しは取っておいて資本改善のために投資をすることが必要である。だが、この世代は、これまで苦労して作り上げられてきた伝統を引き継いでいなかった。彼らは貯蓄したり投資したりする我慢強さを持たなかった。

　しかし、心配は無用。史上最大の信用の伸びのおかげで、アメリカ経済は空前のブームに沸いていた。とはいえ、それは奇妙なブームだった。各家庭は生活水準を維持することができたし、家計が良くなっているという幻想を楽しむこともできた。だが、それは単に借金にのめり込み、働く時間を増やしただけの結果にすぎなかった。

　アメリカ人は利得の取得（キャピタルゲイン）と利得の蓄積との区別ができなかった。たしかに、自分の株式ポートフォリオを見て、金持ちになったと考えるのも悪くなかった。しかし、そのとき、負債は歴史的な水準にまで膨れ上がっていた。1989年の日本と同様に、世界の頂点にあると信じていたアメリカは、資産価値をとんでもない高さにまで押し上げた。だが、日本人と違って、アメリカ人は世界一の債務者でもあり、ほかの国ではあり得ないほどたくさんのお金をたくさんの人から借りていた。

　彼らは自分たちが考えていたほどの金持ちだったのだろうか。数字を分析するのは難しいし、誤ることも多い。しかし、それを分解してみると、まるで安物の大邸宅が大きめのトレーラーハウス並みになってしまうようなものだった。

　ポール・クルーグマンは2002年10月20日のニューヨーク・タイムズ紙に書いた記事で、この問題を取り上げた。「過去30年の間、大多数の人の給与は少ししか上がらなかった。アメリカ人の平均給与は、

1998年のドル価値でいえば（つまりインフレ調整をすれば）、1970年の3万2522ドルから3万5864ドルまで上がった。29年の間に約10％増えたというわけだ。進歩といえば進歩だが、たいしたことはない。世帯所得の平均値——総所得を世帯数で割った値——は1979年から1997年までで218％増えた。しかし、そのメディアン——すべての世帯所得の中央の値で、アメリカの平均的な家庭について知るにはよりよい指標——で見た場合には10％しか増加していない。そして、下から5分の1の層では所得が逆にやや減少している。……世帯所得のメディアンは毎年0.5％しか増えなかった。そのうえ、あまり信頼できないデータによるのではあるが、この増加分のほぼ全部が、主婦が外で長く働くようになった結果生じたものであり、実質賃金はほとんど増えていなかったのである」

## にせもののブーム

このブームの正体はいったい何だったのだろうか。これまでで最も活力に満ち、最も技術の進歩した資本主義社会が、その車輪に油をさし、不要物をゴミ捨て場まで持って行ってくれた人々に、なぜ報酬を与えようとしないのか。何か裏にあるのだろうか。そう、確かにそのとおり。

クルーグマンは論を進めて、21世紀初めの自由起業、自由競争のアメリカと、新時代の大ブームがほとんど起きなかった擬似社会主義的なスウェーデンとを比較している。

スウェーデンの平均寿命はアメリカより3年ほど長い。乳児死亡率はアメリカの半分の水準である。機能的非識字者はアメリカよりずっと少ない。スウェーデン人のほうが長い休暇をとり、したがって年間の労働時間もアメリカより短い。スウェーデン全体

のなかで順位が真ん中の家庭は、アメリカの同順位の家庭とだいたい生活レベルが同じくらいである。賃金はどちらかといえばスウェーデンのほうが高い。税負担はスウェーデンのほうがきついが、その代わり公的な医療保険があり、全体的に行政サービスがより充実している。所得分布の下位のほうで見た場合には、スウェーデン人の生活水準のほうがずっと高い。子供のいる家庭で10パーセンタイル——つまり下から10％の順位——のもの同士を比べた場合、スウェーデンのほうが60％も所得が高い。また、極端な貧困状態にある人はスウェーデンではほとんどいないが、アメリカではごく普通に見られる。1994年には、スウェーデン人の６％だけが１日11ドル以下で生活していたが、アメリカではそれが14％もいた。

このような知識をもとにしていろんな違った結論を引き出すことができる。いつものことだが、クルーグマン自身はバカげた結論を出している。だが、これらの事実は価値がある。アメリカの大ブームはインチキだったと教えてくれているのだ。

多くのベビーブーマーにとって、結果的には、出世も給料も期待どおりにならなかった。時間当たり実質賃金は70年代に伸びが止まり始めて、それ以後ほとんど良くならなかった。エコノミストのゲーリー・ノースによれば、「収入全体の点でいえば、受け取る金額は増えた。しかし、実質賃金の点でいえば、1973年から2000年までほとんど上昇がなかったといっていい」。

ベビーブーマーの親の世代が収入と支出のピークにあった1947年から1973年の間、各世帯の生産性と収入は着実に増加した。しかし、新聞が「貪欲の時代」と呼んだ1973年から1993年までの間、家計所得の伸びはゼロだった。主婦たちは、収入を減らすまいとして外に働きに出た。ところが、そのことで意外な結果がもたらされた。男性の実質

**表7.1　アメリカにおける週給のメディアン値（1979〜2000年）**

(2000年のドル価値に換算)

|  | 全体（ドル） | 男性（ドル） | 女性（ドル） |
|---|---|---|---|
| 1979年 | 558 | 677 | 424 |
| 1980年 | 546 | 653 | 421 |
| 1981年 | 541 | 648 | 419 |
| 1982年 | 544 | 656 | 429 |
| 1983年 | 541 | 654 | 436 |
| 1984年 | 540 | 648 | 439 |
| 1985年 | 549 | 650 | 443 |
| 1986年 | 562 | 658 | 456 |
| 1987年 | 565 | 656 | 459 |
| 1988年 | 560 | 654 | 459 |
| 1989年 | 554 | 650 | 455 |
| 1990年 | 543 | 634 | 456 |
| 1991年 | 539 | 623 | 463 |
| 1992年 | 540 | 615 | 466 |
| 1993年 | 547 | 608 | 468 |
| 1994年 | 543 | 607 | 464 |
| 1995年 | 541 | 608 | 459 |
| 1996年 | 538 | 611 | 459 |
| 1997年 | 540 | 621 | 462 |
| 1998年 | 553 | 632 | 482 |
| 1999年 | 567 | 639 | 489 |
| 2000年 | 576 | 646 | 491 |

出所＝労働統計局のデータによる

賃金が減少したのだ。表7.1に示したように、1979年の男性の平均週給は677ドルだったが、21年後の2000年にはそれが33ドル分減少していた。一方、女性は同じ20年間で週給が増えたが、それはたった47ドルだった。そして、給与の額そのものは男性よりも低いままだった。

ノースが示したように（表7.1）、「アメリカの世帯の所得は低迷したままだったが、総労働時間は増えた」。この21年間、最富裕層の世帯でも全体として労働時間が増えているが、それ以外の所得層ではその増え方がひどく急激だった。それでも所得は増えなかった。ノース

**図7.3 貪欲の時期**
1980年代から1990年代にかけて世帯所得（メディアン値）は低迷した。また、男性の実質賃金は下落した（上図）。中間レベルの世帯の1週間の労働時間は増加した（下図）。

男性の実質週給
（1973〜2000年）

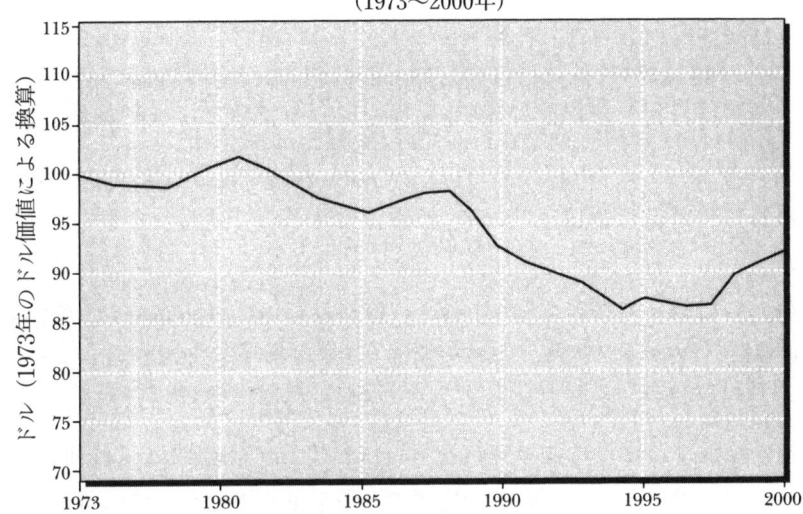

中所得世帯の労働時間
（1979〜2000年）

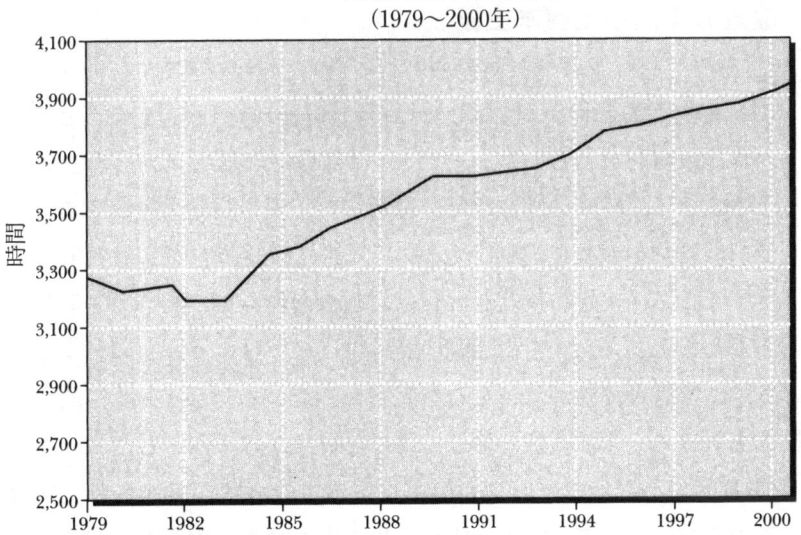

によれば、「一人当たりの所得がなぜこのように減少したかについて、エコノミストの間で定説となっている説明はまだない。次に示した図表は、最近の経済史のなかでもめったにないほど気落ちさせられるものである」（表7.1および図7.3参照）。

　ここでその説明を試みることにしよう。ベビーブーマーの一般通念はその親の世代のものとは少し違っていた。個人個人が論理的に考えるのではなく、群衆的な感情に染まりながら、彼らは少しずつ『ホール・アース・カタログ（Whole Earth Catalog）』の教義——「われわれは神のようなものだから、うまくできるようになってもいいはずだ」——を取り入れていった。神になったベビーブーマーたちは、自分たちに似せて経済を作り上げた。健全な経済には、忍耐や、倹約や、貯蓄や、辛抱や、規律が必要である。だが、それはまさにベビーブーマーに欠けているものだった。やがて、経済はベビーブーム世代の性格を反映するようになっていった。つまり、自信過剰で、近視眼的で、その場の満足を求め、向こう見ずで、勝手気ままになっていったのだ。

## 最近の堕落した資本主義

　これらの特徴を最もよく示しているのは——しかも、そのことで最も大きな被害を与えるのは——アメリカの会社の経営陣だった。アメリカの会社は、将来の利益のために新しい工場や設備に投資することもせず、経費を大幅に削り、いろいろな形で金融操作や会計粉飾を行った。そして、実質の伴わない貸借対照表を作って、利益の先取りを図ろうとした。また、自信過剰の若い世代のアメリカ人と同じように、どっぷりと借金につかり、それを元手に、たいていは法外な値段で自社株を買って、経常利益が伸びていると見せかけようとした。

　FRBが導入したまがい物の信用によって、消費が刺激され、間違った投資が行われて、将来の成長を生み出すはずの実質貯蓄が食いつ

**図7.4 消費者社会の進展**

ベビーブーム世代は自分自身のイメージに合わせて経済を作り直した。かつて、相対的にみて貯蓄率や資本投資や付加価値が高かった経済は、今やベビーブーム世代にとって長期的に必要なものを生産するのではなく、短期的に欲しいと思うものを与えるような経済になった。

GDPに占める個人消費の比率
（1967～2002年）

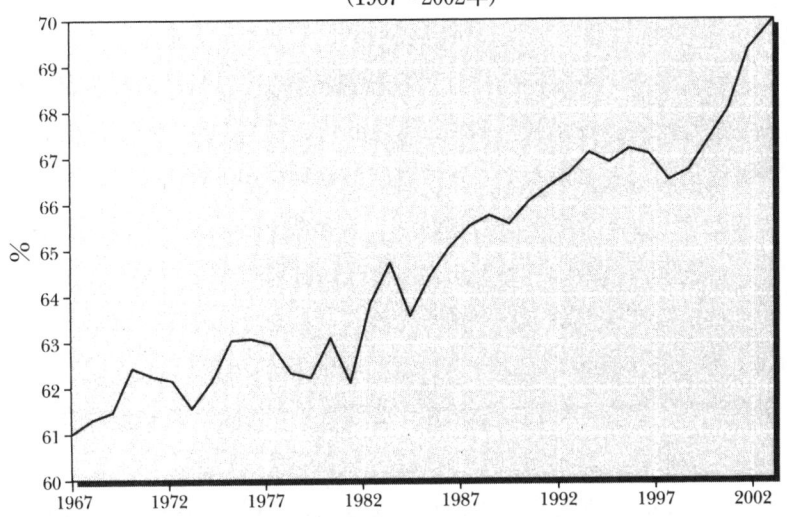

ぶされた。そのうえに、収益や貯蓄率やキャピタルゲインの悪化が重なって、成長や発展に必要な原資はブームの間に減少し、1999年にはブームの開始時点よりも少なくなっていたようである。

　エコノミストのカート・リッケバッカーによれば、だれも注意を払おうとしなかったが、（この大量消費によって）当然、GDPに占める消費の割合が持続的に急激に上昇するという事態が生じた。[14] 70年代後期のアメリカ経済で、GDP中の消費の比率は62％だった。80年代末にはそれが4％増えて66％になり、90年代末にはさらに4％増えた。また、2001年末には、現行のGDP成長率に対する消費の寄与分は90

％を超えていた（図7.4参照）。

　消費の拡大はまた別の困った結果をもたらすことになった。ベビーブーマーの親の時代には貯蓄率も資本投資も付加価値も（相対的にみて）高かったが、ベビーブーマーの時代には貯蓄率も資本投資も減少して消費者経済となり、そのことで経済全体の構造が変化した。それは、ベビーブーム世代にとって、長期的に必要なものを与えるのではなく、欲しいものを短期的に与える経済となった。長期的な投資よりも刹那的な消費が好まれた結果、もはやその経済体制では、一般的アメリカ人の退職をまかなえるような収益や利益が生み出せなくなってしまった。たしかにブームのおかげで株式ポートフォリオは値上がりしたが、7900万人もいるベビーブーマーは計算上だけのキャピタルゲインでは退職できなかった。株を売ろうとしたとたんに、そのゲインが消えてしまうからだ。

　退職するには収入や利益や所得が必要だった。そしてそのためには、高レベルの貯蓄と資本投資を行う経済が必要だった。

　なぜ会社の収益が悪化したのか。なぜ個人所得が伸びなかったのか。そして、なぜアメリカ人はただ生活水準を維持するためにだけ、長時間働かざるを得なくなってきたのか。その答えは、無から有を生み出すことはできないということにある。

　貯蓄がなければ実質的な資本投資はあり得ない。投資の元がないからだ。貯蓄なしでは、ただ信用でまかなわれる仮想的な投資だけになってしまう。利益を生み出す新しい機械や新しい工場・設備に対する実質的な資本投資がなければ、人々は高付加価値の新しい仕事に就くことができず、賃金が上がることもない。なぜなら、会社は大量の良質な財貨やサービスを本当に作り出すことができないからだ。今、人々は前よりも長時間働き、借金をすることを余儀なくされているが、その一方で、投資した株や不動産の価格は上昇している。それを見て、人々は家計が良くなっているとの錯覚に陥る。いったん裕福になって

いると思い込んでしまうと、それに力を得て、借金を重ね、消費を増やす。そこからさらに、維持できないような消費レベルにまで進み、経済全体が歪んでしまう。そして、最後に消費者がいざ退職する段になって、十分なお金のないことに気づかされることになるのだ。

いったいどうしたらいいのか。また働けばいいのだ。

「全員、働く準備をしよう！」と2002年7月20日付のタイム誌の記事は呼びかけた。「年金給付の減額、伸びる寿命、株価の大崩壊——これらは全部ひとつの結論につながっていく。私たちの大半が70代に入ってもずっと働き続けなくてはならないのだ」。少なくともアメリカ人はそれに慣れている。1982年からこのかた、次第に働く時間を増やしてきたのだ。そして今や、死ぬまで働き続けるはめになろうとしている。

### 株に熱狂

ずっと強気相場のなかで育ったせいで、ベビーブーマーは二度考えることが必要な場面に出合う経験がなかった。その世代の投資家全員が、セックスのように気持ちよく、重力のように不変の真理を発見したと信じ込んだ。祖先たちが見逃していたことを自分たちが見つけ出したのだ。それは、株はいつも値上がりするということだった。この新しい考えは天からのひそかな贈り物のようなものだった。

ジェームズ・K・グラスマンが1998年に出した本『ダウ36,000（Dow 36,000）』によれば、2世紀の間株価は間違っていた。株式を買う者はこれまで常に「リスク・プレミアム」を要求してきた。国債への投資よりもリスクが大きいという理由で、それよりも高率のリターンを求めてきたのである。ところが、グラスマンは衝撃的な事実を明らかにした。実際には、株式のリスクが大きいということはなく、リスク・プレミアムの必要はなかったというのだ。そして、リス

ク・プレミアムを取り除き、数字をちょこっといじってみたら、株価はもっと高値を付けていいという結論になった。3万6000ドルもあり得るらしいのだ。たしかにそうかもしれない。

困ったことに、2001年の投資家の多くは1982年から2000年の大強気相場しか知らず、もともと強気一点張りだった。

## 壮大な幻想

しかし、2001年10月、投資家となったベビーブーマーの多くは、そうしたことにはまるで気づかないまま、インフレ調整のされていないダウのチャートを見ていた。それはまるで登山家が山を見つめるような眼差しだったに違いない。目を右手のほうに向けると、まさにそこに1982年から2000年にかけての大強気相場というエベレストがあった。行く手にある峡谷や渓流や川やくぼ地はとるに足りないもののように見えた。大事なことはその頂上にたどり着くことだった。そして、そのためにはただ歩き始めるだけでよかった。

1990年代には、低金利と消費者志向の社会のおかげで、アメリカの強気相場はますますその度を強めていった。その後、歴史上繰り返されてきたブームと破綻のパターンに従って、繁栄の時期の最後にバブルが膨らんだ。1982年から1999年までの期間に、S&P500は配当も含めて年率19％のリターンをもたらした。その終わりの時期──1994年から1999年──は特に良い成績だった。S&P500は毎年平均20％の値上がりを示したのである。ベビーブーマーは熱狂した。

しかし、それはただの夢だった。2000年春、リチャード・ラッセルは、バブルが終わり、長く、つらく、途方にくれるような弱気相場が始まったことを示そうとした。そのために彼は「天井の勢ぞろい」と呼んだ事実を並べたてた。「日々の新高値は1997年10月3日に天井を打った……騰落レシオは1998年4月3日に天井を打った……運輸株平

均は1999年３月12日に天井を打った……NYSE金融株指数はその翌日に天井を付けた。公共株平均は1999年６月16日に天井を打った……NYSE総合指数はその１カ月後に天井を打った。ダウ自身は2000年１月14日に１万1722.98ドルという史上最高値を付けた。ナスダックの天井は３月10日の5048.62ポイントだった。そして、S&Pは３月24日の1527ポイントで天井を打った」[15]

　バブルははじけた。どの市場も、どのセクターも、どの銘柄も、すべてが高値を付けたあと、先の見えない下落へと転じた。だが、投資家はまだ株は値上がりするものと信じて疑わなかった。テレビや本や雑誌やパーティーの会話やインターネットに勇気づけられて、株価が下がっても心配はいらないと思い込んだ。株式市場が値下がりと無縁だと考えたわけではなかったが、「長期的に見れば株は必ず値上がりする」と信じていたのだ。ジェレミー・シーゲルはその著『シーゲル博士の株式長期投資のすすめ』(日本短波放送刊)のなかで、この点について説得力のある議論を展開している。

　過去の例からみて株価の下落は何年も続くものだ、という事実を思い起こす者はほとんどいなかった。このことに関し、ミネソタ州セントポールのカート・レルンという人は、同じ投資家仲間に対して注意を促そうとした。バロンズ誌に投稿して、1954年のダウが、25年前のレベルを依然として27％も下回っていたことを指摘したのである。また、1982年のダウは1966年のレベルより22％も低かった。彼はさらにこう書いている。「来年ダウが8500ドルまで下落したら、現在の投資家の多くはたぶん、ひどいことになったと思うに違いない。だが、歴史が繰り返されて、2025年になってもダウがまだ8500ドル付近に低迷していたら、投資家の反応はそれどころではないだろう」[16]

　実際、ダウは8500ドルまで下げた。正確にいえば、2001年９月26日に8567.39ドルを付けた。そして、その後も下げ続けて、翌年同日には7997.12ドルになった。だが、アメリカの新しい投資家はそれをひ

どいことだとは思わなかった。ところが、やはりひどかったのだ。18年にわたる強気相場での「成功」は、破滅へ至る道だった。株の長期保有がうまくいくと本気になって信じれば信じるほど、みんな確実に損をするはめになった。

　ベビーブーム世代の中心が初めて「株を買える」年齢段階に達したのは、良いことはなんでも起き得る、というよりも、必ず起こると思えるような時期だった。株のブームが頂点にあったころには、「株は長期保有せよ」「FRBに逆らうな」「市場に長期間とどまれ」といったことが当然とみなされた。臨時収入のうちの何割かは市場で運用する気になった。若いうちに退職することを思い描くこともできた。そのためには細かな計算など不要で、結果の総額さえ分かればよかった。普通株から複利で年率18％のリターンが得られるとした場合、47歳のときに401kプランに10万ドルの残高があれば、59歳のときには年金口座の残高は100万ドルになっているはずだった。

　計算上そんなにたくさんの財産持ちになれるとしたならば、現実にちょっとだけ支出するのを我慢する理由など、どこにもなかった。

　しかし、ほんの数年後には計算がずっと厳しくなっていた。株式投資のリターンとして、年率18％や15％はおろか、12％でさえ期待できなくなっていた。ウォーレン・バフェットは今後5〜10年の間に株で6〜7％の利回りしか期待できそうにないと語った。資産運用会社PIMCOのビル・クロスはだいたい6％くらいのものだと言った。ジェレミー・グランサムがバロンズ誌に語ったところでは、5％が最も妥当な数字だった。そのうえ、アメリカの人口構成がこれからすぐに変化することを考慮するならば、これらの数字でさえ希望的観測と言うべきだった。

## 悪い月が出た

　世界の終わりをもたらしかねない３つのちょっとした数字を挙げよう。

１．2001年１月１日におけるベビーブーマーの平均年齢——46歳
２．退職のための平均貯蓄残高——５万ドル
３．６％の利回りで、十分な年金収入が確保できるだけの金額に到達する年数——63年

おっと、もうひとつ大事な数字があった。

４．アメリカの社会保障信託年金の残高——０ドル

　私たちは数字を細かく計算するのが良いことだとは思わない。また、数字をならしたり、ひねったり、膨らませたり、ねじり曲げたりして見かけを良くすることもしない。どんなに嫌な数字でもあるがままで受け入れる。
　上の数字で絵を描いたとしたら、絶対に傑作ができるはずがない。できるのは奇怪な未来派の絵であろう。あるいは、ゴヤが落ち込んだときに描いた絵か、アンドレ・セラノがのっているときに描いた絵のようになるだろう。情景は西洋世界のどこででもだいたい同じようなものだった。ますます大勢の人がますます老いているのだ。前にも述べたように、この流れの先頭にいるのが日本だった。日本は大半の西洋諸国よりも10年ほど早く老齢化が進んでいた。では、一国の国民全体が年老いたらいったい何が起こるのだろうか。その答を求めて私たちは日本に目を向ける。そこに見えるものは私たちの気持ちを暗くする。ところがこのとき、もっと恐ろしいことが頭に浮かんでくる。日

本のたいていの世帯はそれほど株に深入りしていないし、貯金をやめたこともなかった。とすれば、これから12年ほどのアメリカの姿は、もっと忌まわしいものになるかもしれないのだ。

これから先、アメリカの巨大なベビーブーム世代が少しでも日本的になったら、いったい何が起きるのだろうか。もし貯金がたまるまで49年以上も待てないと考えたらどうなる？ もし消費を切り詰め、借金を返し、貯蓄を増やそうと決心したらどうなる？

もし製品が売れなくなったら会社の利益はどうなる？ もし世界の消費の頼みの綱であるアメリカが消費をやめたら、消費者物価はどうなる？ また、もし株価が、みんなの期待どおりに数カ月以内に底を打って、年5～7％ほどの利回りを上げられるぐらいにゆっくりと回復し始めなかったら？ もしニューヨーク・ダウが遠く離れた東京の兄弟にならって、2012年に2700ドルを付けたら？ 一言で言えば、もし老齢化するベビーブーマーたちが年相応に振る舞うようになったら、世界経済に何が起きるのか？

コールズ財団の研究報告を見ると、かなりはっきりとした答えがそこに示されている。人口学的な根拠だけからして、アメリカの株式はこの先18年は下降するだろうというのだ。この研究の意義は、あっと驚くような結論を出しているところにあるのではない。むしろ、その結論は予想どおりのものだ。どんな誤りも遅かれ早かれ正されるのがこの世の常である。ベビーブーマーとその株式投資も例外ではないのだ。

その研究には、年齢とPERの間には強い相関のあることが示されている。序文にはこう書かれている。「われわれの得た結果は、人口構造の変化が原因で有価証券の価格が相当に変動するという見方を強く支持するようなものである。また、その変動は、ある意味で基本的な要因の変化の影響をほとんど受けないことも分かった」。年齢に応じて投資行動のパターンが決まっており、20年にわたる強気相場もそ

のせいで生じたのだし、この先見通せるかぎり下落が続くという予測もそのパターンから出てくる。「われわれは過去50年以上にわたるアメリカのPERの変動を近似するモデルを作ったが、それによれば、この先20年の間にPERがかなり低くなるとする見方を強く支持できそうである。これは最近のキャンベルとシラー（2001）の研究報告とも一致している」

「所得は若いときには少なく、中年で最高になり、退職後はゼロかわずかになる」とその研究報告は述べているが、これはハリー・デントとヤグイ・ウェイの発見とも符合している。また、その研究によれば、長期的な市場トレンドを決める一番決定的な要因は人口である。というのも、投資行動は年齢に対応したパターンに大きく依存しているからである。つまり、20〜39歳までの若年層は消費志向であり、40〜59歳の中年層はたいてい株式投資を行い、退職者たち（60歳以上）はどちらかと言えば株を売るほうに傾く。別の言い方をすれば、「若いときには借金をし、中年では株と債券に投資し、退職後は中年期の投資成果に頼って生きようとする」。この研究はまた、この３つのライフステージにある人数の割合によって、市場から得られる成果が大きく左右されると主張している。

では、1970年代以降、人口の要因はアメリカ株式市場での成果にどのような影響を与えたのか。70年代と80年代は高消費、高支出の時期だった。これは、ベビーブーマーがまだ若年層に属していたことから、当然予測できることだった。株価は80年代から1999年まで上昇したが、この時期にはベビーブーマーが中年になっていた。日本の場合と同じように、2000年には予想どおり株式市場がピークを迎えたが、この年には若年層に対する中年層の比率がピークに達していた。ということは、今後は、退職年齢に入るベビーブーマーによる株の売りが、中年を迎える若い世代の買いを上回り続けることになるはずである。その研究の予測では、一時的な反発はあっても、市場全体の方向としては

2018年ころまで下落傾向が続くだろうという。[17]

投資ブームを下支えしたうわさのひとつは、何百万人というベビーブーマーが退職に備えて、何十億ドルもの資金を401kなどの株式投資基金に注ぎ込んでいるということだった。こうした資金の大洪水によって、ハリー・デントが言うところの「史上最大のブーム」が起き、ダウは3万6000ドルにまで達するはずだった。たしかにデントの予測は高すぎたかもしれないが、史上最大のブームになったことは事実だった。

だからこそ、このあと史上最大の破綻がやって来ることになるのだ。

## 新しい計算結果が届く

どんな指標で見てもダウの1万1722ドルは行き過ぎだった。ノーベル経済学賞受賞者のジェームズ・トービンは市場価格の行き過ぎの度合いを測るために、「q」として知られる指標を考案した。

考え方は簡単だった。会社の価値はそれを取得するのに必要な価格に相当するというのだ。qレシオというのは、会社の株価を再取得価格で割った値であるが、これは本来1になるはずのものだった。スミザーズとライトがこのqの概念を全銘柄に当てはめて計算したところ、市場が1973年から1974年の弱気市場と同じように動くなら、ダウは4000ドルを割り込むということが分かった。また、1929年以後の破綻のパターンに従うとしたら、2000ドルを下回ることになるはずだった。

2002年末ごろにはこの新しい計算結果がベビーブーム世代に届きつつあった。バフェットやいろいろな人々が指摘したことであるが、1792年から現在までの間に、アメリカの金融市場には少なくとも8回の大きな弱気相場があり、それぞれは平均して約14年間続いた。その8回とは、1802～1829年、1835～1842年、1847～1859年、1872～1877

年、1881〜1896年、1902〜1921年、1929〜1942年、1966〜1982年であった。

この8回の弱気相場の平均損失は、14年以上にわたって毎年6％ずつ損を出すのにほぼ等しい。もしも今のこの弱気相場がこうした前例のパターンに従うとすれば、あと12年間は価格の下落が止まらない。また、前の2世紀の幕開けとともに始まった2つの弱気相場——1802年と1902年の弱気相場——のパターンに従うとすれば、あと20年は終わらないことになる。

この場合に、35歳の人が2000年の高値で株を買ったとしたら、55歳になってもまだ損を回復できないでいることになる。たしかに、まだ野球帽を前後ろにかぶるような年の投資家であれば、下降局面が終わるまで待つこともできるかもしれない。長期戦でやれば最後には相場に勝てる、と自分に言い聞かせることもできる。しかし、退職が迫っている投資家の場合には、自分の財政状態をみて泡を食うことになるであろう。普通だったら、稼ぎもリスクも大きい株はやめて、確実なリターンが望める債券や抵当貸付や賃料による運用に切り替えていなければならない年だからだ。

人間はバカではないし、いつまでもベビーブーマーの意識のままでいるわけではない。将来のためにお金を蓄える必要のあることはわきまえている。だから、株の値上がり益がなくなったら、なんとかそれを補おうとする。もちろん、しばらくの間は、市場が元に戻って値上がり益も回復するはずだと自分に言い聞かせることもできる。そして、ひょっとすれば——しばらくは——市場も協力してくれるかもしれない。だが、計算というのは冷酷なものなのだ。

## 社会保障が危うい

世界で最初の公的退職年金制度を作ったのは、1880年のドイツにお

けるオットー・フォン・ビスマルクだった。50年後のアメリカで、大恐慌のさなかフランクリン・ルーズベルトがその先例にならった。前に述べたように、当時は、これから65歳の退職年齢を迎える人が多すぎて、将来資金不足をきたすような恐れがあるとは考えられなかった。例えば1935年におけるアメリカ人男性の寿命は76.9年だった。この年金プランで退職者が毎月受け取る額はたいしたことがなかったし、制度の資金がなくなるほど長生きすることはありそうになかった。

社会保障制度ができたとき、65歳のアメリカ人の平均余命は11.9年だった。しかし、現在の公的プロジェクトが正しければ、2040年には65歳の平均余命は少なくとも19.2年になりそうである。もし平均的な退職年齢が、1935年を基準として、寿命と連動して変化すると仮定したならば、現在働いている人が完全な年金支給を受けられるのは73歳からということになるし、今後はそれがもっと遅くなると見込まれる。[18]

「人口学と資本市場のリターン」と題された論文のなかで、ロバート・アーノットとアン・キャッセルズは、危機に瀕しているのは社会保障制度そのものではなく、人口の状況なのだと主張した。彼らによれば、「社会全体の老齢化が進むとき、一番大事なことは、労働者数と退職者数の比がどうなっているかという点である。不幸なことに、全人口のなかで突出して大きな割合を占めるベビーブーム世代が老齢化すると、労働者数に対する退職者数の比率が劇的に高くなり、社会に大きな重圧がかかり、世代間のあつれきを生み出しかねない」。

ほかの先進国と同じように、アメリカでも公的年金のための無基金給付引当金はGDPの100～250％に達している。それは「隠れた債務」であり、しかも、公式の公的債務よりもはるかに額が大きい。民間企業の場合と違って、この債務は費用として30～40年で償却するというわけにはいかない。また、強調しておきたいのは、通常の状態ではそんな壊滅的な赤字を出すことはあり得ないということである。あくまで非常事態のときだけ許されることなのだ。[19]

今の政策が変わらないままだとすれば、2030年までに社会保障費はGDP比で、現在の4.2%から6.6%にまで増加する。これは給与税率を57%引き上げることで得られる額と等しい。もしこのGDPの2.4%分を2001年から支払うとすれば、毎年2350億ドルが必要になるが、これを連邦所得税でまかなうとすれば税率を25%引き上げなくてはならなくなる。[20]

## 年金プランの毒

　弱り目にたたり目といった具合で、2000年に株式市場が値下がりに転じて以来、民間の年金給付のほうもだんだん雲行きが怪しくなってきた。個人投資家と同じように、先も見えないのに自信たっぷりに株式投資をしたせいで、会社の年金プランが厄介なことになっている。例えばアポジー・リサーチ社のエリック・フライの指摘によれば、トラクター製造会社のディア・アンド・カンパニーは、年金プランと退職者の厚生プランで、2001年10月31日期に6億5700万ドルの投資利益が上げられると見込んでいた。ところが、実際の結果は14億ドルの損失だった。見込みとの差額は20億ドル以上であり、同社の基金不足の年金負債は30億ドルを超えてしまった。

　同様に、2002年にゼネラルモーターズは、年金プランの資産が10%減少したと報告したが、このことは、2003年における同社の税引き後の年金費用が約10億ドル、つまり1株当たり1.80ドル分増える可能性のあることを意味する。スタンダード＆プアーズ社はただちにGMの信用格付けを引き下げた。というのも、「年金資金の運用成績が悪化すれば、すでに膨大になっているGMの無基金年金負債がさらに大きく増えることになるからだった」。

　1990年代の強気相場のときには、膨大な投資利回りが得られ、会社はあふれんばかりの余剰収益を手にした。アメリカの創意に満ちた

CFO（最高財務責任者）たちは、うまくこの余剰分を損益計算書に盛り込んで、報告書の収益の数字の化粧直しに役立てた。その数字のなかには、年金基金の、市場への投資による利回りが含まれていたのだ。

しかし、株は上がるときもあれば下がるときもある。ここ数年は弱気相場が続き、これまでのような年金基金の投資成績には急ブレーキがかかった。以前は潤沢な剰余金を持っていた会社の年金プランも、今は大半がひどい資金不足に陥っていた。CSFB社の会計アナリスト、デビッド・ザイオンによれば、2001年末には、S&P500種指数を構成する会社で確定給付型年金を持つ360社のうち、240社が年金の資金不足に苦しんでいた。

弱気相場のときには、会社はもはや、年金プランが得た株式投資の利得の一部を会社自体の利益として計上することができない。それどころか、多くの会社では、手持ちの現金を使って、何よりも先に年金の赤字の穴埋めをせざるを得ず、事業を拡大したり、債務を返済したり、自社株を買ったりするなど、投資家の利益になるような使い方は後回しにされてしまう。ここでもまた、資本主義の会社のはずなのに、株主の利益はおろそかにして、退職した従業員の利益を図っているのである。

2002年には、S&P500種の会社が抱える年金基金の赤字は総額で3000億ドルを超えていた。長期的には、会社のキャッシュフローからそれを補填せざるを得ず、利益や配当や株価がそのとばっちりを食うことになるわけである。

## ヘルスケアの拡大

退職を迎えるベビーブーマーにはさまざまの不信や不安の種があるが、ここでまたひとつ付け加えるならば、アメリカのヘルスケアの費

用は、これから40年間、GDPの7％相当分ほど増加する見通しである。この増加のスピードはほかの先進国に比べると2倍の速さである。「老齢者中の老齢者」──80歳以上の人──の数は2050年までの間に急激に増える見込みであり、それに伴って、障害ケアや、介護や、ヘルスケアだけでなく、長期的ケアの費用が劇的に増加することになろう。

実際、2030年にはアメリカ政府は、老人ホームのために、今の社会保障費を上回る公共事業費を支出することになりそうである。ヘルスケア産業を研究しているエコノミスト、ビクター・フックスによれば、「たしかに社会保障について心配するのももっともなことであるが、老齢者のヘルスケアへの出費は、400キロ近いものすごいゴリラがアメリカ経済に立ち向かってくるようなものである」[21]。社会保障に加えて、医療保険や医療扶助にかかわる事業も増えるとなると、全体の費用が給与税収の50％を超えることにもつながりかねない[22]。健康管理に関する費用が膨らみ、もっと長期的なケア体制に対する政治的要求が強まってくると、公的支出がいっきに増加して財政的危機を招くことにもなりかねない。

## さらなる貧困

人は、個人としても集団としても、年をとることを選んだわけではない。自然にそうなるのだ。私たちの知るかぎり、個人の場合も、経済全体の場合も、自然に起きる衰退をくい止めるには、不自然なほど悪い状態にまで持っていくしか手がない。中央銀行は通貨をめちゃくちゃにすることによってデフレを回避することができるし、借り手は借金をさらに増やすことで破綻を遅らせることができる。それと同じように、人は自分自身を破滅させることによって、いつでも老齢化を止めることができる。

長い目で見れば、社会保障制度もまた必ず破綻する。なぜなら、それは、無から有を得ることができるという嘘のうえに築かれているからだ。その嘘は、自分が注ぎ込んだ以上のものをその制度によって受け取ることができるというまやかしといってもよい。たしかに、一部にはその恩恵にあずかれる人がいるかもしれない。しかし、全体となると、それは不可能なのだ。というのも、それを実現するためには、退職者の年金を払ってくれる労働者が、退職者以上に大勢いなくてはならないからだ。実のところ、そうした願いが、ベビーブーマー全体の持つ幻想の核心をなしていた。彼らは、次の世代が社会保障制度を通して自分たちを養ってくれるものと思っていたし、家や株を自分よりも若い連中に売れるものと思い込んでいた。しかし、若い世代もいずれは力が尽きる。彼らはベビーブーマーの願いをかなえるには、数が少なく、富も十分ではないのだ。
　ほかのさまざまなことと同様、この点についても、アメリカ人は、日本人にはない強みが自分たちにあると思っている。日本と違って、アメリカはまだ移民の入国と労働の権利を認めているので、移民の精力的な働きによって、老齢化する受け入れ側の国民を養ってくれるというのだ。
　多くの人が信じているように、移民がピンチを救ってくれる可能性はある。だが、アーノットとキャッセルズが示しているように、社会保障制度を維持するためには、毎年400万人の移民を受け入れること、言い換えれば、アメリカの人口が毎年1.5％ずつ増加することが必要である。これは現在の移民数の倍に当たる数字であり、現実性のない話である。
　ベビーブーム世代の最年長者は今56歳である。そのあとを8000万人の集団が従っているわけだが、彼らのほとんどが退職に伴う問題をあまり真剣に考えていない。この世代の80％は8ヵ月分の生活費以下の蓄えしか持っていない。「50歳以上の年齢層は退職の準備ができてい

## 図7.5 アメリカの危機

アメリカが一番最近、株式市場の崩壊と戦争に直面した時期である1930年代と1940年代には、個人の貯蓄率は25%以上にはね上がった（上図）。この時期には政府支出もGDPの半分近くまで増えた（中図）。また、赤字はGDPの13%近くにまで膨らんだ（下図）。もし、現在の貯蓄率が戦後の平均値にまで戻ったとすれば、アメリカを「第二次大戦後最大で最長の景気後退」に落とし込む恐れがある。

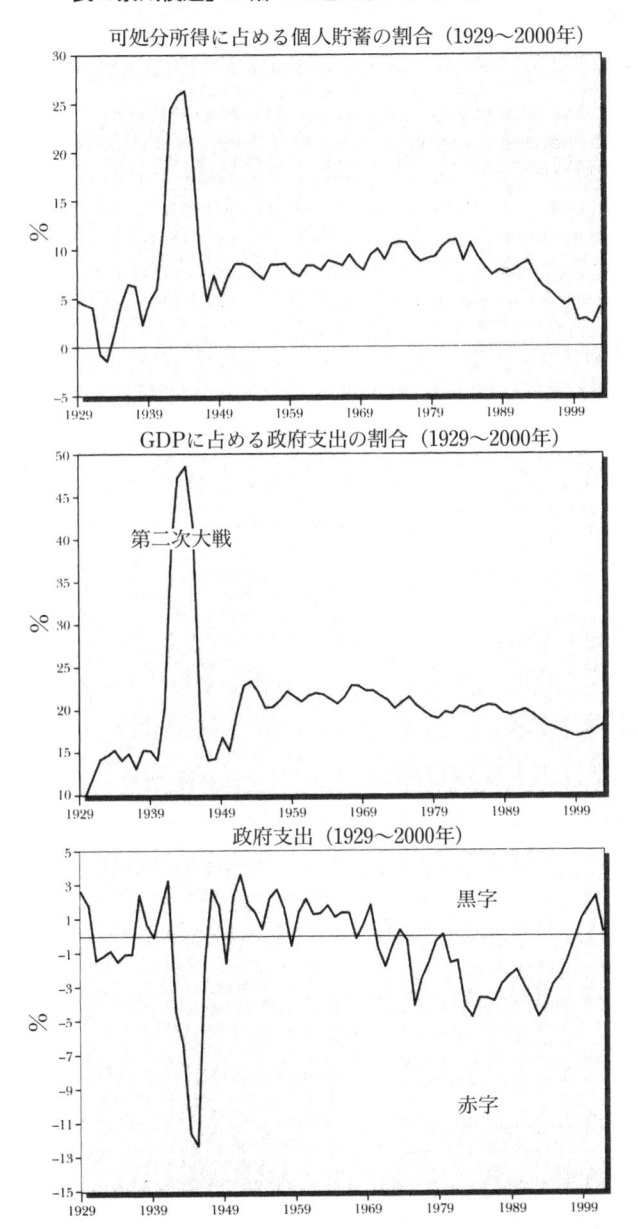

可処分所得に占める個人貯蓄の割合（1929～2000年）

GDPに占める政府支出の割合（1929～2000年）

第二次大戦

政府支出（1929～2000年）

黒字

赤字

ない」と全米退職者協会（AARP）の報告は述べている。そして、こうした準備不足の人たちの数は、その足がむくんで膨らむのよりも速いスピードで膨れ上がっている。2000年には、約7600万人——国民の28％——が50歳を超えていた。2020年には、その数がさらに4000万人増えて、全人口の36％を占めることになるであろう。

退職を控えたベビーブーマーたちは、かつてセックスやドラッグやロックンロールに目覚めたのと同じように、もうすぐ貯蓄に目覚めるのではないだろうか。もしかすると、貯蓄が好きになりさえするかもしれないし、それを発明したのは自分たちだと思い込むかもしれない。そのうえ、（ほかのすべてのことと同様に）きっと貯蓄もやりすぎることになるであろう。

ほんのわずかな倹約を行っただけでも、経済全体に劇的な影響が及ぶと考えられる。貯蓄率の１％の変動はだいたいGDPの0.6％に相当する。ジョン・メイキンはアメリカン・エンタープライズ研究所に寄せた論文のなかで、ベビーブーマーが、90年代における消費の平均実質比率のたった３分の１——つまり５％——を貯蓄に向けた場合、消費が１年当たり3500億ドル減少することになると述べている。これはGDPの3.5％が失われることに等しく、これから先何年も、確実に景気後退が続く結果となる。リッケバッカー博士も計算を行った。その結果によれば、もし貯蓄率が戦後の平均値の半分にまで回復するなら、第二次大戦後最大で最長の景気不振を招く恐れがあるそうだ（図7.5参照）。[23]

# 第8章
## 最後の審判の日──アメリカの レバレッジが利かなくなるとき
## Reckoning Day : The Deleveraging of America

自分に害をなすような自慢の種がだれにでもあるものだ。──ラルフ・ウォルドー・エマーソン

20世紀の終わりまでアメリカはずっと舞い上がりっぱなしだったので、あとは下に落ちるしかなかった。そして、何が起きるのか。その前に、少し今までの話を振り返ってみよう。まず最初に述べたのは、人間というものは理性的であるが、それはいつもではなく、完全なものでもないということだった。なにしろ、最も大事な決定をほとんど理性を無視してやってしまうのだ。例えば、つれあいや仕事やライフスタイルを選ぶときも、頭は使わないで、心に響くかどうかをもとに決めてしまう。

また、自分でどんなに理性的だと考えていても、ときには感情に流されることがある。市場でも政治でも、人はしばしば愚かなことを繰り返す。それは、恐れ、貪欲、根拠のない自信、嫌悪、復讐心、親切心など、そのときどきの感情に駆られて動くからだ。市場や政治の場合には、そこに巨大な人間の集団がかかわっているので、いっそう大きな狂乱が起きやすい。それに加えて、現代のテクノロジーはその偉業のひとつとして、これまでにないほど大きな愚か者の集団を作り出した。

群衆の狂気には2つの大きな特徴がある。ひとつは、群衆は物事を最も単純で未熟な形でしかとらえることができないということだ。真

実は限りなく複雑なものだから、群衆の考えることは、ほとんどすべての場合に真実よりも嘘に近いことになる。第二には、個人も群衆も同じ感情を抱くのであるが、個人の場合には大きな厄介事がめったに生じないということがある。それは、家族や友人や物理的な環境によるチェックが入るからである。ところが、群衆のなかに入ると、感情が強められ、考えは乱されるので、いずれ社会全体が破滅への道をたどることになる。

21世紀の幕開けとともにアメリカが歩み始めた破滅への道は、その特異な状況を反映するものだった。半世紀にわたる経済的進歩と25年間の強気相場のせいで、アメリカ人は真実でないことを信じ、手の届きそうもないことを望むようになっていた。これまでの歴史のなかで、お金を消費することによって金持ちになった者はいなかったし、投資市場で長期保有を行った投資家が富を得たこともあまりなかったし、金の保証のない紙幣が長いこと価値を保つこともなかった。

だが、1990年代後期には、こうしたこと全部が可能だというだけでなく、必然的だとさえみえた。何もかもがアメリカの都合のいいように動いているようにみえた。それが新世紀の始まりとともに突如として、すべてが逆向きになったようだった。財政黒字は空前の規模の赤字となり、2013年には3兆ドルを超えそうな勢いとなっている。

ブームの時期には、アメリカの貿易赤字は自慢の元だった。それによりも何十億ドルもの額が外国人の手に渡り、それがまたアメリカの資本資産へと再投資された。しかし、2003年には貿易赤字が心配の元になった。というのも、ドルは下落を続けていたし、外国人は次第にその受け取りを渋るようになっていたからだ。アメリカの消費者は、1990年代後期には世界経済全体を引っ張っていたが、2000年代初めには重すぎる借金を背負って、自分自身が前に進むのもやっとのありさまだった。アメリカの抜きん出た軍事力でさえ、国の納税者が支えきれないほど膨大な経費がかかる金食い虫になっていた。

こうした問題も国民が若くて精力的なら乗り越えることができるであろう。しかし、アメリカ人は年をとりつつあり、制度も老朽化し始めていた。構造的変化が必要だった。しかし、アメリカの民主化された市場構造と、集団化された堕落的な政府のせいで、変化を成し遂げるのは難しかった。人々は多数派に誤りはあり得ないと信じていた。そして、その多数派は、備えなしで退職できるし、払い込みをしなくても政府の援助が受けられるし、経済的に不釣り合いなライフスタイルも楽しめると考えていた。また、自分で努力するのではなく、単に願った物が手元に入ってくるように、指導者たちが何か手を打ってくれるものと期待していた。
　そして、次に何が起きるのか。
　本章では、目を未来に向けることにする。もちろん、未来の新聞を覗き見するようなわけにはいかない。FRBや占い電話サービスの予想屋と同じで、私たちにも未来のことは分からない。最近のニュースによれば、占い電話サービスの商売がひどく繁盛していて、会社は電話で回答する人材を求めているらしい。「訓練します」と求人広告にはあった。筆者たちはこれに応募しようかとも考えた。というのも、いくら必死に努力しても、独力ではなかなかその技能がマスターできなかったからだ。とはいっても、私たちには千里眼というものがないのだから、推測に頼るしかない。
　アメリカ人は無から有を得るという期待をなかなかやめることができない。やめるだけの理性も常識も慎みもないからだ。しかし、政府が経費を削減することはできるはずだ。例えば世界の警察として振る舞うのはやめて、元のように自国の防衛に専念すればよい。支出を大幅に削減すれば、政府は予算の収支バランスを保つことができるし、おまけに減税だって可能になる。国民も自分の出費を抑えて、50年代、60年代のように収入の10%を貯金するとよい。また、貿易赤字を解消して、負債を返済することもできるだろう。たぶんドルを救うことも

できるだろう。断固たる「強いドル」の政策をとれば（そして、引退したポール・ボルカーに戻ってもらって信認性を高めれば）、多少の値下がりはあっても、ドルの下落をくい止めることができるかもしれない。

非常に苦しい不況の時期——株価が下がり、生活水準が落ちるような時期——が過ぎれば、アメリカ経済は立ち直って、国内貯蓄というしっかりとした基礎に立ってやっていくことができるようになるだろう。

いや、しかし、こうしたことはどれもあまり起きそうにない。それはアメリカ人が大好きになったどんな考え方にも反するし、過去の自分が間違っていたと認めることにもなるからだ。景気が落ち込んだら政府は支出を増やすように、とケインズは教えている。フリードマンはこれに付け加えて、ドルをもっとたくさん印刷していれば大恐慌が防げたはずだと言う。もし消費者が支出を差し控えたら大変なことになるとアメリカ中のエコノミストが言っている。

人々は一般通念を簡単に捨てたりはしない。特にそれが、無から有が生まれるといった魅力的なものならなおさらである。これまで表面的にはずっと長いこと順調だったアメリカの消費者資本主義が、今さら自分たちを裏切るようなことがどうしてあり得るのか。あり得ない話だ、と人々は自分に言い聞かせる。だれもがこれからいくらでも金持ちになれると分かっているときに、どうして生活水準を落とすことに同意しなくてはいけないのか。これもあり得ない話だ。

アメリカ人はけっしてその夢をあきらめることができない。それは、ナポレオンがドイツやイタリアやスペインから軍隊を引き上げて、自分の帝国を相手に返すことがあり得なかったのとまったく同じことである。あるいは、1999年末にたいていの投資家が株を売れなかったのとまったく同じことである。物事はそんなふうには運ばないものだ。「弱気相場は行きつくところまで行く」とウォール街のベテランは言

う。人は破滅させられるまでトレンドにつき従うと筆者なら言いたい。

　それに、もし問題があるとしたら、それは、テロリストや欲深なCEOなどだれか他人の責任か、FRBの政策の失敗のせいであり、システムそのものは大丈夫だ——2000年初め、アメリカ人はこんな独り言を言って自分を安心させていた。

　あとで見るように、こうした理由によって、2001年に最初の景気後退が起きたあとも、アメリカ人の借金が増えていたのだ。また、失業率の上昇にもかかわらず、住宅がどんどん売れてローンが増え、新車の売れ行きの記録が塗りかえられたのも同じ理由によるものだった。また、同じ理由で、今世紀初めに税収が落ち込んでも、アメリカ連邦政府はかえって支出と（巨大な）赤字を増やすという行動をとった。ドルの下落にもかかわらず、貿易赤字が増えていったのもやはり同じ理由によるものだった。2003年の初めにはアメリカのすべてが——株も、通貨も、軍事力も、消費者も——破滅を目指しているようにみえた。

## 気分によって

　大半のエコノミストが言うように、経済システムはFRBの気分の変化によって支配されている。しかし、ときにはFRBが特にそうしたい気分になっているわけでもないのに、動きが生じることもある。

　FRBの理事たちが国内の店や工場にもう少し活気が必要だと感じたときには、連銀総裁のノーマン・ストロングが以前言ったように、ちょっと「ウィスキーをグイッと」飲ませてやる。逆に、落ち着かせたいという気分になっているときには、ウィスキーの瓶を取り上げる。すると、パーティーはすぐに火が消えたようになる。第二次大戦のときからこれまで、FRBの気分の揺れは経済の上下動によく一致していたといってよい。アラン・グリーンスパンの同僚であるジョン・テ

ーラーは、そうした経験的事実をいわゆるテーラー・ルールとして定式化した。そして、経済やインフレ傾向が過熱ぎみになるとFRBの翌日物金利は引き上げられた。一方、それが沈滞化すればFRBの最短期の金利も引き下げられた。しかし、ときにはFRBが特にそうしたい気分になっているわけでもないのに、動きが生じることもある。

21世紀に入って通貨を増やし、信用創造を拡大したことから、おおかたが経済の回復を予測したのにもかかわらず、市場のほうは一向に反応しようとしなかった。アメリカ経済を苦しめていた原因がなんであれ、1～2杯のウィスキーでなんとかなるような代物ではないようだった。大戦後初めて、金融緩和が――FRBの歴史のなかで最も大胆な緩和策でさえ――失敗に終わった。

2001年を通して、グリーンスパン率いるFRBはなすべきこと――なし得るただひとつのこと――を行った。金利を下げたのである。毎月毎月、あるときは25ベーシスポイント、あるときは50ベーシスポイント引き下げられた。初めのうち、エコノミストも投資家もほぼ全員が「年後半には回復する」と期待していた。だが、本格的な回復はやって来なかった。失業率は上昇し、利益は縮小した。

FRBの差し出した低金利というエサに飛びついたのは消費者だった。負債残高は増え続けた。2001年半ばには民間部門の負債残高はGDPの280％にまでなっていた。これは史上最大規模の負債だった。そして、2002年の第1四半期には年額換算で6950億ドルの負債の増加があったが、これは過去のすべての記録を塗り変えるものだった。これに対して、所得のほうは年額換算で1100億ドルしか増えなかった。2002年4月までの12ヵ月間で、GDPの1ドルの増加に対して、負債額は5.9ドル増えた。2002年末には民間部門の負債残高はGDPの300％にまで達していた（図8.1参照）。

**図8.1 「みんないっしょにSUVを買おう！」**
株式相場が値崩れし、経済が停滞するのを見てFRBは歴史上なかったほどの大胆さで金利を下げた。この引き下げは会社の利益にほとんど影響を与えなかったが、消費者は大歓迎した。負債残高の対GDPの比率はとてつもないレベルにまで上がった。

GDPに占める民間部門の負債残高の割合
（1970〜2001年）

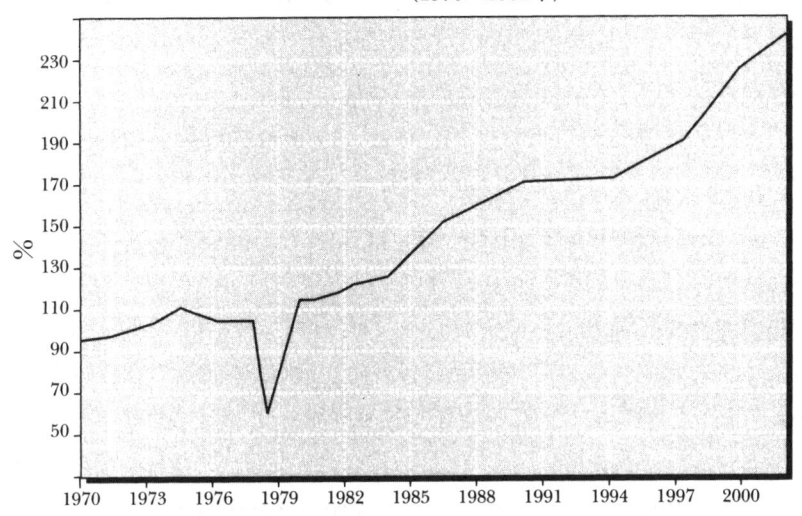

## みんないっしょにSUVを買おう

「2001年2月、テキサス州リチャードソン市の商工会議所で、ダラス連銀のロバート・マクティア総裁は、みんなが一斉にSUVを買ったら、すべてがうまくいくだろうと語った。そして、それがフォードのナビゲーターなら一番いいのだが、と付け加えた」

同時多発テロの日以来、消費支出の拡大は経済的な要請というだけでなく、愛国主義の発現といった色合いを帯びてきた。倹約は国家の

敵で、オサマ・ビン・ラディンとほとんど同じくらい邪悪だとみなされた。

ロサンゼルス・タイムズ紙は3961キロも離れた土地の住民の話を記事にした。「ロングアイランドに住むパン屋の従業員カルロス・ガビリアは、相場が崩れているので生活費を切り詰めざるを得ないと語った。そして、『もし大勢の者が同じことをしたら、かなり大変なことになるんじゃないだろうか』と言った」

ガビリアはさらにこう続けている。「ウォール街で起きていることを見ると、有り金は全部自分の手元に置いとかざるを得ない。これからどんなことになるか分からないからね。こんなふうにお金をしまいこんじゃったら、経済そのものになにか影響があるんだろうね」

ロバート・マクティアでさえそのことを認めている。その年もしばらく過ぎたあと、彼はこう説明している。「すでに会社の業績は落ち込んでおり、消費者がお金をはたいて物を買ってくれるおかげで、やっとわが国は不況に陥らずにすんでいる。こうした消費は、信用の利用が広がり続けていることで、いっそう加速されている」

「彼ら〔アメリカ人〕は、個々の消費者の立場からすれば、たぶん筋の通らないことをしていることになる」とマクティアは言うが、そうした流れを作るのに彼やほかの連銀総裁が一役買っているのだ。「というのも、退職とか大学とかそのほかいろいろのことのために、みんなもっと貯金をしなくてはいけないからだ。しかし、そうした合理的なことをいきなり始められてしまうと、ひどく困った事態になる。彼らが消費してくれるからこそ、うまくいっているのだ。このことで彼らの借金があまり膨れ上がらないことを祈っているよ」

## あまりにも自信たっぷり

2001年秋、アメリカの消費者信頼感指数は下がることなく、逆にこ

こ10年ほどで最大のはね上がりをみせた。ほとんどすべての価格や統計数字があきれるほどの心配の欠如を示していた。

「テロに対する戦い」でさえ驚くべき自信を伴っていた。アメリカの軍隊はまったく不安を感じていなかった。この異常な「戦争」に関して最も目立つ点のひとつは、アメリカ軍の間に戦争参加への疑問がみられなかったということである。このようにほとんどだれも戦争の必要性に疑問を感じなかったという事態は、第二次大戦後の軍事行動のなかでもおそらく初めてのケースであろう。もちろん、アメリカ人死傷者がまったくといっていいほどなかったことも影響しているだろう。戦争ノイローゼでさえほとんどみられなかった。「2週間に及ぶシャーヘコフの戦闘ではひとりが軽い戦争ノイローゼになっただけだったが、この結果は統計的な可能性をはるかに下回るものである」[4]とワシントン・ポスト紙は報じている。

同じように、経済に対する不安や疑問がないのも奇妙だった。個人消費は2001年の第4四半期に6％の伸びをみせたが、この四半期は不況や9月11日の同時多発テロの影響で経済がふらふらになっているとされた時期だった。「以前は不況の最中に消費がこんなに活発になることはなかった」とモルガンスタンレーの主任エコノミスト、ステファン・ローチは述べている。

消費者が借金を増やすのは、増やしてもなんの問題もないとはっきり分かっているときだけである。彼らは2000年だけで家のローンとして新規に1980億ドル借りた。2002年の総額は1兆2000億ドルだった。不況のあとだったにもかかわらず、職はいっぱいあると信じ切っていたのだ。また、金利が引き上げられるという懸念も抱いていなかった。その可能性がなかったわけではなく、ただ頭のなかにそれが思い浮ばなかったようなのだ。

投資家もまた、株が高すぎるという心配をあまりしていなかった。むしろ、株が上がって強気相場のチャンスを逃したらどんな思いがす

るか、ということのほうを気にかけていた。株価は競り上げられて、これまでになく高いレベルにまで達していた。それは買い手がもう一生お目にかかることのなさそうなレベルでもあった。2001年末にはS&PはPERが40倍になる値段がついていた。また、バリューラインのランクで中位の銘柄のPERは20.3倍にまで達しており（ネッド・デービス・リサーチの資料による）、これまでの最高記録となっていた。

アメリカの消費者と投資家の信頼感の高さは、世界全体で望ましいニュースとして受け取られた。これから何か良いことが起きる印だとされたのだ。しかし、逆の見方をすれば、それはすでに起きた過去の良いことの名残りにすぎなかった。信頼感というのは結果の指標である。それが高ければ高いほど、過ぎ去ったブームは大きかったのであり、これから先に待っている厄介事も大きいということになる。

いったいなぜ消費者も投資家もそんなに自信たっぷりだったのか。過去を振り返ってみれば、そこには楽観主義のための強力な理由が山ほどあった。ダウは過去20年、上げることしか知らないかのようだった（ここ2年ほどやや横ばい状態にあるが）。ほぼ同じ期間、インフレ率も金利も下げ続けた。ソ連は白旗を掲げた。アメリカは軍事的な第一人者となった。アメリカは単に世界一の超大国というだけでなく、どの面においても実質的に大国と呼べるのはアメリカ以外にない状態だった。アメリカの軍事費とそれ以外の国の軍事費の差がこれほど開いたことは今までになかった。アメリカの軍事力と経済力に対する挑戦は弱々しかった。不況に対する戦いでも、テロに対する戦いでも死傷者はわずかだった。だから、誇りと温かく心地よい自信を感じながらアメリカ人が昔を振り返ったとして、それになんの不思議があろうか。

だが、未来を見るとなると話はまた別だった。強気相場では「株は心配の壁をよじ登る」とベテランはいう。しかし、自己満足でつるつ

るになった石壁には、登る足がかりというものがなかった。また、心配の種が少ししかないというわけでもなかった。例えば、経常赤字とドルの問題があった。アメリカが疑問を感じないとしても、いずれそのうち他国から疑問の声が上がるだろう。そうなるとドルは下落し、それとともにアメリカの金融資産も値下がりすることになる。

そして言うまでもなく株自体の問題があった。一般投資家は株価がうんと高くなると見込んでいたが、その期待どおりに株が動いてくれる可能性はほとんどなかった。いずれは失望した投資家が株から手を引くと考えるべきだった。ジェレミー・グランサムはバロンズ誌に対して、どんなバブルも最後には完全に元の鞘に納まるものだと語った。そして、ひとつでもその反例があるかどうか考えてみてほしいと読者に挑戦した。だれもそれを思いつかなかった。だが、アメリカ人がこうしたことを気にかけている様子はなかった。彼らは自信満々でドライブしていた。手はハンドルを握り、足はアクセルの上にあり、そして、目はやって来た後方の道を見つめていた！

2001年秋に消費者の信頼感を高めるのは簡単なことだった。消費者はいつでもその気になっていたからだ。彼らがしっかり心得ていたことだが、20年間金利は下がり続けており、借金の負担もそれだけ軽くなっていた。またインフレも少しずつその重みを取り除いてくれていた。90年代の初めにわずかな景気後退があっただけで、1982年からこのかた経済は拡大する一方で、ほぼ完全な雇用がずっと続いていた。

望めばだれでもいつでも職に就けるということを疑う者がいただろうか。アラン・グリーンスパンの大胆な金利引き下げによって、景気がすぐに回復の軌道に乗るということを信じない者がいただろうか。低金利が消費者に対する神からのプレゼントであり、おかげでお金を使い続けることができると考えない者がいただろうか。

消費者にとっての問題は自信のないことではなく、自信がありすぎることだった。自分自身、経済的な成功を収め、FRBもうまくやっ

ているのを見て、消費者の自信はさらに高まり、無鉄砲なまでになっていた。こういう状態で、彼らは、目端の利く金融業者のかっこうの標的となった。ミンスキーが予想したとおり、そうした金融業者たちは才人ぶりを発揮して、消費者の自信を借金に変える新しい巧妙な手口を考え出した。自動車会社は利息ゼロ％の融資を勧めた。住宅ローン業者は、評価価格の100％（2002年の数字）まで貸し付け、利息は最初の15年間だけに限り、ときには支払いを抜かすことさえできるという融資条件を示した。

普通、住宅ローンを組むときには、少なくとも頭金は融資希望者が自己資金でまかなわなくてはならないのであるが、いつの間にか住宅会社はそれさえしないですむ抜け道を見つけ出していた。

自己資金を全然持たない借り手は信用リスクが大きいといってよい。しかし、ファニーメイ（連邦住宅抵当公社）の規則では、恵まれない層もマイホームが持てるようにするために、非営利団体なら頭金を立て替えてもいいことになっていた。これが抜け道になった。住宅会社はここに目を付け、頭金支援（DPA）の団体に自分たちが融資することで、マイホームに手の届きにくい人々を対象にして売り上げを伸ばそうとしたのである。2002年末には、このDPAプランが新規の住宅ローンの20％を占めていた。

ところで、株に関していえば、9カ月間の下落のあとでさえも、暴落のレベルにまで落ち込んでPERが8〜12倍になるようなことはなく、逆にPERは40倍ほどになった。株価は非常に高かったので、大半のアナリストの予測どおりに2001年に収益が倍になったとしても、株価が今のままだとしたら、PERは強気相場におけるレンジの上限にとどまりそうだった。

それはいったいどんなタイプの不況だったのだろうか。たぶん、それなりに完全なものだったと言ってよいのだろう。それに先立つブームと同じように完全なまがい物だったのだ。ここで思い起こしてほし

いのは、ブームは嘘のうえに築かれていたということである。新時代の一群の星のせいで、地球はもう闇のなかで眠ることができなくなっていた。世の中は永遠に良い方向へと向かっているようだった。それらの星はまばゆいほどに明るく輝き、投資家たちは狂ったようにそれを眺めたがった——そうすれば働かなくても金持ちになれると信じて！　そういうわけで彼らは高値を追い、自分の富が増えていると思い込んだ。こんなふうにして星への願いがかなったように思われた。

## 危険なドル

　アメリカの消費者には強い自信があったが、驚くべきことには、外国人はそれをはるかに超える大きな自信を抱いていた。彼らはアメリカ人自身よりもはるかに高くアメリカ経済を評価しているようにみえた。ヨーロッパ人もアジア人も、頭に銃を突きつけられたわけでもないのに、自ら進んで貴重な財貨をアメリカに送り、その見返りにドルと呼ばれる緑の紙切れを受け取った。紙幣というものは永遠に続いためしがなく、数年以上価値を保った例もほとんどなかった。それでも外国人はためらうことなくドルを受け取った。金融史上数ある素晴らしい成功例のなかでも、米ドルに勝るものはなかった。

　1997年から2001年の間に、外国人が保有するアメリカの資産総額は、6兆2000億ドルから9兆2000億ドルへと50％増加した。一方、アメリカが保有する海外資産の総額は2001年で6兆8000億ドルだった。21世紀の初めには、流通中のドル紙幣の総額のうち、驚くべきことに約80％が海外で保有されていた。

　しかし、そうしたドル紙幣で外国人はいったい何ができたのだろうか。もし貿易のバランスが取れていたとすれば、アメリカからやって来る財貨の支払いのために、手元のドルをアメリカに戻していたはずだった。しかし、最近では、外国人の欲しがる物をアメリカが作るこ

とがだんだん少なくなっていた。そして、アメリカの貿易赤字は、1991年の295億ドルから2003年の第１四半期末の435億ドルにまで膨らんでいた。

　バランスがとれるだけの財貨をアメリカから買うことができなくて、外国人の手元には何千億ドルもの額がたまっていた。このドルを公開市場で売ったらどうなのか、と考える人がいるかもしれない。その場合、ドルの価格は下落するだろう。普通だったら、それで貿易収支が適正に保たれることになる。ドルが下がれば、アメリカ人の買う外国製品は高くなり、アメリカ製品は値段が安くなる。その結果として、アメリカからの輸出は増加し、外国からの輸入は減少することになるはずだからだ。

　ところが、2003年の春にはそうならなかった。外国人はそのドルを使ってアメリカの資産に投資したのだ。余ったドルで株や債券や不動産や民間企業を買ったのである。

　これは異常といえるほどアメリカを信頼した行為だった。というのも、外国人は二重のリスクを背負うことになるからである。ひとつには、アメリカの資産が値下がりする可能性があった。例えばウォール街の株はほとんどの外国市場の株よりも割高で、2001年10月のS&Pの平均PERはおよそ27倍になっていた。もうひとつのリスクはドルの下落だった。

　外国人はもしかするとこのことを知らなかったのかもしれないし、あるいは、そんなことは起きないと思っていたのかもしれない。無知か妄信かいずれの理由だったにせよ、アメリカの資産に投資した外国人は手投げ弾を持っているようなものだった――しかも、ピンのあまい代物を。だが、彼らの信頼はあまりに強く、恐れなどどこかに消えてしまっていた。ドル投資から手を引くどころではなく、逆に買い増しに走っていた（外国人はあとになって後悔するはめになる。S&Pの銘柄に投資したヨーロッパ人の場合、2003年１月31日までの１年間

にユーロ換算で38％の損失をこうむっていた）。

　2002年の秋には、外国人は汗水たらして作った物の代金として、まだ喜んでドルを受け取っていた。その額は１日でおよそ15億ドルだった。ドルは下落するという声に対し、ドル強気派はこう反論していた。ドルは普通の通貨と違う。通貨の帝王となったのだ。世界にたったひとつ残ったスーパー超大国の最高級品だ、と。世界はアメリカの通貨と、アメリカで買った資産に常識を超えた信頼を置くまでになっていた。その背景には、アメリカのさまざまの分野におけるシステム——軍隊や、ウォール街や、FRBや、会社の経営体制や、「世界一柔軟で、世界一活発な経済」——の常識を超えた成功があった。

## 普通の景気不振ではない

　成功は失敗のもと、と前に書いた。2002年秋、外国人投資家は手にした手投げ弾を見つめながら、いろいろなことを考え始めた。もしほかの外国人連中がもうこれ以上ドル資産に投資しないと決めたら、何が起きるだろうか。あるいは、もっと悪いことに、それを手放そうと突然決心したら何が起きるだろうか。

　自然の世界には何ごとにもきれいな対称性がある。そして市場は自然の一部である。だれかが計画的に動かすわけでもなく、だれかがコントロールするわけでもない。完全に理解することも、予測することもできない。頼りにできるのは直感と、経験だけ。その市場では、物事がたいてい平均へと回帰するように、成功のあとには失敗がやってくる。しかし、大きな成功を収めた投資家は、成功がいつまでも続くと思い始める。自分は人よりも利口でついているのだし、この国の経済や中央銀行や政府は抜群なんだから、とてつもない成功を手にしたっていいはずだと考え始める。

　だが、人が何を考えようと、威厳に満ちた自然は淡々と自分の仕事

にいそしむ。夏の暖かく晴れわたった天候は去り、冬の寒い灰色の日々がやって来る。何があっても、物事は平均へと、日常へと、あるいは最長期のトレンドへと戻る運命にある。人は永遠に極端な自信を持ち続けることはできない。いつまでも極端な強気一辺倒というわけにはいかない。何ごとについても、永久に極端な状態のままでいることはできないのだ。良い日があれば必ず悪い日が来る。冒険心は恐怖心へと変わる。陰の裏には陽がある。そして結局は、「実生活」と呼ばれる居心地のいい中庸へと戻るのだ。

　はるか以前から、エコノミストは、商売には一定の自然なリズムのあることに気づいていた。このことを説明するのに、豚の飼育業者の例が使われた。

　豚の価格が値上がりすると、合理的な最大利益の追求者である養豚業者は生産を増やす。だが、新たに豚を育てるには時間がかかる。18カ月ほど経つと、成長した豚が市場に出回るようになる。この新規の供給によって価格が下がる。すると、飼育業者は生産を減らすが、そのことでまた価格が上がる。

　こうした拡大と縮小のパターンがもっと大規模に経済全体のうえに生じるとき、エコノミストは循環的な景気拡大と景気後退が現れると言う。第二次大戦後以降、FRBはこの循環的な上昇と下降に手を加えて、それを制御し、その影響を和らげようとした。そうした景気循環の管理は非常にうまくいったように思われたので、FRBは、いわば中央銀行の科学をマスターし、景気循環のなかの下降期を完全になくせると考えた。

　しかし、同じ下降の動きでも、単なる循環的なものではなく、「構造的な」タイプというべきものがある。このタイプは経済構造になにか根本的な不具合があるときに生じる。1945年以降、アメリカ経済にはさまざまな上下動があったが、すべてが循環的なものだった。そして、2つの例外を除いてすべてが意図的なものだった。そうした「計

画的不況」は、景気を冷やし、インフレ率を抑えるために、FRBがわざと引き起こしたものだった。

「戦後の景気拡大のうち老衰による自然死で終わったものはひとつもない。全部FRBに殺された」というのは、マサチューセッツ工科大学の経済学者ルーディ・ドーンブッシュがよく口にしていたせりふである。その例外は、ひとつは1973年から74年にかけての下降期で、このときはOPECの石油輸出禁止がFRBの代わりを務めた。もうひとつは2001年の景気不振である。

この一番新しい景気不振は、戦後のほかのありふれた下降期とは異なっていた。むしろ1930年代の構造的なポストバブルの恐慌に似ていた。こうした例はめったに生じることがない。戦後、これ以外に、主要な経済大国で起きた唯一の構造的下降の例は、1990年代の日本のものがあるだけである。このときには、ヒステリーじみたブームが終わったあと、見かけの回復と、弱気相場と、断続的な不況の時期が非常に長く続いた。アメリカのポストバブルの不振もこうした日本の状況と同じようなものになると考えるべきである。いずれも構造的なものであり、いずれも20世紀後期の大衆資本主義の真ったた中で起きたものだからである。

構造的な問題の中身は両者で異なっていたが、その効果は似ていた。日本は輸出によって永続的な経済的成長と繁栄を手に入れることができると考えた。アメリカはそれを輸入によって達成できると考えた。主として大衆が参加していたせいで、いずれの国もブームの時期には良い点ばかりを誇張し、それが過ぎると、避けられないはずの構造改革を嫌がった。

2002年秋のエコノミスト誌に載った記事の説明によれば、「これはよくある景気循環ではなく、アメリカ史上最大のバブルの破裂である。かつて株がこれほど異常に高かったことはなかった。これほど大勢の人が株を持ったこともなかった。すべての経済主体がこれほど熱狂的

に新技術に対して投資（というより過剰投資）をしたことはなかった。これらのことからすれば、陶酔のあとの後遺症は普通よりも長くひどくなると考えるべきである」[5]。

このように、後遺症を長びかせる原因として、それに先立つバカ騒ぎの規模が大きかったということがからんでいる。世界の歴史を見ても、こうした日本やアメリカのバブルの規模に匹敵するような例はひとつもない。大量の参加者が通常のバブルの行き過ぎをさらに極端にした。個人も機関も好調の状態をさらに長く楽しもうと必死になっていたのである。その多くは、実際に経済を動かす相当の力を持っていた。

アメリカでは、株式バブルの崩壊の影響が、いろんな公共機関の予算にほとんど即座に現れた。連邦政府の場合、2001年会計年度の最初の11カ月には約940億ドルの黒字だったのが、2002年には1590億ドルの赤字となり、2003年にはおよそ5000億ドルの赤字が見込まれている。カリフォルニア州は2003年初めに財政が赤字になったことを公表したが、その額は、子供も含めた州民一人当たり1000ドルにもなった。ニューヨーク州は100億ドルの赤字が出ると言い、テキサス州は120億ドルほどの赤字となった。

日本の政府予算も同じような状況であり、1991年にはGDPの2.9%相当の黒字だったのが、1996年には4.3%相当の赤字に落ち込んだ。この間、金利は何度も引き下げられた。それは、10年後のアメリカと同じで、日本政府は国民の富と経済力が失われていくのを、手をこまねいて見ているわけにはいかなかったからである。以前、日本株式会社に敵はないと思われていた。その時期の一般通念によれば、日本経済が持つ独自の特質のおかげで、どんな逆流にも打ち勝つことができるはずだった。だが、いったん逆流にぶつかってみると、それに打ち勝つために何か手を打たねばならなかった。そして、エコノミストの勧めるがままに対策を実施してみたところ、事態はいっそう悪くなる

だけだった。

　どうしてこんなことになってしまうのかについて、ケインズは実質的な説明をしていない。投資家や実業家の心のなかにある「動物的精神」が失敗を犯すからだというのがケインズの説である。これまで、特に大恐慌以前の時代には、ときどき、この動物的精神自体がマヒしてしまうことすらあった。典型的なパターンでは、資本市場に恐慌が起きると、世の中は大混乱に陥り、価格は急落し、資本家と投機家は破滅して市場から姿を消すが、しばらくたつと、経済活動が再び軌道に乗り始める。こうした好況と不況のサイクルは世のなかの厳然たる事実であって、実際過去には、1887年、1893年、1896年、1900年、1903年、1907年、1910年、1914年、1916年、1920年、1923年、1927年、1929年に経済活動のピークが生じている。これらのサイクルを見ると、すべての場合に、好況のピークのあと16カ月以内に不況が底に達している。

　1916年以前には、アメリカ政府がマクロ経済を動かそうとしてもほとんど不可能だった。第一次大戦までは税収と政府支出のGNP比は59.9％以下にすぎず、あまりに規模が小さすぎたのだ。

　1915年を過ぎると政府支出のGNP比は増大し、それまで2％以下だったのが、1930年代半ばには10％を超えるようになった。そして第二次大戦中から大幅に増え始めた。この新しい手段を使って、「戦後、政府は総需要を次第に大きくコントロールできるようになり、その結果、多くの不況の影響を和らげ、ときには衝撃を完全になくしてしまうこともできるようになった」とクリスチーナ・ローマーは説明している。「つまり、第二次大戦後、景気循環が少なくなり、規模も小さくなったのは、有効総需要を管理できるようになったせいなのである」[6]

　ルーズベルト時代の変化のあと、恐慌は小児マヒと同じように実質的に消滅した。今では銀行は保険に入っており、恐慌になる理由がな

かった。実際、主な恐慌は、1890年、1893年、1899年、1901年、1903年、1907年に起きているが、第二次大戦後には1回もなかった。

「私たちの父親の時代に比べて、私たちの子供の時代には、景気循環が混乱や厄介のもとになることは少なくなるであろう」とアーサー・バーンズは1959年のアメリカ経済学会の講演で述べている。

ローマーによれば、1990年代の並はずれた景気拡大の影響が大きい面もあるが、戦後の経済成長期の平均的長さは戦前に比べて65％長い。「結論として、第二次大戦後の景気拡大期は第一次大戦前に比べてはっきりと長いと言うことができ、現在では以前ほど頻繁に不況が起きないことが示されている」

大恐慌の前には、好況と不況の自然な流れを変えるために手を打つようにと大衆が要求することはほとんどなかった。壊滅的な打撃を受けるのはたいてい金持ちや企業家や投機家に限られており、だれも気にかけなかった。19世紀後期の資本家は、20世紀後期の喫煙者と同じように政治的な力が弱かった。彼らは数が少なく、代表を市議会に送り込むことすらできなかった。

しかし、大恐慌のとき以降、中央銀行や政府は、有史以来ずっと人類を苦しめてきた不況を抑え込もうとするようになった。ケインズが何をなすべきかの理論を提供してくれた。価格は「ねばねばしている」ものだから、あまりスムーズに動いてくれないとケインズは言う。だから政府が税を減らすなり、消費を増やすなりして介入し、経済を押し上げてやるべきである。ケインズの着想は単純なものだった。経済が好調なときは黒字を増やし、不調のときは赤字を増やす。そのことで、景気の上昇と下降が相殺されて消えるというのだ。

それから何年もたって、ミルトン・フリードマンとアンナ・シュワーツは自分たちの理論を付け加えた。それによれば、恐慌の原因は流通している通貨が少なすぎることにある。大恐慌が生じたのは、非常に多くの銀行がいきなりマネーサプライを減らすという失敗を犯した

からである。そのときにFRBが介入して、素早く通貨を元に戻すべきだった。そうしなかったのはその時代で最大の政策ミスだったと2人組のマネタリストは述べている。

　紙幣をもっと印刷すれば景気不振から立ち直ることができるとマネタリストは言う。支出を増やせば問題は解決できるとケインズ主義者は言う。投資家にはその違いがよく分からないが、何か打つ手があることだけは確かだと安心する。筆者たちのアプローチは文学的で歴史的なものであり、これらの経済学派のどちらに対しても詳しい批判を展開するつもりはない。だから、次節では日本の例を見て、事実そのものに語らせることにしよう。

## 日本の長い、ゆっくりとした不況

　第二次大戦後初めて行われた大衆資本主義の大がかりなテストでは、セーフティネットや、税政策や、立法措置や、中央銀行の介入や、財政政策や、安全性の幻想などのすべてが、シュムペーターのいう「創造的破壊」の過程をただ遅らせるだけの働きしかしなかった。20世紀後半には、間違った投資や、当てのはずれた資本や、借りすぎの会社や消費者が最終的に破綻するまでに以前よりも長い時間がかかるようになっていた。原因は、非常に強大な組織がそれを防ごうとしたからだった。例えば1998年の日本で、5140億ドルの救済基金が設立されたのは、銀行が破綻するのを放っておかないためだった。その資金の約半分は、立ち行かなくなった会社の株を日本政府が買い取るようにと使途が指定されていた。こうして、つぶれる寸前の銀行が、清算される代わりに国有化されることになった。また日本政府はゾンビ会社（赤字がかさんで通常なら破綻している会社）に貸し付けを行うために20兆円の信用保証基金を設立した。「この基金からばらまかれる資金はたいてい信用力がなく、本来破産するはずの会社の手に渡ること

になりそうである」とエコノミスト誌は冷たく言い放っている。

　前に述べたように、日本政府は途方もない額の景気対策を行った。1992年から1995年にかけての3年度で、総額65兆5000億円にのぼる6個の支出計画を実施した。そのうえ、1994年には減税が行われ、1998年には2兆円の減税が重ねて実施された。この年には、その後で、16兆7000億円規模の新たな支出計画が発表されている。引き続いて、同年11月にはまた別の23兆9000億円規模の財政刺激策が実施された。翌1999年11月になると、今度は18兆円の支出案が公表され、その次の年にはさらに11兆円が追加支出されることになった。全部を合わせてみれば、10個の支出計画によって100兆円以上がばらまかれたのである。

　こうした支出と引き換えに日本は何を手に入れたのだろうか。

　自明の結果は政府の財政赤字の拡大であり、日本はG7諸国のなかで最大の赤字国となった。1991年に始まる11年間で、最初はGDPの3％相当額の黒字だったのが、2002年には約10％相当額の赤字を出し、赤字の総額はGDPの150％という目のくらむような数字となった。しかし、日本の国内貯蓄は巨額であり、日本には赤字をなんとかできる余力があった。

　もうひとつ日本が得たもの、それは経済回復の遅れであった。

　エコノミストの大多数の見方によれば、景気が落ち込んでいるときに追加的な政府支出を行うのは良いことである。明らかに証明責任は私たちの側にあり、見方をくつがえす根拠を示す必要がある。

## 真の富と貧困

　もし本当に、お金を使うことで金銭的な問題が解決できるのなら、なんと素晴らしいことであろう。店に行って新車を買えば、引き出しすぎた銀行口座が元に戻るとすれば、そんなチャンスに飛びつかない者がいようか。もし他人の負担でヨーロッパ旅行に行けば、クレジッ

トカードの限度額に悩まないですむとしたら……。

そんなことはあり得ないというのが私たちの直感である。無から有は生まれない。ゼロをいくつ足してもプラスの数字にはならない。個人としての生活では、お金を使って裕福になることなどあり得ないとみんなが知っている。繁栄を手にするためには、浪費ではなく、我慢と倹約が必要なのだ。では、経済全体の話となると、どこが違ってくるのだ？

アダム・スミスの『国富論』によれば、「資本は倹約によって増え、浪費と失敗によって減る」。

> 収入の一部をためておけば、その分資本が増えることになる。その使い道としては、働き手の数を増やすために自分でそれを活用することもできるし、ほかの人がそうできるように貸し付けを行って、その見返りに利子、つまり利益の分け前を受け取ってもよい。個人の資本は、年収や年間の値上がり益のなかから蓄えを行うことでしか増えない。社会の資本もそれと同じ仕方でしか増えない。というのも、それは、構成員である個人全員の資本を集めたものにほかならないからである。
>
> 資本が増える直接の原因は勤勉ではなくて倹約である。勤勉は、倹約によってためこむための財貨をもたらしてくれるのである。

しかし、世の中には集団的思考という途方もない怪物（キメラ）がいる。そのせいで、私的な生活のなかではあり得ないはずのことが、百万倍に拡大されると突然、可能なように見えてくるのだ。

たしかに人はいっきに生活水準を引き上げることができる——少なくとも短期間なら。ただふらりと出かけて100万ドルを借りて、それを使えばいいのだ。ぴかぴかの新車、海辺の別荘、新しいホームシアター、そして、そう、ぜいたくな世界一周旅行だって楽しめる。生活

水準がにわかに上がることになる。すると、新しい富の出どころを知らない周りの連中が、金儲けのアドバイスを聞きに集まって来るようになる。

借金を返す必要がなければどんなにいいことだろう。借金の返済がどんなものだか、経済学者でなくとも分かっている。単に今以上お金が使えないというだけのことではなく、借金をする前よりも出費を切り詰めなくてはならないのだ。

個人の場合、借金と消費によって永続的な富を手にすることができないというのは当たり前のことである。しかし、経済全体となると、そんなことがほとんどできてしまうらしい。しかも、何億人もの人がそう信じているのなら、それが真実だと思うしかない。

ここで、ある熱帯の島で裸の男がひとりぼっちで生きていると想定しよう。もしその男が、必要な食料を得るために全部の時間を使わなくてはならないとしたら、生活条件は一向に良くなることはないであろう。死ぬまで原始的な状態にとどまるしかない。だが、毎日食べるために使う時間のうちわずかでもほかの目的に充てることができれば、豊かになれるチャンスがある。例えば1日に1時間さいて、小屋を作るか、作物を育てるか、猟の道具を改良するかしたとする。その場合、ゆっくりとではあるが、やがて大きく生活水準が向上することになる。なぜなら、生活を少しでも改善できれば、そこからゆとりの時間が生まれ、それがもっと大きな進歩につながっていくからである。もし家が完成すれば、次は栽培に時間を充てることができる。そうすれば、わずかな時間で前よりもたくさんの食料を得ることができる。あるいは、釣り針を改良すれば、短い時間でより多くの魚を釣ることができるようになる。

しかし、ただ穴を掘ってまた埋め戻すとか、目的もなく石を積み上げるとかするだけだったら、どうして暮らしぶりが良くなることがあろうか。あるいは、島に人間が2人いて、互いに戦争をしている場合

も同じである。パパイヤを育てる代わりに、石投げ器を作り、互いに相手の畑に岩を放りこんで収穫を減らしてやろうとする。2人ともたしかに仕事はしており、戦闘の能力は上がるかもしれない。だが、その戦争で経済が豊かになると考えるのはまったくバカげたことである。

　以上のことから、物質的な進歩のためには2つの要素が必要だということが明らかであろう。つまり、貯蓄をすることとその貯蓄をなにか有用な目的に使うことである。古典経済学者はこのことの大切さをよく理解しており、人が貯蓄に励み、効率的に利益を上げられるようにするために努力を傾けた。だが、現代のいろいろな経済学派はそうしたことにほとんど注意を向けようとしない。その代わりに、おとぎ話のために必死に頭を使っている。当代のエコノミストの頭のなかでは、法令によって「需要を刺激する」ことができるし、降ってわいたような貨幣に実物と同じような力がある。

　ここでまた島の話に戻ることにしよう。あるとき、3人目の男が岸に流れ着いたとする。3人は分業を行うことを決める。仕事を分担して効率と生産力を高めようというのだ。ひとりはココナッツを採集する。もうひとりは魚を取る。3人目はバナナの木を育てる。ココナッツ採集者と漁師は収穫物を互いに交換する。だが、バナナ栽培者はどうすればいいのか。バナナが食べられるようになるには2年かかる。その間どうやって生きていくのか。

　ほかの2人は、バナナ栽培者の仕事は有益だと認め、将来そのバナナを食べたいと思う。そこで、バナナが食べごろになったときにそれで返済してもらうことにして、ココナッツと魚を分けてやることにする。この取引のあかしとして、バナナ栽培者は自分の収穫物と同じ価値を持つ「貨幣」を発行する。発行された小さな貝殻はバナナと交換できる約束になっており、ほかの2人は財産をため始める。そして、新たに貝殻をもらうたびにより豊かになったように感じる。

　しかし、バナナ栽培者が通貨の量を倍に増やそうとしたらどうなる

361

か。それに何か意味があるだろうか。漁師とココナッツ採集者は自分の財産が増えたと思うかもしれない。だが、バナナの数は前のままでけっして増えたわけではない。

ところが、現代のエコノミストたちの大半は、流通している通貨の量を、時期を逃さず増やしてやるだけで、魚もココナッツもバナナも前よりもいっぱいになると考えているらしい。そのポイントは単純そのものである。お金が増えれば、人は使える額が増えたと感じる。すると消費が増大し、そのことで生産者はもっとたくさんの物を作るようになる、というわけだ。

昔のエコノミストは、これはひどく愚かで間違った考え方だと知っていた。ジャン＝バプティスト・セイは1803年にこう書いている。「ただ消費を勧めるだけでは経済になんの効果もない。なぜなら、問題は財貨を供給することにあって、消費意欲を刺激することではないからである。前に述べたように、財貨は生産によってのみ供給される。だから、良い政府は生産を刺激しようと努め、悪い政府は消費を刺激しようとする」[7]

## 横行する嘘

群衆に必要なのは真実ではなく嘘である。群衆は、限りなく複雑で、逆説的で、陰影に富み、白黒つけがたい真実の世界では生きていけない。愚か者の集団は真実を矮小化し、元の姿とは似ても似つかないものに変えてしまう。

株は長期間値上がりすることがあるという真実から、株は常に値上がりするという嘘が生まれた。

個人消費は経済を活気づけることがあるという真実から、個人消費だけで経済がうまくいくという嘘が生まれた。

消費者信用によって個人消費が拡大することがあるという真実から、

信用があれば貯蓄は無用だという嘘が生まれた。

FRBは短期間なら経済を操ることができるという真実から、FRBが長期間経済をコントロールできるという嘘が生まれた。

経済は巨大な機械に似ているところがあるという真実から、経済は機械的に動き、統計によって理解できるという嘘が生まれた。

外国人は、有用な財貨やサービスの代金として、たいていは米ドルを受け取ってくれるという真実から、必ずそうするはずだという嘘が生じた。

借金と、個人消費と、大衆投資家による株式投資のおかげで、90年代のアメリカ経済が好調だったのを見て、歴史の終わりがやって来たというおとぎ話が生じた。

要するに、こうした考え方が入り混じって単純化されて、先人たちの知恵に完全に反し、経済の現実にまったく合わない感覚的なとらえ方が生み出された。

ここでまたアダム・スミスに登場してもらおう。[8]

> 浪費家は次のようにして資金に害をなす。彼は自分が稼ぐ以上に出費することによって、自分の財産を食いつぶす。宗教団体の収入を世俗的な目的に流用する者と同じで、事業の維持という聖なる目的のために祖先たちが節約して蓄えてきた資金を、浪費家は、自分がなまけるために使ってしまう。浪費家が生産的労働のために使われるべき資金を減らすことで、当然その分だけ労働が減少し、その労働によって付加されるはずだった価値も得られなくなる。その結果、国全体の土地と労働によって年々生み出される価値、つまり国民の真の富と収入も減少してしまう。ある者が浪費をした場合、別の者が節約をしてそれを補わないと、怠け者を働き者のパンで養うことになってしまう。だから、その浪費によって浪費者自身が貧乏になるだけでなく、国全体を貧しくさせ

てしまうことになる。

　農業、鉱業、漁業、商業、工業のどんな計画でも、不適切だったり、失敗したりすると、どんな場合でも同じように、働き手の維持に向けられるはずの資金を減らしてしまうことになる。そうしたすべての計画では、生産的な働き手だけが資本を消費するのであるが、そのやり方が不適切な場合には、消費分に見合うだけの価値を再生産することができない。つまり、社会の生産資金が、得られるはずだった量よりは必ず少なくなってしまうのである。

　経済全体に占める個人消費の割合は、20世紀の最後の40年間で増加したが、それがいつまでも続くはずはなかった。消費者の借金が無限に増え続けることはあり得ない。また、経常収支の赤字が宇宙の果てまでの大きさに拡大することもあり得ない。いつか何かが起きるはずだった。なじみ深い世界の終わりがいずれやって来ることは間違いなかった。それは単に時間の問題にすぎなかった。

　アメリカはこれまでずっと高消費・高借金の消費者社会だった。こうした特質はレーガン時代のサプライサイドの政策によっていっそう強められ、消費者主義は暴走状態にまでなった。純国民貯蓄は1980年代には対GNP比で6％以上だったのが、わずか2％強となり、純固定資本投資の比率は戦後最低となった。こうした傾向は1990年代に入るとさらに悪化した。個人貯蓄は低下を続け、2002年の第1四半期には1％以下にまでなった。企業貯蓄（未処分利益）は1997年にピークをつけたあと、2001年には約75％も激減した。民間部門貯蓄の総額は1990年代の最初の上半期にはGDPの5％ほどだったのが、90年代末には0.5％以下になった。

　それでも、2000年3月までは株価が上昇していたので、アメリカ人は豊かになりつつあると思っていた。だが、それは本当だったのだろうか。貯蓄ではなく消費することで本当に豊かになれるのだろうか。

人々は、私的な生活では、「無から有を得る」ことはできないことを完全に理解していた。しかし、ことが公の生活に及ぶと、このことがすっぽりと頭から抜け落ちてしまった。無から有を得ることは、まさに大衆と政治家が一番望んだことだった。現代民主制の暗黙の約束は、国民がその制度から、実際に受け取る資格のない物までもらえるということだった。大衆資本主義のひそかな約束は、普通の人々が普通株に投資すれば金持ちになれるということだった。信用中心の消費主義の魅力は、消費者が生きているうちは返済の期限がこないということだった。

## おかしな貨幣

グリーンスパンのFRBとブッシュの政府は日本よりも素早く動いたが、その方向は日本と同じだった。グリーンスパンは2001年1月に最初の利下げを行った。それにわずかに遅れて財政政策が打ち出された。ブッシュ政権は10年以上に及ぶ総額6750億ドルの経済刺激計画を発表したのだ。すべての動きには寿司の香りがプンプン漂っていた。だが、だれも気づかなかったか、あるいは気にかけなかった。もしアメリカの消費者が日本人と同じように消費しなくなったら、政府の刺激策はなんの役にも立たず、わずかしかない貯蓄を浪費するだけに終わりそうだった。

もし貯蓄率が下がれば、資本投資に使える資金は少なくなる。だから、ほかの条件が同じなら、貯蓄率の低下は融資のための資金の減少を招き、その結果、金利の上昇につながるはずだった。金利が上昇すれば、いわゆる「ハードル・レート」を超えられる新規事業が少なくなって、経済活動が停滞する。例えば新事業が10％の利益を生み出すとしても、立ち上げのための資本コストが11％なら、その計画には待ったがかかるだろう。もしコストが2％なら、8％の利益が見込まれ

るわけだから、ハードルは低く、計画は実施に移す価値があるということになる。

　ここにはなんのトリックもない。ただ、貯蓄というのは現実の蓄えでなくてはならないし、その貯蓄はみんなの暮らし向きを良くする目的に使われなくてはならない。人は自分の持っていないものを他人に貸すことはできない。このことは、孤島に2人の人間しかいないケースでは当然すぎる事実であろう。だが、大衆思考の熱い煙のなかでは、中央銀行が増やした信用は実物と同じ力があるようにみえるものなのだ。

　日本とアメリカの両方のバブルで、概して貯蓄率は下がったが、金利も下がった。このとき金利はむしろ上がってもおかしくなかった。融資に回せる資金は少なくなっているわけだし、少なくとも好況の時期には借り手もたくさんいたはずだからだ。金利を下げさせた過剰な資金はいったいどこから来たのか。エコノミストたちには、この点を考えようとする気がほとんどなかった。というのも、彼らはもうずっと前に、貯蓄がどこで生まれて、どういう働きをするのか考えるのをやめてしまったからだ。だが、中央銀行家が新しい信用を好きなだけ供給できること——「何もないところから」蓄えを作り出せること——ならば、ちゃんと心得ていた。

　しかし、中央銀行が無から作り出したこの奇妙な貨幣はなんだったのか。それは本物のようにみえた。新しい連邦準備券を1枚手に取って光にかざしてみても、印刷製版局が印刷したほかの紙幣類と違っているようには見えなかった。それを銀行に持って行って預けることもできた。雑貨店や小間物屋に持って行くこともできた。ヨーロッパ旅行に持って行くことさえできた。この新しい貨幣は、世界中でドルの価値と同じくらい信頼されていた。

　しかし、現実の蓄えが減っているときに、中央銀行が信用の供給を増やしたら、いったい何が起きるのか。実際に保有される蓄えが少な

くなっているのに、全体の蓄えを増やすようなことがどうしてできるのか。

　こうした問題についても、現代のエコノミストたちは、答えることはおろか、考えてみるふりすらしなかった。どの連邦準備券だって同じじゃないか、金は金さ、というのだった。まがい物の蓄えと現実の蓄えとの違いを認めようとはしなかった。だが、そこにごまかしがあった。というのも、生産や収穫を増やすのは見せかけではなく、現実の蓄えだった。結局のところ、一国の経済における現実の蓄えの量には限度がある。孤島に住む男と同じで、たとえ人数が１億人になっても、願っただけでは、現実に余分の時間を作り出すことも、活用できる資本の量を増やすこともできはしない。セメント工場が作り出すセメントには限りがある。レンガの在庫量には限りがある。ガスタンクとパイプラインは限られた量のエネルギーしか送れない。もちろんそれらの量を増やすことはできる。しかし、それは現実の資金を投資することによって初めて可能になるのだ。

　FRBも日本銀行も１日の長さを伸ばす力は持っていない。法令によって時間や分の数を増やすことはできても、地球が自転する時間を変えることはとうていできない相談である。それと同じで、どちらの中央銀行も——布告を出してもトリックを使っても——社会の現実の蓄えの量を増やす力はない。できるのは見せかけを作ることだけであり、世界の人々に実物と思わせるような追加の信用と紙幣を供給することだけである。

　日本のような景気の落ち込みを防ぐにはどうしたらいいのかと聞かれて、ミルトン・フリードマンは「ただ紙幣を印刷すればいい」と答えた。[9]

　ポール・クルーグマンはこう付け加える。「貨幣がどこから来るのか尋ねてはいけない。貨幣は単に作り出すことができるし、そうすべきものである。……この状況はマネタリーベースを健全に拡大するた

めの絶好の機会である」[10]

　こうした追加的な信用の困った点は、その背後に実際の原資がないということである。時間も資源もほかのどんなものも増えてはいないのである。実業家も、投資家も、消費者も、よくできていて本物との区別がつかないので、偽物をつかまされてしまう。消費者は自分のお金が増えたと思い込む。マイホームの時価が値上がりしてるじゃないか、手持ち株は毎日上がりっぱなしじゃないか、というわけだ。そして、何も疑問を感じずにどんどんお金を使う。こんなふうに消費が伸びるのを見て、実業家は需要が増えていると勘違いする――本当は一時的なまやかしにすぎないのに。その需要に応じようとして、彼は新たに労働者を雇い、新たな設備を導入する。また、投資家は今は好況期だと考える。それに乗り遅れまいとして、資本的資産にどんどん高い値段をつけ、死ぬ前から天国にいるような気分になる。

　いつまでも続くのなら、これはとても素晴らしいことである。だが、それはペテンのうえに築かれたブームであって、永遠には続かない。厄介なのは、永久だと勘違いさせるほどには長く続くということである。そして、中央銀行がそれを長く伸ばすのに成功すれば、それだけいっそう、最後に破綻が来たときの恐怖と混乱は大きくなる。終わりが来ることのないように、中央銀行はいっそう安い価格でいっそう多くの信用を供給する。金利が下がれば、それでなくても使いすぎの人々がさらに借金を重ねるようになる。アメリカで株価が大きく値下がりした2000年3月以降、IPO、合併、買収などの企業拡大や、株の信用取引のための融資は次第に少なくなった。その代わりに、不動産、特に住宅ローンの借り換えに伴う融資が急増した。

　不動産価格の値上がり、月々の返済額の減少、ローン借り換えによる融資（キャッシュアウト・リファイナンス）のおかげで、自宅所有者は並はずれて裕福になったように感じた。だが、不動産の時価が上がっても、彼らは逆に貧しくなった。

驚くべきことだが、アメリカの大多数の家庭の正味財産は、空前の規模の好況のさなかに減っていた。2000年2月に発表されたミシガン大学の研究報告によれば、「世帯主が60歳未満の家庭の正味財産は、実際には」ここ10年間で減少した。

世帯主がもっと高齢の家庭で財産が増えたのは、株や不動産の大半を彼らが所有していたからだった。1990年代の際立った特徴は何よりも株価の値上がりにあった。だが、それが終わって3年、株価は下落し、世帯主が60歳以上の家庭は最も大きな打撃を受けた。

アメリカ人全体でみても、自分たちが思い込んでいるほどには、強気相場で稼いでいなかった。[11]投資信託会社バンガードの創始者であるジョン・ボーグルは、2002年末、フォーチュン誌のインタビューに対して、ファンドマネジャーの取引回数の多さと高い手数料のせいで、1984年から2001年の史上最大の強気相場でも平均利回りは年4.2％でしかなかったと説明した。この期間にはS&Pは年平均14.5％上昇していた。もし2002年の結果も勘定に入れれば、株式ファンドからの年平均利回りは3％以下になる見込みだと彼は言う。この数字はインフレ率をも下回るものである！

アメリカ人がもっと注意して調べる気になっていたら、思ったほど経済的に豊かになっていないことに気づいたであろう。これもまた、循環的で偶然的な原因によるものではなかった。その原因は、半世紀にわたって拡大してきた消費が作り出した、当代の集団的資本主義という構造的な特質にあった。アメリカ人は、貯蓄に励み、有益な新規事業に投資しようとはしないで、自分の持つ富の限度以上の生活を送ってきた。そして、ここに最後の審判の日がやって来た。

## 経済的行き詰まり

アメリカでは信用主導型の経済の問題点が1960年代初めに現れた。

GDP比でみた企業利益が下降に転じ、経常収支赤字が上昇に転じたのである。1963年にGDPの9％を超えていた税引き前利益が前世紀末には3％以下になった。なぜかといえば、本当に投資家の利益や労働者の昇給につながるような資本投資がろくに行われなかったからである。製造業労働者の賃金が過去30年間上がらなかったのも、たいていのアメリカ人の所得がほんのわずかしか伸びなかったのも、そこにひとつの原因があった。問題は消費主義的経済構造の奥深くに根ざしていた。資力を超えた消費は、経済的な成功ではなく行き詰まりしかもたらさないのだ。このことは、道徳哲学者なら分かっていたことだろうが、エコノミストには予測できなかった。

しかし、1990年代後半には、設備投資が大幅に伸びたのではなかったか。たしかに、巨額の資金が新事業や新技術につぎ込まれていると広く信じられていたし、それは事実に違いなかった。だが、アメリカの大衆資本主義のせいで、その投資がおかしな方向に歪められていたのだ。長期にわたって本当の利益を生む本当の事業に投資する代わりに、会社は金融工学を駆使して、大衆投資家をあっと言わせられるような短期的な利益を上げようとした。20世紀最後の10年の後半には、「予想プラス1セント」というのが最も望ましい収益報告書だった。数字の背後にある事実は問題にならないようだったし、だれも気にかけていなかった。アナリストはめったに「売り」の信号を出すことはなく、会社が予想数字に付けた脚注を検討することすらなかった。株式ストラテジストはほとんど株価が上がるとしか思っていなかった。エコノミストは、市場が株にどんな値段を付けても、それが正当な——完璧な——値段だと投資家に教えていた。そして、みんな儲けるのに忙しすぎて、そんなことを心配する暇などなかった。

ナスダックが急落して事態が落ち着くと、結局、新しい工場や設備に実際の資金がほとんど投資されていなかったことが明らかになった。テクノロジー事業に振り向けた投資からはほとんどまったく利益が上

がらず、稼ぎは買収や自社株の買い戻しやIPOや合併などが生み出したものだった。書類上は新技術に何十億ドルも投資していたが、その大半は無価値だった。

これに加え、労働統計局も数字を細工する巧みな方法を考え出し、実の母親が見ても分からないほどにその見かけを歪めてしまった。前にも述べたことであるが、名目ではなく実質の生産高で測るのが労働統計局の原則だった。だが、情報テクノロジーの場合には、コンピューターの処理能力が飛躍的に向上したのを受けて、ヘドニックなる指標を作り出し、巨額の資金が投資されているかのように思わせたのである。

## カンバン方式

工場や設備に対する企業の実質的な投資は減少していたが、新時代の数ある自慢のひとつは、従来よりも少ない資本で企業がやっていけるということだった。ニューエコノミーでは、最少の投資で富を生み出せることになった。企業は「カンバン方式（ジャスト・イン・タイム）」の在庫システムを使えば、必要な資本を減らせることを見つけ出していた。それにはもちろん、決められたことを信仰のように忠実に守らねばならなかった。必要なときに必要な物が間に合わなければ、工場は操業をストップするほかなかった。

そして、アメリカの消費者はカンバン方式がほかのことにも使えることを発見していた。お金は必要なときにいつでもATMで引き出せるので、もう財布に大金を入れて持ち歩かなくてもすんだ。貯金の必要もなくなった。というのも、肝心なのはキャッシュフローだけだったからだ。お金を低金利で銀行に寝かしておくぐらいなら、株に投資するか、使って楽しい思いをするほうがずっとよかった。支払い期限に間に合うように給料が入ってきて、必要なときに現金があればそれ

でかまわないのだった。
　そのうえ、貯金は時間とともに目減りすることをみんなが知っていた。それなら、ためるのはやめて使ってしまったほうがましだった。
　カンバン方式の考え方は何にでも使えそうだった。求職はいっぱいあった。必要になればいつでも就職できた。食べ物も例外ではなかった。スーパーやコンビニに行けばいいのだから、どうして家に食料を置いておく必要があろう？　1990年代後半にはまきを貯蔵することも流行遅れになった。まきに限らず、灯油でもガスでも電気でも、必要なときにぎりぎり間に合うように、いつでもだれかが届けてくれた。
　カンバン方式でいこうとすると、個人でも貸借対照表は無視して、損益計算書に重きを置くようになった。その都度、支払える現金があれば、家のローン残高とかそのほかの借金の額はどうでもいいように思われた。当然、貯金などしなかった。そんな必要はなかったのだ。アメリカの貯蓄率は低下し続けてきたが、これは循環的というよりも、構造的なものだった。1982年には10.9％もあったのが、だんだん少なくなって、90年代の終わりには３％以下にまでなった。
　カンバン方式の経済は、2001年末には、経済的創造の極致としてまだ広く行われていた。しかし、そのトゲが人を傷つけ始めた。個人の負債残高のGDP比がどこまでも大きくなるはずがなかった。また、貯蓄もなしに経済的成長を成し遂げられるはずもなかった。貯蓄率の低下によってアメリカ経済は表面上、成長と繁栄を続けているようにみえたが、いつまでもそんなわけにはいかなかった。真の投資もせず、相当に高い労働コストの重圧を受けて、アメリカ企業の利益は減っていた。そんなときにどうして賃金を上げることなどできただろうか。そして、賃金が上がらなければ、消費者はどうして支出を続けることができただろうか。
　高利益・高成長で知られた以前のアメリカ経済は、今では神話と嘘に頼り切っていた。過去半世紀のトレンドは将来もずっと続き、アメ

リカの消費者（世界全体の頼みの綱）は限りなく深く借金にひたることができるというのだった。

2001年に景気不振が始まり、職も少なくなってくると、アメリカ人は少しずつ疑問を感じ始めた。必要なとき、本当に現金が間に合ってくれるのだろうか。とりわけ、ベビーブーマーは、退職に間に合うように十分な資金を用意できるかどうかが気になり出した。初めのうちはほとんどだれも気がつかなかったが、お金を全部使わないで少しずつ残すことがトレンドになりつつあった。

ゼロ利息ローンでの新車購入とか、頭金なしの家の新築とか、低額の返済金とかの誘惑があふれるなかで、貯蓄率がほんのわずかずつ上がり始めた（2002年の第4四半期には4％になった）。過去半世紀にわたって、アメリカ人は借金によるレバレッジを利かしてきたが、今、そのレバレッジをはずすための長く、ゆっくりとした、つらい時期に入った。「間に合わせ（ジャスト・イン・タイム）」の生活ではなく、「先に備える（ジャスト・イン・ケース）」生活が始まった。

## 帝国の領土拡大

ジョン・クインシー・アダムスは1821年の独立記念日の演説でこう語った。「アメリカは怪物退治のために海外に出かけることはない。アメリカはすべて国の自由と独立を尊重する。アメリカは自分のためだけのチャンピオンである」

しかし、次の世紀の終わりには、ビル・クリントンはこう述べた。「世界の無数の人々を全地球的な中産階級に押し上げることは、明らかにわれわれの使命である」[12]。世界最大の債務国がいったいどうすればそんなことができるのかは一向に明らかでなかった。もっとも、ものを知らない大衆投資家たちと同様に、考えなしの有権者たちはほとんど質問というものをしなかった。その3年後、アメリカは世界中の

怪物退治に乗り出した。その行為の愚かしさには、だれもまったく気づいていないようだった。

歴史が終わったこの時期にはアメリカ流のやり方が最もふさわしいという一般通念は、21世紀の初めになって、ある程度予想できた展開をみせた。そのことをよく示しているのは、国際貿易センターの悲劇以後よく使われる「祖国」という言葉である。突如としてアメリカの国境が広がり、その帝国の領土が拡大し始めた。自然は空白も独占も嫌う。自然はどんな種類のバブルも嫌悪する。アメリカが世界を支配できる地位についた今、その首脳陣はバブルをつぶす針を探し始めた。

「われわれには次のような使命がある」と、2002年秋に経済教育研究所がラスベガスで開いた会議で、あるパネリストは言った。それは多数派の見方を代表する意見だと言ってよかった。「アメリカはイラクやシリアや、あるいは中国に対してさえ先制攻撃を仕掛けるべきだ！」

その論理には一分の隙もなかった。これらの国はわれわれに害をなすかもしれない。われわれにはそれを阻止する手段がある。われわれの行く手を阻むものはあるか。たいしたものはなかった。

ゲーリー・ノースによれば、「1899年以来、アメリカは、帝国の維持という金のかかる危険な仕事を、ヨーロッパから着々と奪い続けてきた。わが国の航空母艦艦隊は世界中の海をパトロールしている。今やアメリカは憎悪と復讐の第一目標になっている。外国人にこづき回されるのはだれだって嫌なものだ。このことは今の時代も、アテネ同盟の時代のギリシャでも変わらない」[13]。

紀元前431年、アテネはエーゲ海全域の国を従えて帝国を築いていた。この年、アテネおよびその同盟国とスパルタとの間で第一次ペロポネソス戦争が勃発した。

ペリクレスは最高の攻撃は十分な防御から始まると考えて、アテネ人全体を城壁のなかに移らせ、無駄な攻撃で敵が疲れ果てるのを待つ

作戦に出た。ところが、取り囲まれた町のなかで伝染病が発生して、ペリクレスも含めて市民の4分の1が死んでしまった。後年、ペリクレスの甥であるアルキビアデスはアテネ市民をあおり立てて、スパルタ攻撃の作戦に乗り出した。そして、スパルタと同盟を結んでいたシチリアの都市シラクサを攻撃するために大艦隊を編成した。このシチリア遠征は大失敗に終わった。艦隊は壊滅し、兵士たちは奴隷として売られた。情勢が変わったのを感じ取って、ギリシャのほかの都市国家はアテネを見捨て、スパルタのもとへと走った。紀元前405年には残った艦隊もアイゴスポタモイの海戦で敵に捕獲されてしまった。その後まもなく、城壁が突破され、アテネはスパルタの属国になった。

　ここでペロポネソス戦争の話をごくかいつまんでしたのは、たぶんアテネが西洋世界で最初のよく知られた帝国だからだ。今アメリカは帝国への道を歩みつつあるようにみえるが、その点で、アテネの出来事が参考になるであろう。ところで、21世紀の初めの世界貿易に目を向けてみると、同じように教訓的な出来事に出合う。

　ワシントンからニューヨークに向かうアムトラックの列車に乗ると、ニュージャージー州のトレントン市付近で大きな看板（まだあると思うのだが）が目に入ってくる。そこには「トレントンが作り、世界が受け取る」と書いてある。だが、この看板は、アメリカの歴史上、今とは違った時代――まだ製造業が元気いっぱいで、経常支も黒字だったころ――に立てられたものである。そんな時代はとうに過ぎ去った。今では、作るのは世界のほかの国々で、トレントンも、サクラメントも、ほかのすべての市や町も、ミドルセックスの農場も受け取る側に回っている。

　言うまでもなく、こんな傾向が永遠に続くはずがなかった。2002年における世界の全輸出の60％はアメリカが購入した。ここ5年の世界貿易の増加分のうち、アメリカの輸入が60％を占める。消費者が自分の収入に見合う以上の出費をしているだけでなく、政府もなんらかの

対策が必要なほど巨額な赤字を出し始めていた。赤字は、それを埋めるのに世界全体の貯蓄の80％を要するまでになっていた。アメリカの消費に対して、これから先いつまで外国が資金提供をしてくれるのか、疑問に思うのが当然である。もし、その資金がとだえたら、いったい何が起きるのか。

　外国の文筆家――特に『帝国以後――アメリカ・システムの崩壊』（藤原書店刊）で知られるエマニュエル・トッド――は、こうしたアメリカの会計への資金提供をいち早く「帝国への貢物」と呼んでいる。問題は、この帝国が弱体で、外国はいつでも好きなときに支払いをやめられるということだった。

　帝国のシステム全体が失敗する運命にあった。それは大きくなるにつれて弱く壊れやすくなる構造を持っていた。消費者の借金は増え、経常収支赤字は拡大した。貯蓄は減少した。資本投資――経済的進歩に欠かせない要素――はしぼんでしまった。そして、その構造を維持しようとするアラン・グリーンスパンの努力がうまくいけばいくほど、いずれやって来る崩壊はそれだけ大きくなるはずだった。

　どんなバブルも最後には針で刺されることになる。それが政治権力のバブルであろうと、綿花市場のバブルであろうと、大きく膨れ上がったあとに、遅かれ早かれ何かが起きて空気が抜け出てしまう。いっきに破裂する場合もあれば、少しずつしぼんでいく場合もある。その両方が同時に起きる場合もある。21世紀が幕を開けたとき、アメリカの前には２つの鋭い突起物があった。ひとつは弱々しいドルで、もうひとつは帝国を維持するコストだった。

　2002年４月初め、インターナショナル・ヘラルド・トリビューン紙は、アメリカは立派になり、今では帝国と呼べるほどになったと書いた。

　「今日では、アメリカは超大国とか覇権国とかの域を超えて、ローマ帝国や大英帝国にならぶ完全な帝国になった」というのだ。

「ローマ帝国以来の世界の歴史のなかで、文化的、経済的、技術的、軍事的にこれほどの支配力を持った国はなかった」とコラムニストのチャールズ・クラウトハンマーも述べている。

ポール・ケネディはさらに一歩進めて、力の不均衡はローマ時代よりも格段に大きいと指摘した。「ローマ帝国は領土を大きく広げたが、ペルシャにはまた別の大帝国があり、中国にももっと大きな帝国があった」[14]

2002年には、中国は軍事的には相手にならなかった。そして中国は攻撃対象国のひとつにすぎなかった。

偉大な帝国の国民であることは悪いことばかりではなかった。そのことを考えただけで大半の人が大得意になる。また、他人のことにちょっかいを出すのは気晴らしになるし、面白いし、妻や子供とけんかをするより簡単だし、勝てるチャンスも大きい。

ロバート・キャプラン著『ウォリアー・ポリティクス（Warrior Politics : Why Leadership Demands a Pagan Ethos)』から引用しよう。

> わが国の将来の指導者たちは、その粘り強さや、その鋭い知性や、穏やかだが威厳にみちたアメリカの影響力を駆使して世界のすみずみにまで繁栄をもたらすその能力を称賛されるよりは、もっとひどい悪さをしていることだろう。アメリカの外交政策がうまくいけば、それに伴って世界に対する影響力もいっそう強くなる。そして、未来の歴史家が21世紀のアメリカを振り返って見たとき、ローマ帝国をはじめとする歴史上のどんな帝国にも似ていなくても、共和国であると同時に帝国でもあるとみなす可能性がいっそう強くなる。

なんといっても、建国以来227年たった今もアメリカの株価は上昇

を続けていた。1776年のつつましやかな共和国が、2002年には偉大な強国となり、帝国と名乗るだけの資格を持つようになったことは、もはやだれもが否定できなかった。だからといって、その国民がいっそう自由になったわけではないことも理解されていた。では、みすぼらしい共和国から帝国に変身したことで、国民は以前よりも裕福になったと言えるのだろうか。以前よりも安全になったと言えるのか。以前よりも幸せになったと言えるのか。

もしそうだと言うのなら、スイスはなんと気の毒な国か。山の要塞に囲まれて、自分の主人は自分だけ。目を楽しませるものといったら、牧場と湖と山の頂しかない。自分の産業で自分自身を雇い、養う。軍隊もかわいそうなものだ。敵の攻撃をいつまでも待ち続けるその退屈さといったら！　守ることにどんな栄光があるというのか。外国での冒険にどんなに憧れていることか。

だが、スイスも自分の帝国を持てば、暮らし向きが良くなると本当に言えるのだろうか。

知られるかぎりの証拠——歴史的証拠——によれば答えはただひとつ、ノーしかない。もし過去の例が参考になるとしたら、戦争は最初うまくいっても、結局は必ずみじめな敗北に終わる。良識のある礼儀正しい人々が、やがて悪意に満ちた誇大妄想狂となり、仲間全体を完全に破滅させる。

だが、だれがそれを気にするだろうか。未来を予言したり、決定するのは私たちの仕事ではない。私たちは双眼鏡を取り出して、出し物が始まるのを待とうではないか。

地政学の世界における大帝国は、経済の世界におけるバブルのようなものだ。初めのうちは魅力的だが、最後は大惨事となる。それには例外はない。それでも、帝国の始まりから終わりまでの間にはいろいろなことが起きるし、全部が悪いことばかりでもない。

「神の作ったどんなものにもキズがある」とエマーソンは言った[15]。

アメリカは勝利したようにみえるが、そこにキズを見る者はいるだろうか。

アメリカ式の人類の進歩は外国の親切さ（バカ正直）に大きく寄りかかっていた。アメリカは紙幣を印刷し、外国は物を作った。外国が生産物をアメリカに送ってくると、アメリカはドルを海外に送り出した。このやり方の欠点は一目瞭然である。もし外国人の気持ちが変わったらどうなる？ そのとき、アメリカ人が分不相応の生活を続けるのをだれが助けてくれるのか。今後10年で5兆ドルは増えようかというアメリカの財政赤字に対して、だれが財政的援助をしてくれるのか。

帝国は作るにも維持するにも費用がかさむが、属国に貢物を差し出させるなどして、少なくとも財政的には自前でやっていくのが普通である。しかし、21世紀初めのこの奇妙な世界では、征服された国──これから征服されそうな国──は貢物ができないほど貧しかった。逆に、そうした国々が裏切りや悪事で災いを引き起こさないようにするために、この新しい帝国には大量の資金と物資が必要だった。

そして、その出費はなんとかして支払わねばならなかった。

## 最初の解決策

2002年11月、新しくFRB理事になったベンジャミン・バーナンキは日本型デフレの脅威の問題に触れながら、インフレを起こすことを提案した──というよりも、約束した[16]。経済新聞もとうとう日本の前例を取り上げるようになっていた。今やFRBの当局者は決まったようにこんな質問を受けていた。「で、どうして日本はデフレを防ぐことができなかったのですか。FRBはどうすれば日本の中央銀行よりもうまくやれると思いますか」

バーナンキは質問など待っていなかった。日本は高いインフレ率を目標に掲げさえしていれば、デフレの悪影響を避けられたはずだと自

分から主張した。

そして、「アメリカではその心配は無用だ。たとえ金利がゼロになっても〔実質金利はすでにゼロ以下になっていた〕」FRBが打つ手はたくさんあるとも言った。例えば、もっと紙幣を印刷すればよい。「通貨を十分に注入してやれば、必ずデフレは解消できるよ」

バーナンキは続けて言う。「1930年代に、ルーズベルトはドルを金に対して40％切り下げることでデフレを終わらせた」。そのデフレが終わるまでに、アメリカ史上最悪の恐慌で1万の銀行がつぶれ、労働者の4分の1が職を失ったことについては、バーナンキは触れなかった。

FRBはドルと経済をめちゃくちゃにすることでデフレを退治できると知って、なにか心が明るくなるだろうか。バーナンキはさらに言葉を継いで言う。「もしそれが必要なら、〔マネーサプライから〕システムに注入できる量には、ここまでという特定の限界はほとんどない」

技術的にはそこになんの問題もない。なぜなら、FRBはいつでも一団のヘリコプターをチャーターして、マンハッタン南部に1000億ドルの紙幣をばらまくことができるからだ。しかし、金融政策としては、紙幣の印刷にはそれなりの欠点がないわけではない。

貨幣が基本的に必要とする性質はそれが貴重だということであり、そのためには供給に限りがなくてはならない。ここにすべての管理通貨が抱える問題がある。管理者は自分の都合に合わせて通貨の供給を増やすことができるが、増やしすぎて希少性の幻想を壊すわけにはいかないのだ。

「アメリカは外国からの借金を、少なくともその一部は、自分が好きなように発行できるドルで支払っている」——グリーンスパンとバーナンキに先立つことちょうど37年、1965年にシャルル・ドゴールはこう発言した。

ドゴールは最初にFRBの「金の窓口」に並んだ人物であり、手持ちのドルを金に換えて、世界の通貨システムを瓦解に追い込んだ。その後、ニクソンは金の窓口をバタンと閉め、金価格は上昇を開始した（1968年から1980年1月のピークまで年間30％の割合で値上がりしたが、株は過去のどの12年を取ってみてもこれほどの値上がりをみせたことはなかった）。

この動きに金投資家はおおいに興奮して、800ドル付近に至ってもなお買い続け、その後22年にわたって後悔するはめになった。しかし、2002年になって金価格はじりじりと上げ始めた。ただ、金投資家の資金は減っており、良識は増していた。今では金の窓口は閉まっているが、当代の新ドゴール主義者たちには、金をドルに換えるのに公開市場を使うという方法があった。グリーンスパンとバーナンキもそのことは考えてあるに違いなかった。

FRBのベン・バーナンキ理事が、デフレを阻止するために、FRBは必要に応じてほとんど無制限にドルを増やす用意があると発表したとき、世界は肝をつぶした。デニス・ガートマンは、バーナンキの講演は「15年前のプラザ合意のときの説明以来、FRBと金融政策に関する最も重要な内容を含んでいる」[17]と言った。

バーナンキは、9兆ドルを保有する外国人を含む全世界に向けて、FRBはドル以上に強い通貨を認めるつもりはないと語った。だが、どうやって？　その答えは状況の求めるがままにインフレを拡大するということだった。デフレを避けるために、FRBが引き起こすことのできる、またそのつもりのあるインフレの大きさには、実質的に「限界がない」とバーナンキは言った。

これとほとんど瓜二つなのは、1920年代の初めにドイツの中央銀行家ルドルフ・ハーフェンシュタインが、ドイツは戦争賠償金の負担を逃れるためにドイツ・マルクを破綻させるつもりだ、と発表したときの状況である。このとき、1922年8月から1923年11月までの間に消費

者物価は10の10乗倍に値上がりし、その結果、11月末には1ドルが4.2兆マルクになった。今バーナンキは、帝国とライフスタイルに対するアメリカの熱い思い入れを資金的に援助するために、ドイツと同じような離れ業をやろうと提案していた。アメリカは通貨のインフレによって自分の貢物をまき上げるつもりだった。

バーナンキの講演の60日後（2002年11月21日）、ドルはユーロに対して6.4％、金に対して10.1％値下がりした。

## 戦争をしてみよう

たとえインフレの試みが失敗したとしても、常に戦争という手があった。皇帝アウグストゥスが生まれた年と同じように、2002年にも世の中には道理の分からない連中がたくさんいた。軍事大国アメリカは、彼らの心をつかむことができないとしても、爆弾で徹底的に痛めつけられることは確かだった。

「決戦というショック療法を使えば、株価は2000ドルほど値上がりするだろう」とロレンス・カドロー[18]は予測した。だが、未来を予測したカドローの成績はかんばしくなかった。1999年という微妙な年に彼がたてた予測によれば、経済は「すべての期待を上回るはずだ。ダウ工業株平均は1万5000ドルに達し、そのあとも3万ドルから5万ドル、さらにそれ以上へと上昇していくであろう」。

カドローはほんの一部だけ正しかった。ウォール街はたしかにほとんどの人を驚かせた。だが、それはその後3年間値下がりが続いたからだった。しかし、爆弾によって豊かになれるというカドローの考えは、21世紀初めのアメリカで大勢の人間に共有されていた。一般通念として広がっていたすべての期待はそこにかかっているようだった。大衆の心、つまり群衆の心のなかでは微妙な区別は失われる。アメリカは単にひとつの超大国というのではなく、ほかに例をみない最高の

超大国ということになっていた。その国が、国民の望んでいる消費者の天国を作れないなどということがあるはずがなかった。だから、財政計画と利下げがうまくいかなかったとしても、戦争は当てにできた。

「企業利益が上向いており、短期間でイラクに勝利できそうなことからすれば、市場は今年5～10％値上がりすると思う」[19]と2003年初め、スコット・ブラックはバロンズ誌の座談会で発言した。

戦争に勝てないとか、戦争で企業の利益が伸びないというのは、あり得ない話だった。しかし、本当にそうなのか。先に述べたように、借金して消費しても金持ちにはなれない。では、人を殺せば金持ちになれるのか。そんな質問をする者はほとんどいなかった。

おそらく大半のアメリカ人は以前のままの良識人だったのだろう。だが、世の中の機運はなにか行動を起こす方向に強く傾いており、ほかに選ぶべき選択肢もほとんどなく、戦争は避けられそうになかった。なんといっても、アメリカの最新の軍事力を輸出産業と同じようにとらえるのは魅力的だった。外国人はアメリカの大量消費に資金を出してくれた。アメリカの軍事機構にも資金を出してくれた。それは当然のことなのだとアメリカ人は考え始めた。アメリカは世界の警察として尽くしている。ほかの国が用心棒代を払うのも当たり前のことではないか。それはもちろんならず者の論理だった。しかし、偉大な株主国家の偉大な民兵集団にとってみればそれは素晴らしい考えだった。

「今私たちは愚か者の集団になっている」とエマーソンは150年先を見越して書いていた。

# 第9章
# モラルハザード
Moral Hazards

---

われわれは必ず成功するとは限らないが、その資格はある。――ジョージ・ワシントン

　20世紀初め、アルバート・アインシュタインは相対性理論を発表して世界をぎょっとさせた。突如として、定点というものがないことになった。すべてのものが、たががはずれて漂いだした。何もかも相対的だというのだ。どんなものも、あれかこれか、正しいか間違っているか、ここかあそこか、完全には決められないことになった。そしてさらに、ハイゼンベルクの不確定原理が登場した。これにはアインシュタインも閉口した。ハイゼンベルクによれば、絶対というものが存在しないだけでなく、たとえ存在したとしても、それを知ることはできないというのだ。すべては動いている。ある物の位置も速度も測ることができるが、両方はできない。そうしようとすると、その行為自体によって目盛りが変わってしまうのだ。
　「神はサイコロを振ることはない」とアインシュタインは抗議した。アインシュタインとハイゼンベルクが現れて以後、世界は巨大なサイコロとばくのようなものになってしまった。サイコロを投げて、あとは幸運を祈るだけ。ほかには何もできなかった。
　アインシュタインは、世界が不確定で不可知だという考え方が気に入らず、それを反証するために残りの一生を捧げた。しかし、アインシュタインも最後にはハイゼンベルクの主張を認めた。世界について

語ろうとすると、そのことで世界が変わってしまう。「ある種の狂気が世の中を支配した」とステファン・ツバイクは1930年代のドイツについて書いた。見かけどおりのものは何ひとつないと分かって、ドイツ国民全体のたががはずれたようだった。

今のこの時代、手のなかでサイコロをカチカチいわせる音があちこちから聞こえてくる。人々が新たにサイコロを投げようとしているのだ。頭のなかでは、目の出る確率を読もうとしている。

マンハッタン南部に巨大な隕石が衝突する確率はきわめて低いに違いない。オサマ・ビン・ラディンがノーベル平和賞をもらう確率と同じくらいにかすかだろう。どんなことだって起こり得るが、その確率はさまざまだ。だが、ハイゼンベルクが警告しているように、その計算を始めるやいなや、元の前提が変わってまう。

市場には奇妙にひねくれた性質がある。人々があることが起きると信じると、そのことで稼げる確率が低くなるのだ。自然科学と人間科学の違いがここにある。将来、市場であることが起きそうだと人が確信すれば、それはすでに実現したことになる。例えば株を買えば金持ちになれると信じ込めば、そのことで宇宙に波紋を作り出す——つまり株は買われ、その値段が押し上げられる。そして、株価が上がれば、それを信じる力はいっそう強くなり、株価はさらに上がる。だが、こうしたことは永遠には続かないので、ある時点で——それを買って金持ちになれるという確信が最も高まったほぼその時点で——最終的な天井を付ける。

アメリカの市場が天井を付けたのは1999年秋と2000年3月の間の時期だった。ある種の狂気が世の中を支配した。

ここ3年の間、市場を予測した者のほとんど全員が間違い続けた。圧倒的多数が、株は下がるのではなく上がると読んだのだ。特に2002年には「3年連続で下がることはほぼまったくあり得ない」と考えた。アビー・コーエン、エド・ヤルデニ、ルイス・ルーカイザー、ジェー

ムズ・グラスマン、ジェレミー・シーゲル、ピーター・リンチなど1990年代のそうそうたるメンバーの全員が、昨年と今年がダメでも、来年はきっと上がると信じた。自分たちの強気がかえって事態を悪くしていることに、彼らはまるで気づいていないようだった。世の投資家は、毎年毎年強気をあおる発言を聞かされて、長くやれば株はバカでも儲かるものと思い込んだ。そして今や、そのバカ者が勝手なことをし出した──成功は失敗のもとという言葉どおりに。

これまでの25年間で、アメリカの消費者資本主義ほどの成功を収めたものはなかった。株価は1975年に上がり始め、多少の変動はあっても、2000年3月まで上昇が続いた。この時点までに疑いはすっかり消えていた。アメリカ人は株式市場の信者になった。

『ダウ 36,000 (Dow 36,000)』の鉄面皮な著者ジェームズ・グラスマンは2002年初めにこう書いた。「今回も株がダメになると考えるのは、60年以上にわたって同じ方向に動いてきた強力な潮の流れに逆らうことができると考えるのと同じだ」[1]

グラスマンは、潮が一方向にだけ流れるものではないことに気づいていないらしい。潮は同じ分量で満ち引きを繰り返すのだ。グラスマンはまったく窓の外を見ない気象予報士のようなものだ。「今雨が降っていても、やがて太陽が顔を出す。株は下がっても、必ず前以上のレベルに値を戻す」と彼は書いた。そのとき、グラスマンは、晴れから雨になることだってあることを書き落としていた。

長いこと晴天が続くと、地平線の雲に注意を払わなくなるものだ。2002年初めの素晴らしい日々のなかで、潮目が変わったことにだれか気づいた者があっただろうか。このときの株式相場は1975年の時点とはすっかり様相が変わっていた。2000年の大量の大衆投資家は、1975年に株を買った比較的少数の投資家とは同じでなかった。バフェットに言わせれば、1975年には人は正しい理由で株を買ったが、2000年には間違った理由で株を買った。

20世紀の最後の25年間には、バフェットの成功や、ルーカイザーの調子のいい話や、無から有を得る魅力に誘われて、何百万人もの新しい投資家が株式市場に参加した。そのうち大多数が傘を持っていなかった。

　市場が崩れたとき、それらの弱小投資家たちはびしょぬれになったが、パニックに陥ったりはしなかった。それは、少なくとも2003年初めの段階では、まだアメリカの消費者資本主義とその導師たちの約束を信じていたからだった。これまで4年連続して下げたことはめったになかったのだから、今年は上がるはずだという説明を信じ込んでいた。

　株がめったに4年連続して下げないのは、ほとんどどんな場合でも、36カ月たてば大底を付けるからだった。だが、2003年初めの株価は底というよりも天井の値段に近かった。コア利益を使った計算によればS&Pの銘柄のPERは40倍だった。また、発表された2002年の利益をもとにバロンズ誌が計算した結果では28倍だった。どちらにしても割高だった。

　利益はいろいろ手を加える余地があるが、配当利回りでは不可能である。その配当利回りがどうだったかといえば、2002年末ではわずか1.82％だった。これは大事な数字である。それは配当が嘘をつかないというだけでなく、株式市場からのリターンは、実質的にはかなり配当の大きさに依存していたからだ。よく言われることであるが、株式は100年にわたって年利7％の利益を確保してきた。これは、債券や不動産や昔の巨匠の絵画などあらゆる投資のなかで最高だった。だが、ほとんど知られていない事実は、この7％のうちの5％は株式市場での値上がりではなく、配当の複利的所得から得られたということだ。それを除くと、株式のパフォーマンスは、債券を含むほかのいくつかの金融資産を下回ってしまう。

　配当は企業収益に左右される。前述のように、企業収益は、1960年

代から現在までの消費者資本主義の時期、ずっと減少し続けてきた。それとともに、企業が配当の支払いを維持することがだんだん難しくなってきた。たしかに、配当性向の変化をみると、1981年はおよそ35％だったのが2001年には50％となり、このブームの時期を通して増えてきている。しかし、1997年以降、企業利益は大恐慌以来の大きな落ち込みをみせた。こうした状態では配当の増加を望むわけにはいかない。そして、配当が増えなければ、20世紀最後の25年はおろか、過去100年のリターンを確保することもできなくなってしまう。退職後に1.82％の配当利回りで３万6000ドルの収入を得ようと思ったら、200万ドルを株に投資する必要がある。だが、2002年末の時点で、ベビーブーマーの平均投資額はたった５万ドルだった。

　お人よしの投資家たちはこうしたことをろくに考えもなかった。しかし、ひょっとすれば先には良いことが待っているのかもしれない。株が上がる可能性だってある。結局、頼りになるのは運だけなのだろう。アインシュタインが天国に着いたとき、もしかしたら神は大声で笑いながらこう言ったかもしれない。「わしにはなんの計画もない。このサイコロを転がせばいいのだから」

　もちろん神はしたいことはなんでもできた。私たちは神の計画ややり方を知っているふりをするつもりはない。

　それがなんだというのか。実存主義者の教えるように、どうしたって朝になれば目が覚めて、すべきことを決めなくてはならないのだ。この先１年、株が上がるか下がるか、分からないとすればどうすればいい？

　当て推量をして、できるだけ間違えないようにやるしかない。利口に立ち回ろうとしても、私たちはそれほど利口ではない。できることといったら、大昔からの尊い伝統――先人たちの知恵の結晶――に従って、狂気に陥らないように自分を守ることだけだ。

　私たちの見るところでは、株は良い投資ではない。その理由は簡単

だ。ジェームズ・グラントが言うように、「安全で有利な投資先はたいていほかの連中が目をつけていないところにある」。ウォール街はだれもが目をつけている。だから、別のものを見つけようではないか。

「安く買って、高く売れ」。こんな言いふるされた言葉が文字どおり目の前に飛び出してくる。この教えに従えば間違えないですむ。ここ100年ほどの間、平均して株のPERは15倍以下だった（以前は会社の利益はもっと正直に計算されていた）。ほとんどどんな指標を使ってみても、今のPERはその2倍ほどになっている。

「弱気相場は行き着くところまで行って、妥当な価格となる」と経験豊富なリチャード・ラッセルは言った。株式の妥当な価格とは、PERが8～10倍のあたりで、28倍とか40倍ではない。この先いつかPERの10倍の株価になると決まっているのなら、どうして今買う必要があろうか。

もちろん株が絶対上がらないということはないし、たぶん上がるかもしれない。だが、私たちはそれが分かるほど利口ではない。だから、サイコロを転がすよりも教えに従おうではないか。あとは十字を切るだけだ。

## 「べきだ」のアプローチ

筆者たちは未来を予測するのに独特のアプローチをとる。起きるであろうことを推論したりはしない。それは不可能だからだ。そうではなく、起きるべきことを見つけ出そうとする。「だろう」ではなく、「べきだ」ということだけを考えるのである。「人は自分にふさわしい報いを受けるべきだ」というような具合に。

市場もたいていはそんなふうに動いている。

理性的な人間は、起きるべきことが起きると想定する。お金は愚か者の手から離れていくべきだ。泥棒は刑務所に入れられるべきだ。子

供を虐待したり、友達を裏切ったりする者は地獄の火に焼かれるべきだ。もちろん、それらが本当にそうなるかどうかは、私たちの及ばないところで決まる。だが、願うことなら私たちにもできる。人が生きていくうえで、起きるべきことを考え、それを前提にして行動を決めること以上に良い方法があろうか。投資の手助けとして、システム、秘訣、方式、チャート、グラフ、モデルなどさまざまの手段が使われるが、私たちの経験では、次のこと以上にためになるものはなかった。つまり、起きるべきことが起きると考えて、安く買って高く売る。そして、あまり心配をしすぎないことだ。

しかし、起きるべきこととは何か。残念ながら、それを知るのは容易なことではない。アダム・スミスは『道徳感情論』（岩波文庫刊）のなかでこう書いている。「世界の偉大な審判者は、限りなく賢明な理由によって、見極める力の弱い人間理性と、彼の永遠の正義がもつ最高の権威との間を、薄ぼんやりとした闇で隔てるのがよいと考えた……〔そのことによって〕このうえなく強大な対象が備える偉大さと重要性が、かすかに弱々しくしか見えないようにしたのであった」

もし「べきだ」が人間だったとしたら、バーテンダーとか気のいい娼婦だということはないだろう。「べきだ」は、土曜の夜をともに過ごしたいとか、家で一緒にくつろぎたいとかと思うような相手ではない。というのも、それは、ゴミを出すことや、ガレージの扉を直すことを思い出させるような相手だからだ。

もし「べきだ」がラテン語の名詞なら女性名詞だろう。といっても、献身的な愛人というよりは口やかましい女房に近い。「べきだ」はやたらに口出しをするやかまし屋のがみがみ女である。その声はかん高く鋭い。喉の奥から短剣のように飛び出してきて、相手の柔らかな肉に切りかかる。弱い部分や痛む箇所を長いこと覚えていてそこを狙うのだ。

「べきだ」は遊び好きの女の子でも、景気の良い仲間でもなく、

「だから言ったじゃない」タイプの相手である。日曜日の朝、二日酔いのあなたに「なんてバカなの」と言いながらアスピリンを渡し、こんなこと続けてたらどうなるかとお説教をする。そして、「悪いことをすれば罰が当たるのよ」と最後に念を押すのだ。

「べきだ」に振り回されるような男はたいした男ではないというのが私たちの意見である。とんまで弱虫の意気地なし——論理的で良識的で理性的な間抜けなのだ。ありがたいことに、たいていの人は普通「べきだ」のいうことを素直に聞かない。するべきことはしないで、したいことをする。群衆のムードや個人的な欲望につき動かされて、きまったようにバカなことを繰り返す。自分を抑えるということができないのだ。

そして、当然ミズ「べきだ」の言うとおりの結果になって、その報いを受けることになる。だが、ときにはそういうことがあったほうがためになる。

現代のエコノミストたちはもう「べきだ」を信じていない。その口調が気に入らなくて、無視してかかる。彼らから見れば、経済は、魂も心も正義もない巨大な機械である。問題となるのはアクセルのありかを見つけることだけだ。

エコノミストの仕事の質は過去200年ですっかり変わってしまった。アダム・スミスが名刺を持っていたとすれば、肩書きは「エコノミスト」ではなく、「道徳哲学者」となっていたことだろう。スミスは市場の動きのなかに神の「見えざる手」を見た。その仕組みを理解するために、どんな場合にも「べきだ」を見つけ出そうとした。いつでも、どこでも人は自分にふさわしいものを得る、とスミスなら言ったはずだ。たとえそうでなくとも、そうあるべきなのだ。

当代では経済について「べきだ」というアプローチをとる研究者も教師も少なくなってしまった。ほとんどのエコノミストはそうした流儀を魔法も同然だとみなしている。しかし、パリのベルリー通りにあ

る私たちのこの事務所では、弱々しいけれどもまだその炎が燃えている。

ポール・クルーグマンは「べきだ」のアプローチを批判して、こう書いている。「それは『清算主義的な』、過剰投資による不況理論と呼んでもいいし、簡単に『二日酔い理論』と呼んでもいい。その見方によれば、景気不振はブームの対価として支払うべき代金であり、以前の景気拡大が行き過ぎたことに対する必然的な罰だとされる」[3]

「深刻な経済問題は、経済上の深刻な罪に対する罰だとされている」とクルーグマンは1998年の6月にも述べている。[4]

この見解は同年12月にさらに詳しく展開された。クルーグマンはそこでは飲みすぎのあとの状態になぞらえた「二日酔い理論」の名称を使っている。二日酔い理論は「現実に害をなすほど間違っている。不況は必ずしもブームの結果であるとはいえない。それは、厳しい態度でなく、おうような態度で臨むことによって克服できるし、そうすべきものである。人々が消費を減らすのではなく増やすように仕向ける政策を発動すべきなのだ」[5]。

それはなんと奇妙な世界なのだろう。二日酔いを治すために酔わせたり、借金をなくすためにもっと借りさせたりするのだ。愚かな行いのツケを個人が払うのではなく、集団も負担してくれるというのだ。

その世界は調整のきく機械のようなもので、有能な公務員がちょっとねじを回したり、つまみをひねったりすれば、歴史の方向を自分の好きなほうに持っていけるとでもいうのだろうか。それよりは、世界は限りなく複雑な自然のようなもので、非行少年の集団のように間違いを犯しやすいものだと考えるべきではなかろうか。

クルーグマンは1998年12月の批判をさらにこう続けている。「二日酔いの理論は倒錯的な魅力を持っている。簡単な解決法を示してくれない点に引かれるのだ。その魅力がどれほど強力であっても、それに負けてはいけない。なぜなら、二日酔いの理論は現実に害をなすほど

間違っているからだ」

　クルーグマンの機械的な世界には「べきだ」が入る余地はない。1930年代の大恐慌のあとや1990年代の日本で、通貨を管理する整備士が機械をうまく動かせなかったのは、見えざる手が働いていたからでも、道徳的な原理がちゃんと存在してたえず作用していたからでもなく、適切なねじをうまく回さなかったからだというのだ。

　回すべきねじなどもうないのかもしれないとか、道徳劇のなかで機械工が自分の役を演じると必ず間違ったねじを回してしまうのかもしれないとか、ということはクルーグマンにはまったく理解できないのだ。

## モラルハザードの勝利

　理解できないのはクルーグマンだけではなかった。20世紀に大衆的民主制と巨大市場が発達するにつれて、「べきだ」は政治からも市場からも締め出されていった。19世紀には、だれかが破産すると、友人も親戚もそれを破産者の個人的、道徳的な（モラル）失敗ととらえた。すべきでないことをしたのが原因だと考えたのである。ギャンブルか、酒か、浪費か、とにかく彼が何かしでかしたのに違いなかった。

　しかし、経済が集団化されると、破綻のリスクは個人から離れて集団のなかに広がった。1930年代の破産者は自分の落ち度で破綻したのではなかった。大暴落や大恐慌が悪いのだと責任を押しつけることができた。貧乏も自分のせいではなかった。それは職のない社会が悪いのだった。投資で損をしたのも、昔と違って、自分のいまいましい失敗のせいではなく、FRBや政府のせいだった。お金の使いすぎはいったいだれのせいになるのか？　たぶんFRBが金利を下げすぎたせいだとでもいうのだろう。ともあれ、大衆は個人的な失敗を認めようとしなくなった。失敗は集団的、技術的な原因で生じたというのだ。

機械工がきちんと正しいつまみを回さなかったのだ。「べきだ」は消えてなくなった。

政治の世界では、大衆は聖なる多数派の意志以上の権威を認めなかった。多数派がどんなに無意味でどんなに忌まわしいことを決めても、間違いとはされなかった。

市場でも同じだった。巨大市場はけっして誤らないと指摘した経済学者はノーベル賞を受賞した。完全市場仮説を立てて、無数の投資家や消費者の判断はいつも正しいはずだと証明したのだった。現代経済学の手法全体が、人間がなすべきことの研究から統計的分析へと変化した。

『ファクト・フロム・フィギュア（Fact from Figures）』の著者M・J・モロニーは次のように言っている。「統計家が幅をきかす社会では自由も個性も骨抜きにされがちだという説には聞くべきものが多い。歴史的にみれば、統計というのは『国家の算術』にほかならず、平均をとることによって個人差を消し去るための手段だった。それを使う目的は、国民のふところからどこまで確実にしぼり取れるかを支配者が知るためだったし、それは今も変わっていない」

エコノミストたちは、自動車のエンジンの調子を測るのと同じような具合に、巨大機械のあちこちにセンサーを取り付けた。そこからの情報に従って、つまみをひねって金利を上げたり、スロットルを開けて通貨を増やしたりした。言うまでもなく、それは矛盾した行動だった。市場が完全ならば、金利はもうすでに一番望ましい値になっているはずだったからだ。

私たちの目には不吉に映ることなのだが、現代のエコノミストはモラルによる「べきだ」を計算から除いてしまったが、モラルハザードを市場からなくすことはできなかった。大衆や一般投資家の目にはほとんど入らなかったが、エコノミストや投資家が「べきだ」を無視すればするほど、ハザードは大きくなった。

アメリカ中西部の小さな町では、なにか企みを実行するには近所の目をかいくぐって立ち回る必要がある。それでもうわさが立って、すぐにおじゃんになってしまう。

だが、ここパリでは、どの街角にもモラルハザードがある。だから私たちはパリが好きだ。当地では十分に満足するまで悪さを楽しんだあとで、うまくそれを切り上げることができる。たとえ街に着いたときに悪さをした経験がなくても、すぐにそれを見つけ出し、ずっと一生それを楽しむことができる。

筆者たちは仕事が終わると、通りの向かい側にあるパラディバーに行って、酒を少し飲み、1～2本タバコを吸う。そして、悪名高いサン・デニス通りまでぶらぶらと出かけて、そこそこの出費でブリジットだのフランソワーズだのを相手に楽しく過ごす。もしもっと大それた悪徳を犯したいのなら、ギャンブルも、株の投機も、盗みでさえすることができる。手始めに地下鉄でスリをしたあと、だんだんレベルを上げていく。まずパートナーの金を巻き上げ、投資家を詐欺にかける。そして、最高レベルにまで進んで政治に手をつける。

ところで、モラルハザードには一定のリズムがある。ちっぽけなのも巨大なのも例外なく、心おどる気持ちで始まって最後は悲惨な思いで終わる。ツケは必ず払わなくてはならないからだ。

19世紀初め、エマーソンは「世界のすべては道徳的である」と言った。今は、私たちを除けばだれもそれを信じていないようだ。だが、市場のブームでも、帝国でも、個人の生活においてさえも、そのサイクルは変わらない。出発点ではおおいに空想が膨らむが、フィナーレでは悲しい結末が待っている。

「市場は人の弱点を狙ってくる」とリチャード・ラッセルは言っている。

欲の深い投資家は売らずに持ちすぎて結局は損をする。憶病な投資家はそもそも買いに入ることができない。なまけ者の投資家は勉強を

しないので、群衆のムードに流されて一番人気のある銘柄を一番吹き上げたところで買う。

「天井で売るべきだった」とひとりが言う。「底で買うべきだった」ともうひとりが言う。「貸借対照表を見ておくべきだった」と3人目が言う。「あの最後のひと瓶を飲むべきではなかった」と4人目が言う。

しかし、現代のエコノミストは、「べきだ」というモラルの出る幕はないかのように振る舞う。すべてのことが原因と結果のつながりのなかで起きると信じている。高すぎる株とか、安すぎる株とかというものは存在しない。株式市場は完璧である。毎日どの瞬間もぴったり理想的な値段が付いている。モラル上の失敗というものも存在しない。完璧な値段で株を買うのなら失敗のしようがないのだ。

たしかに、手の届くかぎりの情報をていねいに吟味して、狙撃手のように冷静に確率を計算すると仮定すれば、エコノミストたちの考えるように株価は完璧であろう。だが、現実の人間は何ごとについてもめったに吟味ということをしない。するとすれば、ポンド単位でサーロインステーキを買うときくらいのものだろう。多くの人は自分の気に入らないモラルハザードに出合ったことが一度もない。そして、政治や戦争やフットボールの試合や株式ブームのような集団的な行動に加わると、人々はあっという間にいっそう間抜けになる。

エコノミストたちは、経済もまた一種の機械であって、理性を備えた人間をバルブ・ドリフターのようにヒョコヒョコ上下に動かしていると想像している。機械はミニスカートにも盗みにも興味を持たず、モラルハザードの入る余地がない。

機械の前にトランプでも1瓶のウィスキーでも置いて、1時間ほどして戻って見てみるとよい。機械は全然手を出していないだろう。人間はそうではない。人間にとって何よりも必要なのは行動のチャンスであって、そこから破滅への道に踏み込むのだ。

## ブーム、バブル、そしてその後

　モラルハザードという言葉には一般的な意味のほかに特別な意味がある。1998年12月、ジェフリー・タッカーはミーゼス研究所の刊行物に次のように書いている。「これは単純な話である。失敗してもいつもその責任を取らなくてすむようにしてもらった場合、その人はやがて、恩恵にあずかることを前提にして先のことを決めるようになる。そして、結局は前よりたくさんの間違いを犯すようになってしまう。いろいろなところでこうした行動パターンにお目にかかる。生徒の言い訳を聞いて成績を甘くしてやる教師は、結局は生徒をダメにする。勉強をしないほうが得だと考えるようになって、なまけ癖がついてしまうのだ。その教師はモラルハザードを作り出していることになる」[6]
　20世紀後期の新しい集団化された世界は、やさしい教師や寛大な妻でいっぱいだった。投資家は株を買いすぎた。企業と消費者は借金をしすぎた。世界全体は真実でないことを——ドルが金よりも価値があると——信じているようだった。ここ20年ほどの間、金は値下がりし、ドルの価値は上がっていた。
　普通なら金は値上がりしているはずだった。アラン・グリーンスパンの就任から2002年の末までにマネタリーベースはほとんど3倍になっていたし、グリーンスパン時代のここ2〜3年の間に、短期金利は2年前の5分の1ほどに引き下げられていたのだから。
　「問題が現れたときに、金利を下げて豊富な流動性を供給しておきながら、不均衡が拡大しても金利を上げないでいると、結局は有害な結果に終わることになるであろう」と国際決済銀行の研究報告書も認めている。「そのことで、ある種のモラルハザードが助長され、現実の経済のなかに不安定さと危険な変動の種をまくことになりかねない」
　2003年初めには9兆ドルものアメリカ資産が外国人の手のなかにあ

り、1987年の3倍にも及ぶドルが流通していた。かつてこれほど危険が大きくなったことはなかったし、これほど気がつかれないでいることもなかった。

アラン・グリーンスパンが根拠なき熱狂に取りつかれていると言った投資家は、1990年代の後期にはいっそう強力な根拠なき熱狂にとらわれたようだった。そしてその後、不況と弱気相場の脅威が迫ってくると、これら非合理的な投資家たちは、バブルの形成を防ぐことのできなかった当の中央銀行が、今度はその崩壊をくい止めることができると思い込んだ。

残念ながらこれはむなしい期待に終わった。2000年3月に始まった弱気相場は、2003年1月の時点でアメリカの株式時価総額を7兆ドル減少させた。しかし、驚くべきことがもうひとつあった。このことがたいした問題とはならなかったのである。

2003年初めに、プリンス・ストリート・キャピタル・ヘッジファンドのデビッド・ヘール会長はバロンズ誌に次のように書いている。「2000年から2003年にかけての株式相場の不振は金融危機を生み出すことはなかった。2002年3月以降アメリカがこうむった株式市場の損失は前例のないほどの規模だった。それはGDPの90％に相当する額だったが、そのすごさは、1929年の株価暴落後の2年間でも60％の損失にすぎなかったことからも分かる。ところが、全米の破産した銀行の数をみると、この2年間ではわずか11行だけだったのに対し、1989年から1991年の間では約500行、1930年代には何千もの銀行が破綻したのである」

そして、経済全体についてもなんら特別のことがないという驚くべき状況だった。失業者の列は長くなったが、当然予想されるほどのことはなかった。消費者の負債と支出は、予想と違って落ち込まず、逆に増えた。「2002年には住宅ローンの借り換え融資が、それまでのピークだった98年の7500億ドルを超えて1兆5000億ドルにまで急増し

た」とヘールは言う。

　経済がやや下降気味だった2001年のあとを受けて——テロとの戦いの火ぶたが切られたあとでもあり——「前年と同じように生産高が3％の伸びを示せば、このうえなくありがたい展開だといってもいいだろう」とヘールは結論を述べている。

　この状況で私たちが気がかりなのは、ヘールを喜ばした当のその事実——当然予想されることが起きていないという事実——だった。あきれるほど異常なブームのあとにはあきれるほど異常な破綻が続くはずだった。

　しかし、日本のバブルも1〜2年で完全に終息したわけではなかった。エコノミストたちは、その状況が説明しがたいからといって、いまだに日本に目を向けようとしない。日本では金融・財政の刺激策がなんの効き目もなかった。だが、エコノミストたちの頭をつかんで、無理やり日いずる国のほうを向かせれば、こんな事実が目に入るはずだった。1989年に株式相場が天井を付けたあと、軽い景気後退はあったが、GDPは年に2〜3％ほどの成長を続けた。この状態は2〜3年は変わらなかった。だが、その後もっと長期的な不況に陥り、2000年には国民一人当たりのGDPは1993年のレベルにまで戻ってしまった。

　日本でもアメリカでも、ブームの後ではそれに対応する規模の調整が入るはずだった。日本では結局それが生じた。アメリカでもそうなるはずだと私たちは推測する。

　日本は西洋人にはほとんどなじみのないタイプの資本主義を作り上げたので、その例は日本以外の国には参考にならないとよく言われる。株式の持ち合い、政府の介入、コネ関係、世間を沸きたたせた株式相場などがその特徴だった。日本の会社は、1980年代後期の経済的熱狂のなかで、資本主義的企業として振る舞うことをやめてしまった。資本家を無視するようになったのである。もはや利益はどうでもよくな

った。1株当たり資産は幻も同然になってしまった。大事なのは成長であり、市場シェアであり、報道機関が飛びつくような発表だった。

資本家が投資の見返りを求めないなんて、そんな資本主義があるのだろうか。それはアメリカ型の資本主義とそんなに大きく違っていたのだろうか。実のところ、90年代後期のアメリカ企業は、日本企業よりもさらにひどく資本家のことを無視していたといってよかった。2000年初めにウォール街で株価が天井を付けたとき、企業利益はもうすでに3年続けて落ち込んでいた。不況に入って最初の2年間、利益は急激な勢いでさらに減少し続けた。しかし、利益が減少しても、あるいはその結果としてアメリカ最大級の会社の多くがじりじりと支払い不能に陥っても、会社役員の給与はうなぎのぼりに上昇した。それだけでなく、経営陣は主な従業員にストックオプションを分け与えた──このときも実際の企業経費に見せかけながら。

新時代のテクノロジーへの派手な投資騒ぎにもかかわらず、工場や、設備や、投資家に、やがて高利益をもたらしそうな対象への実際の投資は減っていた。90年代後期には純資本投資は戦後最低にまでなった。

前にも述べたように、アメリカの経営者は企業活動に目を向けようとしないで、合併とか買収とか短期的利益などに──新聞に名前が載るようなことすべてに──気をとられていた。

普通だったら会社の所有者は怒るだろう。だが、資本家がこういうことを問題にすることは一切なかった。もはや資本家が存在しなかったからだ。古い時代の資本家は、利益を得るという合理的な意志に基づいて、なじみがあって理解できる企業に投資したのであるが、そうしたタイプに代わって、集団化された新しい大衆投資家が現れた。彼らの望みはまぎれもなく非合理的なものだった。この無知で無分別の連中は自分が何ひとつ知らない株から、あり得ないような高率のリターンを求めた。経営者は貸借対照表に好きなように手を加えることもできたし、お手盛りで法外な報酬を決めることもできた。また、考え

られないような値段で資産を取得したり、膨大な借金をしたあとになって、返す算段に悩んだりすることもあった。配当を削ったり、まったくゼロにすることもできた。あのつまらない投資家連中には何も分からないだろうと考えたのだ。

　日本でもアメリカでも、大衆投資家は株式相場が暴落したあと、株や借金や消費をやめるべきだった。市場はいったん急落したあとで、また回復するはずだった。だが、政府首脳や中央銀行家がすぐに大挙してやって来て、そこらじゅうにセーフティネットを張ったので、舗道に落下するすき間などどこにもなくなってしまった。

　もちろん、その愚かな連中はそもそも自分が何をやっているのかまったく分かっていなかった。だから、彼らが誤り——持ちこたえようとして、修正の痛みを先延ばしにし、真の回復を遅らせるという誤り——を繰り返したとしてもなんの不思議もなかった。日本ではアナリストが待ちくたびれてしまった。それでも不況は、ビール貯蔵庫でおぼれているときのように、ゆっくり、じわじわと続いていた。

## ドルの悲しい運命

　株式市場と経済に起きるべきだったことと現実に起きたことを見たので、次は帝国通貨、つまり米ドルの傘の下を覗いてみることにしよう。ドルに何が起きるべきなのか。読者が分かりやすいように、先に結論を述べることにして証拠は後回しにしよう。ドルはもっと下がるべきなのだ。

　大衆投資家、つまりごく普通の一般投資家は真実でないことを信じる傾向がある。大ブームが絶頂期にあったころ、彼らは株に投資すれば18％のリターンが得られると信じた——その会社が何をしていて、どんな経営状態なのか、まったく知らないというのに。彼らはまた、会社の経営者は自分たちだけが肥え太るようなことはしないで、投資

家を金持ちにしてくれると信じていた。株は必ず値上がりし、アラン・グリーンスパンはひどい弱気相場を防いでくれると信じていた。全員参加型の資本主義、公開市場、セーフティネットといったアメリカのシステムはこれまでで最上のものだと信じていた。そのシステムは、ある種の完成に域に達しており、永遠と言わないまでも少なくとも非常に長い間、世界のトップに立ち続けるものと信じていた。

　さらに彼らは、米ドルは通貨として現実の力を持ち、計画的な秩序だったやり方でその価値を操作できると信じていた。少しくらいインフレを引き起こしても、経済にはかえって良い影響があると教えられていた。

　新タイプの投資家が受け入れた嘘のなかで、ドル以上に問題のあるものはなかった。

　第8章で論じたように、どんなものでも——特に通貨は——その価値を保つためには供給が多すぎてはいけない。例えば、モネやレンブラントの絵が無数にあったとしたら、今よりもうんと値段が安くなってしまうはずだ。かつて19世紀には、通貨には金の裏づけがあった。世の中の金の量は限られていたので、自然、通貨の量も限られることになった。

　金の裏づけのある紙幣を使うような制度になって以来、どの時点で金の裏づけがなくなるのか、人々にはほとんど分からなくなってしまった。政府は常に、新しい管理通貨を印刷し流通させていた。政府は印刷しすぎないように注意してやっているはずだった。少なくとも人々はそう信じていた。

　しかし、中央銀行の準備金は、1948年から1971年（ブレトンウッズ体制の時期）にかけて55％増加しただけだったのに、その後の30年間では2000％以上も急増した。こうした通貨と信用の爆発的増加は債券市場の拡大としても現れた。債券市場全体の規模は、1970年には7760億ドルだったのが今世紀末には40兆ドルにまで膨らんだ。だが、だれ

か不平のある者がいただろうか。そのお金は初めは株へ、次に不動産へと流れ込んだ。人々は通りの先の売れたばかりの家を見て、貧乏ではなく金持ちになったと感じた。まさに10年前の日本人そのままであった。

しかしながら、1719年にジョン・ローが初めて紙幣を試して以来、中央銀行が通貨を目いっぱい——何もないところから——増やそうとすると、必ず通貨そのものがめちゃくちゃになった。1990年代を過ぎるころから、「間違いなくドルは下落する」とエコノミストたちは言い始めた。そしてとうとう2002年になって、ドルは他通貨、特にユーロに対して下落した。また、金に対する下落も大きく、2002年だけで約20％も下げた。

いったいドルはどうなるべきなのか。

ここで付け加えたいのは、より詳しく見れば、事態を複雑にしている2つの要因があるということである。第一に、以前の章で述べたように、アメリカの大衆投資家はドルの見かけの強さにだまされていたが、外国人はそれに輪をかけてお人よしだったということがある。彼らは底なしにドルを引き受けていたのである。

もしある国が、売る以上にたくさんの物を外国から買っていたとすると、その帳尻をどうやって合わせるのか。出て行った通貨を投資資金として自分のところへ呼び戻すことによってその差を埋めるのである。外国人はドルを安売りして自国通貨に換えようとはしなかった。代わりに、その資金でアメリカの株や不動産や会社などのドル資産を買ったのである。2002年末には、外国人のドル資産の保有総額はヒマラヤの高さにまでなっていた。今現在ドルが下落し、株も下がっている状態で、外国人はドルの保有を減らしたがっているに違いなかった。

ほんの少しでもその保有額を減らせば、ドルの価格に壊滅的な打撃を与えかねなかった。2002年には、外国通貨に対してドルは平均で10％しか下落していなかった。これが、1980年代にはもっと下げ圧力が

弱かったのに50％ほども下落していた。

　総額9兆ドルが外国人に保有されていることと並ぶもうひとつの要因は、毎日15億ドルずつ増えている経常赤字である。アメリカの軍事超大国としての成功も、通貨超大国としての成功に比べればすっかり色あせてみえる。毎日毎日アメリカ人は外国人と取引をして、外国から貴重な財貨やサービスを受け取る代わりに、緑のインキのついたちっぽけな紙切れを渡している。その紙切れにはもともと価値というものがなかった。そのうえ、消費財に比較してドルが高くなりすぎることのないように、もし必要ならほとんど無制限に供給すると、その管理者が請け負っているのだ！

　「神の作ったどんなものにもキズがある」とエマーソンは警告し続けていてくれる。この取引のキズはアメリカの会社の利益が損なわれるというところにあった。FRBにけしかけられて消費者は目いっぱい支出した。自分が持っていないお金まで使った。それでもアメリカの会社の利益は減り続けた。GDPに対する割合でみても、1960年代の初めからずっと下降の一途をたどっていた。その逆に、個人消費の占める割合と経常赤字が増加しているのは偶然ではなかった

　何が起きているかは明らかだった。アメリカ人はお金を使っていたが、そのお金は外国の会社の金庫のなかに入ったのである。アメリカの会社はアメリカの従業員を雇うのに費用をかけていた。しかし、お金は従業員のところには戻らず、外国の競争相手のところに行ってしまった。2003年の初めには、アメリカの会社の利益はすでに第二次大戦後最低となっていた。こういう流れがいつまでも続く可能性はなかった。そして、ハーバート・スタインが言ったように、可能性のないことは起こる道理がないわけである。

## 成功の危険

　2002年12月アラン・グリーンスパンがニューヨーク経済会で行った講演には、1963年ごろ彼がランドの従者だったときの面影を忍ばせる部分がある。

　　金本位制によって物価の落ち着きが保たれるとはとうてい言えないのであるが、たしかに1929年の物価水準は、実質でみて1800年とそう変わらないままであった。それが、1933年に金本位制が廃止されると、その後の20年間でアメリカの消費者物価はほぼ2倍になった。さらにその40年後には4倍になった。国内での金交換制という金融政策への束縛が解かれたことで、たえず通貨の発行が行き過ぎるようになった。10年前というごく最近の時点でも、中央銀行家は、半世紀にわたる慢性的なインフレを目撃して、不換紙幣がいかに発行しすぎに陥りやすい性質のものか納得しているようであった。

　言うまでもなくグリーンスパンは前置きを述べているだけのことだった。彼はその発言に続けて、どんな歴史を見ても、その反対のことを証明できた中央銀行家はひとりもいなかったと言ってもよかった。世界史上どんな不換紙幣も必ず「発行しすぎに陥って」、最後には使い物にならなくなった。2002年に生きるグリーンスパンは、こうした壮大な歴史の流れに抗して、つっかえたり、とちったりしながら発言を続けた。

　どんな仕事にもそれ特有の危険（ハザード）が付き物である。パン屋は指をやけどする。精神科医はすぐに自分自身の頭を診てもらうはめになる。中央銀行家のモラルハザードについてはいろいろな文書に書かれている。何もないところから貨幣を作り出す権限を持つ中央銀

行家はまず間違いなくやりすぎるのだ。たとえひとりが自制しても、その後任者がほとんど必ず行き過ぎる。

　世の中には失敗よりも成功のほうが危険なことがある。中央銀行の運営は——強盗と同じで——その一例である。中央銀行が成功すれば、それだけいっそう紙幣の安定性への信認が増し、いっそう危険な状況が出現する。

　ネブラスカ州選出の下院議員だったウォーレン・バフェットの父は1948年の演説で次のような警告を発している。「これまでのところ、紙幣の病は快楽への依存症であり、自ら進んでやめることはできず、麻薬依存症患者と同じようにそれを断つための苦しい戦いが必要である……わが国が行っている不換紙幣の冒険が、結果的にほかの国の試み以上にうまくいくと考える者もいるようだが、そうした考えを支持する証拠を私は知らない」[7]

　ほかのどんな国のどんな時代でも結果は同じだった。紙幣はうまくいかなかった。モラルハザードが大きすぎた。中央銀行家たちは自制できなかった。自分の都合だけ考えてやりすぎてしまい、提供される財貨やサービスが増える以上のスピードでマネーサプライを拡大してしまった。

　私たちは紙幣で失敗した世界中の例をまとめようとしたことがあるが、すぐにその量に圧倒されてしまった。アルファベット順のかなり長いリストを作りかけたのだが、318番目であきらめた。そのときまだBの部だった。

　管理された通貨のこの情けない記録に引き換え、金の歴史はみごとなものだ。金貨の表面にだれの顔が描かれていようと、どんな文字が刻まれていようと、いつ鋳造された物だろうと、管理とは無縁の金貨は少なくとも同量の金と同じ価値を保ち続ける。そして、たいていはそれが作られた日と同じ量の財貨やサービスが今でも買えるのである。

　この地球で金はきわめて限られた量しか存在しない——10億分の

3.5にすぎない。もし神がもう少し気前が良かったら、金はもっとあちこちで採れて、値段も安くなったことだろう。だが、地球での産出が少ないからこそ金には価値がある。これに比べて、紙幣はほとんど無限に作り出すことができる。たとえ中央銀行が現代の印刷技術の限界にまで達してしまったとしても、デザイナーがたったひとつゼロを描き加えただけで、10倍のスピードで通貨が膨れることになる。最近の電子化された世界では、富の量を測るのにもう紙幣の束の厚さに頼る必要はない。今では富もただの「情報」にすぎない。中央銀行家は印刷機械のクランクを回すことさえ不要で、電子的に登録されたゼロという数字を光の速さで加えてやればすむ。こんなに簡単に新しい紙幣が作れるのだから、古い紙幣の価値がなくなってしまうのも当然の話ではないか。

　グリーンスパンには、しばらくの間、神の光を一身に浴びる時期があった。金の価値を超えるはずのない彼の紙幣の価値が、20年にわたってそれを上回ったのである。

　グリーンスパンはそのときの状況をこう説明している[8]。

> 　行き過ぎた通貨の増加によって財政的安定性と経済活動に望ましくない影響が生じ、それへの反発が生まれた。中央銀行はとうとう、一時的にかなりの経済的混乱があっても、通貨発行の行き過ぎを抑えざるを得なくなった。1979年には、つらくても抜本的な対策を実施しなくてはならないと国全体が認めるようになった。ポール・ボルカーの指導の下、FRBはカーター、レーガン両政権の支持を得て、通貨の増加スピードを一挙に減速させた。初め景気は後退し、インフレは沈静化した。だが、決定的に大事なことは、経済活動が活発さを取り戻しても、インフレ抑制の効果はだいたいそのまま保たれたという点である。1980年代の終わりまでにはインフレをめぐる状況はすっかり変わってしまっていた。

この20年の歩みを振り返ってみると、不換紙幣をどんどん発行するようにとの圧力は絶えずかかるものだが、長期間慎重な金融政策を続けていればインフレを抑え込むことができると言ってもいいようだ。

　2001年まではグリーンスパンの天才的手腕は全世界の称賛を浴びていた。やっとのことで中央銀行は偉大な成功を手にしたようだった。しかし、やがてバブルがはじけた。人々はそんなバカなことを起こしてしまう中央銀行がどこにあるのかと考え始めた。
　2000年にアンドレ・スミザーズとステファン・ライトは『バリューイング・ウォールストリート（Valueing Wall Street）』のなかでこう述べている。「歴史的な証拠が示しているように、資産バブルを進行させてしまうことは中央銀行の最も重大な過ちである。FRBはここ5年ほどの間、20世紀最大の資産バブルを故意に見逃してきた」
　株式相場が崩壊したとき、グリーンスパンの政策は前ほど慎重ではなくなり始めた。FRBにおける任期期間中、GDPはたった50％しか伸びていないのに、マネタリーベースは3倍になった。グリーンスパンは先任のすべてのFRB議長を合わせたよりももっと多くの通貨を発行した。地球が新たに生み出したすべての金1オンスにつきおよそ6250ドルとなる額だった。
　グリーンスパンのFRBが作り出したこの新しい貨幣は、過剰な紙幣につきまとう欠点を持っていた。それを支える原資を欠いていたのである。店主や犬の訓練家はあたかも本物であるかのように受け入れたかもしれないが、その貨幣は現実の価値の増加に対応する物ではなかった。店主や訓練家はお金が増えたと思っただろうが、実はその裏づけは何もなかった。
　新しく発行された貨幣は、価値は軽少で、その結果は重大だった。それは大衆投資家をモラルハザードへと誘い込む一因となった。彼ら

はもはや貯金をする必要がなくなった。というのも、グリーンスパンのFRBが、だんだん低くなる金利でいつでも必要なお金を用立てくれそうだったからだ。そして、生産者は実際以上の需要があると誤解した。消費者は買い続けていたし、それを疑う理由もなかった。だが、消費者はいつまで収入以上の支出を続けることができるのだろうか。

こうしたモラルハザードの影響はやっと今知られ始めたばかりである。消費者はこれまでにないほどひどく借金漬けになっており、破産を避けるためだけでも新しい信用が必要である。州政府も連邦政府もわずかな黒字からひどい赤字に落ち込んだ。足りないお金はどこからやって来るのであろうか。

アメリカ人はほんのわずかしか貯蓄をしていない。だから、前にも言ったように、資金を海外から取り込まなくてはならない。だが、2001年には経常収支はすでに4500億ドルの赤字を出していた。ローチの試算によれば、2003年には新たな資本需要によって赤字は6000億ドル──1営業日につき250億ドル──にまで拡大するという。この新しい大量消費に対して外国人はまだ資金供与する気持ちがあるかもしれない。あるいは、すでにドルが値下がりしていることからして、その気になってくれないかもしれない。

これから何が起きるのか私たちには分からないが、推測はできる。外国人は今までどおりのドル価格ではその気にならないはずだ。

## 10年単位のトレード

投資家はあまりたくさんのことを決める必要はない。いろいろな研究によれば、儲けるか損するかは資金配分の仕方に左右される。長期的に見れば、個別的な選択──どの銘柄やどの債券にするかの選択──はたいして重要ではないといっていい。それに対し、どの市場に

いつ参入するかということは決定的な違いを生み出す。

　ここ30年で見ると、投資で好成績を上げるには、各10年の最初の日に投資に目を向けて、そのあとはすっかり無視しているのがよかった。3回だけ単純な決定を下せば、最初の1万ドルの資金が26万8300ドルになった。

　このやり方だと、どんなに暮らしが快適になったか考えてみてほしい。CNBCやマネー誌やインターネットや、ほかのすべての金融メディアの誘惑に時間を取られることもなく、釣りにも行けたし、クラシックを聞くこともできた。マスメディアのざわめきや情報のないことがどんなに心地よいものか想像してみてほしい。

　そのために必要なのは、1970年代の初めに、ニクソン政権が金とのつながりを断ち切った点に注意を向けることだけだった。そのことでインフレと金価格の値上がりが事実上保証された。金は1970年には1オンス当たり平均36ドルだった。それが、10年後には615ドルになっていた。レバレッジや、株や、調べごとや、頭痛とはまったくかかわりなく、リスクもほとんどなく、1708％の利益を上げることができたのだ。しかも、この全期間中、投資にかかる税金は1セントもなかった。

　しかし、1980年の1月1日には状況が変わった。投資家は、何ごとも永遠には続かないということと、FRBに新顔が登場したことに気がつくべきだった。ポール・ボルカーはビジネスの種になるはずだった。彼はなんとしてでもインフレ率を引き下げるつもりであり、ということは金価格も下がるはずだった。金の売り時だった。では得た資金はどこに振り向けたら良いのか。

　あまり宣伝はしていなかったから、気づかない人も多かったろうが、日本株式会社はこの80年代初めきわめてエネルギッシュだった。このときには分からなかったかもしれないが、もし日本株を買っていれば、ここでも資金が何倍にも増えたはずだった。日経225種平均は1980年

1月末に5994円だったのが、1989年末には3万8916円にまで値上がりした。549%の上昇率だった。

肝心なのは1980年代終わりの何年かは新聞の経済欄を開けないことだった。日本からのニュースはあまりに信じがたいものだったので、アメリカの投資家は早く売りすぎてしまう可能性があった。ところで、1990年の正月に全体の状況を考えてみれば、変化の時がやって来たことに気がついたはずだ。

投資家はこの日に資金を故国アメリカに戻して株を買うべきだった。PERが12.4倍、ダウが2586ドルのアメリカ株式は良い投資先だった。しかも、7800万人のベビーブーマーがかつてないほどの規模で消費と投資を行う間際にあったし、FRBの良き友アラン・グリーンスパンがそのための資金をちょうど確保してくれようとしていた。このときから10年の間に、ダウは1万1041ドルまで426%の値上がりを演じた。

2000年1月にはこのトレンドも方向を変えた。では次の10年間のトレードは何か。この本で述べてきたすべての理由からして、私たちは株を売って金を買うべきだと考える。2000年から2003年までの最初の3年間で金は282ドルから342ドルに値上がりした。一方、ダウは2000年1月7日に1万1522ドルだったのが、3年後には8740ドルに値下がりした。この30年間ですでに2683%の利益を手にした投資家は、これからもトレードを続けるべきだろうか。私たちには分からない。しかし、一番良いのは2010年まで何も考えないことであろう。

## 世界の終わりをくつろいで楽しむ方法

私たちの知っている世界は終わりに近づきつつある。だが、何を気にすることがあろうか。笑ってそれを楽しめばよいのだ。ローマ帝国は崩壊するまでに数百年を要した。その間、大多数は自分の世界が終わろうとしていることに気づきもしなかった。彼らは、帝国が永遠で

あるかのように、仕事に精を出し、作物を育て、ワインを飲み、子供を膝の上で遊ばせたであろう。もちろん、ローマの群衆は、短いニュースが届くたびに、うろたえたり泣き叫んだりしたかもしれなかった。野蛮人たちがポー川を渡って南に向かっている、もうすぐ城門まで押し寄せて来るかもしれない、と恐れおののいたのだ。

しかし、ほかの人々は絶望と慰めの静かな生活を送っていた——まるで何もなかったかのように。それに、いったい何ができたであろうか。できることといったら、安全な場所に逃げ込んで、自分のなすべきことを続けることくらいだった。

大恐慌を楽しむ人たちも大勢いた。もし給料の良い仕事に就いていたとすれば、天国のようなものだったに違いない。並んで待つこともなかったし、予約もなしに上等のレストランに入れた。近所の人と見栄を張り合うのもいたって簡単だった。隣人たちはひどい打撃を受けていたからだ。人生の満足はかなりの部分、他人よりも恵まれているという感情からやって来る。そうした楽しみを味わうのに、恐慌以上に良い時期がほかにあっただろうか。

どんな大衆行動でもそれを楽しむための秘訣は、参加者ではなく観客になることである。ナポレオンの大陸軍が破滅の待つロシアに向かって進軍しているとき、その一員として行進するよりは、それを見送りながら手を振るほうがどんなに良かったことだろう。もしかすると、耳覆いや手袋を売りつけられるかもしれなかった。

同じように、1990年代の株式大ブームを楽しむのに、アナリストが次にどんなバカげたことを言うかを見るためだけに、ときどきCNBCにチャンネルを合わせること以上に良い方法があっただろうか。そして、ブームが終わった今、必死に出口に殺到することもなく、安全な距離からそれを眺める以上の楽しみ方があるだろうか。

読者はどうかニュースの見出しや社説欄の意見に踊らされないようにしてほしい。それがもとで大衆行動が起きた場合、ほとんど間違い

なく、あとで後悔し自分にあきれることになるからだ。
　とはいえ、それが世の習いというものだ。ひとつの狂気は別の狂気へと至る。経済が新時代の真っただ中にあると言われて興奮し、気が大きくなる。その後、新時代のあとに新恐慌がやって来たのを知って少しばかり消耗する。この間、その生活は以前と同じように続いている。酒が良くなったわけでもない。女房がきれいになったわけでも、醜くなったわけでもない。仕事は以前と何ひとつ変わらず、退屈でもあり面白くもある。
　私たちはこのことに不平は言わない。
　しかし、「世間には面倒なことが多すぎる」とエマーソンは書いている。

> 大半の人は自分の目をハンカチで見えなくして、これらの宗派のどれかに加わる。こうして団体に従属してしまうと、わずかの点でごまかしをするとか、少しの嘘をつくとかというのではなく、あらゆる点でごまかしをするようになる。彼らの真実はどれも本当の真実ではない。2と言っても本当の2ではなく、4と言っても本当の4ではない。こうなると、彼らの口にするすべての言葉が気にさわるのだが、どこから直してやればいいのか分からない。そのうちいつの間にか、忠誠を誓った集団の囚人服のような制服を着せられてしまう。似たような顔つきと身のこなしをするようになり、次第次第に仲間たちと同じ間抜け面に変わっていく。

　私たちが少なくともここ30年の間、親しんできた世界——ドル本位制の時期——は終わろうとしている。世界とのきずなを断ち、自分の顔からそのバカげたにやつきを消しさるのに今ほど良い時期があろうか。
　アメリカの消費者資本主義は破綻する運命にあると私たちは考える。

もし破綻しないとしたら、そうさせるべきである。永遠に続くはずのないトレンドが終わりを迎えつつあるようにみえる。消費者はこれ以上、借金の深みにはまることはできない。GDPに占める消費の割合がどこまでも増えていくことはあり得ない。資本投資と企業利益がこれ以上落ち込むことはないだろう。外国人が、アメリカの行き過ぎた消費に対して、キリスト再来の日まで資金提供を続けることはないだろう——少なくとも現在のドルの価格では。不換紙幣がいつまでも本物——金——よりも上位にあることはないだろう。

アメリカは新しい経済モデルを見つけなくてはならない。もう今となっては消費と借金によって豊かになることは期待できないからだ。その変化は循環的なものではなく、長い時間を要する構造的なものである。経済機能を変えてしまう構造改革は一晩でできるものではない。機械のような集団的資本主義はどんな変化にも抵抗するだろう。FRBはさらに安く通貨を供給して古いモデルを維持しようとするだろう。政府は数十億ドル規模の支出計画を持ち出して実需の見かけを作ろうとするだろう。そして、哀れな大衆投資家——その欲深く弱い心に神のご加護を！——は、けっしてアメリカ消費者資本主義の夢をあきらめようとはしないだろう。その夢はつぶして消してしまうほかないのだ。

ポール・ボルカーによれば「やがてすべてのことが調整を受けることになろう」。では、それを楽しもうではないか。

# 原注

### 第1章　ギルダー的時代

1．Fred Barbash,"Market Guru Put Acolytes on Wild Ride", *Washington Post* (March 5, 2000): H01. の論説を参照のこと。
2．Tom Brokaw, Examination of how and why big CEOs have made millions while investors lost everything, NBC News transcript (July 28, 2002).
3．George Gilder and Bred Swanson,"Metcalfe's Exaflood", *Shalom Equity Fund Newsletter* (June 26, 2001) の論説を参照のこと。http://www.imakenews.com/shalomequityfund/e_article000030389.cfm
4．Rodes Fishburne and Michael Malone,in an interview with Gordon Moore and Bob Metcalfe titles"Laying Down the Laws", *Forbes ASAP* (February 21, 2000)。http://www.fobes.com.asap/2000/2001/096.html
5．注4参照。
6．Bill Bonner,"The Digital Man", *Daily Reckoning* (August 15, 2000)の論説を参照のこと。http://www.dailyreckoning.com/
7．注6参照。
8．David Denby,"The Quarter of Living Dangerously: How Greed Becomes a Way of Life", *New Yorker* (April 24, 2000/May 1, 2000)の論説を参照のこと。
9．注8参照。
10．Mark Leibovich,"MicroStrategy's CEO Sped to the Brink", *Washington Post* (January 6, 2002): A1の論説を参照のこと。
11．Larissa MacFarquar,"A Beltway Billionaire and His Big Ideas", *New Yorker* (April 3, 2000): 34の論説を参照のこと。
12．注10参照。
13．Bill Bonner,"A River Runs through It", *Daily Reckoning* (June 7, 2000)の論説を参照のこと。http://www.dailyreckoning.com/
14．"Playboy Interview: Jeff Bezos", *Playboy*, vol. 47, no. 2(February 1, 2000): 59.
15．Joshua Cooper Ramo,"Jeffrey Preston Bezos ; 1999 Person of the Year. The Fast-Moving Internet Economy Has a Jungle of Competitors and Here's the King", *Time* (December 27, 1999): 50の論説を参照のこと。
16．Gretchen Morgenson,"A Year Underachievers Everywhere Can Be Proud Of", *New York Times*, sec. 3 (December 31, 2000): 1の論説を参照のこと。
17．Geoge Gilder,"The Coming Boom", *America Spector*, vol. 34,no. 4(May 2001): 45-52の論説を参照のこと。
18．Bill Bonner,"End of the Gildered Age", *Daily Reckoning* (June 20, 2002)の論説を参照のこと。http://www.dailyreckoning.com/——の論説を参照のこと。

19. David Shenk, *Data Smog: Surviving the Information Glut* (San Francisco: Harper, 1998).
20. *American Economic Review* (May 1978).
21. 注19参照。

## 第2章　進歩と完成、そして歴史の終わり

1．ポール・ジョンソン『インテレクチュアルズ——知の巨人の実像に迫る』(講談社学術文庫)。
2．http://www.firstworldwar.com/features/casualties.html
3．*Porter Stansberry's Investment Advisory* (Summer 2001).
4．注3参照。
5．Bill Bonner, "The World Charge", *Daily Reckoning* (September 28, 2001)の論説を参照のこと。http://www.dailyreckoning.com/
6．注5参照。
7．Bill Bonner, "Pearl Habor", Daily Reckoning (December 7, 2001)の論説を参照のこと。http://www.dailyreckoning.com/
8．Leah Nathans Sprio, "Dream Team", *Business Week* (August 29, 1994): 50.
9．Edmund Sanders, "A Renewed Call to Redo Accounting", *Los Angeles Times*, pt.3 (January 25, 2002): 1の論説を参照のこと。
10．Charles J. Whalen, "Integrating Schumpeter and Keynes: Hyman Minsky's Theory of Capitalist Development", *Journal of Economic Issue*, vol. 35, no. 4 (December 2001): 805-823.

## 第3章　ジョン・ローと危うい考えの起源

1．Antoin E. Murphy, *John Law: Economic Theorist and Policymaker* (Oxford, England: Clarendon Press, 1997).
2．Paul Strathern, *Dr.Strangelove's Game* (London: Penguin Books, 2001).
3．チャールズ・マッケイ『エクスラオーディナリー・ポピュラー・デリュージョン・アンド・マッドネス・オブ・クロウズ』(パンローリングから近刊予定)。
4．マーク・ファーバー『トゥモローズゴールド』(パンローリング)。
5．Bill Bonner, "A Freer Place？", *Daily Reckoning* (May 31, 2001)の論説を参照のこと。http://www.dailyreckoning.com/
6．オーストリアのフェルドキルシュのクロスロード議会でなされた講義"Why Gold-Backed Currencies Help Prevent War"からの引用。

## 第4章 日本的になる

1. 外国人を意味する日本語。
2. Doug Struck, "U.S. Urgings Perplex Japanese: Talk of Raising Standard of Living Falls on Affluent Ears", *Washington Post* (February 7, 2001)の論説を参照のこと。
3. 注2参照。
4. エズラ・F・ヴォーゲル『ジャパンアズナンバーワン——アメリカへの教訓』(TBSブリタニカ)。
5. Frank Gibney Jr., "Time for Hardball?", *Time* (February 18, 2002): 42の論説を参照のこと
6. アレックス・カー『犬と鬼——知られざる日本の肖像』(講談社刊)。
7. 注6参照。
8. "Terrible Twins?", *The Economist* (June 15, 2002).
9. Peronet Despeigners and Abigail Rayner, "Data on Economy Ease Reccession Fears", *Financial Times* (February 23, 2001)の論説を参照のこと。
10. David LeonHardt, "Japan and U.S.: Bubble, Bubble, Toil and Trouble", *New York Times*, sec.C (Octorber 2, 2002): 1.
11. Bill Powell, "We're not Turning Japanese", *Fortune* (September 15, 2002).
12. 1990年代における日本銀行総裁たち。
13. Paul Krugman, "Fear Itself", *New York Times*, sec. 6(September 20, 2001): 36の論説を参照のこと。
14. Justin Lahart, "How Bad Could It Get? Think Japan", *CNN/Money.com* (July 23, 2002).
15. 日本銀行第26代総裁。

## 第5章 アラン・グリーンスパンの途方もない運命

1. Bill Bonner, "Species by Decree", *Daily Reckoning* (Jnly 16, 2001)の論説を参照のこと。http://www.dailyreckoning.com/
2. Jeffrey R. Hummel, "Emancipating Slaves, Enslaving Free Men: A History of the American Civil War" (Chicago: Open Court Publishing, 1996).
3. Dan Atkinson and Graeme Beaton, "Greenspan's Move to Cut Rates Dampened by Speculative Market", *Daily Mail* (January 7, 2001)の論説を参照のこと。
4. Thomas Easton, "8 Investing Rules That Have Stood the Test of Time", *Forbes* (December 27, 1999)の論説を参照のこと。
5. ノックスはむしろ第二次大戦のときの陸軍長官として知られており、日本に対するアメリカの勝利を確信して、中国大使のTV・ツンに「安心しなさい、TV。われわれがあの黄色の野郎どもをやっつけてやるから」と言い放ったことでも有名である。

6. Julian E. Zelizer,"The Forgotten Legacy of the New Deal: Fiscal Conservatism and the Roosevelt Administration,1933-1938", *Presidental Studies Quarterly*, vol. 30, no. 2(June 1, 2000): 331の論説を参照のこと。
7. R.W.Bradford,"Alan Greenspan—Cultist？ The Fascinating Personal History of Mr. Pinstripe" (September 9,2000): 331. http://www.theamerricanenterprise.org/taeso97a.htm
8. William Powers,"Ayn Rand Was Wrong: It Turns Out There Is an Afterlife after All", *Washington Post* (August 25, 1996): F01の論説を参照のこと。
9. Thom Calandra,"30 Tears Later, Gold Solution for Dollar Is Examined", *CBS MarketWatch* (August 17, 2001).
10. Alan Greenspan,"Gold and Economic Freedom", reprinted in *Capitalism: The Unknown Ideal* by Ayn Rand (New York: NAL, 1986).
11. 注10参照。
12. David McWilliams,"Investors own the Thrid World", *Global News Wire* (August 12, 2001)の論説を参照のこと。
13. Gregory Nokes,"Miller Blames Gold Price Rise on Unsettled Condition", *Assoiated Press* (January 15, 1980)の論説を参照のこと。
14. Bob Woodward,"In '87 Crash, All Eyes on Greenspan", *Washington Post* (November 13, 2000): A01の論説を参照のこと。
15. John Cassidy."The Fountainhead", *New Yorker* (April 24, 2000/May 1, 2000): W08の論説を参照のこと。
16. Bob Woodward,"Behind the Boom", *Washington Post* (November 12, 2000): W08の論説を参照のこと。
17. Richard W. Stevenson,"Inside the Head of the Fed", *New York Times*, sec. 3 (November 15, 1998): 1の論説を参照のこと。
18. "Uncharted Waters", *Upside*, vol. 13, no. 1 (January, 2001)の論説を参照のこと。
19. Rob Norton,"In Greenspan We Trust",*Fortune* (March 18, 1996): 38の論説を参照のこと。
20. Bill Bonner,"End of Era", *Daily Reckoning* (May 5, 2000)の論説を参照のこと。http://www.dailyreckoning.com/
21. Sharon Reier,"5 Years Later,Greenspan's 'Irrational Exuberance'Alert Rings True", *International Herald Tribune* (December 1, 2001): 13の論説を参照のこと。
22. Joseph N. DiStefano,"Worst of Times for an Internet Apostle", *Philadelphia Inquirer* (December 6, 2000): A01の論説を参照のこと。
23. David Hendricks,"Economist Says Looming War with Iraq Has Slowed Rebound", *San Antonio Exprees-News* (December 12, 2002)の論説を参照のこと。
24. Thom Calandra,"Defying Naysayers,Tiny Gold Stocks Thrive", *CBS MarketWatch* (March 1, 2002)の論説を参照のこと。

25. "Hearing of the Senate Banking,Housing and Urban Affairs Committee", Federal News Service, Inc., Senator Paul Sarbenes chaired. (July 16, 2002).
26. Mike Clowed,"Monday Morning: Bad Time for Rise in Personal-Saving Rate", *Investment News* (September 2, 2002): 2の論説を参照のこと。
27. Brendan Muury and Craig Torres,"Mot So Green for Greenspan", *Pittsburgh Post-Gazette* (Octorber 27, 2002):D10の論説を参照のこと。
28. 注27参照。

## 第6章 群衆の時代

1．Bill Bonner,"Traditinal Values", *Daily Reckoning* (June 10, 2002)の論説を参照のこと。http://www.dailyreckoning.com/
2．注1参照。
3．Bill Bonner,"Beyond Nietzche", *Daily Reckoning* (April 9, 2002)の論説を参照のこと。http://www.dailyreckoning.com/
4．Zbigniew Brzezinski,"Moral Duty, National Interest", *New York Times*, sec. 4(April 7, 2002): 15の論説を参照のこと。
5．Jeffrey E. Garten,"The World Economy Needs Help", *Internatinal Herald Tribune* (January 13, 2003): 8の論説を参照のこと。
6．バートランド・ラッセルとアルフレッド・ホワイトヘッド『プリンキピア・マテマティカ序論』(哲学書房刊)。
7．James Sloan Akken,"Newspeak: Orwell's Most Prophetic Idea", *Christian Science Monitor* (June 8, 1984): 23の論説を参照のこと。
8．ギュスターヴ・ル・ボン『群衆心理』(講談社学術文庫)。
9．注8参照。
10. Josef Conrad, *Nostrimo* (Mineola, NY: Dover Publication, 2002).
11. Robert A. Peterson,"A Tale of Two Revolution", *Adocates For Self-Government's Freeman Archives* (August 1989). http://www.self-gov.org/freeman/8908pete.html
12. 注11参照。
13. 注11参照。
14. Bill Bonner,"The Age of Chic", *Daily Reckoning* (June 27, 2002)の論説を参照のこと。http://www.dailyreckoning.com/

## 第7章 人口学の厳しい計算

1．Walter Moss, *A History of Russia* (New York: McGraw-Hill, 1997)
2．Peter G. Peterson, *Gray Dawn* (New York: Three Rivers Press, 2000), p. 28.
3．Bill Bonner,"The NEW New Economy", *Daily Reckoning* (June 26, 2001)の

論説を参照のこと。http://www.dailyreckoning.com/
4．サミュエル・ハンチントン『文明の衝突』（集英社）。
5．注4参照。
6．注4参照。
7．注4参照。
8．注4参照。
9．注2参照。
10. *Investor's Business Daily*, Aging Index Chart.
11．1996年の国勢調査局のデータによる。
12. Paul Wallace, *Agequake* (London: Nicholas Brealey, 2001).
13. Harry S. Dent Jr., *The Roaring 2000s Investor* (New York: Touchstone Books, 1999), p. 25. デントは最近のアメリカにおける平均的世帯の支出のピークは46.5歳と考えている。
14. Kurt Richebächer,"Letters to the Editor", *The Financial Times* (September 5, 2000): 16.
15. "Erdman's World: Growling Bears", *CBS MarketWatch* transcript (June 13, 2000).
16. Bill Bonner,"Disgraceful Wallowing in the Misery of Others: Enjoy It While You Can", *Daily Reckoning* (November 21, 2000)の論説を参照のこと。http://www.dailyreckoning.com/
17. ニューヨーク・タイムズ紙(December 1, 2002)のMark Hulbertの記事。これはJohn Geanokoplos, Michael Magill, Martine Quinziiの"Demography and the Long-Run Predictability of the Stock Market"(New Haven, CT: Yale University Press, 2002)をもとに書かれた。
18．注2参照(p. 40)。
19．注2参照(p. 73)。
20．注2参照(pp. 69-70)。
21．注2参照(p. 85)。
22．注2参照(p. 85)。
23. Murry Rothbard,"Rethinking the Legacy of the 80's", *Washington Times*, pt. B(March 22, 1992): B4の論説を参照のこと。

## 第8章 最後の審判の日──アメリカのレバレッジが利かなくなるとき

1．Warren Vieth,"Consemer Spending Spree May Be Ending", *Los Angels Times*, pt. 3(September 10, 2001): 1.の論説を参照のこと。
2．Sam Zuckerman,"People are Borrowing to Maintain Lifestyle", *San Francisco Chronicle* (June 3, 2001)の論説を参照のこと。
3．注2参照。
4．Thomas E. Ricks,"For U.S. Troops,It's Personal", *Washington Post* (March

●原注

24, 2002): A01の論説を参照のこと。
5．"The Unfinished Recession", *The Economist* (September 28, 2002).の論説を参照のこと。
6．Chistina Romer,"Changes in Business Cycles: Evidence and Explanations", *Journal of Economic Perspectives*, vol. 13, no. 2 (Spring 1999): 23-24の論説を参照のこと。
7．Kurt Richebächer,"Bubble Aftermath", *Daily Reckoning* (November 13, 2002). ——の論説を参照のこと。http://www.dailyreckoning.com/
8．*An Inquiry into the Nature and Causes of the Wealth of Nations* (Book Two: The Nature, Accumulation, and Employment of Stock; Chapter 3, of the Accumulation of Capital, or of Productive and Unproducrive Labour); first published 1776.
9．"More Answers for Japan", *Investor's Business Daily* (September 11, 1998): A6.
10．Paul Krugman,"Japan Heads for the Edge", *Financial Times* (January 20, 1999): 18の論説を参照のこと。
11．Justin Fox,"Saint Jack on the Attack", *Fortune* (January 20, 2003): 112の論説を参照のこと。
12．"Remarks by President Bill Clinton to the Council on Foreign Relations", White House Briefing in Federal News Service (September 14, 1998).
13．Bill Bonner,"Empire Strikes Out", *Daily Reckoning* (May 14, 2002)の論説を参照のこと。http://www.dailyreckoning.com/
14．Emily Eakin's,"All Roads Lead to D.C.", *New York Times*, sec. 4 (March 31, 2002).
15．Ralph Waldo Emerson,"Compensation",from *Essays: First Series* (first published 1841).
16．バーナンキの講演の詳細については第4章を参照のこと。
17．John Mauldin,"What the Fed Believers", *Daily Reckoning* (December 3, 2002)の論説を参照のこと。http://www.dailyreckoning.com/
18．Larry Kudlow,"Talking Back the Market—By Force", *National Review* (June 26, 2000)の論説を参照のこと。
19．Lauren R. Rublin,"Smiling Again？", *Edge Singapore* (February 3, 2003)の論説を参照のこと。

## 第9章　モラルハザード

1．James K. Glassman,"Stocks Won't Fall Forever", *Washington Post* (January 6, 2002): H01の論説を参照のこと。
2．Bill Bonner,"Great Expections", *Daily Reckoning* (Junuary 9, 2003)の論説を参照のこと。http://www.dailyreckoning.com/

3. Paul Krugman,"The Hangover Theory", *Slate* (December 4, 1998). http://slate.msn.com/ ? querytext=krugman+hangover+theory&id=3944&action=fulltext
4. Paul Krugman,"Setting Sun", *Slate* (June 11, 1998).
5. 注 3 参照。
6. Jeffry Tucker,"Mr. Moral Hazard", *Free Market*, vol. 16, no. 12(December 1998). http://www.mises.org/freemarket_detail.asp ? control=48
7. Bill Bonner,"The Peril of Success", *Daily Reckoning* (January 31, 2003)の論説を参照のこと。http://www.dailyreckoning.com/
8. Alan Greenspan,"Remarks by Chairman Alan Greenspan", remarks before the Economic Club of New York on the Federal Reserve Board's website (December 19, 2002). http://www.federalreserve.gov/boarddocs/speeches/2002/20021219/

## 参考文献

①ピーター・バーンスタイン著『ゴールド――金と人間の文明史』(日本経済新聞社)
②エドワード・チャンセラー著『バブルの歴史――チューリップ恐慌からインターネット投機へ』(日経BP社)
③フランシス・フクヤマ著『歴史の終わり』(三笠書房)
④ジョージ・ギルダー著『未来の覇者――マイクロコズムの世紀』(NTT出版)
⑤ジョージ・ギルダー著『テレコズム――ブロードバンド革命のビジョン』(ソフトバンクパブリッシング)
⑥サミュエル・ハンチントン著『文明の衝突』(集英社)
⑦アレックス・カー著『犬と鬼――知られざる日本の肖像』(講談社)
⑧チャールズ・P・キンドルバーガー著『金融恐慌は再来するか――くり返す崩壊の歴史』(日本経済新聞社)
⑨ギュスターヴ・ル・ボン著『群衆心理』(講談社学術文庫)
⑩ロジャー・ローウェンスタイン著『天才たちの誤算――ドキュメントLTCM破綻』(日本経済新聞社)
⑪チャールズ・マッケイ著『エクストローディナリー・ポピュラー・デルージョン・アンド・マッドネス・クラウズ』(パンローリングより近刊予定)
⑫バートン・マルキール著『ウォール街のランダム・ウォーカー――株式投資の不滅の真理』(日本経済新聞社)
⑬ジョゼフ・シュムペーター『経済分析の歴史』(岩波書店)
⑭ロバート・J・シラー著『投機バブル 根拠なき熱狂――アメリカ株式市場、暴落の必然』(ダイヤモンド社)
⑮ジェレミー・シーゲル著『シーゲル博士の株式長期投資のすすめ』(日本短波放送)
⑯アダム・スミス著『国富論』(岩波文庫)
⑰アダム・スミス著『道徳感情論』(岩波文庫)
⑱エマニュエル・トッド著『帝国以後――アメリカ・システムの崩壊』(藤原書店)
⑲ラース・トゥヴェーデ著『信用恐慌の謎――資本主義経済の落とし穴』(ダイヤモンド社)

⑳エズラ・F・ヴォーゲル著『ジャパンアズナンバーワン──アメリカへの教訓』(TBSブリタニカ)
㉑ポール・ウォーレス著『人口ピラミッドがひっくり返るとき──高齢化社会の経済新ルール』(草思社)
㉒クリストファー・ウッド著『バブル・エコノミー──日本経済・衰退か再生か』(共同通信)
㉓ボブ・ウッドワード著『グリーンスパン──アメリカ経済ブームとFRB議長』(日本経済新聞社)

Ahearne, Alan, Joseph Gagnon, Jane Haltmaier, and Steve Kamin. *Preventing Deflation: Lessons from Japan's Experience in the 1990s* (Report—International Finance discussion papers no. 729). Washington, DC: Federal Reserve Board, June 2002.

Alexander, Bevin. *How Hitler Could Have Won World War II*. New York: Three Rivers Press, 2001.

Arnott, Robert D. and Anne Casscells. "Demographics and Capital Markets Return." *Financial Analysts Journal*, vol. 59, no. 2 (March-April 2003).

Asher, David and Andrew Smithers. *Japan's Key Challenges for the 21st Century* (Report—SAIS Policy Forum Series Report). Washington, DC: March 1998.

"The Baby Boom Turns 50." *LIFE* (Special Issue), edited by Robert Friedman (June 1996).

①Bernstein, Peter L. *The Power of Gold: The History of an Obsession*. New York: John Wiley & Sons, 2000.

Bloom, David E., A. K. Nandakumar, and Manjiri Bhawalkar. *The Demography of Aging in Japan and the United States* (written for the American Academy of Arts and Sciences Aging and Health Symposium), March 2001. An earlier version of this paper was presented at the American Academy of Arts and Sciences, Cambridge, Massachusetts in September 2000, at a conference entitled Aging and Health: Environment, Work, and Behavior.

●参考文献

Boia, Lucien. "The Myth of Democracy." *Les Belles Lettres* (April 19, 2002).

Browning, Christopher. *Ordinary Men.* New York: Perennial, 1993.

Cargill, Thomas, Michael Hutchison, and Takatoshi Ito. *The Political Economy of Japanese Monetary Policy.* Cambridge, MA: MIT Press, 1997.

②Chancellor, Edward. *Devil Take the Hindmost: A History of Financial Speculation.* New York: Farrar, Straus and Giroux, 1999.

Chang, Iris. *The Rape of Nanking.* New York: Penguin, 1998.

Cogley, Timothy and Heather Royer. "The Baby Boom, the Baby Bust, and Asset Markets." San Francisco: Federal Reserve Bank of San Francisco Economic Letter 98–20 (June 26, 1998).

Dent, Harry S. *The Great Boom Ahead.* New York: Hyperion, 1993.

Dent, Harry S. *The Roaring 2000s Investor.* New York: Touchstone Books, 1999.

de Tocqueville, Alexis. *Democracy in America.* Signet Classic, 2001.

"Dicing with Debt." *The Economist* (January 24, 2002).

Ehrlich, Paul R. *The Population Bomb.* Cutchogue, New York: Buccaneer Books, 1997.

Emerson, Ralph Waldo. "Compensation" from *Essays First Series* (first published 1841).

Ezrati, Milton. "Seeking the Will to Act." *Barron's* (December 2, 2002).

Friedman, Milton and Anna Schwartz. *A Monetary History of the United States, 1867–1960.* Princeton, NJ: Princeton University Press, 1963.

Friedrich, Otto. *Before the Deluge—A Portrait of Berlin in the 1920s.* New York: Perennial, 1995.

③Fukuyama, Francis. "The End of History" (article appearing in the *National Interest*). (Summer 1989).

Garrett, Garet. *Where the Money Grows and Anatomy of the Bubble.* New York: John Wiley & Sons, 1997.

*The Gartman Letter* (Financial Newsletter). (October 23, 2002; November 20, 2002).

Geanokoplos, Jean, Michael Magill, and Martine Quinzii. *Demography and the Long-Run Predictability of the Stock Market.* New Haven, CT: Yale University, Cowles Foundation for Research in Economics, 2002.

Gilder, George. *Microcosm.* New York: Touchstone Books, 1990.

Gilder, George. *Telecosm.* New York: Touchstone Books, 2002.

Glassman, James K. and Kevin A. Hassett. *Dow 36,000*. New York: Times Business, 1999.

Goldstone, Jack A. *Revolution and Rebellion in the Early Modern World*. Berkeley: University of California Press, 1990.

Goubert, Pierre. *The Course of French History*. London: Routledge, 1999.

Grant, James. *The Trouble with Prosperity*. New York: Times Books, 1996.

"Half a Billion Americans?" *The Economist* (August 22, 2002).

"How Japan Will Survive Its Fall." *The Economist* (Special Issue, July 11, 1992).

Hummel, Jeffrey Rogers. *Emancipating Slaves, Enslaving Free Men: A History of the American Civil War*. Chicago: Open Court Publishing Company, 1996.

⑥Huntington, Samuel P. *Clash of Civilizations*. New York: Free Press, 2002.

Hurd, Micheal D. and Naohiro Yashiro, eds. *The Economic Effects of Aging in the United States and Japan*. Chicago: National Bureau of Economic Research Conference Report. University of Chicago Press, January 1997.

Kaplan, Robert D. *Warrior Politics: Why Leadership Demands a Pagan Ethos*. New York: Random House, 2001.

⑦Kerr, Alex. *Dogs and Demons: The Rise and Fall of Modern Japan*. London: Penguin Books Ltd., 2001.

⑧Kindleberger, Charles P. *Manias, Panics and Crashes: A History of Financial Crises*. 4th ed. New York: John Wiley & Sons, 2000.

Krugman, Paul. "The Fear Economy." *New York Times* (September 30, 2001).

Krugman, Paul. *Japan's Trap*. Retrieved May 1998, from http://web.mit.edu/krugman/www/.

Larimer, Tim. "The Sun Also Sets." *Time* (May 2002).

⑨Le Bon, Gustave. *The Crowd*. Mineola, NY: Dover Publications, 2002.

Lee, Ronald and Jonathon Skinner. "Will Aging Baby Boomers Bust the Federal Budget?" *Journal of Economic Perspectives*, vol. 13, no. 1 (Winter 1999).

Locke Christopher, Levine Rick, Doc Searls, and David Weinberger. *The Cluetrain Manifesto: The End of Business as Usual*. New York: Perseus Publishing, 2001.

⑩Lowenstein, Roger. *When Genius Failed*. New York: Random House Trade Paperbacks, 2000.

⑪Mackay, Charles. *Extraordinary Popular Delusions & the Madness of Crowds.* London: Wordsworth Editions, Ltd., 1995.

Macunovich, Diane J. *The Baby Boomers.* New York: Macmillan Encyclopedia of Aging, 2002.

⑫Malkiel, Burton. *A Random Walk Down Wall Street.* New York: W. W. Norton & Company, 2000.

Miller, Geoffrey P. *The Role of a Central Bank in a Bubble Economy.* Geoffrey P. Miller, Professor of Law and Director, Center for the Study of Central Banks, New York University Law School, 1997.

Minsky, Hyman P. *The Financial Instability Hypothesis* (working paper no. 74, May 1992). The Jerome Levy Economics Institute of Bard College (prepared for *Handbook of Radical Political Economy*, edited by Philip Arestis and Malcolm Sawyer). Edward Elgar Publishing, 1993.

Moroney, M. J. *Fact from Figures.* New York: Viking Press, 1952.

Moss, Walter G. *A History of Russia*, vol. II. New York: McGraw-Hill, 1997.

Murphy, Antoin E. *John Law: Economic Theorist and Policymaker.* Oxford, England: Clarendon Press, 1997.

*OECD Economic Survey of Japan*, vol. 2002. Paris: Organisation for Economic Co-operation and Development, 2002.

Ogura, Seiritsu, Toshiaki Tachibanaki, and David Wise, eds. *Aging Issues in the United States and Japan.* Chicago: National Bureau of Economic Research Conference Report, University of Chicago Press, January 2001.

Okina, Kunio, Masaaki Shirakawa, and Shigenori Shiratsuka. *The Asset Price Bubble and Monetary Policy: Japan's Experience in the Late 1980s and the Lesson* (IMES discussion paper no. 2000-E-12). Tokyo: Bank of Japan, May 2000.

Parker, Thornton. *What if Boomers Can't Retire?* San Francisco: Berrett-Koehler Publishers, 2000.

"Perspective, 'False Charges?' " *Investor's Business Daily* (April 3, 1997).

Peterson, Peter G. *Gray Dawn.* New York: Three Rivers Press, 2000.

Posen, Adam S. and Ryoichi Mikitani, eds. *Japan's Financial Crisis and Its Parallels to U.S. Experience.* Washington, DC: Institute for International Economics, 2000.

Powell, Benjamin. *Explaining Japan's Recession.* Auburn, AL: Mises Institute, December 3, 2002.

Rand, Ayn. *The Fountainhead.* New York: Dutton/Plume, 2002.

Rand, Ayn. *Atlas Shrugged.* New York: Dutton/Plume, 1999.

Rand, Ayn. *Capitalism: The Unknown Ideal.* New York: NAL, 1986.

⑬Schumpeter, Joseph. *The History of Economic Analysis,* rev. ed. Oxford University Press, 1996.

*Seismic Shifts: The Economic Impact of Demographic Change.* Boston: Federal Reserve Bank of Boston, 2001; following the Federal Reserve Bank of Boston's June 2001 conference of the same name. "Foreword" by Cathy E. Minehan (President and CEO of the FRBB) and "Overview" by Jane Sneddon Little and Robert K. Triest.

⑭Shiller, Robert. *Irrational Exuberance.* New York: Broadway Books, 2001.

Siebel, Thomas and Michael Malone. *Virtual Selling.* New York: Free Press, 1996.

⑮Siegel, Jeremy J. *Stocks for the Long Run.* 3rd ed. New York: McGraw-Hill Trade, 2002.

⑯Smith, Adam. *An Inquiry into the Nature and Causes of the Wealth of Nations.* First published 1776. More recent edition: Modern Library, 1994.

⑰Smith, Adam. *Theory of Moral Sentiments.* First published 1759. More recent edition: Prometheus Books, 2000.

Smithers, Andrew and Stephen Wright. *Valuing Wall Street: Protecting Wealth in Turbulent Markets.* New York: McGraw-Hill Trade, 2000.

Spencer, Herbert. *The Man versus the State: With Six Essays on Government, Society, and Freedom.* First published 1884. Indianapolis, IN: Liberty Fund, Inc., 1982.

Strathern, Paul. *Dr. Strangelove's Game.* London: Penguin Books Ltd., 2001.

Strauss, William and Neil Howe. *The Fourth Turning.* New York: Broadway Books, 1997.

"A Tale of Two Bellies." *The Economist* (August 22, 2002).

"Tales of Youth and Age." *The Economist* (December 21, 2000).

"Terrible Twins: America's Economy Looks Awfully Like Japan's After Its Bubble Burst." *The Economist* (June 13, 1992).

Tindall, George Brown. *America: A Narrative History.* 2nd ed. New York: W. W. Norton & Company, 1988.

⑱Todd, Emmanuel. *Après l'Empire.* Paris: Gallimard, 2002.

Tuccille, Jerome. *Alan Shrugged.* Hoboken, NJ: John Wiley & Sons, 2002.

⑲Tvede, Lars. *Business Cycles: The Business Cycle Problem from John Law to Chaos Theory.* New York: Penguin, Harwood Academic, 1997.

⑳Vogel, Ezra F. *Japan as Number One: Lessons for America*. Cambridge, MA: Harvard University Press, 1979.

㉑Wallace, Paul. *Agequake*. London: Nicholas Brealy Publishing, 2001.

Wei, Ya-Gui. *Demographic Reasons for Market Bubbles and Crashes—From Baby Boom to Market Bust*. Retrieved March 17, 2001, from http://www.comwerx.net/users/yawei/stock/a031701.htm.

*Weldon's Money Monitor* (Financial Newsletter). (October 7, 2002; October 9, 2002).

Whitehead, Alfred N. and Bertrand Russell. *Principia Mathematica*. New York: Cambridge University Press, 1927.

㉒Wood, Christopher. *The Bubble Economy*. London: Sidgwick and Jackson, 1992.

㉓Woodward, Bob. *Maestro: Greenspan's Fed and the American Boom*. New York: Simon & Schuster, 2000.

■著者紹介
### ウィリアム・ボナー（William Bonner）
全米有数の金融ニューレター会社、アゴラ・パブリッシング社の会長兼CEOである。ボルティモアに本社を置くアゴラ社は現在、ロンドン、パリ、アイルランド、ボン、ヨハネスブルクに海外支店を設置している。ボナー氏はまた、eメールを使った逆張り志向の金融ニューズレター、デイリー・レコニング（http://www.dailyreckoning.com/）の創設者でもある。このニューズレターは現時点でアメリカとイギリスに50万人を超す読者を持ち、毎日ドイツ語とフランス語に翻訳されている。また、マネー誌など主力メディアからも称賛を浴びている。

### アディソン・ウィギン（Addison Wiggin）
デイリー・レコニングの編集長で、ストラテジック・インベストメントへの寄稿者であるウィギン氏は、逆張り志向の投資分析の週刊ダイジェストであるデイリー・レコニングの週刊版（http://wwwdailyreckoning.com/）を書いている。この仕事に就く前には、ワシントンにあるケイトー研究所に勤務していた。哲学修士の学位をニューメキシコ州サンタフェにあるセントジョンズ・カレッジから授与されている。

■訳者紹介
### 鈴木敏昭（すずき・としあき）
愛知県生まれ。1972年東京大学文学部言語学科卒業。訳書に『ストックマーケットテクニック　基礎編』（パンローリング）、『心理言語学』（共訳、研究社）など。

2004年6月18日　初版第1刷発行

ウィザードブックシリーズ⑬

金融と審判の日
21世紀の穏やかな恐慌を生き延びるために

著　者　ウィリアム・ボナー、アディソン・ウィギン
訳　者　鈴木敏昭
発行者　後藤康徳
発行所　パンローリング株式会社
　　　　〒160-0023　東京都新宿区西新宿7-21-3-1001
　　　　TEL 03-5386-7391　FAX 03-5386-7393
　　　　http://www.panrolling.com/
　　　　E-mail info@panrolling.com
編　集　エフ・ジー・アイ（Factory of Gnomic Three Monkeys Investment）合資会社
装　丁　新田"Linda"和子
印刷・製本　大日本印刷株式会社

ISBN4-7759-7035-6

落丁・乱丁本はお取り替えします。
また、本書の全部、または一部を複写・複製・転訳載、および磁気・光記録媒体に
入力することなどは、著作権法上の例外を除き禁じられています。

Ⓒ Toshiaki Suzuki　2004　Printed in Japan

**トレーディング・投資業界に一大旋風を巻き起こしたウィザードブックシリーズ!!**

ウィザードブックシリーズ①
# 魔術師リンダ・ラリーの短期売買入門
ウィザードが語る必勝テクニック　基礎から応用まで

リンダ・ブラッドフォード・ラシュキ＆
ローレンス・コナーズ著
定価29,400円

ウィザードブックシリーズ②
# ラリー・ウィリアムズの短期売買法
投資で生き残るための普遍の真理

ラリー・ウィリアムズ著
定価10,290円

ウィザードブックシリーズ③
# タートルズの秘密
最後に勝つ長期トレンド・フォロー型売買

ラッセル・サンズ著
定価20,790円

ウィザードブックシリーズ④
# バフェットからの手紙
世界一の会社が見たこれから伸びる会社、滅びる会社

ローレンス・A・カニンガム著
定価1,680円

ウィザードブックシリーズ⑤
# カプランのオプション売買戦略
優位性を味方につけ市場に勝つ方法

デビッド・L・カプラン著
定価8,190円

ウィザードブックシリーズ⑥
# ヒットエンドラン株式売買法
超入門　初心者にもわかるネット・トレーディングの投資術

ジェフ・クーパー著
定価18,690円

ウィザードブックシリーズ⑦
# ピット・ブル
チャンピオン・トレーダーに上り詰めたギャンブラーが語る実録「カジノ・ウォール街」

マーティン・"バジー"・シュワルツ著
定価1,890円

ウィザードブックシリーズ⑧
# トレーディングシステム徹底比較　第2版

ラーズ・ケストナー著
定価20,790円

ウィザードブックシリーズ⑨
# 投資苑
心理・戦略・資金管理

アレキサンダー・エルダー著
定価6,090円

ウィザードブックシリーズ⑩
# 賢明なる投資家
割安株の見つけ方とバリュー投資を成功させる方法

ベンジャミン・グレアム著
定価3,990円

発行●パンローリング株式会社

**トレーディング・投資業界に一大旋風を巻き起こしたウィザードブックシリーズ!!**

ウィザードブックシリーズ⑪
# 売買システム入門
相場金融工学の考え方→作り方→評価法

トゥーシャー・シャンデ著
定価8,190円

ウィザードブックシリーズ⑫
# オニールの成長株発掘法
良い時も悪い時も儲かる銘柄選択をするために

ウィリアム・J・オニール著
定価2,940円

ウィザードブックシリーズ⑬
# 新マーケットの魔術師
米トップトレーダーが語る成功の秘密

ジャック・D・シュワッガー著
定価2,940円

ウィザードブックシリーズ⑭
# マーケットの魔術師【株式編】
米トップ株式トレーダーが語る儲ける秘訣

ジャック・D・シュワッガー著
定価2,940円

ウィザードブックシリーズ⑮
# 魔術師たちのトレーディングモデル
テクニカル分析の新境地

リック・ベンシニョール編
定価6,090円

ウィザードブックシリーズ⑯
# カウンターゲーム
幸福感の絶頂で売り、恐怖感の真っただ中で買う「逆張り投資法」

アンソニー・M・ガレア&
ウィリアム・パタロンⅢ世著
定価2,940円

ウィザードブックシリーズ⑰
# トレードとセックスと死
相場とギャンブルで勝つ法

ジュエル・E・アンダーソン著
定価2,940円

ウィザードブックシリーズ⑱
# マーケットの魔術師
米トップトレーダーが語る成功の秘訣

ジャック・D・シュワッガー著
定価2,940円

ウィザードブックシリーズ⑲
# グリーンブラット投資法
M&A、企業分割、倒産、リストラは宝の山

ジョエル・グリーンブラット著
定価2,940円

ウィザードブックシリーズ⑳
# オズの実践トレード日誌
全米ナンバー1デイトレーダーの記録公開

トニー・オズ著
定価6,090円

発行●パンローリング株式会社

**トレーディング・投資業界に一大旋風を巻き起こしたウィザードブックシリーズ!!**

ウィザードブックシリーズ㉑
# 投資参謀マンガー
世界一の投資家バフェットを陰で支えた男

ジャネット・ロウ著
定価2,940円

ウィザードブックシリーズ㉒
# 賢人たちの投資モデル
ウォール街の伝説から学べ

ニッキー・ロス著
定価3,990円

ウィザードブックシリーズ㉓
# ツバイク　ウォール街を行く
株式相場必勝の方程式

マーティン・ツバイク著
定価3,990円

ウィザードブックシリーズ㉔
# 賢明なる投資家【財務諸表編】
企業財務が分かれば、バリュー株を発見できる

ベンジャミン・グレアム&
スペンサー・B・メレディス著
定価3,990円

ウィザードブックシリーズ㉕
# アームズ投資法
賢明なる投資は出来高を知ることから始まる

リチャード・W・アームズ著
定価7,140円

ウィザードブックシリーズ㉖
# ウォール街で勝つ法則
株式投資で最高の収益を上げるために

ジェームズ・P・オショーネシー著
定価6,090円

ウィザードブックシリーズ㉗
# ロケット工学投資法
サイエンスがマーケットを打ち破る

ジョン・F・エーラース著
定価7,140円

ウィザードブックシリーズ㉘
# インベストメント・スーパースター
ヘッジファンドの素顔とその驚異の投資法

ルイ・ペルス著
定価2,940円

ウィザードブックシリーズ㉙
# ボリンジャーバンド入門
相対性原理が解き明かすマーケットの仕組み

ジョン・ボリンジャー著
定価6,090円

ウィザードブックシリーズ㉚
# 魔術師たちの心理学
トレードで生計を立てる秘訣と心構え

バン・K・タープ著
定価2,940円

発行●パンローリング株式会社

**トレーディング・投資業界に一大旋風を巻き起こしたウィザードブックシリーズ!!**

ウィザードブックシリーズ㉛
# マーケットニュートラル投資の世界
ヘッジファンドの投資戦略

ジョセフ・G・ニコラス著
定価6,090円

ウィザードブックシリーズ㉜
# ゾーン
相場心理学入門

マーク・ダグラス著
定価2,940円

ウィザードブックシリーズ㉝
# トビアスが教える投資ガイドブック
賢いお金の使い方、貯め方、殖やし方

アンドリュー・トビアス著
定価2,940円

ウィザードブックシリーズ㉞
# リスクバジェッティング
実務家が語る年金新時代のリスク管理

レスリー・ラール編
定価10,290円

ウィザードブックシリーズ㉟
# NO BULL（ノーブル）
天才ヘッジファンドマネジャー　マイケル・スタインハルトの自叙伝

マイケル・スタインハルト著
定価2,940円

ウィザードブックシリーズ㊱
# ワイルダーのテクニカル分析入門
オシレーターの売買シグナルによるトレード実践法

J・ウエルズ・ワイルダー・ジュニア著
定価10,290円

ウィザードブックシリーズ㊲
# ゲイリー・スミスの短期売買入門
ホームトレーダーとして成功する秘訣

ゲイリー・スミス著
定価2,940円

ウィザードブックシリーズ㊳
# マベリック投資法
巨万の富を築くための10原則

ダッグ・ファビアン著
定価2,940円

ウィザードブックシリーズ㊴
# ロスフックトレーディング
最強の「押し／戻り」売買法

ジョー・ロス著
定価6,090円

ウィザードブックシリーズ㊵
# ウエンスタインのテクニカル分析入門
ブルでもベアでも儲けるプロの秘密

スタン・ウエンスタイン著
定価2,940円

発行●パンローリング株式会社

**トレーディング・投資業界に一大旋風を巻き起こしたウィザードブックシリーズ!!**

ウィザードブックシリーズ㊶
# デマークのチャート分析テクニック
マーケットの転換点を的確につかむ方法

トーマス・R・デマーク著
定価6,090円

ウィザードブックシリーズ㊷
# トレーディングシステム入門
仕掛ける前が勝負の分かれ目

トーマス・ストリズマン著
定価6,090円

ウィザードブックシリーズ㊸
# バイアウト
経営陣による企業買収ガイドブック

リック・リッカートセン&ロバート・ガンサー著
定価6,090円

ウィザードブックシリーズ㊹
# 証券分析【1934年版】

ベンジャミン・グレアム&デビッド・L・ドッド著
定価10,290円

ウィザードブックシリーズ㊺
# スマートマネー流株式選択術
銘柄スクリーニングバイブル 《英和・証券用語集付》

ネリー・S・ファン&ピーター・フィンチ著
定価2,940円

ウィザードブックシリーズ㊻
# 間違いだらけの投資法選び
賢明なあなたでも陥る52の落とし穴

ラリー・E・スウェドロー著
定価2,940円

ウィザードブックシリーズ㊼
# くそったれマーケットをやっつけろ！
ホームトレーダーにもできる短期トレード術

マイケル・パーネス著
定価2,520円

ウィザードブックシリーズ㊽
# リスク・バジェッティングのためのVaR
理論と実践の橋渡し

ニール・D・ピアソン著
定価5,040円

ウィザードブックシリーズ㊾
# 私は株で200万ドル儲けた

ニコラス・ダーバス著
定価2,310円

ウィザードブックシリーズ㊿
# 投資苑がわかる203問

アレキサンダー・エルダー著
定価2,940円

発行●パンローリング株式会社

**トレーディング・投資業界に一大旋風を巻き起こしたウィザードブックシリーズ!!**

ウィザードブックシリーズ㉛
# バーンスタインのデイトレード入門
ジェイク・バーンスタイン著
定価8,190円

ウィザードブックシリーズ㉜
# バーンスタインのデイトレード実践
ジェイク・バーンスタイン著
定価8,190円

ウィザードブックシリーズ㉝
# ターナーの短期売買入門
3日から3週間で最大の利益を手にする法
トニ・ターナー著
定価2,940円

ウィザードブックシリーズ㉞
# 究極のトレーディングガイド
全米一の投資システム分析家が明かす「儲かるシステム」
ジョン・R・ヒル&ジョージ・プルート&ランディ・ヒル著
定価5,040円

ウィザードブックシリーズ㉟
# コーポレート・リストラクチャリングによる企業価値の創出
倒産と再建、バイアウト、企業分割のケーススタディ
スチュアート・C・ギルソン著
定価8,190円

ウィザードブックシリーズ㊱
# 投資苑2
トレーディングルームにようこそ
アレキサンダー・エルダー著
定価6,090円

ウィザードブックシリーズ㊲
# 投資苑2 Q&A
アレキサンダー・エルダー著
定価2,940円

ウィザードブックシリーズ㊳
# デービス王朝
ウォール街を生き抜く影の投資家一族
ジョン・ロスチャイルド著
定価2,940円

ウィザードブックシリーズ㊴
# プロの銘柄選択法を盗め！
上がるバリュー株、儲かるグロース株
ハリー・ドマッシュ著
定価3,675円

ウィザードブックシリーズ㊵
# ワイルダーのアダムセオリー
未来の値動きがわかる究極の再帰理論
J・ウエルズ・ワイルダー・ジュニア著
定価8,190円

発行●パンローリング株式会社

## ウィザードブックシリーズ ㉖

### トゥモローズゴールド

世界的大変革期のゴールドラッシュを求めて
著者●マーク・ファーバー／監修●足立眞一／訳者●井田京子
A5判ソフトカバー・304ページ／定価　2,940円

**世紀の買い場が到来した！**
**トゥモローズゴールド(明日の金脈)はどこだ！**

原書名：Tomorrow's Gold

ISBN4-7759-7022-4 C2033

---

## ウィザードブックシリーズ ㉒

### 最高経営責任者バフェット

あなたも「世界最高のボス」になれる
著者●ロバート・P・マイルズ／訳者●木村規子
四六判ソフトカバー・576ページ／定価　2,940円

**格付けトリプルA、時価総額世界第21位**
**バークシャー・ハサウェイ社経営陣の素顔とバフェットの「無干渉経営方式」に迫る！**

原書名：THE WARREN BUFFETT CEO : Secrets from the Berkshire Hathaway Managers

ISBN4-7759-7024-0 C2033

---

## ウィザードブックシリーズ ㉓

### マーケットのテクニカル秘録

独自システム構築のために
著者●チャールズ・ルボー&デビッド・ルーカス／監修●長尾慎太郎／訳者●杉本裕之
A5判上製本・384ページ／定価　6,090円

**中級者を新たなステージへ導く「伝説の書籍」が登場！**
**コンピュータートレーディングの決定版！**

原書名：Technical Traders Guide to Computer Analysis of the Futures Market

ISBN4-7759-7025-9 C2033

---

## ウィザードブックシリーズ ㉔

### アナリストデータの裏を読め！

インターネットで有望株が見つかる
著者●ミッチ・ザックス／訳者●関本博英
A5判ソフトカバー・344ページ／定価　3,675円

**"信用できないアナリストのデータ"から儲ける秘訣！**
**初心者も今日からできる「プロの土俵でプロに勝つコツ」を伝授！**

原書名：Ahead of the Market : The Zacks Method for Spotting Stocks Early--In Any Economy

ISBN4-7759-7026-7 C2033

発行●パンローリング株式会社

## ウィザードブックシリーズ�65
# ラリー・ウィリアムズの株式必勝法
**正しい時期に正しい株を買う**
著者●ラリー・ウィリアムズ／監修●長尾慎太郎
訳者●増沢和美、吉田真一、山中和彦
A5判上製本・288ページ／定価8,190円

あのラリー・ウィリアムズが初めて株投資の奥義を披露！
テクニカルでは儲からない株の極意を伝授！

原書名：The Right Stock at the Right Time : Prospering in the Coming Good Years　　ISBN4-7759-7028-3 C2033

---

## ウィザードブックシリーズ�66
# シュワッガーのテクニカル分析
**初心者にも分かる実践チャート入門**
著者●ジャック・D・シュワッガー／訳者●森谷博之
A5判上製本・288ページ／定価3,045円

トレーダーの立場からトレーダーによって書かれた
最良の実践テクニカル分析入門書！

原書名：Getting Started in Technical Analysis　　ISBN4-7759-7027-5 C0033

---

## ウィザードブックシリーズ�67
# ストックマーケットテクニック 基礎編
著者●リチャード・W・ワイコフ／訳者●鈴木敏昭
A5判ソフトカバー・224ページ／定価2,310円

初めて株投資をする人へ相場の賢人からの贈り物！
投資に必要なすべての箴言が詰まっている古典！

原書名：STOCK MARKET TECHNIQUE Number One　　ISBN4-7759-7029-1 C2033

---

## ウィザードブックシリーズ�68
# 最強のポイント・アンド・フィギュア分析
**市場価格の予測追跡に不可欠な手法**
著者●トーマス・J・ドーシー／監訳●世良敬明／訳者●井田京子
A5判上製本・352ページ／定価6,090円

「どの」銘柄を、「いつ」買えばよいかを需給から読み解く
インターネット時代の最新「ポイント・アンド・フィギュア分析法」

原書名：Point and Figure Charting 2nd Edition　　ISBN4-7759-7030-5 C2033

発行●パンローリング株式会社

## ウィザードブックシリーズ⑥⑨
### あなたもマーケットタイミングは読める！
リスク回避型の保守的長期投資家のためのバイブル
著者●ベン・スタイン、フィル・デムース／訳者●木村規子
A5判ソフトカバー・232ページ／定価2,940円

**初心者にも今日からできる
買われ過ぎ・売られ過ぎ判定法！**

原書名：Yes, You Can Time the Market!

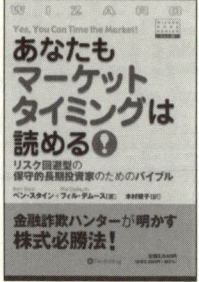

ISBN4-7759-7031-3 C2033

---

## ウィザードブックシリーズ⑦⓪
### ファンダメンタル的空売り入門
危ない企業を見抜くトラブルサインとチャートテクニック
著者●トム・トゥーリ／監修●山本潤／訳者●井田京子
A5判ソフトカバー・376ページ／定価2,940円

**下げ相場でも利益を出す
トップ・マネーマネジャーのテクニック**

原書名：The Streetsmart Guide to Short Selling

ISBN4-7759-7032-1 C2033

---

## ウィザードブックシリーズ⑦①
### オニールの相場師養成講座
成功投資家を最も多く生んできた方法
著者●ウィリアム・J・オニール／訳者●古河みつる
A5判ソフトカバー・256ページ／定価2,940円

**最高の銘柄を最高のタイミングで買い
最高の時期に手仕舞う方法！**

原書名：The Successful Investor

ISBN4-7759-7033-X C2033

---

## ウィザードブックシリーズ⑦②
### 投資家のための粉飾決算入門
イカサマ手口とその見破り方
著者●チャールズ・W・マルフォード、ユージーン・E・コミスキー／訳者●喜久田悠実
A5判上製本・640ページ／定価6,090円

**第二のエンロン
創作的会計手法のすべてがわかる！**

原書名：The Financial Numbers Game

ISBN4-7759-7034-8 C2033

発行●パンローリング株式会社

日本の証券・商品投資業界に燦然と輝き続ける"画期的"相場読本シリーズ！

## オプション売買入門
株式や先物にはないオプションならではの優位性を使って
利益を上げる実践的オプション売買マニュアル！

増田丞美著
定価5,040円

## 株はチャートでわかる！
チャートの読み方、儲けるノウハウ、売買システムの
作り方がわかる！　投資ソフトの試用版CD-ROM付

阿部達郎・野村光紀・
柳谷雅之・蔓部音士著
定価2,940円

## サヤ取り入門
いままでベールに包まれていたサヤ取りの秘密がついに
明かされた！　サヤ取りソフトの試用版CD-ROM付

羽根英樹著
定価本体3,360円

## 『生き残りのディーリング』決定版
あの名著が決定版になって復活！
リスクとは避けるものでなく、うまく管理するものである。

矢口新著
定価2,940円

## オプション売買の実践
入門書に続き、オプション投資家待望の書が登場！
実践家による「勝てるオプションの実戦書」！

増田丞美著
定価5,040円

## これなら勝てる　究極の低位株投資～FAI投資法実戦編
マーケットに隠れた本当のお宝を見つける！
"うまい話"をふところに入れるためのFAIの実践ノウハウ。

林知之著
定価2,940円

## 値上がる株に投資しろ！
良い株が儲かるのではない。儲かる株が良い株だ！
プロの投資家から圧倒的な評価を得る、矢口新の最新刊！

矢口新著
定価2,940円

## 個人投資家のためのガソリン灯油取引入門
商品マーケットでいちばん人気が高い
ガソリン・灯油についての解説書がついに登場！

渡邉勝方著
定価2,940円

## デイトレード大学
投資会社のつくり方と節税対策から
プロの日経225トレードテクニックまで、すべてを公開！

岡本治郎著
定価2,940円

## 信用取引入門
上げ相場でも下げ相場でも相場環境に左右されないで
いつでも儲けるために信用取引を覚えよう!!

楠雄治、福永博之、倉
林るみ子著
定価2,940円

発行●パンローリング株式会社

# ウィザードコミックス新登場!

「聞いたことはあるけど、よくわからない」
「なんだか難しそう」

そんな投資に関するお悩み解決します!
マンガではじめるウィザードへの第一歩!!

---

**ウィザードコミックス①**
**マンガ ウォーレン・バフェット**

世界一おもしろい投資家の 世界一もうかる成功のルール
著者●森生文乃
A5判ソフトカバー・178ページ／定価1,680円

世界一の株式投資家、ウォーレン・バフェット。
その成功の秘密とは?

ISBN4-7759-3005-2 C2033

---

**ウィザードコミックス②**
**マンガ サヤ取り 入門の入門**

スプレッド、アービトラージ、ストラドル…すべての基本がココにある!
監修●羽根英樹／作画●高橋達央
A5判ソフトカバー CD-ROMつき・160ページ／定価1,890円

小さいリスクで確実なリターンが望める「サヤ取り」。
付録のCD-ROMですぐ始められる実践的入門書!

ISBN4-7759-3006-0 C2033

---

**ウィザードコミックス③**
**マンガ オプション売買入門の入門**

原作・監修●増田丞美／作画●小川集
A5判ソフトカバー・180ページ／定価2,940円

マンガを読むだけでここまでわかる!
基本用語から実践法まで網羅した入門書の決定版!

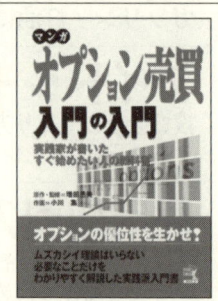

ISBN4-7759-3007-9 C2033

## ●海外ウィザードが講演したセミナー・ビデオ&DVD(日本語字幕付き)●

### 『オズの短期売買入門』(67分)　トニー・オズ　8,190円
トレードの成功は、どこで仕掛け、どこで仕切るかがすべて。短期トレードの魔術師オズが、自らの売買を例に仕掛けと仕切りを解説。その他、どこで買い増し、売り増すのか、短期トレーダーを悩ますすべての問題に答える洞察の深いトレードアドバイス満載。

### 『ターナーの短期売買入門』(80分)　トニ・ターナー　9,240円
株式投資の常識(=買い先行)を覆し、下落相場でも稼ぐことができる「空売り」と、トレーディングで最大の決断である仕切りのタイミングを具体的な事例を示しながら奥義を解説。市場とトレーダーの心理を理解しつつ、トニ・ターナーのテクニックがここにある。

### 『魔術師たちの心理学セミナー』(67分)　バン・K・タープ　8,190円
優秀なトレーダーとして最も大切な要素は責任能力。この責任感を認識してこそ、上のステージに進むことができる。貪欲・恐怖・高揚など、トレーディングというプロセスで発生するすべての感情を、100%コントロールする具体的な方法をタープ教授が解き明かす。

### 『魔術師たちのコーチングセミナー』(88分)　アリ・キエフ　8,190円
優秀なトレーダーとは、困惑、ストレス、不安、不確実性、間違いなど、普通は避けて通りたい感情を直視できる人たちである。問題を直視する姿勢をアリ・キエフ教授が伝授し、それによって相場に集中することを可能にし、素直に相場を「聞き取る」ことができるようになる。

### 『マーケットの魔術師 マーク・クック』(96分)　マーク・クック　6,090円
マーケットの魔術師で、一流のオプションデイトレーダーであるクックが、勝つためのトレーディング・プラン、相場の選び方、リスクのとり方、収益目標の立て方、自分をコントロールする方法など、13のステップであなたのためのトレードプランを完成してくれる。

### 『シュワッガーが語るマーケットの魔術師』(63分)　ジャック・D・シュワッガー　5,040円
トップトレーダーたちはなぜ短期間で何百万ドルも稼ぐことができるのか。彼らはどんな信念を持ち、どんなスタイルでトレードを行っているのか。ベストセラー『マーケットの魔術師』3部作の著者ジャック・シュワッガーが、彼らの成功の秘訣と驚くべきストーリーを公開。

### 『ジョン・マーフィーの儲かるチャート分析』(121分)　ジョン・J・マーフィー　8,190円
トレンドライン、ギャップ、移動平均……を、あなたは使いこなせていますか? テクニカル分析の大家がトレンドのつかみ方、相場の反転の見分け方など主体に、簡単で使いやすいテクニカル分析の手法を解説。テクニカルの組み合わせで相場の読みをより確実なものにする!

### 『ジョン・ヒルのトレーディングシステム検証のススメ』(95分)　ジョン・ヒル　8,190円
トレーダーはコンピューターに何を求め、どんなシステムを選択すべきなの?『究極のトレーディングガイド』の著者ジョン・ヒルが、確実な利益が期待できるトレーディングシステムの活用・構築方法について語る。さらにトレンドやパターンの分析についても解説。

### 『クーパーの短期売買入門~ヒットエンドラン短期売買法~』(90分)　ジェフ・クーパー　8,190円
短期売買の名著『ヒットエンドラン株式売買法』の著者ジェフ・クーパーが自らが発見した爆発的な価格動向を導く仕掛けを次から次へと紹介。「価格」という相場の主を真摯に見つめた実践者のためのセミナー。成功に裏打ちされたオリジナルパターンが満載!

### 『エリオット波動~勝つための仕掛けと手仕舞い~』(119分)　ロバート・プレクター　8,190円
「5波で上昇、3波で下落」「フィボナッチ係数」から成り立つエリオット波動の伝道師プレクターによる「エリオット波動による投資術(絶対勝てる市場参入・退出のタイミング戦略)」。波動理論を使った市場の変化の時とそれを支えるテクニカル指標の見方を公開。

発行●パンローリング株式会社

● 他の追随を許さないパンローリング主催の相場セミナーDVDとビデオ ●

## ファンダメンタルズ分析入門セミナー　　山本潤　39,900円

ファンダメンタルズ分析はだれにでもできる明快な論理で、安すぎる銘柄を買い、高すぎる銘柄を売り、高すぎるか安すぎるかは企業の財務や収益から判断する――こういう考えである。本セミナーでは教科書的な説明を避け、講師の実践での失敗例を交え、基本の大切さを説く！

## 短期売買の魅力とトレード戦略　　柳谷雅之　3,990円

短期売買の正しい理解とメリットから、上げ相場でも下げ相場でも通用する売買手法、具体的なリスク管理法まで解説。短期売買とは/投資と投機/勝ち組みになるための考え方/基礎知識銘柄選択/注文執行法/基礎売買技術/トレード戦略/マネーマネジメント！

## 売買システム構築入門　　野村光紀　3,990円

エクセルを触ったことのある方ならだれでも、少し手を加えるだけで売買システムを作れる。エクセル入門書には相場への応用例がないとお嘆きの方に最適なDVDとビデオ。エクセル入門/チャートギャラリーの紹介/自分専用の売買システムを作る/毎日の仕事の自動化！

## ゲイリー・スミスの戦略　　長尾慎太郎　3,990円

伝説的なデイトレーダーとして、またホームトレーダーとして、また『ゲイリー・スミスの短期売買入門』の著者として、個人投資家の教祖的な存在であるゲイリー・スミス――彼がなぜ驚異的な利益を上げ続けられたのか、その独自の手法のエッセンスを分かりやすく解説！

## システムトレード入門セミナー初歩編（CD-ROM付き）　　長尾慎太郎　29,400円

このセミナーでは初心者向けに、Pan Active Market DataBaseやMicrosoft Excelの機能を有効に利用する方法や、システムトレードの概略と自力で環境を構築するために平易に解説。広く浅い説明にもかかわらず、システムトレードに必要なすべてを項目を凝縮した1本！

## 実践トレードセミナー　為替の戦略　　成田博之／長尾慎太郎　7,140円

第1部では実践に役立つトレーディングルールは他人から学ぶよりもロジックを学び、各自のスタイルに合ったルールを作り上げることの重要さを具体例を挙げて解説。第2部ではトム・デマークのテクニックを中心に流動性が高いマーケットである外国為替市場を解説！

## 新時代のトレンド・フォロー戦略　　長尾慎太郎　52,500円

ルールがシンプル、短期間に理解し実行できる、初心者でも実践を通して売買技法の基礎を習得できるなど、難しい理論や数式を覚える必要ない売買手法である米トップトレーダー集団「タートルズ」の手法とリチャード・アームズのEMVを中心に解説した画期的な1本！

## 第2回　絶対の短期売買実践セミナー　　柳谷雅之　52,500円

ラリー・ウィリアムズ、リンダ・ラシュキらのマーケットの魔術師たちの戦略を実践で通用する売買技術として自分のものとするためには何をし、どう考えればいいのかを、講師の経験や膨大な量のデータ分析をもとに解説。短期トレードで利益を上げる基本が満載！

## サヤ取りセミナー［戦略編］　　羽根英樹　21,000円

商品のサヤ取りの基本が分かっている方を対象に、講師の豊富な体験から編み出された数々の戦略を紹介し、著書には書かなかった戦略（つなぎ、乗り換え、セットの仕掛け）にも言及。本来、講師が「企業秘密」として門外不出としていたものを、あえて公開！

## エネルギー（ガソリン・灯油・原油）先物売買実践セミナー　　渡邉勝方　23,100円

「個々の商品キャラクターに応じた手法が用いられるべきである」という思想から、対象マーケットをファンダメンタルズ、テクニカルの両面から観察し、有効と思われる手法――サヤ取りを含めた10の戦略、マネーマネジメントなども含む――をこれでもかと紹介！

発行●パンローリング株式会社

## 道具にこだわりを。

よいレシピとよい材料だけでよい料理は生まれません。
一流の料理人は、一流の技術と、それを助ける一流の道具を持っているものです。
成功しているトレーダーに選ばれ、鍛えられたチャートギャラリーだからこそ、
あなたの売買技術がさらに引き立ちます。

# Chart Gallery 3.0 for Windows
## Established Methods for Every Speculation

パンローリング相場アプリケーション

**チャートギャラリープロ 3.0**　定価**84,000円**（本体80,000円＋税5％）
**チャートギャラリー 3.0**　　　定価**29,400円**（本体28,000円＋税5％）

［商品紹介ページ］http://www.panrolling.com/pansoft/chtgal/

RSIなど、指標をいくつでも、何段でも重ね書きできます。移動平均の日数などパラメタも自由に変更できます。一度作ったチャートはファイルにいくつでも保存できますので、毎日すばやくチャートを表示できます。
日々のデータは無料配信しています。ボタンを2、3押すだけの簡単操作で、わずか3分以内でデータを更新。過去データも豊富に収録。
プロ版では、柔軟な銘柄検索などさらに強力な機能を塔載。ほかの投資家の一歩先を行く売買環境を実現できます。

### ●機能一覧

| 機　　能 | 3プロ | 3 |
|---|---|---|
| 銘柄検索 **New** | ○ | ― |
| 米国個別株データ **New** | ○ | ― |
| 日経225オプションデータ **New** | ○ | ― |
| 日経225先物データ | ○ | ― |
| サヤ場帳 | ○ | ― |
| IndicatorPlug（独自指標の追加） | ○ | ― |
| 銘柄群（好きな銘柄を登録してすばやく切り替え） **New** | ○ | ○ |
| チャート中へ線の書き込み **New** | ○ | ○ |
| 日足、週足、月足、年足の表示と保存 | ○ | ○ |
| インターネットから無料データ更新 | ○ | ○ |
| Pan Active Market Database（Excelなどでのデータ利用） | ○ | ○ |

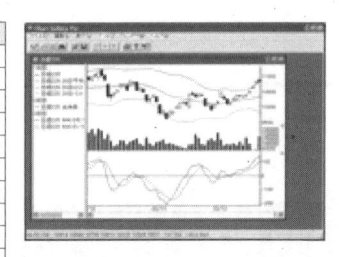

お問合わせ・お申し込みは

**Pan Rolling パンローリング株式会社**

〒160-0023 東京都新宿区西新宿7-21-3-1001　TEL.03-5386-7391　FAX.03-5386-7393
E-Mail info@panrolling.com　ホームページ http://www.panrolling.com/

# 24時間オープンの投資専門店です。
# がんばる投資家の強い味方。

パンローリングの通販サイト「トレーダーズショップ」は、個人投資家のためのお役立ちサイト。書籍やビデオ、道具、セミナーなど、投資に役立つものがなんでも揃うコンビニエンスストアです。街の本屋さんにない商品がいっぱい。さあ、成功のためにがんばる投資家は、いますぐアクセスしよう。

## いますぐトレーダーズショップにアクセスしてみよう！

**1** インターネットに接続して http://www.tradersshop.com/ にアクセスします。インターネットだから、24時間どこからでもOKです。

**2** トップページが表示されます。画面の左側に便利な検索機能があります。タイトルはもちろん、キーワードや商品番号など、探している商品の手がかりがあれば、簡単に見つけることができます。

**3** ほしい商品が見つかったら、**お買い物かご**に入れます。お買い物かごにほしい品物をすべて入れ終わったら、一覧表の下にある**お会計**を押します。

**4** はじめてのお客さまは、配達先等を入力します。お支払方法を入力して内容を確認後、**ご注文を送信**を押して完了（次回以降の注文はもっとカンタン。最短2クリックで注文が完了します）。送料はご注文1回につき、何点でも全国一律250円です（1回の注文が2,800円以上なら無料！）。また、代引手数料も無料となっています。

**5** あとは宅配便にて、あなたのお手元に商品が届きます。
そのほかにもトレーダーズショップには、投資業界の有名人による「私のオススメの一冊」コーナーや読者による書評など、投資に役立つ情報が満載です。さらに、投資に役立つ楽しいメールマガジンも無料で登録できます。ごゆっくりお楽しみください。

# http://www.tradersshop.com/

投資に役立つ楽しいメールマガジンも無料で登録できます。
http:// www.tradersshop.com/back/mailmag/

お問合わせは
**Pan Rolling　パンローリング株式会社**
〒160-0023　東京都新宿区西新宿7-21-3-1001　TEL.03-5386-7391　FAX.03-5386-7393
http://www.panrolling.com/　E-Mail info@panrolling.com